경주지역의 삶과 언어

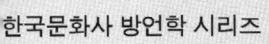

한국문화사 방언학 시리즈

경주 지역의 삶과 언어

| 이상규·천명희 지음 |

경주방언

한국문화사

한국문화사 방언학 시리즈

경주지역의 삶과 언어

1판 1쇄 발행 2019년 5월 28일

지은이 | 이상규 · 천명희
펴낸이 | 김진수
펴낸곳 | 한국문화사
등 록 | 1991년 11월 9일 제2-1276호
주 소 | 서울특별시 성동구 광나루로 130 서울숲 IT캐슬 1310호
전 화 | 02-464-7708
팩 스 | 02-499-0846
이메일 | hkm7708@hanmail.net
웹사이트 | www.hankookmunhwasa.co.kr

ISBN 978-89-6817-771-2 93710

· 이 책의 내용은 저작권법에 따라 보호받고 있습니다.
· 잘못된 책은 구매처에서 바꾸어 드립니다.
· 책값은 뒤표지에 있습니다.

머리말

　언어는 인간 영혼의 사원이자 인류의 귀중한 인문사회학적 자산이다. 시골 들판의 이름이나 넘실거리는 바다의 이름(海名)이 모두 고유어로 호명되던 시대가 지나가고 있다. 아침 일찍 남편이 마을 앞 소꼬개 구멍배미에 논매기를 가면 그 아내는 참을 만들어 정확한 지점으로 찾아간다. 공동체 삶 속에 묻혀 있던 방언이 시나브로 사라져 가고 있다. 방언의 소멸은 대상의 소멸과 인간 자연환경의 변화와 함께 호명의 체계와 방식이 변화한다는 뜻이다. 공동체 삶을 영위하던 민중이 사용하던 언어, 곧 전통적인 고유어가 소멸하면서 내어준 텅 빈 그 자리에는 국적 불명의 외국어가 물밀 듯이 밀려 들어와 가득 차있다. 이러한 상황에서 진행되고 있는 국립국어원의 지역어조사 사업은 국가에서 추진하는 사업으로서의 의의가 더욱 커 보인다. 국립국어원에서 남북 공동으로 지역어 조사 사업의 필요성을 절감하고 남북 학술회의의 논의를 바탕으로 하여 2004년부터 본 사업이 설계되었다. 남기심 전 국립국어원장님과 함께 이 사업이 시작될 당시부터 필자는 지역어조사 추진위원회 위원장을 맡아서 남북 관계 위원들과 함께 협의하여 본 질문지를 만드는 등, 사업의 기초를 다진 것을 큰 보람으로 여기고 있다.

　이 책은 경상북도 경주시 남촌에 거주하는 할머니 임연이(조사당시 1935년생 71세), 할아버지 김규진(조사당시 1928년생, 78세)의 구술 발화를 채록하여 한글로 전사한 것이다. 임연이 할머니는 경상북도 경주시에서 태어나서 남촌마을로 시집을 오신 분으로 기억력이 뛰어나고 언어 감각도 탁월한 분이었다. 김규진 할아버지를 주제보자로 삼으려 했지만 임연이 할머니의 언어 감각이 뛰어나 보조제보자로 삼았다. 조사는 2004년 8월 20일부터 매주 주말을 이용하였으며 동년 11월 10일까지 15일에 걸쳐 조사하였다.

이 구술 담화는 국립국어원에서 2004년부터 이후 10년간 실시하는 지역어 조사 사업 가운데 2004년도 예비 조사 결과의 일부를 정리한 내용이다. 구술 담화를 비롯한 어휘, 음운, 어법에 걸친 조사 내용 가운데 구술 담화 조사만 한정하였으며, 그 구술 담화 가운데 약 4시간 조사 분량을 전사한 결과이며, 독자들의 편의를 위해 표준어 대역과 주석을 달아 새로 편집하였다. 주석은 주로 ≪한민족언어정보화 통합검색프로그램(2007)≫과 국립국어원 온라인 ≪표준국어대사전≫을 활용하였음을 밝혀 둔다.

따라서 조사 결과 보고서의 내용과 배열 순서라든지 개인 정보 보호 차원에서 일부 내용을 삭제시켜 차이를 보일 수 있음을 밝혀둔다.

이 책에 실린 구술 담화자료 전체를 전사하지 못하고 일부만 이상규와 천명희가 맡아서 한글로 음소론적 전사와 표준어 대역 작업을 했다.

이 책은 두 분의 제보자가 약 4시간 동안 말한 구술 내용을 한글로 전사하고 표준어 대역과 어려운 낱말을 주석으로 풀이한 내용을 담고 있다. 여기에는 결혼생활, 식생활, 거주생활 등 우리의 기본적인 삶의 내용이 포함되어 있고, 세시풍속이나 금기 등 이 지역의 기초적인 민속까지 들어 있다. 따라서 다양한 내용에 따른 다양한 토박이 어휘들이 그대로 드러나 있는 것이다. 우리는 표준어 번역과 주석 그리고 색인을 통하여 이런 어휘들에 대한 상세한 정보를 제공하려고 노력하였다.

구술 담화 자료는 경북 경주지역의 어휘를 비롯한 음운, 문법을 이해하는 데 도움을 줄 뿐 아니라, 이 지역 토박이들의 말하기 방식을 파악하는 데 유용할 것으로 예상한다. 그리고 이 지역의 민속적 특징을 이해하는 데도 큰 도움이 된다. 더구나 말하기의 방식은 군 단위마다 일률적으로 차이를 보이는 것이 아니므로, 이 구술 담화는 고대 신라어의 중심 지역인 경상북도 경주 일역의 방언으로서 방언 어휘와 함께 담화 연구를 위한 자료로 이용될 수 있을 것으로 기대한다.

 이 자료집을 발간하는 과정에 조사된 내용을 정리하고 또 수정하면서, 여기저기에 주석과 색인 등을 덧붙이는 작업은 애초에 예상했던 것 이상의 엄청난 시간이 소요되었다. 이 구술 담화의 표준어 대역은 경북대학교 대학원 김인규 군이 맡았다. 물론 이 초벌 전사는 다시 저자들에 의해 점검이 이루어졌지만 감사를 전하고 싶다. 이 단행본을 펴내면서 다시 찾아뵙고 주석 작업을 하면서 궁금했던 내용을 여쭙기도 했지만, 그럴 때마다 늘 친절하게 답해 주시던 노부부의 가르침이 없었더라면 이 책은 지금보다 훨씬 어설픈 내용을 담을 수밖에 없었을 것이다. 아마도 이 책이 출간된 지금 두 분은 더욱 연로하셨거나 혹은 모두 고인이 되었을 텐데 다시 한번 함께 고생해주신 두 분에게 깊이 감사를 올린다.

 경주 신라 지역의 언어조사는 우리 국어의 고대국어의 유적지를 발굴하는 것과 마찬가지로 중요한 탐사요 탐색이다. 앞으로 보다 지속적으로 정밀하게 연구가 이루어질 수 있도록 그리고 경주방언연구를 전담하는 작은 연구소라도 만들어지기를 바란다.

2019년 5월 이상규

경주 지역어 조사

■ 조사자 소개

이상규 경북대학교 교수 역임. 현지조사 전사 총괄.
천명희 안동대학교 강사. 현지조사 및 전사.

■ 조사 과정

국립국어원에서는 2004년부터 전국의 지역어 조사 사업을 착수하여 시행하고 있다. 이 사업은 도(道)를 단위로 하여, 각도마다 서너 지점씩 연차적인 조사를 진행하도록 계획이 수립되어 있다. 첫해에는 질문지를 만든 다음 그 내용을 시험해 보기 위한 예비 조사를 실시한 후에, 본격적인 조사는 이듬해인 2005년부터 시작되었다. 아울러 관련 학자들이 모여서 질문 내용을 여러 차례 손질을 보아 다듬어나갔으며, 이와 함께 자료를 어떻게 수집하며 또 수집된 자료를 어떻게 관리할 것인지에 대해서도 꼼꼼하게 준비를 해왔다.

2004년 예비조사의 일환으로 경상북도 지역 조사는 경주시 남촌리를 일차 조사지점으로 선정하였다. 경주시 남촌에 거주하는 할머니 임연이(조사당시 71세) 주제보자와 김규진(조사당시 78세)을 보조제보자로 하여 음운·문법·구술 담화를 조사한 자료이다. 담화자료는 전부를 싣지 못하고 지면상의 이유로 의생활과 관련된 자료만 싣게 되어서 안타깝다. 앞으로 담화자료 전체를 실을 기회가 오기를 희망한다. 이들 자료는 매우 소중한 신라어의 흔적들이다. 고대 신라의 본향으로 신라방언을 연구하기 위해서는 이 지역어의 정밀한 조사가 필수적인 과정이다.

고대 진한어의 유서 깊은 뿌리를 가진 경주 신라방언은 지금도 6모음 체계의 단출한 모음구조를 가지고 있으며 자음 역시 중부 방언이나 서부 방언과 큰 차이를 노정하고 있다. 곧 'ㅆ'의 변별성이라든지 의문형어미의 분포를 기준으로 하여 경상북도는 낙동강을 중심으로 하여 좌안과 우안의 방언차이를 보인다. 충청도와 접경하는 서북지역이나 동해안 지역도 독특한 방언 차이를 보이지만 대략 3~4개 방언권으로 통상 구분하고 있다. 경주시 공성면 지역은 경주, 김천, 구미(낙동강 우측) 지역을 중심으로 하나의 방언권을 형성하고 있다. 특히 경주지역 방언은 매우 독특한 악센트 체계를 가지고 있으나 그 체계적 특성이 중점적으로 논의되지는 못했다.

SGB_GJ_00.HWP(공통 파일)

- 조사 지역: 경상북도 경주시 보문동
- 조사 기간: 2004/08-2004/11, 주말을 이용하여 총 15일에 거쳐 조사.
- 주제보자 사항: 임연이(여, 71세, 1935년생)
  경주시 보문동 농업 없음. 무학주제보자와 부부관계.
  경주방언의 특징을 잘 보여줌. 발음 정확.
- 보조제보자 사항: 김규진(남, 78세, 1928년생)
  경주시 보문동 농업 없음. 무학 근처에 자식들이 있으며 부부가 함께 농업을 하며 생활. 한학 공부. 발음은 분명함. 유식함을 드러내기 위해 의도적 발화도 함.

조사자는 필자와 천명희 선생이며 전사는 김인규 군이 담당했다. 조사 시간은 총 28시간 35분 30초이며 녹음기 기종은 SONY DAT이고 마이크는 SURE SM11을 활용하였다. 전사는 Transcrive 1.4를 활용하여 구간 반복 청취를 통해 한글로 음소론적 전사를 하였다.

■ 전사

　제보자의 구술 자료는 SONY DAT D-100 디지털 녹음기로 녹음하였고, 녹음된 자료는 GOLDWAVE 프로그램을 이용하여 음성파일로 변환하였다. 이 음성파일을 컴퓨터로 재생하여 들으면서 음성파일을 분절하여 TRANSCRIBER 1.4를 활용하여 한글로 전사하였다. 전사는 필자와 천명희가 공동으로 업무를 분담하여 2018년 10월 2일에서 10월 30일까지 약 129시간에 걸쳐 초벌 전사를 한 다음 확인 과정을 거쳤다. 조사한 파일은 총 22개였는데 본고는 그 가운데 구술 발화의 일부만 뽑아서 정리한 것이다.

　전사는 소리 나는 대로 전사하는 것을 원칙으로 하였다. 어절 단위를 기본으로 전사할 것을 원칙으로 하였으나, 동일한 억양으로 소리 나는 경우 어절보다 큰 단위로 전사하는 경우도 많이 있었다. 경북 경주지역어는 단모음 /ㅔ/와 /ㅐ/가 구별되지 않는 곳이므로 중화된 /E/를 [에]에 가까우면 [ㅔ]로 [ㅐ]에 가까우면 [애]로 주로 전사하였다. /ㅡ/와 /ㅓ/도 구별되지 않지만 음성적으로 [ㅡ]에 가까우면 [으]로 [ㅓ]에 가까우면 [어]로 음성적인 표기로 전사하였다. 비모음은 비모음 기호(~)를 사용하여 나타내었다. 악센트 표시를 원문에 표시하면 너무 복잡하게 보이기 때문에 주석 자료를 중심으로 표시를 하였다. H(높은 소리)는 (´)로 Ḣ(긴소리이면서 높은 소리)는 (˝)로, Ĥ(높은 소리로 굴곡이 있는 긴소리)는 (^)로 Ḹ(평탄한 긴소리)는 (·)(¨)로 표시하였다. 제보자의 웃음이나 기침 등 비언어적 행위는 괄호 안에 따로 이를 표시하였다.

　본문의 글자체와 전사에 사용된 부호는 다음과 같다.

고딕체	조사자/보조조사자
명조체	제보자
-	제1 보조자
=	제2 보조자
:	장음 표시이며, 길이가 상당히 길 경우 ::처럼 장음 표시를 겹쳐 사용하였다.
*	청취가 불가능한 부분 또는 표준어로의 번역이 불가능한 경우
‡	질문지의 주제가 다른 내용
+	색인에서 방언과 대응 표준어에 의미 차이가 있는 경우
++	색인에서 방언에 대응하는 표준어가 없는 경우

    구술 자료에서 악센트와 음장 표시는 매우 중요하다. 그러나 구술 자료 내용이 지나치게 난삽할 가능성이 있어 음장 부분만 일부 반영하였다. 단 주석 작업에서는 악센트와 음장 표시를 모두 하였다. 향후 보다 더 정밀한 디지털 음성 자료를 활용하여 부족한 부분을 보완해 주기를 바란다.

■ 주석

    주석은 장마다 주를 몰아서 달았다. 독자로서는 각주가 이용하기에 편리하나, 책의 편집상 불가피하게 미주로 만족할 수밖에 없었다. 주석은 가능한 한 친절하게 붙여 놓았다. 주로 어휘의 의미를 풀이해 놓았지만, 그밖에 형태에 대한 음운적 해석을 부분적으로 가하기도 하였다. 문법 형태의 경우 그 기능에 대한 설명을 간략하게 붙여 놓았다. 경우에 따라 경북의 기타 지역에서 다른 방언형이 쓰일 경우에는 이를 밝혀 놓았다. 독자의 편의를 위해서 동일한 내용의 주석이 반복되는 것을 허용하였다. 특히 주석 작업을 하는 데 세종계획의 성과인 한민족정보화 자료를 매우 유용하게 활용하였음을 밝혀둔다.

■ 표준어 대역

　전사된 방언 표현에 대해서는 표준어 대역을 붙였다. 원래의 조사 보고서에는 문단 주제 단위로 표준어 번역을 붙였으나, 여기서는 큰 의미 단락을 기준으로 하였다. 또한 표준어 대역을 별도의 쪽에 배치한 것도 조사 보고서와 달라진 점이다. 이런 것들은 순전히 독자들이 원문과 표준어 대역문을 쉽게 대조해 가며 읽을 수 있도록 하기 위한 조처이다.
　전사된 방언 문장을 표준어로 옮길 때는 직역하는 것을 원칙으로 하였다. 문장 중간에 '어', '저', '거'와 같은 군말 또는 담화표지가 있을 경우에도 이를 표준어 대역에 그대로 살려 놓으려고 노력하였다. 적당한 표준어 대응 표현이 없는 경우, 방언 표현을 그대로 표준어 대역에 사용하였으며, 이것이 방언 어휘임을 나타내기 위해 따옴표를 이용하였다. 전사된 방언 표현의 의미가 불확실한 경우, 표준어 대역에서는 *를 사용하여 표시하고, 번역에서는 제외하였다.

차례

- 머리말 _ v
- 경주 지역어 조사 _ viii

제1장 신라방언의 뿌리 경주방언의 특색
1. 무뚝뚝한 경상도 사람의 말과 문화 ································· 1
2. 경주방언의 특징 ·· 3
3. 변두리의 언어의 절멸 위기 ·· 14
4. 문화의 다원성 유지를 위하여 ·· 27

제2장 경주지역 방언 조사 자료
1. 경주지역 방언 담화 ··· 28
2. 경주지역의 어휘·문법 ·· 204

제3장 한국어 형성과 신라방언
1. 서론 ··· 277
2. 한국어의 형성과 그 시점에 대한 검토 ························ 280
3. 유무성 분포의 방언차이 ··· 299
4. 향가에 보이는 여진어의 흔적 ······································· 307

- 참고문헌 _ 313

제1장

신라방언의 뿌리
경주방언의 특색

1. 무뚝뚝한 경상도 사람의 말과 문화

　대구경북 사람들은 과묵하면서도 과단성이 있다. 그리고 긴 설명을 하지 않고 말을 줄여서 사용하기 때문에 동사문으로 '됐나', '됐다'라는 식으로 말을 짧게 하는 경향이 있다. 그리고 격조사를 생략하거나 복합동사도 응축하여 말한다. 어찌 보면 경상도 사람들은 관망만 하고 있다가 결정적인 순간에 의사를 결정하며, 그 대신 대단히 강력하게 추진하는 뚝심이 있다. 경상도 남성들은 집에서 '밥도', '밥묵자', '자자' 세 마디 말만 한다는 우스갯소리가 있을 만큼 불필요한 말을 잘하지 않는 편이다. 이것은 오랜 경상도 사람들의 기질적인 특징인데 자연 말을 할 때도 입을 크게 벌리거나 오므리지 않고 우물우물 말을 한다. 그렇기에 모음의 숫자도 적고 모음의 상하 간극이나 전후 간극의 차이도 적다.
　이처럼 경상도 사람들이 과묵함은 아마도 오랜 이 지역은 문화적인 전통성과 매우 밀접한 관련성이 있을 것 같다. 조선조 북인, 남인계가 중심을 이루는 이 지역의 사대부층 사람들은 남자는 말이 적어야 한다는 고정관념을 가지고 자라나는 아이들에게 그러한 훈도를 한 결과가 아닐까? 당쟁이나 사화에 연루된 모든 일이 말이 씨앗이 되기 때문이다. 살갑지 못하고 무뚝뚝한 경상도 사람들이라고 해서 어찌 인간적인 정까지 없을 수야 있겠는가? 깊이 흐르는 물이 멀리 흐르듯이 야들야들하게 호들갑을 떨지는 않지만 한번 맺은 정은 오래 길게 가는 이치와 다르지 않을 것이다.

지역성을 가장 잘 드러내 주는 말씨를 방언, 지역어, 사투리, 탯말 등 다양하게 불린다. 변두리의 말씨는 고어가 많이 남아 있어서 우리말의 역사를 연구하는 데 매우 중요한 사료라고 할 수 있다. 특히 경주방언은 고대 신라의 언어를 물려 받은 지역이라는 측면에서 고어가 잔존해 있을 가능성이 매우 크다. 그뿐만 아니라 변두리 사람들의 오랜 생활 속에 축적해 온 가치 있는 지식을 간직하고 있는 경우도 매우 많이 있다. 가령 '부추'의 전라도 사투리인 '솔'은 고대 백제 지역으로 유입해 온 예족(濊族)의 언어 흔적이다. 함경도 북부 지역에서 만주 벌판에 퍼져 있던 건주여진인들의 말 속에 [sor]은 채소를 뜻하는데 바로 이 여진 외래어가 부추를 '솔'이라고 했던 그 흔적이다. 말의 원류를 찾아가는 과정에서 민족의 이동을 추정하는 매우 중요한 단서를 발견할 수 있는 사례이다.

경상도 사람들의 핏줄기 속에는 유목민의 DNA가 잠복해 있다. 태백준령을 중심으로 동쪽 편에 고대 암각화가 편재되어 있는 것이 바로 영남의 선주민은 튀르크에서 몽고와 만주를 거쳐 밀려들어온 사람들일 가능성이 매우 크다. 날쌘 말을 타고 달리던 그들은 철기문화를 유입했던 선주민들이었을 것이다. 그들이 농경문화에 정착되어 오랜 세월을 거쳤지만 아직 펄펄 끓는 이동성의 본성이 경주인들의 결단력과 그들의 행동에서 찾아볼 수 있다. 한번 선택한 일을 처리하는 과정을 보면 결코 우물

쭈물하지 않는다.

1900년 1월 9일 자 <황성신문> 논설 "말을 잘 다듬어 쓰자"라는 글을 잠깐 읽어보자.

> "기내(경기도) 말씨는 천속하고 관동(강원도) 말씨는 순박하며 영남 말씨는 강직하다. 또 호서(충청도) 말씨는 외식이 많고 호남(전라도) 말씨는 내교가 많다. 그리고 해서(황해도) 말씨는 조금 화려하고 관서(평안도) 말씨는 강한하며 관북 말씨는 지나치게 무겁다."

20세기 초 황성신문의 기자의 눈에 비친 8도 지역 방언에 대한 평가를 보면 차별적이지 않고 비교적 공정하다. "영남의 말씨는 강직하다." 그만큼 단호하게도 느껴지지만 군더더기는 다 생략하고 할 말만 아주 짧게 말을 하니 자연 무뚝뚝하게 보일 뿐이다. 그 깊이를 알게 되면 마음이 얼마나 깊은지 알 수 있을 것이다.

2. 경주방언의 특징

경주방언(이하 경주방언이라 칭한다)은 조선 선조 이후 경상감영이 대구로 옮아오면서 대구를 중심으로 '대구-김천', '대구-안동', '대구-경주·포항'을 연결하는 교통의 중심지로서 독특한 방언을 형성하고 있으나 크게는 '대구-경주' 방언권에 속한다.

경주방언의 특징으로 먼저 손꼽을 수 있는 것은 고대 신라시대의 고형을 많이 간직하고 있는 점이다. 고대 신라어의 언어 유산을 상당수 보존하고 있다. 어중자음 '-g(ㄱ)-'(얼개미, 골갱이), '-b(ㅂ)-'(호불애비, 자불다), '-z(ㅿ)-'(잇사라, 부직)의 유지형이 많이 남아 있다. 부사형 '-아/어(묵-아, 접-아, 죽-아)'는 신라시대의 '-良(아)'에서 그 기원을 찾을 수 있으며 경주·포항지역에는 아직 남아 있으나 대구방언에서는 새로운 개신형인 '-아/어'가 모음조화형으로 반영되고 있는데 대구가 교통의 요지였기 때문에 개신형의 변화를 입은 흔적이다.

둘째, 경주방언의 운소는 중부방언과 경남방언의 중간 형태로 고저의 액센트와 음장(말(馬H)-말:(言L:)-말(斗L))의 대립을 유지하고 있으나 최근 음장의 변별성이 점차 약해져 가고 있다. 특히 한자음에서 '개:성(個性)-개성(開成)'처럼 음장의 구분이 점점 약화되고 있다.

셋째, 음운체계로서 모음체계는 대체로 5개의 단모음(/i/, /a/, /ɜ/, /ɛ/, /o/, /u/)체계이며 자음 체계는 /s/:/s'/가 중화되어 변별성이 존재하지 않는다. 음운 변화로는 'ㄱ-구개음화', '움라우트', '전부모음화', '원순모음화', '어중된소리화'의 강화 등의 변화를 경험했다. 그러나 경주지역의 반촌과 민촌의 언어 차이는 뚜렷하다. 반촌 사람들은 'ㄱ-구개음화'(길>질, 기둥>지둥, 한길>한질)과 같은 구개음화형을 잘 받아드리지 않는다. 이는 한자와 한음의 교육의 결과로 보이며 민반촌의 차별화를 고집한 결과라 보인다. 그리고 경기나 충청지방에서는 조선 후기에 들어서서 향촌을 중심으로 동계의 결사조직이 강화되었는데 이 영남 지역에서는 상계와 하계를 결속한 대동계의 결사조직은 느슨한 대신 족계나 화수계 형식의 종족집단의 결사체가 강한 모습을 보여주는 데에서도 그들의 신분적 권위를 언어로 통해 구별하려는 의지가 반영된 결과이다.

넷째, 문법체계에서도 높임법의 체계가 '하이소', '하소', '하게', '해라'체계로 '아주높임-높임-낮춤'의 대립체계로 이루어져 있다. 그리고 장형 사피동법도 '-게+#하다'체계와 함께 '-구로+#하다'와 같은 독특한 체계를 유지하고 있다. 단형 사동에서도 접사의 중복형이나 '-구'계열(발쿠다, 널구다)이 많이 나타나며, 미래시상은 '모르겠다/몰시더', '가겠습니다/갈라니이더'와 같이 '-겠-'보다는 '-리-'계열이 많이 나타나며 아직까지 고대 신라어의 '-이-'가 청자높임법으로 사용되는 등 문법적인 면에서도 상당한 보수성을 유지하고 있다.

다섯째, 어휘체계의 특질로는 한자 어휘가 많이 남아 있다. 그리고 부사어가 매우 발달되었다. 예를 들어 표준어로 '매우, 아주, 몹시, 너무'와 같은 부사어에 대응되는 경주방언의 부사로는 '억수로, 한거석, 허들시리, 천지삐가리, 몽창시리, 샜다, 샜삐가리, 한발띠, 대길로, 대빵으로'와 같이 다양한 어휘들이 나타난다. 음식용어에 있어서도 가운데 칼로 요리하는 방법이 '오리다, 도리다, 삐지다, 썰다, 깎다' 등 40여 가지가 넘게 어휘가 분화되어 있다.

또한 독특한 어휘 체계의 모습을 보여 주는 예로는 '뜨신물-찬물', '뜨신밥-찬밥'과 같이 감각온도 계열의 체계가 '더운물-찬물(*추운물)', '더운밥-찬밥(*추운밥)'과 같은 표준어와 달리 균형을 유지하고 있다. 날자 계열의 대립체계도 '(과거, 옛날)-아래-어제-오늘-내일-모래-저모래-(후제)'와 같이 '오늘'을 중심으로 과거와 미래에 대한 어휘 분화가 중부방언에 비해 단촐하다. 단어 파생형도 '높이-*낮이, 깊이-*얕이, 넓이-*좁이'와 같이 양극성 대립의 파생형이 양극 계열의 조어력이 음극 계열의 조어형보다 활발하다는 점에서 경주방언의 화자들이 매우 긍정적인 사고와 간결한 어휘체계가 발달된 점을 고려하면 지역 사람들의 특성이 언어에 반영되어 있다고 할 수 있다.

결론적으로 경주방언은 고대 신라방언의 중심인 경주방언권과 조선조 경주와 경주로 연결되는 방언의 핵을 형성한 결과로 고대어나 중세어의 흔적이 많이 남아 있다. 한편으로는 사통팔달의 교통의 요지이기 때문에 인접 방언의 개신파의 영향도 많이 남아 있다.

1) 경주방언권과 역사적 특질

경주지역은 삼한 시대 이후 변한어에 기층을 둔 신라 중심의 인접지역으로서 경주방언과 함께 신라에서 고려까지 고대국어의 기층 방언이라고 할 수 있다. 삼한의 원시 한어(韓語)의 중심이 된 변한어와 진한어가 융합한 가운데 경주방언은 고려가 건국될 때까지 한반도의 기층언어였다. "변진과 진한이 서로 섞여 살았으며, 또 성곽을 짓도 의복과 집을 짓고 사는 것도 진한과 거의 같았으며 언어와 법속은 서로 비슷했다(弁辰與辰韓雜居, 亦有城郭衣服居處與辰韓同, 言語法俗相似)"(≪위지동이전≫)에 따르면 한반도의 언어는 큰 차이가 없는 지역적 방언의 차이를 보여주고 있었을 것으로 추정된다. 바로 삼한의 언어 중심지인 경주와 인접한 대구 방언은 경주방언과 거의 차이가 없었으나 고려 이후 대구방언은 교통의 중심지로 구미, 문경, 김천, 의성, 안동, 경주 포항 등지로 연결되면서 조금씩 달라졌을 것이다. 고려가 개국된 11~12세기를 경계로 언어의 중심이 중부방언(계성, 한양)으로 옮아간 이후 중부방언과 대립되는 동남방언으로 남게 되었다.

먼저 모음체계에서 중부방언이 10개 단모음체계로 발전되었으나 아직 영남방언은 5~6개의 단모음 체계를 그대로 유지하고 있으며, 이중모음 또한 자음 아래에서는 대부분 단모음으로 실현된다. 자음체계에서도 어중 유성자음의 존속과 'ㅆ'이 비변별적인 체계가 유지되고 있다.

2) 경주방언의 음운체계와 현상

경주방언의 음운체계는 중부방언과 차이를 보여준다. 먼저 모음체계에서 단모음체계는 고대어의 흔적을 그대로 간직한 5~6모음체계를 유지하고 있다. /i, a, ɛ, ɜ, o, u/ 5모음체계인데 /ɛ/는 중부방언의 /에/:/애/의 대립체계에서 중화된 [ɛ]로 주로 실현되어 '게(蟹)→기~끼', '게우다→기우다', '베(布)→비~배'처럼 /e/는 주로 [i]로 실현된다. /으:/어/의 대립 또한 마찬가지로 중화된 [ɜ]로 실현된다. '즈거[čigi]:저그[čəgə](저것)'의 예를 들어 '으'와 '어'개 대립적 기능을 한다는 주장(유창균, 1984:609)이 있지만 이는 음성적인 실현형일 뿐 음운론적으로 변별적 기능을 하지는 못하기 때문에 경주방언의 단모음체계는 5개이다. 또한 중부방언에서 단모음인 '외'나 '위'는 이중모음 [wɛ], [wi]로 실현되며 자음 아래에서는 '괴롭다→게롭다', '귀신→기신'처럼 단모음으로 실현된다.

중부방언에서는 이중모음으로 /wi, wa, wɛ, wɜ/와 /ya, yɛ, yɜ, yo, yu/, /iy/가 있으나 자음 아래에서는 단모음으로 실현되며, 특히 하향적 이중모음인 /iy/는 어두 환경에서도 단모음 [i](이자(의자), 이사(의사)), [ɜ](어자(의자), 어사(의사))로 실현되어 매우 단출한 모음체계로 구성되어 있다. 모음체계가 단순한 대신 음장과 고조 액센트가 있어서 의사소통에는 큰 무리가 없다고 할 수 있다.

경주방언에서는 운율적 요소로 액센트와 음장이 존재하여 고대 마한어 계통의 경남방언과 진한방언인 중부방언과의 중간적 모습을 보여주고 있다. '우리(吾等)[uri]:우(H)리(돼지우리)[u'ri]'가 고조 액센트에 따라 변별되며, '말(言)[ma:l :말(斗)]'이 음장에 따라 변별된다. 다만 사피동형에서 '잡혔다(捉)[čapʰiːt'a]'의 예에서처럼 액센트와 음장이 결합한 R(HL)액센트가 실현되지만 변이형으로 간주할 수 있다.

자음체계는 중부방언과 큰 차이가 없다. 자음체계는 /p, pʰ, p', t, tʰ, t', k, kʰ, k', č, čʰ, č', m, n, ŋ, l/이며, 다만 /ㅆ/:/ㅅ/이 비변적인 점이 차이가 있다. 낙동강을 중심으로 강 서쪽지역에서는 '쌀(米)'과 '살(肉)'이 변별되는 지역이다. 낙동강이라는 자연환경이 언어에 미친 결과이다.

음운 현상으로서는 먼저 어중자음 [g(ㄱ)], [b(ㅸ)], [s/z(ㅿ)]가 중부방언에 비해 많이 잔존하고 있다.

ㄱ) [g(ㄱ)]	ㄴ) [b(ㅸ)]	ㄷ) [s/z(ㅿ)]
모래[moʹlgɛ]	누에[nibi]	가위[kasiʹgɛ]
바위[baʹŋgu]	마름[maʹlbam]	마을[masyil]
벌레[bɜgɜʹji]	조름[čaburɜʹm]	여우[yasyi]
돌-에[tolg-ɛ]	덥-어라[tɜʹb-ɜra]	잇-어라[is-ara]

어중 자음의 잔존 비율은 '-g-', '-b-'에 비해 '-s/z-'의 비율이 어휘별 빈도수가 낮은 편이다. 단어 내부에서나 형태소 경계에서도 어중 자음이 유지되기 때문에 '덥-어라', '잇-어라'에서처럼 'ㄷ'불규칙이나 'ㅅ' 불규칙 활용형이 중부방언과 차이를 보여준다.

ㄱ-구개음화도 매우 활발하며 과도교정형이 나타난다. '길(道)→질', '기름→지름', '기둥→지둥', '큰길가→큰질까'와 같이 ㄱ-구개음화는 어두음절에서만 실현되는 제약이 있다.

움라우트도 제약의 폭이 매우 좁다. '아비→애비', '어미→에미', '그림→기림', '고기→게기', '웃기다→윗기다'에서처럼 어휘부 내에서나 '방이→뱅이', '바라다→바램이', '손잡이→손잽이'에서처럼 곡용 및 활용 환경이나 합성이나 파생환경에서도 실현된다. 움라우트의 제약 조건이 게재자음이 설첨음 'r'의 경우에도 '다리미→대리미'처럼 실현된다.

전부모음화도 '가슴→가심', '춤→침'에서처럼 어휘부 내부에서 뿐만 아니라 '있으니→이씨이', 에서처럼 활용의 환경까지 확대되고 있다. 다만 '젖(乳)을→*저실'에서처럼 곡용의 환경에서는 제약을 받는다. 전부모음의 동화주도 치찰음 'ㅅ, ㅈ, ㅊ'뿐만 아니라 유음 'ㄹ'에까지 확대되어 '다르다→다리다', '가르다→가리다'와 같이 실현되어 중부방언과 차이를 보여준다.

원순모음화 현상도 매우 활발하다. 동화의 방향으로 완전동화여서 순행동화만 실현되는 중부방언과 차이를 보여주며 동화주도 순자음(ㅁ,

ㅂ, ㅍ) 이외에 순모음(오, 우)도 동화주가 된다.

자음 동화 현상은 중부방언과 큰 차이가 없으나 경주방언에서는 비음화현상은 매우 활발하다. 비자음 [n], [ŋ]과 인접한 모음이 순행 및 역행의 환경에서 모두 비음화가 이루어진다. '호미[homẽ'i]', '가마니[kamã'i]', '가(行)-니[kã'i]'와 같은 예처럼 비자음이 탈락되는 대신 비모음화되는 모음이 반드시 고조(H) 액센트를 수반한다.

경음화 현상 가운데 어두경음화 현상은 중부방언과 큰 차이가 없으나 어중 경음화 현상은 세대별 차이를 보여주는데 노년층에서는 제약이 있다. '강가→강가', '국밥→국밥' 등에서처럼 어중에서는 정지음끼리 결합하더라도 경음화가 실현되지 않는다. 그러나 최근에 와서는 어중뿐만 아니라 어두의 경음화가 강력한 힘을 가지고 확산되고 있다.

3) 경주방언의 문법체계와 현상

경주방언에서 곡용체계인 격조사와 특수조사는 중부방언과 큰 차이가 없다. 다만 격조사는 생략형이 많이 나타나며 대격조사 '-을/를'의 격범주가 확대되어 "밥으로(을) 먹는다"에서처럼 조격의 환경이나 "산으로(을) 간다"의 자동사에서도 부사격처럼 사용되기도 한다. 처격으로 '-에'가 "니는 오늘 장아 가나"에서처럼 '-야'가 실현된다. 공동격조사는 "니캉, 내캉", "밥하고 죽하고 묵는다"에서처럼 '-와/과'보다 '-캉', '-하고'가 주로 실현된다. 호격조사로는 "철호애이 니, 와카노?"에서처럼 '애이(아)'와 존칭호격 "할베요 오늘 장아 가능교"에서처럼 '요'가 남아 있다.[1]

특수조사로는 "니자테(더러) 누가 카더노?", "니손에(한테) 밥 얻어 묵기 힘든데이"에서처럼 '-한테', '-자테, -떠러, -손에'와 같은 형태들이 실

---

[1] 이상규, ≪한국어방언학≫, 학연사, 2008.

현된다.

활용어미 가운데 접속어미로는 "배가 아파가아 못 갈따", "디질라꼬 카나"에서처럼 '-아가(아서)', '-라꼬(-려고)'가 실현된다. 목적을 나타내는 "영화 보로 간다"에서처럼 '-(으)러'는 '-(으)로'와 함께 실현된다. 장형사동형으로 "날로 죽꾸로 할라 카나"에서처럼 '-게+#하다'에 대응되는 '-구로+#하다'가 실현된다. 접속어미에서 선행문의 선어말어미에는 여러 가지 제약이 따르는데 특히 "어제 밥을 묵었는 사람은 오늘은 굶어라."에서처럼 '-었는-'이 실현되어 중부방언과의 차이를 보인다.

선어말어미에서 주체존대는 '-시'로 실현되며 시상선어말어미는 '-었-', '-리(겠)-'이 실현되어 문법범주로서는 과거:미래의 대립 체계를 보여준다. 특히 미래시상선어말어미(추측, 추량)는 "아이고 죽을때이", "그 사람 고라지 보이 더 오래 못 살때이"에서처럼 '-리(읆)-'이 실현되어 고어형의 잔존형이 남아 있다.

문말어미는 현재시상이나 청자존대를 나타내는 문법적 기능과 더불어 문장의 서법을 실현한다. 청자존대 높임은 서술형에는 '-니더, -심더', '-이소, -소', '-네, -ㅁ세, -데', '-데이, -지러'가 있으며 의문형으로는 '-능교, -능게', '-능가', '-나/노', '-지러', 명령형으로는 '-시이소', '-이소', '-ㄹ래', '-래이', '-이시더', '-시더', '-세', '-래이' 등으로 구분된다. 특히 의문형어미는 존대 등급에 따라 구분되는데 비존대 의문문에서는 "니 어데 가노?"에서처럼 의문사 의문으로는 '-노'가 실현되며 "니 올 장아 가나?"에서처럼 판정의문에서는 '-나'가 실현된다.

조어법에서 복합동사가 '드가라(들어가라)'에서처럼 'V^1+-아/어-+V^2'의 구성에서 '-아/어-'의 생략형이 많이 나타나는데 이러한 현상도 중세국어의 '섯돌다(섯-+돌다)'와 같은 조어법의 잔존이다.

4) 경주방언의 어휘체계와 특성

경주방언에서 어휘 체계 가운데 온도를 나타내는 계열이 매우 합리적이다. 촉감 온도는 "차다-뜨시다"로 대응되고 감각 온도는 "춥다-덥다"와 대응된다. 중부방언과 대비해 보면 다음과 같다.

중부방언	경주방언
더운밥-찬밥	뜨신밥-찬밥
더운물-찬물	뜨신물-찬물
더운 방-찬 방	뜨신방-찬방
더운 날씨-찬 날씨	뜨신 날씨-찬 날씨

위의 예에서처럼 '덥다' 계열은 감각온도 계열이기 때문에 그 반의어는 동일한 계열의 '찬'계열과 통합할 수 없다. 따라서 중부 방언의 표준어 형보다 경주방언의 계열적 결합이 훨씬 타당성이 있다고 할 수 있다.[2]

경주방언에서는 "빨갛다, 빨가스름하다, 볼그스레하다, 볼그스름하다, 불그틱틱하다,,,"와 같은 색상어나, "짭다, 짭조름하다, 짭자무리하다…"와 같은 미각어나 "펄럭펄럭, 팔락팔락, 폴락폴락…"에서처럼 의성의태어가 대단히 발달되어 있다. 예를 들어 보면 대구 동촌에서 과수원을 경영하던 집의 딸인 비운의 여류 소설가, 백신애의 소설에 "채슬러(몸을 부들부들 떨며), 딸래장자(미상), 말머르쟁이(미상), 빼둘처(순식간에 비틀며 빼내어), 무가내하다(속수무책이다), 새음(철), 허갈밭(미상), 홋들치고(홀로 외롭게), 홍성드무리(드물게, 드문드문하게), 금실마리(금실가닥), 끼끔(찝찝하다), 동글걀숨(동글하면서 갸름하다), 새자개(貝)(새로운 자개), 쇠통 정신이 없구나(온통 정신이 없구나), 스닿기우며(스치는

---

[2] 이상규, 《방언의 미학》, 살림, 2008.

듯 살짝 닿으며), 털구렁(놓치다, 미상), 못찍한(묵직한), 어여내었습니다(살을 도려내는 듯 하였습니다), 응혹(응당), 대패밥 모자(대패밥으로 만든 모자), 재처(다시 다구쳐), 묵척(미상)"과 같이 뜻을 확인할 수 없는 어휘를 포함하여 많은 방언형이 나타난다. 또 "감스릿하다/감스릿하게(불빛의 밝기가 낮아 어두침침하다.), 감으르치다/감으러친(손이나 발목을 삐다.), 갓근스럽게(매우 친절하게.), 갋다(맞대응하다. 나란히 마주 대응하다.), 거발거리다/건방거려도(건방을 떨다.) 동게다(겹쳐 놓다. 포개어 놓다.), 따뜨무리하다(다소 따뜻한 정도. 차츰 따뜻해지다.), 뜸배질(송아지가 어미 소의 젖이 잘 안 나와 머리로 들이 받는 행위.), 멍짜(멍청한), 무가내하다(막무가내로 대하다.), 박구채로(여러 사람이 돌아가면서 말하는 것.), 반드라시(반듯하게 누운 모양새. 특히 어른 앞에 버릇없이 누운 모양.), 빈줄러(비좁은 상태에서 서로 조금씩 당겨서 같이 앉게 하는 것. 조금씩 아껴.), 성글러(고기나 나물 같은 것을 큼직큼직하게 썰다.), 소리끼 없이(전혀 소리나 흔적도 없이.)와 같은 예들이 있다.[3]

 경주방언의 어휘 가운데 농기구의 부분과 전체의 부속명에 대한 특징을 살펴보자. 먼저 '가망이틀(가마니틀)'의 부속 명칭으로 '바대(바디)', '바늘대'가 있다. '도리체, 도리깨'에 '골대(꽃띠)', '도리깨때', '열'이 있다. '물방아(물레방아)'에는 '방아굴대(굴통)', '살개목(방아채)', '눌림대(놀림대)'가 있으며, '석매방아(연자방아)'에는 '고줏대', '후릿대' 등이 있다.

 의류와 관련된 어휘에서 '물레'의 부품명칭으로 '물레바탕', '가리새'가 있으며 실을 뽑는 도구인 '새기(씨아)'에는 '바탕', '세기(쇄기)', '짭주리(짭주재)' 등이 있다.

---

[3] 이상규, 《방언의 미학》, 살림, 2008. 이상규, 《둥지 밖의 언어》, 생각과나무, 2009.

놀이기구와 관련된 어휘로는 윷판의 부분명칭으로 '미겨(참먹이)', '또(도)', '개(개)', '걸(걸)', '윷(윷)', '모(모)', '돗밭(뒷도)', '개발(뒷개)', '걸밭(뒷걸)', '지괘(뒷윷)' 등의 다양한 토착방언이 남아 있는 언어의 보고라 할 수 있다. 웨일즈의 격언인 "언어가 없는 민족은 심장이 없는 민족이다(Cenedl heb iaith, cenedl heb galon)"는 말처럼 지역문화는 지역의 방언으로 전수된다. 그들 공동체가 지닌 정체성의 핵심이 그들의 언어적 특성에 녹아있다.

5) 경주지역 담화의 특징

경주지역 담화 자료에는 매우 뚜렷한 특징들이 나타난다. 우선 개음절어가 대량으로 나타나기 때문에 '밥+으는, 밥+으를, 밥+으로', '죽+으는, 죽+으를, 죽+으로'와 같이 곡용형태에서 음절이 확장될 뿐만 아니라 활용형에서도 동일한 현상이 나타난다. 이것은 고대국어의 폐음적화 이전 단계의 자영이 아닌가 판단된다.

담화 자료에는 문어에 비해 상황 전이어 "마/머, 저/조, 이. 요" 등의 형태가 나타나면서 새로운 문장으로 전화되는 예들이 많이 나타나기 때문에 문어적 문법의 관점에서 보면 비문에 가까울 정도로 불완전한 구문이 많이 나타난다. 그리고 개인적인 차이는 있겠지만 문장이 완전히 주술구조로 완결되지 않거나 문장 성문이 생략되는 예들이 많이 나타난다.

문법적인 면에서도 격조사가 대격과 도구격이 미분화된 상태로 나타나며 부사격에서도 '[집단 장소]+-아~'와 같은 특징적인 격조사가 나타나며 활용어미에서도 '-게'가 아닌 '-구로/그러'가 미확정 시상어미로 '-겠-' 대신에 '-읋/리-'가 나타나는 등의 모습을 보여주고 있다.

3. 변두리의 언어의 절멸 위기

1) 언어문화의 다양성

지식과 정보, 문화적 소통과 공유는 기호로 이루어진다. 즉 문화 경계가 확장되는 새로운 디지털 미디어 시대에 인류의 지식과 정보는 기호(symbol)로 전달되는 것이다. 이 기호는 문자언어나 음성 언어, 오디오, 비디오 등 다양한 매체 기호로 구성되어 있는데, 그 가운데 문자언어의 위력이 과대하게 지배해 왔던 방식에서 벗어나 구두 언어의 흔적이나 문자가 없는 종족의 구어 등에 대한 기록화에 관심을 가져야 할 필요성이 대두된다. 문자언어에 묶여 있었던 인문학이 구두 언어를 비롯한 다매체 언어를 끌어안는 쪽으로 진화되어야 한다는 말이다.

이 세상에 그 어떠한 위대한 발견이나 창조도 모두 언어라는 창을 통하지 않으면 무용지물이다. 언어란 한 사회 구성원들이 무언으로 약속한 일종의 기호체계이다. 음성언어로 실현되는 말소리로부터 텍스트로 드러나는 문어가 그 중심을 이루고 있으며, 최근에는 오디오 비디오 등 영상매체로 인간의 소통의 방식은 점점 확장되고 있다.

어쩌면 인간의 창조적 과학은 기호의 체계로 정교하게 엮어져 있는 구상물이라고 할 수 있다. 새로운 지식과 정보, 이를 기반으로 한 창조적 신지식과 정보를 계기적으로 만들어내는 일에 가담하고 있다고 할 수 있다. 인간 지식과 정보의 효용과 가치라는 측면에서 어느 것이 더 우월한가라는 문제로 별개의 문제이지만 중심이 아닌 변두리 사람들의 일상생활에서 소통되는 언어 또한 과학적 언어에 비해 가치 없는 것이라 쉽게 논단할 수는 없다. 그들의 생존과 오랜 삶의 경험으로 축적된 결과이기 때문에 그들이 사용하는 언어의 창을 통해 변두리 사람들의 삶이 가치를 확인할 수 있기 때문이다.

대구·경북 사람들의 언어 곧 그들의 일상생활에서 주고받는 구어는 그들의 정체성을 드러내 주는 동시에 그들이 온전하게 살아온 삶의 무늬가 깃들여져 있기 때문에 그만큼 가치 있고 또 존중받아야 할 것이라고 할 수 있다. 우리는 지난 20세기까지 서방의 제국적 지배 방식에 길들여지면서 변두리의 언어와 문화는 열등한 존재로 타자화됨으로써 피지배 국가와 부족의 언어는 지배국가의 언어로 대체되었다. 아프리카, 호주, 북미, 중미 남미와 태평양의 많은 군도의 소수자의 언어가 대량 침탈당하는 위기를 경험하였다. 그 결과 소수자의 언어에 담겨 있는 살아 있는 지식은 절멸의 순간을 맞이하였다.

대한 제국이 일제의 계략에 의해 조락의 문턱에 이르렀을 때, 고종 황제는 조선 왕조를 새로 일으키기 위해 피나는 노력을 기울였지만 한일 합병이라는 식민 지배의 구렁에 휩쓸렸다. 이와 같은 위기의 순간, 갑오 개혁과 함께 고종 31(1894)년 11월 21일에 공문서 관련 칙령 1호를 발표한다. 칙령 1호 제14조에는 "法律勅令, 總以國文爲本, 漢文附譯 或混用國漢文"이라고 하였고, 동 칙령 86호(고종 32(1895)년)에는 "法律命令은 다 國文으로써 본을 삼고 漢譯을 附ㅎ며 或 國漢文을 混用홈"이라고 밝혔다. 세종 이후 처음으로 한글을 나라 글자임을 천명한 것이다. 이후 학부(學府)에서는 혼란스러운 한글 표기법을 제정하기 위해 일제 침탈 1년 전인 1909년 12월 28일 ≪국문연구의정안≫을 제안하였으나 시대적 상황으로 인해 무산될 수밖에 없었다.

이러한 일은 국가가 담당해야 할 임무이지만, 우리의 경우에는 민간 학술 단체인 조선어학회가 중심이 되어 1933년 ≪한글맞춤법통일안≫을 완성하였고, 이것을 토대로 하여 민족 대사전 편찬을 추진하여 오늘날 한글 소통의 시대로 진입하게 되었다. 그러나 고비 고비마다 우리말과 글의 통일에 대한 논란이 잠복되어 있다가는 머리를 쳐들게 된다. 이승만 정권 때 우리말 간소화 표기 파동을 거치고 한자를 한국어 국자로 하자는 논의는 지금도 종식되지 않고 있는 실정이다. 다행스럽게도 1970년 1월 1일 박정희 정권은 한글 전용을 선언하는 담화문 발표와 함께 초·중·고등 학교의 교과서를 전면 한글 표기로 전환함으로써 한글 발전의 큰 기초를 놓게 되었다.

조선어학회 사건으로 피금되었다가 함흥 감옥에서 옥사한 환산 이윤재(1888~1943)는 우리말과 글을 새롭게 정비한 ≪우리말 큰사전≫ 편찬을 위해 서울을 중심으로 한 표준어 기준을 제정하고, 그 기반 위에 전국 각지에 다양한 토착의 말과 글을 수집하여 사전에 등재하기 위해 노력한 분이다. 당시에 여러 대학생과 함께 한글 보급 운동을 하면서 하계 방학을 이용해 방언을 수집하였다고 하는데, 각 지역에 분포한 다양한 우리말들을 캐기 위해 최현배 선생이 만든 ≪우리말 캐기 잡책≫이라는 방언 조사 질문지를 이용해 자료를 수집하였고 한다. 물론 시대적 상황으로 보아 시간은 절대적으로 부족했고 조사 비용도 넉넉하지 못한 탓에 충분한 조사가 이루어질 수는 없는 실정이었다. 따라서 ≪우리말 큰사전≫의 편찬은 충분한 자료를 확보하지 못한 상태에서 시작되는 것이지만, 환산의 노력으로 인해 ≪우리말 큰사전≫에 많은 방언형들이 등재되었으니 그 공로는 절대 낮게 평가되어서는 안 될 것이다.

우리말의 보전 혹은 우리말 사전 편찬에 대한 이윤재 선생의 관점은 '전등어(어원적 방언)'와 '각립어(음운적 변이 방언)'라는 개념의 설정에서 잘 드러난다. 곧 '부추'라는 표준어 외에 전라도 지방의 '솔', '졸'이라는 방언과 경상도 지방의 '정구지'와 같은 말을 전등어라고 규정하고, 서울·경기 지역의 '부추'가 '분초', '분추'로 분화되거나 전라도나 서부 경남 일부 지역에서 사용하는 '졸'과 '솔'이 '소풀' 등으로 음운 분화를 한 방언형을 각립어라고 규정하였는데, 이윤재 선생은 여기에서 각립어를 제외한 전등어 중 대표성을 띠는 방언형을 골라 표준어로 올리려고 노력하였다. 즉 이윤재 선생은 방언형은 비록 지방의 말이라고 할지라도 민족 언어의 일부이며 당연히 지켜야 할 언어 유산으로 인식하고 있었던 것이다.

2) 고착된 표준어와 방언의 차이

(1) 방언과 표준어

오늘날 표준어와 방언의 차이가 너무나 고착되어 있다. 표준어가 아닌 변두리 방언이 급속도로 죽어가고 있다. 성호 이익(1681~1763) 선생이 쓴 『성호사설≫자서에서 "아무리 천한 분양초개(糞壤草芥)라도 '똥(糞)'은 밭에 거름하면 풍요로운 곡식을 거둘 수 있고, 겨자풀은 아궁이에 불로 때면 맛있는 반찬을 만들 수 있다"고 하였다. 바닷가에서 소금을 굽고 배를 타고 바다에 나가 고기를 잡고 사는 이들이나 지게를 짊어지고 땔감을 구하고 절기에 맞추어 씨를 뿌려 농사를 짓는 이들이라도 그들의 언어에 담겨 있는 누적되어온 체험적 언어 지식·정보가 얼마나 소중한지를 깨달아야 한다.

자연 생태계나 인간의 생존과 직접적인 관련성이 있는 방언들을 표준어가 아니라는 이유로 사전에 올리지 않으면 낱말 생태계가 구성하고 있는 인간의 체험적 지식도 무너져 버리게 된다. 폭발적으로 늘어나는 인간 지식·정보를 어느 개인이 관리할 수 없다. 국가가 이처럼 소중한 인간의 언어로 결을 맺고 있는 지식·정보를 활용할 수 있도록 관리하고 지원하는데 눈을 떠야 한다. 국가의 경쟁력이나 국민의 선진화는 지적인 다중을 일깨우는 데에서 시작해야 할 것이다.[4]

---

[4] 최근 상희구 시인이 경주방언으로 대구를 소재로 한 시를 모은 시집 ≪추석대목장날≫(오

그러나 위와 같은 환산 이윤재 선생의 관점과는 달리, 언제부터인가 서울말이 아니면 표준어가 아니라는 인식이 생겨났고, 둥지 밖으로 밀려난 방언은 "촌스러운 우리말," 심지어는 "잘못된 말, 틀린 말"이라는 낙인이 굳게 찍히게 되었다.[5] 전국적인 사용 분포를 가진 '멍게'와 같은 소수의 방언을 생색내듯이 표준어로 인정하는 좀스러운 인식에서 벗어나지 못하고 있다. 사람들이 사용하는 언어는 세상에 대한 그들의 인식 체계인 동시에 삶의 지식과 지혜가 오롯이 담긴 그릇이라고 할 수 있다. 전라도 바닷가 사람들은 '말미잘'을 '붉은미주알'이라고 하고 '거북손'이라고 하는 갑각류를 마치 설사를 오래하여 항문이 빠진 모습이라고 하여 '보찰'이라고 부르며 '성게'를 '밤송이조개'라고 한다. 거제도 사람들은 '자리돔'을 '배달구'라 하고 경남 해안 사람들은 '망둥어'는 '졸래기', '밴댕이'를 '띠포리'라고 한다. 흑산도 바닷가에서 고기를 잡는 사람들의 말을 어떻게 서울 사람들이 알 수 있을까? 서울말이 아니니까 이들은 전부 틀린 말이 될 수밖에 없는데, 서울 사람들이 이해하지 못하면 다 내다 버려야 한다니 이런 어처구니없는 국가의 언어 지배의 틀이 어디 있겠는가? 팔라우 군도에 거주하는 어부들은 컴퓨터 용어는 하나도 모르지만 물고기의 이름이나 생태적 지식은 전문 학자들의 지식 수준을 능가한다. 변두리의 말은 그 지역 사람들의 생존과 긴밀하게 연관되어 있을 뿐만 아니라 살아서 생동하는 그들의 지식의 일부분이다.

지난 시절에는 이러한 문제에 대해 거의 눈 돌릴 겨를이 없었지만, 이제 언어정보화의 기술력은 이런 다원적인 언어 지식·정보를 유용하게 운용할 수 있는 상황에 도달해 있다. 최근 국민 행복의 시대를 만든다는

---

[5] 성문화, 2013.)이 있다.
이상규, 《방언의 미학》, 살림, 2008. 이상규, 《둥지 밖의 언어》, 생각과나무, 2009.

정부의 비전에 과연 무엇이 담길 것인지 궁금하다. 변두리 지방민들은 그들의 언어적 자존심을 국가가 인정할 때 재정이나 복지 지원보다 더 큰 기쁨과 자존심을 느낄 수 있을 것이리라. 진정 국민을 위한다면 국민들의 언어 생활을 통제적 방식에서 개방적으로, 그 다양성을 포용하는 쪽으로 이끌어가야 할 것이며 그들의 언어 속에 담긴 지식·정보를 활용할 수 있는 환경으로 만들어야 할 것이다. 표준어와 방언과의 관계뿐만 아니라 맞춤법이나 외래어 표기법 등도 또한 마찬가지이다.

(2) 경남 의령지방

경남 의령이라고 하면 의병장 곽재우 장군과 삼성 이병철 회장을 떠올릴 수 있다. 일제 강점기에 부산과 대구에서 백산상회를 새워 독립 군자금을 후원하고 국채보상운동의 불을 당긴 안휘재 선생과 초대 교육부 장관을 지냈던 안호상 선생, 의령의 갑부이면서 인재 교육에 헌신하였던 이우식 선생, 조선어학회 33인이었던 고루 이극로 선생 또한 이 지역 출신이다. 영남 지역에 있는 독립 운동의 진원지이기도 한데 지금도 의령 장터를 찾아가면 일제 강점기의 흔적이 곳곳에 묻어 있다. 일본 수시(すし)집과 망개떡 원조집이 서로 어깨를 맞대고 서 있다. 망개떡은 청미래덩굴의 잎으로 떡을 싸서 익힌 것인데 '망개'는 '청미래덩굴'의 방언이다. 낱말 계열로 본다면 '청미래떡'이라고 하든지 아니면 '청미래덩굴'을 '망개덩굴'로 해야 옳을 텐데 여하튼 '망개떡'이 표준어로 실려 있다. '망개떡'은 당시 조선어학회의 주요 인사였던 이극로 선생의 음덕으로 일약 스타가 된 사례일 것이다. 이처럼 언어의 계열관계를 보더라도 언어의 권력화가 눈에 보이지 않게 작용한 것이 아닐까?

서울에 경상도 출신 치과 의사가 환자에게 "야문 것 너무 먹지 말라"고 했더니 환자가 눈이 휘둥그레지면서 "그러면 익지 않은 날것만 먹어라구요?"라는 고했다는 이야기가 있다. ≪훈민정음≫ 해례에서도 '기··'와 '긔'가 아동의 말이나 변두리 말에 있음을 증언했듯이 경상도 사람들은 '야물다(단단하다)'와 '여물다(익다)'를 구별한다.

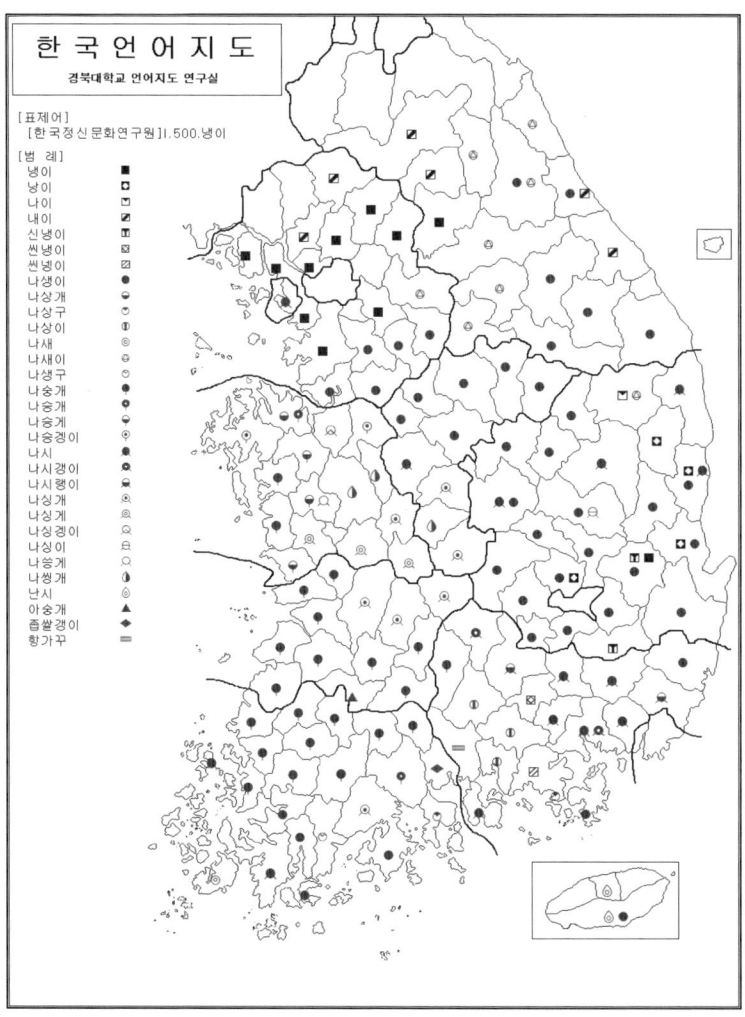

〈지도-1〉 '냉이'의 방언분포지도

의복과 관련된 방언도 지역적으로 매우 다양하다. 안동 지역에서는 '창살고쟁이'라는 여성들의 옷이 있다. 한여름 조금이라도 더 시원하도록 허리단에 창살처럼 천을 파내어 만든 고의이다. 북조선에서는 '어깨마루', '어북', '긴고름', '짧은고름', '소매전동', '소매끝', '옆선', '치마기슭단', '아래깃', '아래깃끝', '깃줄앞', '깃마루뒤갓', '조끼' 등 의복과 관련된 다양한 방언어휘가 있다. '버선'의 경우도 '목뒤꿈치, 바닥, 버선코, 수눅' 등의 부분 명칭이 지역에 따라 다양하게 분화되어 있다.

봄나물인 '냉이'를 영남에서는 '나생이', '나싱이'라고 하고 호남에서는 '나승개'라 부른다. '냉이'의 방언분포지도는 <지도-1>과 같다. 또 '달래'를 영남에서는 '달랭이'라고 하고 호남에서는 '달룽개'라고 하고 '씀바귀'를 영남에서는 '심바구', '신나물'이라고 하는데 비해 호남에서는 '싸랑부리, 싸난부리'라고 말한다.

(3) 평안도 음식관련 용어

평안도 음식에서 실례를 들어 보면 다음과 같다, '닭죽', '느릅쟁이국수', '올챙이묵', '칼제비국수', '찰강냉이떡', '참나물국', '뱅어남비탕', '도미탕', '내복탕', '어북쟁반', '순안불고기', '뱅어지짐', '가지순대', '갈게절임튀기', '참게장졸임', '준치회' 등의 색다른 방언을 찾아 볼 수 있다. 프란츠M. 부케티츠(2005:181)는 "오늘날 지구상에 사용되고 있는 모든 언어는 '최소한 똑같은 능력을 지닌 언어들이다. 그러므로 만약 어떤 언어든지 일단 사멸되면 그와 더불어 가치있는 문화유산도 영원히 사라지고 말 것이며, 어떤 언어든지 일단 사멸하게 되면 이는 대단한 정보의 손실을 의미한다"라고 말하고 있다. 그렇다. 다양한 언어의 변종과 변이형들은 표준화를 위해서 마치 걸림돌처럼 생각하기 쉽지만 한치만 더 깊게 생각해 보면 이것이야말로 언어의 역사성이나 문화적 배경의 정보고 남아있는 중요한 언어의 화석이다.

(4) 동식물의 명칭과 그 방언형

　동식물의 지역적인 종의 다양성에 따른 명칭분화와 그에 대응되는 방언형은 매우 복잡하다. 경상북도의 "경북민물고기전시관"(wwwfishgokr)에서는 전국에 분포한 민물고기들의 지역적인 방언형을 수집하여 온라인상에서 정보를 제공해주고 있다. 예를 들어 '퉁가리'라는 민물고기 이름의 지역적 분화형을 도별로 구분하여 소개하고 있다. 물론 이런 종이 다양한 낱말의 방언형 체계를 전면적으로 표준어에 수렴하여 사용하도록 하는 일은 거의 불가능하다. 그러나 이러한 지역적 종의 다양성을 체계적으로 조사를 하고 어디까지 공통어로 채택할 것인지 논의를 해야 할 것이다. 무수한 생물들이 강제로 죽음으로 내몰리고 있듯이 많은 언어나 방언도 눈에 보이지 않는 엄청난 '폭력'이 가해지고 있다. 한 언어나 방언을 사용하고 있는 사람들의 공간이 변화하거나 공간의 강제이주에 따라 그들에게 익숙하지 않는 언어를 사용하도록 강요당하고 있는 것이다. 소멸해가는 방언을 보존하기 위해 언어학자들이 서둘러 나서지 않는다면 얼마가지 않아 그 방언들 역시 멸종 위협을 당하여 수많은 식물이나 동물과 똑같은 소멸위기에 처할 것이다. 문제는 이 지구상에 다양하게 존재하던 생물의 종과 인간문화 곧 언어가 함께 급속도로 소멸해 가고 있는 이 극한 상황을 어떻게 설명하고 이해해야 하는가? 어쩌면 국어학자나 언어학자들이 이렇게 다양한 언어의 변종에 대해 알고 있는 사실이 너무도 적다는 사실을 인정해야 할 것이다. 그리고 급속도로 언어의 다양성이 파괴되고 있는 점에 대해 사람들이 이해하는 정도가 본질에서 너무나 멀리 떨어져 있는 것이 아닌가 반성해 보아야 할 것 이다. 생태학에서도 단일재배는 조만간 부득이 멸종으로 이어질 수밖에 없다고 예고하고 있다. 그런데 사람들은 자연의 다양성을 파괴하고 식량의 원천이 되는 생물의 종을 표준화하거나 생산량이 많은 쪽으로만 육종하는 데 혈안이 되어있다. 기술적으로 고도의 무장을 하고 있는 인간들은 엄청난 종족의 사멸과 그 언어의 소멸을 아무렇지도 않게 바라만 보고 있다.

(5) 충청도와 강원도의 경계에 있는 산간지역

역시 충청도와 강원도 경계에 있는 산간지역에서는 겨울 방안에 '코쿨, 코쿤'이라는 벽난로가 있었다. 이 '코쿨'은 벽면에 콧구멍 모양으로 만든 불화로를 만들고 연통을 바깥으로 내어 난방과 동시에 등화가 가능한 장치이다. 여기에 솔괭이나 혹은 겨릅이라는 삼을 벗겨낸 삼대에 등겨 가루를 발라 말린 것을 올려 불을 지피면 조명의 역할과 동시에 보온의 역할을 하는 것이다. 아마도 이 '코쿨'은 까마득한 선사 시대의 예족들이 사용한 조명 방식이 아직 강원도와 충청도를 잇는 산간벽지에서 그 자취를 남기고 있는 것으로 보인다.

우리나라에 퍼져 있는 암각화는 거의 태백 준령 동쪽으로 치우쳐져 있는데 이러한 사실은 동서의 고대 주민들의 이동 경로와 밀접한 관계가 있다. 70년대 방언 조사를 하다가 백중을 전후한 농경 축제의 하나인 사물놀이가 아닌 오물놀이였다는 사실을 알게 되었다. 지난날에는 벼농사를 할 때 논매기가 매우 중요하고 고된 농사일 가운데 하나였다. 세벌 논매기가 끝날 무렵에는 호미를 물에 씻어 건다고 하여 '호미씻이'라는 농경 행사를 했었다. 지주는 일꾼들에게 잔치를 벌여 주는데, 이때 자연스레 풍물놀이를 하게 된다. 그런데 영남 지역에서는 북, 장구, 꽹과리, 징이라는 사물과 함께 '딩각'이라는 오동나무로 만든 긴 나팔까지 포함시켜 오물놀이가 유포되어 있었던 것이다. 흥미로운 사실은 반구대 암각화에 18명이 사람 모양의 그림이 있는데 그 가운데 한 사람이 바로 이 딩각이라는 악기를 불고 있었다는 것이다. 이는 현재와 선사 시대를 이어주는 매우 중요한 정보가 아닐 수 없다. 농경 놀이를 할 때 농악대에 포수와 이 딩각을 부는 사람이 그 선두잡이 역할을 한다. 반구대 암각화에 나타나는 선두잡이에 대해서는 주술사나 집단 지도자 등 다양한 해석이 가능하지만 이 딩각의 전통은 바로 함경도 지역의 박주라라는 악기와 서로 연결된다. 어쩌면 가마득한 옛날 경주 신라 왕경으로 몰려든 이주민들이 남긴 흔적이 아닐까? 18명의 사람 그림 가운데 활 쏘는 사람으로 알려진 한두 사람은 활 쏘는 사람이 아닌 말몰이 채를 휘두르는 몽고 타타르의 이주민들이었을지도 모른다.

(6) 마름집

수년 전 오현 큰스님과 함께 세계 문화유산으로 지정된 경주 양동마을을 찾았다. 무첨당, 향단 등 5대 종가댁의 한옥은 멋을 한껏 부리며 멀리 양동 주귀미 들판을 내려다보고 있다. 종가댁 정문 앞에는 조그마한 초가집이 한 채씩 서 있다. 부엌도 마루도 달리지 않은 달랑 방 한 칸짜리 초가집이다. 이 초가집의 이름을 물어 보니 아는 사람이 아무도 없었다. 바로 이 집은 옛날 사대부 양반님들의 말을 모는 하인들이 잠시 머무는, 말하자면 자가용 운전기사가 대기하는 집이며 그 이름은 '마름집' 혹은 '가름집'이라고 한다. 이 이름은 멀리 함경도 지역까지 퍼져 있는데 백석의 시에 나오는 '마가리'가 바로 이것과 같은 유이다. '말음(숨音)'은 이두어로 옛날 지주들의 농경 경작을 대리하는 하인으로 때에 따라서는 상전의 말고삐를 잡는 역할을 한 탓에 이런 말이 생긴 것은 아닐까? 양반 고택만 중요한 것이 아니다. 그 초라한 '마름집'이 지난 시절 서민들의 삶의 역사를 대변하는 매우 중요한 유산이 될 수 있는 것이다. 지배와 피지배의 관계는 이와 같은 무관심으로 인한 역사 해설의 왜곡까지 불러올 수도 있는데, 이를 바로잡아 주는 '산 증거'가 그들 언어의 흔적 속에서 건져질 수 있다.

(7) 제의(祭儀)

언어의 유산이 제의(祭儀) 절차에 남아 있는 예가 많이 있다. 제삿날 주요한 제수 음식 가운데 경북 안동 사람들은 문어를 매우 소중하게 생각한다. 동해의 문어 80%가 안동장으로 팔려 나간다는 말이 있듯이 안동에서는 다리가 굵고 싱싱한 문어를 제사에 반드시 올려야 한다고 생각하고 있다. 최근 '안동 간고등어'가 세계 시장으로 팔려 나가고 있다. 70년대 후반 안동 지역에 방언 조사를 갔더니 노인분께서 "옛날 여기 안동 양반네들은 새벽에 펄펄 뛰는 청어고기를 먹었다"라는 이야기를 하였다. 그 시대를 생각하면 좀처럼 납득할 수 없는 이야기가 되겠지만, 안동은 해안 지역인 영덕으로 이어지는 38번 국도를 타고 혼인권이 형성된 지역이며 물류 교역의 주요 통로였다는 점을 생각해야 보아야 한다. 새벽에 잡은 생선을 10리마다 보상들이 배달해 오면 이른 새벽녘이면 양반네들은 펄펄 뛰는 생선을 능히 먹을 수 있었던 것이다. 바로 이때 팔다 남은 고등어 생선에 소금을 치던 간잽이들의 오랜 경험적 전통이 바로 오늘의 명품 '안동 간고등어'를 탄생시킨 것이다.

같은 경상도라도 대구, 경주, 영천, 포항 지역에는 제수 음식으로 '돔배기' 없이는 제사를 지내지 못한다. 경산 진량고분에서도 이 상어의 등뼈가 발굴되었듯이 이미 선사시대로부터 제수로 사용되었음을 알 수 있다. 돔배기는 상어고기를 토막토막 잘라 사리꼬챙이로 꿰어 불이나 물에 익힌 음식이다. 그런데 이 '돔배기'를 ≪표준국어대사전≫에서는 "돔발상어(돔발상엇과의 바닷물고기)의 방언(경북))"으로 처리하고 있다. 이

지역의 문화를 제대로 모르는 상황에서 생겨난 오류가 아닐까?

(8) 과메기와 콩나물

겨울에 찬 바람에 얼린 청어나 꽁치를 과메기라고 하는데 이것을 모르는 사람은 없을 것이다. 경북 포항 바닷가에서 싱싱한 청어나 꽁치를 겨울 바람에 얼려서 내장의 육즙이 살 속으로 펴져 가도록 한 아주 맛있고 영양가가 높은 고급 식품이다. 이 과메기가 전국구가 된 것도 그리 오래되지 않았다. 그런데 다산 정약용 선생이 포항 장기현에 유배를 와서 주민들이 주는 과메기를 먹어 보고는 비유어(肥儒魚, 선비를 살찌우는 고기)라는 이름을 지어 시로 남겼다. 관목어(貫目魚, 눈에 사리 꼬챙이를 꿰어 얼린 고기)라는 이름에서 근사한 비유어라는 영예로운 이름을 얻는 탓인지 이명박 정부가 들어서면서 청와대 파티에 올라 일약 스타가 되었다. 그러나 서울의 것이 아니니까 자연 내버려야 할 사투리에 머물러 있다. 이래서 말은 제주로 사람은 서울로 가야 된다는 말이 생겨났지 않을까?

수년 전 상주 공성면에 방언 조사를 하다가 결혼 음식으로 콩나물을 삶아서 콩가루에 무친 음식이 있다는 사실과 그 이름이 '콩지름힛집'임을 알았다. 흔히 과년한 처녀에게 "국수 언제 줄래?"라는 질문을 하는데 이는 "언제 시집을 갈 것인냐?"라는 완곡 의문법이다. 이 '국수'와 '콩지름힛집'은 서로 유사성이 있다. 잘 자라고 또 머리 수자가 많다. 곧 고대 농경문화에서 다산의 풍요를 기원하는 주술적인 염원이 담겨 있는 민속 음식이다.[6]

---

6 이상규, <우리말의 다원성에 대한 성찰>, ≪말과 글≫ 제135호, 한국어문기자협회, 2013.

4. 문화의 다원성 유지를 위하여

　다시 일제 시대로 되돌아가 보자. 나라가 존망의 위기에 처해졌을 때 정치가 언어에 관여하게 된다. 표준이라는 하나의 힘을 향에 질주하지 않으면 모두를 잃어버린다는 위기의식이 하나로 모아 주었다. 그 구심력으로 향하는 쾌속의 힘이 느슨해진 오늘날, 그때 버려두었던 원심의 변두리에 처해져 있던 다양한 우리의 언어문화가 얼마나 크게 훼손되었는지를 곰곰이 생각해 보아야 한다. 높고 낮음, 중심과 변두리를 타자화한 근대 의식에 대한 반론적 성찰이 곳곳에서 이루어지고 있다. 문화의 다원성을 유지하는 하나의 방안이 바로 언어의 갈무리에 있다. 창의력, 창조적 힘을 강조하기 위해서 우리는 먼저 지난 삶의 방식에서 어떤 것을 바꾸어야 하는지를 먼저 생각해야 한다.

　온 국민을 행복하게 하는 일이 무엇인가 정책 책임자들은 진정으로 고뇌해야 할 것이다. 지방민들이 가지고 있는 고급 언어 지식·정보를 구축하려는 의지와 노력이 우리 문화를 더욱 살찌게 하고 차등과 차별로 구획된 격자를 통합이라는 미래의 길로 이끄는 힘이라는 점을 성찰할 필요가 있다.

제2장

경주지역 방언 조사 자료

1. 경주지역 방언 담화

전사는 한글을 이용한 음소적 표기로 하였다. '으':'어'나 '에':'애'는 실제로 비변별적인지만 기저형에 가깝도록 '으':'어'나 '에':'애'를 모두 사용하였으며 음절말음에서 '잦-'이 '잣-'과 변이형으로 자유롭게 교체하는 경우 모두 음소적인 표기 방식을 취하였다.

성조와 장음은 ^ R형, ' H형, : L형으로 표시하고 비음은 ~로 나타내었다. 구어형에서 자주 나타나는 '가주고/가지고/가아'는 모든 담화환경에서 다 나타내었고 주저주저하는 발음의 반복이 끊어짐도 정밀하게 포기하였다.

@는 조사자 1(천명희), @1는 조사자 2(이상규), #은 제보자 1(임연이(1935. 1. 5. 생, 김규진의 처)), #1는 제보자 2(김규진(1928. 2. 2. 생))를 나타내었다.

1980년대 한국학중앙연구원에서 실시했던 전국 방언조사 결과와 비교해 보면 눈에 띄는 변화들이 보인다. 주로 존대법이 '해요' 체계로 변화를 한 것으로 보인다. 앞으로 보다 정밀한 자료의 분석이 필요하다.

■ 길쌈 방적

@ 예! 그냥.
   (예! 그냥)

\# 머 삼 째ˆ 가주고 그 머'어, 째ˆ가 이레, 어:, 또 참, 너'러 말라ˆ 그 해ˆ 가주고는 또 담ˆ에 삼을 삼지'에.
   (뭐 삼 째 가지고 그 뭐, 째 가지고 이래, 어, 또 참 널어 말려서 그래 해ˆ 가지고는 또 다음에 삼을 삼지요.)

\# 삼능그는 인자ˆ, 그 인자ˆ 여자드리 전ˆ부 이레 어불러서¹ 모두 이레 가 삼 이렌ˆ 징겐² 다리'에 이레ˆ 걸'체 가ˆ 그거 해ˆ 노코 그래 인자ˆ 이레ˆ 삼지에.
   (삼는 거는 이제, 그 이제 여자들이 전부 이렇게 어울려서 모두 이래 삼 이래 징개 다리에 이래 걸쳐 가지고 그거 해ˆ 놓고 그래 이제 이래 삼지요.)

\# 삼능 거'는 그래 사마 가주고, 이레ˆ 소구'리 나ˆ 노코 한 광지'리 슥 사머 가지'고, 또 가따ˆ 버ˆ가 말라ˆ가 그래 가ˆ 인자ˆ 내:조 인자ˆ 이러'케 모다ˆ 간ˆ 큰: 이레 둥지'리가 이서예.
   (삼는 거는 그래 삼아 가지고, 이렇게 소쿠리 놔 놓고 한 광주리씩 삼아 가지고, 또 가져다 부어 가지고 말려 가지고 그래 가지고 인제 나중에 이제 이렇게 모아 가지고는 큰 이래(이렇게 생긴) 둥우리가 있어요.)

\# 인는데, 거ˆ다가 한 바'데 댈ˆ 만'친 이레ˆ 인자ˆ 그 해ˆ가 이레ˆ 묶고 무까가ˆ 말라ˆ 가주고는 무까ˆ가 그래, 그래 그거'를 인자ˆ 쩔: 나ˆ돋ˆ다가 인자ˆ 내ˆ조 사'물 인자ˆ 다시 노카ˆ가 그거'를 인자ˆ 글물에 적'세 노카ˆ

---

1 어불러서: 어불(並)-+리+어서, 어울려서.
2 징겐: 지겟. 지게의.

가주고 그래 인자ˆ 삼을 물레'를 가 자ˆ찌예³

(있는데, 거기에다가 한 바디에 될 만큼 이래 인제 그 해ˆ 가지고 이래 묶고 묶어가지고, 말려가지고 묶어가지고 그래, 그래 그거를 인제 저 놔뒀다가 인제 나중에 삼을 인제 다시 녹여가지고, 그것을 인제 그 물에 적셔서 녹여가지고 그래 인제 삼을 물레를 가지고 잣지요.)

\# 자저 가지'고 이래ˆ 인자ˆ 이래ˆ 비베ˆ지드'로 물레'로 자ˆ짬니까⁴.
(자아 가지고 이래 인제 이래 비벼지도록 물레로 가지고 잣잖습니까.)

\# 자저 가주고 그러 삼 까락 이레ˆ 인자ˆ 돌꼬지 이레' 해ˆ 노코 삼 까락 올레 가ˆ 이레ˆ 인자ˆ 둥: 둘레, 둘려 가므 삼 까락 올레⁵ 그래 가ˆ 그레 해ˆ 가주고 또 내ˆ조 인자ˆ 실껴'틀⁶ 인자ˆ 재물' 재물'에다가 은자ˆ 익쿠자닝교⁷.
(자아 가지고 그래서 삼 가락 이렇게 이제 돌곁에 이렇게 해ˆ 놓고 삼 가닥을 올려 가지고 이래 인제 둥그렇게 둘려, 둘려 가면서 삼 가닥을 올려, 그래 가지고 그래 해ˆ 가지고 또 나중에 이제 실꼇을 인제 잿물, 잿물에다가 익히지 않습니까?)

\# 이켜 가ˆ 이켜 가ˆ 인자ˆ 재물' 다ˆ 내ˆ 가주고는 그거 또 인자ˆ 그 돌꼬지⁸ 에 또 거'러 가주고, 거러 가ˆ 또 내레지.
(익혀 가지고, 익혀서 가지고 이제 잿물을 다 빼내고는 그것을 또 이제 그 돌곁에 또 걸어 가지고 걸어서 또 내리지.)

---

3 자ˆ찌예: 잣+앉+지+요. 〔자아, 자으니, 잣는[잔 : -]〕 【…을】 물레 따위로 섬유에서 실을 뽑다.
4 자ˆ짬니까: 잣+지#안+습+니까〉 잣지 않습니까?
5 올'레: 올+리+어〉올려.
6 실껴틀: 가닥을 낸 삼을 한 웅금 다발로 묶은 것.
7 익쿠자닝교: 익히지 않습니까? 반어의문. 상대방이 잘 알고 있는 사실을 확인하는 반어의문의 형식.
8 돌꼬지 : 락꼬치 · 씨앗가락 · 전정자.를 끼워 돌리는 물레의 부속 이름.

\# 내레 가ˆ 인자ˆ 슬: 다마 가주고 고래 가ˆ 인자ˆ 조ˆ 인잔 바꾸, 인자ˆ 체빠꾸만:한 데 요런 고런 거 나ˆ 노코 고거 내레' 가주고는 인자ˆ 내ˆ조 그걸ˆ 인자ˆ 낸, 날지요.[9]
(내려 가지고 인제 슬 담아 가지고 그렇게 해서 이제 저, 이제 쳇바퀴, 이제 쳇바퀴만한 데 요런, 고런 거 놔 놓고 그것 내려 가지고는 이제 나중에 그걸 인제 날, 날지요.)

\# 날 때는 인자ˆ 고거'.
(날 때는 인제 고것.)

\#1 나능 거'는 가라게[10] 올'려 가주고 엔 나나[11]?
(나는 것은 가락에 올려서 안 납니까?)

\# 나능 거'는 가라게 애ˆ 올리지요.
(나는 것은 가락에 안 올리지요.)

\# 삼 저'으메 자질[12] 찌게 가라게 그거 해ˆ 가ˆ 그은 돌꼬지에 끼'아 가ˆ 은제ˆ 이케[13] 가ˆ는 인자ˆ 삼 껍'찌 그 인자ˆ 삼 껍'띠기를 이레: 베"께[14] 지자능'교?
(삼 처음에 잣을 적에 가락에 그거 해 가지고 그것은 돌꽂이(물레꽂이)에 끼워 가지고 이제 익혀 갖고는 인제 삼 껍질, 그 인제 삼 껍질을 이렇게 벗겨지잖습니까?)

---

9 날지요: 날+지요>날지요. 〔날아, 나니, 나오〕 【…을】 명주, 베, 무명 따위를 짜기 위해 샛수에 맞춰 실을 길게 늘이다.
10 가라게: 가락+에>가락에. 〔가락만[-랑-]〕 물레로 실을 자을 때 실이 감기는 쇠꼬챙이.
11 엔 나나: 안 납니까? 반어의문. 상대방이 잘 알고 있는 사실을 확인하는 반어의문의 형식.
12 자질: 잣+을>자질. [잗 : 따] 〔잦아, 잦아, 잦으니, 잦으니, 잦는[잔 : -]〕 【…을】 물레 따위로 섬유에서 실을 뽑을 때.
13 이케: 익키+어>익켜.
14 베"께: 벗+기+어>벗겨.

꺼'믕 거로, 뻐득:항¹⁵ 거르, 버'꺼¹⁶ 뿌고는 인자^ 재물로 여^¹⁷ 가지'고 한 이'틀 밤 제^¹⁸ 가주고 그거'를 인자^ 그레 가^ 가 씯'꺼 가주고 우라^ 가 하므 인자^ 히뿌:매¹⁹ 해지능'교.
(검은 것을, 뻣뻣한 것을, 벗겨 버리고는 인제 잿물을 넣어 가지고 한 이틀 밤 재워 가지고 그걸 인제 개울에 가 가지고 씻어 가지고 우려서 하면 인제 희뿌옇게 되잖아요.)

히뿜^ 해지고 부드럽'꼬.
(희뿌옇게 되고 부드럽고.)

부드러'우먼 그걸^ 인자^ 이레 돌:꼬지에 거'러 가지고 인자^ 그: 또, 글: 또, 요, 요, 인자^ 그으 뚜^ 걸:체 노코 그래 가^ 인자^ 그거'르 내'레²⁰ 다마'여.
(부드러우면 그걸 이제 이렇게 돌꼬지에 걸어 가지고 인제 그, 또, 그걸, 또, 여기, 여기, 이제 [거기에] 걸쳐 놓고 그래 가지고 인제 그걸 내려 담아요.)

내'레 다마'가^ 내:다가 요고만:한, 체빠'꾸마한²¹ 데 고'런 대다가, 체빠'꾸 에 내'레 다마.
(내려 담아서 내어다가 요것만한, 쳇바퀴만한 데 그런 데다가, 쳇바퀴에 내려 담아.)

내'레 다마 가꾸루 곱:께 내'레 담머 가 그거'르 인자^ 내:조 인자^ 요고

---

15 뻐득:항: 뻐둣+한>뻣뻣+하+ㄴ[뻘뻐탄-].물체가 굳고 꼿꼿한. 뻣뻣한.
16 버'껴: 벗+기+어>벗겨.
17 여^: 옇+어>넣어. [옇어, 옇으니, 옇는, 옇고]
18 제^: 제우+어>재워.
19 히뿌:매: 희뿌+ㅁ+해>희뿌옇게.희-뿌옇다[히-여타] [-뿌예, -뿌여니, -뿌옇쇠-여쏘]] 희끄무레하게 뿌옇다.
20 네레: 내+리+어>내려.
21 체빠'꾸마한: 체 바퀴만한.

열 무데ᛜ기쓱²² 나ᛜ아²³ 가ᛜ 그래 내ᛜ주²⁴ 베로 나자ᛜ닝~교.
(내려 담아 가지고, 그래 곱게 내려 담아 가지고 그것을 인제 나중에 인제 요것 열 무더기씩 놔 가지고 그래 나중에 베로 날잖아요.)

@ 삼 껍떼ᛜ기는 우예 베ᛜ끼닝~교?
(삼 껍질은 어떻게 벗깁니까?)

그거ᛜ르 인자ᛜ 재물로 해ᛜ 가지ᛜ고, 재물로 가주고, 빼재ᛜ무르²⁵ 에:²⁶ 이썬능교?
(그걸 인제 잿물로 해가지고 잿물로 가지고 뼈 잿물이 안 있었습니까?)

그거ᛜ르 가ᛜ 엔:나레ᛜ는 빼재물 업썰 찌ᛜ게는 그 콩칵찌 재로 가주고 재로 가주ᛜ 이레ᛜ 타ᛜ악 나. 노코 잼물 바다ᛜ 가주고 재로 나ᛜ노코 이레ᛜ 재로²⁷ 콩칵ᛜ지 재로 이케ᛜ²⁸ 가ᛜ 그래 가지ᛜ고 그거ᛜ르 베ᛜ껴서요.
(그것을 가지고 옛날에는 뼈 잿물 없을 적에는 그 콩깍지 재를 가지고 재를 가지고 이렇게 탁 놔놓고 잿물 받아 가지고 재로 놔 놓고 이렇게 재를 콩깍지 재를 이렇게 해서 그렇게 해서 [삼 껍질] 그것을 벗겼어요.)

그랜데 요주무는 전, 쩌 고ᛜ 디:에는 인자ᛜ 그래 인자ᛜ 빼재ᛜ물 그기ᛜ 나짜닝~교.
(그랬는데 요즘은 저, 저 그 뒤에는 인제 그래 인제 빼잿물 그게 나왔잖아요.)

@ 그래 가ᛜ 해ᛜ 가ᛜ 머가 이러케 안?
(그래 가지고 해 가지고 뭐가 이렇게 안?)

---

22 무데ᛜ기쓱: 무더기씩. 움라우트.
23 나ᛜ아: 놓+아>놔>나아.
24 내ᛜ주: 나중에.
25 빼재ᛜ무르: 뼈 잿물에. 짐승 뼈를 태운 재로 만든 잿물로 세척력이 뛰어난다.
26 에: : 아니. 경주방언의 특징 가운데 하나이다. '에'는 '아니'의 뜻으로 반의문에 사용되는데 주로 '있-'와 호응된다. '안 있-', '있지 안습니까'의 형식이다.
27 재로: 재+를. 대격으로 '-로'가 많이 사용되고 있다.
28 이케ᛜ: 이렇게.

\# 앙 그래여.
   (안 그래요.)

\# 그글ˆ 빼잼물로 문체²⁹ 가주고 이레ˆ 가 인자ˆ 드ˆ까³⁰ 가주고 그 문체'가ˆ 고골ˆ 인자ˆ 해ˆ 가 실께'슬³¹ 곤, 고고 인자ˆ 저: 가 가락 올'레³² 가 돌꼬'지에 이르:케 핸:는 거'르, 압# ㅛˆ 핸:는 거'르, 그글 베'껴 가주고 그래 인자ˆ 이거ˆ를, 그거ˆ를 인자ˆ 문쳐 가', 가'여ˆ, 젼, 저 실껻 고'어다 물'에다 적'시자닝~교.
   (그걸 빼잿물을 묻혀 가지고 이래 가지고 인제 데워 가지고 거기 묻혀서 그걸 인제 해ˆ 가지고 (실껏을 ?) 그, 그거 인제 저 가, 가락에 올려 가지고 돌껏에 이렇게 했던 것을, 앞에 그 했던 것을, 그걸[껍질을] 벗겨 가지고 그래 인제 이것을, 그것을 묻혀가지고, 가, 저, 저 실껏을 고기에다, 물에다 적시잖아요.)

\# 무'레다가 인자ˆ 더파ˆ³³ 노코 무레 적세³⁴ 가 뜨뜨타'이³⁵ 해: 가ˆ 그거'르 인자ˆ 다'마 가주고 인자ˆ 익'키자닝~교.
   (물에다가 이제 데워 놓고 물에 적셔 가지고 따뜻하게 해ˆ 가지고 그것을 인제 담아 가지고 인제 익히잖습니까?)

\# 그래 인자ˆ 한 이'틀밤 재ˆ 가 이'키면, 그'레 노ˆ머 그기ˆ 인자ˆ 머ˆ, 삼 깝'찌가 마키³⁶ 다: 버'저저요³⁷.
   (그래 인제 한 이틀 밤 재워 가지고 익히면, 그래 놓으면 그걸 인제 뭐,

---

29 문체: 묻히+어> 무처. 【…에 …을】 '묻다'의 사동사. 〈 무티다 〈 월석 〉 ← 묻-+-히-】
30 드'까: 듞(燒)+아>볶아. 음식이나 그 재료를 불에 볶을 때 경주방언에서는 '듞-'을 사용한다. [듞아, 듞으~이, 듞고, 듞지]
31 실께'슬: 미상이다. '실가닥'으로 추정된다. 실+겻>실가닥을 감은 것.
32 올'레: 올리+어>올려>올레.
33 더파ˆ: 덥혀. 데워.
34 적'세: 적+시+어>적셔.
35 뜨뜨타'이: 따뜻하게.
36 마'키: 마카. 모두. 전부.
37 버'저저요: 벗(脫)+어+지+어요>벗어져요.

삼 껍질이 모두 다 벗겨져요)

\# 버저지므 히뿌ː마ʼ이마 버ʼ저지는, 버ʼ저지머느 그거ʼ르 인자ˆ 재물로 싸ː악 우라ˆ가 메ʼ칠 우라ˆ 가지ʼ고 당가ˆ따가 또 너ʼ러따가 또 당가ˆ 너ʼ러따가 또 당가ˆ따가 그래 해ˆ 가주고는 내ː주ˆ 인자ˆ 그걸ʼ 인자ˆ 끼ʼ아가주고 그레 인자ˆ 내레ˆ³⁸ 다마요.
(벗겨지면 [히뿌옇게]허옇게 벗겨지면, 벗겨지면은 그것을 인제 잿물로 싸악 우려서 며칠 우려 가지고 담궜다가 또 널었다가 또 담궜다가 널었다가 또 담궜다가 그렇게 해ʼ 가지고는 나중에 인제 그걸 인제 끼워가지고 그렇게 인제 내려 담아요)

\# 내레ˆ 다므믄 그기ˆ 부들부들 함미ʼ더.
(내려 담으면 그게 부들부들 합니다.)

\# 그 인자ˆ 껍ʼ질 베ʼ껴 뿌리믄.
(그 인제 껍질 벗겨 버리면.)

\# 껍ʼ질 베ʼ껴 뿌오 부드르ː하머, 그래 인저ˆ 내레ˆ 다마 가지ʼ고 체빠꾸 요런, 고런 소구ʼ리, 고론 거 나ˆ 노코 고ʼ오³⁹ 내레ˆ 다마 가주고 고레 가ˆ 인자ˆ 요ˆ 주ː욱 인자ˆ, 베를 날 찌ˆ게 주ː욱 인자ˆ 나ˆ 노코, 열 무데ʼ기를 나ˆ 노코 인자ˆ, 열 무데ʼ기론 떠러그, 떠글⁴⁰ 요고ː만큼 체빠꾸ʼ에 내리 다마 도꼬로 돌방ː하기느 고래 가ˆ 떠 돌방애하지, 고런 걸 일주욱⁴¹ 열 무데ʼ기 나ˆ 노코 인자ˆ 그래 인자ˆ 베를 남미ʼ더.⁴²

---

38 내레ˆ: 내리(降)+어.
39 고ʼ오: 그기에.
40 떠글: 떡+을. 실을 떡 만하게 돌돌 감아 둔 것을 말한다.
41 일주욱: 이쪽에.
42 남미더: 날+ㅂ니다. 베를 짠다. 전통 직조 용어인 '날다'가 나타나는 최초의 형태는 16세기 문헌 ≪훈몽자회≫에 나타나는 '눌다'이다. 그리고 ≪현풍곽씨언간≫에 옷 만드는 사연 속에 여러 번 나타난다. 이 '눌다'의 제1음절 모음이 'ㅏ'로 변해서 현대어의 '날다'가 되었는데, 이 변화를 경험한 형태가 문헌에서 쉽게 찾을 수 없지만, 그 시기가 18세기였을 것으

(껍질 벗겨 버리고 부들하면, 그래 인제 내려 담아 가지고 쳇바퀴 요런, 그런 소쿠리, 고런 것에 놔 놓고 그기에 내려 담아 가지고 그래 가지고 인제 요 죽 인제, 베를 날 적에 죽 이제 놔 놓고, 열 무더기를 놔 놓고 인제, 열 무더기로 떡을, 떡을 요것만큼 쳇바퀴에 내려 담아 두고, 또 고런 동그랗기는 그렇게 해ˆ 가지고 하는 게 더 동그랗지, 고런 것을 이 쪽에 열 무더기 놔 놓고 인제 그래 인제 베를 납니다.)

#1 나는'데 고 우'에다가 머ˆ 언떼ˆ?
    ([베를] 나는데 그 위에다가 뭘 얹데요?)

\# 고: 우'에다가 인자ˆ 고'고', 고' 일라지 마:라꼬 인자ˆ 한목'엔 인자ˆ 쫄쫄 끄'오'간, 베로 날찌'겐 일 끄'어가 뻬'처가ˆ 마다~ˆ에 껍찌 그:, 그: 할 찌'겐 인자ˆ 모래로 인자ˆ 그거' 하자'나요.
    (그 위에다가 인제 고것, 고 일어나지 말라고 인제 한꺼번에 인제 졸졸 끌어가는, 베를 날 적에는 끌어가서 뻗혀서 마당에 껍질 그거, 그거 할 적에는 인제 모래로 인제 그거 하잖아요.)

\# 모래로 고:옵게 보드라'운 걸 처 가주고 고ˆ 우'에다가 조움줌ˆ 한 사발, 삭 사발 떠 나ˆ 노:머, 그래 노:머 인자ˆ 그기ˆ 인자ˆ 십:께 지 이리 인자ˆ 내리 다만는 게ˆ 그게ˆ 한끄'테 요래ˆ 촐촐촐 저ˆ 고게ˆ 무, 무게가 이' 써 가ˆ 촐촐 우'에로 나오'지.
    (모래를 곱게 보드라운 거를 쳐 가지고 그 위에다가 조금조금 한 사발씩, 한 사발씩 떠 놔 놓으면, 그래 놓으면 인제 그게 인제 쉽게 이제 이래 인제 내려 담았는 게 그게 한쪽 끝에 요렇게 촐촐촐촐 저 그게 무, 무게가 있어 가지고 촐촐촐촐 위로 나오지.)

로 추정된다. 그리고 '눌다'의 어간 성조가 거성이고 현대어의 날(經)에 대응되는 '늘'의 성조도 거성이므로, 이 두 어형이 파생 관계에 있을 가능성이 있다. 전통 직조 용어인 '날다'는 현대국에서 사라지고 '날줄'과 같은 합성어에 화석형처럼 남아 있다.

\# 그기ˆ 인자ˆ 안 언지'므는 마ˆ 그기ˆ 머ˆ 엉키ˆ 가`, 나오'믄 헌틀리ˆ[43] 가 배리잔뚱교.
(그게 인제 안 엃으면은 뭐 그게 머 엉켜 가지고, 나오면 헝클려 가지고 버리잖아요.)

\# 그르니까 인자ˆ 몰개로[44] 인자ˆ 한 사발서, 한 사발서 조옥ˆ 열 모데'기네 해ˆ 노온 데 고ˆ오다 주욱ˆ 떠 나ˆ 노코 그래 인자ˆ 요레: 간 날지.
(그러니까 인제 모래를 한 사발씩, 한 사발씩 죽 열 무더기를 해ˆ 놓은 데 고기에다 쭉 떠 놔 놓고 그래 인제 요래 가지고는 날지.)

\# 날머 그래 인자ˆ 고게ˆ 인자ˆ 무게가 이'써 가꼬 은자 시:리 욜ˆ 인자ˆ 초올초 처' 차례대:로 나오'지.
(날면 그래 인제 고게 인제 무게가 있어 가지고 인제 실이 요기 인제 촐촐촐 쳐서 차례대로 나오지.)

\# 나오'고 인자ˆ 글치.
(나오고 인제 그렇지.)

\# 고고 인자ˆ 안 언지므 고게ˆ 마ˆ 그냥 망 뭉티'감 흔틀리'어 가ˆ 나오'머, 게 흔틀리머 몬: 하나자닌~교, 몬~ 날고 그런데.
(고거 인제 안 엃으면 고게 뭐 그냥 뭐 뭉쳐서 헝클려 가지고 나오면, 그게 헝클리면 못 하잖아요, 못 날고 그런데.)

\# 그래 해ˆ 가주고 인저ˆ 그래 이쩨ˆ 나러 가ˆ 그거' 메지여.

---

43 헌틀리ˆ: '헌틀리'는 '헝클려'의 뜻.
44 몰개로: 모래로. '모래'의 문헌 자료에 처음으로 나타난 형태는 15세기의 '몰애'이다. 17세기에 나타나는 '모래'는 16세기 후반기에 '몰애'의 'ㄹㅇ'에서 'ㅇ'이 탈락한 것이다. 16세기와 17세기에 나타나는 '몰래'는 'ㄹㅇ'의 'ㅇ'이 탈락하면서 그 흔적으로 'ㄹㄹ'로 발음되었던 것을 표기한 것이 아닌가 한다. 19세기부터 나타나는 '모리' 및 19세기 형태 '몰리'는 18세기에 일어난 'ㆍ>ㅏ' 변화에 따른 'ㅓ>ㅐ' 변화 및 'ㅐ'의 단순모음화의 결과 나타날 수 있었던 표기이다.

(그래 해ˆ 가지고 이제 그래 이제 날아 가지고 그걸 매지요.)

@ 날# 날줄은 딱 열 쭐만 메는' 겁니'까?
(날, 날줄은 딱 열 줄만 매는 겁니까?)

예# 열 나'틀 해ˆ 가ˆ 열# 열# 무데'기를 해ˆ 나ˆ야, 고게ˆ 인자ˆ 열# 나'틀 해: 가 자꼬ˆ 인조ˆ 고래 인자ˆ 메'쓰 데, 인자ˆ 고: 나라 가주고, 나라 가ˆ는 내:조 인자ˆ 고고 인자ˆ 메'쌔⁴⁵# 메'쌔'# 데'머⁴⁶ 인자ˆ 고ˆ 은자ˆ 고' 오 해ˆ 가, 두: 해ˆ 가 그래 하자닝~'교.
(예, 열 낱을 해ˆ 가지고 열, 열 열 무더기를 해ˆ 놔야, 그게 인제 열 낱을 해ˆ 가지고 자꾸 인제 고래 인제 몇 새 되, 인제 고거 날아 가지고, 날아 가지고는 나중에 인제 고거 인제 몇 새, 몇 새 되면 인제 고 인제 그거 해ˆ 가지고, 또 해ˆ 가지고 그래 하잖아요.)

그래 가ˆ 나라 가주곤 인자ˆ 고ˆ 멜 찌'게, 멜 찌'게는 인자ˆ 그건 인자ˆ.
(그래 가지고 날아 가지고는 인제 고거 맬 적에, 맬 적에는 인제 그건 인제.)

#1 고'래, 나라 가주ˆ 하는데 열 깨로 나라 가ˆ 하는데 요기ˆ 말목⁴⁷ 이씨ˆ'므 요기 말목 이'꼬, 요'오 가따 열 깨 하고 또 하: 함 븐 오'므 열 깨 데'고, 요레ˆ 함 벙~ 가면 시무 개 데'고, 요리 요ˆ, 요래ˆ 가주고.
(그래, 날아 가지고 하는데, 열 개를 날아 가지고 하는데, 요기 말목이 있으면 요기 말목이 있고, 요기 갖다 열 개 하고, 또 한, 한 번 오면 열 개 되고, 요래 한 번 가면 스무 개 되고, 요리 요, 요래 가지고.)

예ˆ, 고'래, 고래 하'므는 인자ˆ 그거 인자ˆ 머ˆ, 그거'사 머' 곱:께 하는, 고ˆ

---

⁴⁵ 메'쌔': 몇 새. '새'는 피륙의 날을 세는 단위. 한 새는 날실 여든 올이다. 승(升).
⁴⁶ 데'머: 되면.
⁴⁷ 말목: 말목. 〔말목만[-몽-]〕 가늘게 다듬어 깎아서 무슨 표가 되도록 박는 나무 말뚝. 말장.

사ː믈[48] 또 곱ː께 하는 거는 약껜, 야께 해^ 가주고 저레어 할 찌'게느 고거 인자^ 세, 셀 쑤ː데로 인자^, 여'덜 쎄란동, 일'곱 쎄란동, 여'쎄, 다쎄, 머ː, 머^ 다'쎄까지, 다쎄 크능~ 거'넝, 그거'너, 다세 바디에[49] 하는 거는 굴ː찌예.
(예, 그래, 그래 하면은 인제 그거 인제 뭐, 그거야 뭐 곱게 하는, 고 삼을 또 곱게 하는 거는 약하게, 약하게 해^ 가지고 저래 할 적에는 고거 인제 새, 새 수대로 인제, 여덟 새라든지, 일곱 새라든지, 엿 새, 닷 새 ,뭐, 뭐 닷 새까지, 닷 새라고 하는 거는, 그거는, 닷 새 바디에 하는 거는 굵지요.)

굴ː꺼 인자^ 굴^거 어 고마, 굴^거 가^ 은자^ 이 삼도 그얼타, 데^에개 겨리 곱ː꼬, 요래^ 고ː웅 거는 인자^ 세ː 쑤로 인자^ 여'덜 쎄, 아홉 쎄 이레 그드~'이.
(굵고 인제, 굵어 가지고 고만, 굵어 가지고 인제 이 삼도 그렇다, 되게 결이 곱고, 요래 고운 거는 인제 새 수로 인제 여덟 새, 아홉 새 이렇거든.)

할 쑤, 사'므'르 가^, 삼베느 그래 할 쑤가 인'는데, 그ː 인녀^ 사미 이래^, 니래^ 말 겨랴피[50] 굴ː꼬 이레고, 굴ː따고 망게[51] 인 머^, 진^, 머^, 머^ 저ː 모우'가[52] 파 무'꼬[53] 해^ 가지'고 이래^ 인자^ 얼키^ 가^ 이끼'나 하머 그

---

[48] 사ː믈: 삼(麻)을. 뽕나뭇과에 속하는 긴 섬유가 채취되는 식물을 통틀어 이르는 말. 대마, 아마, 마닐라삼 따위가 있다.
[49] 바디에: 바디에. 베틀, 가마니틀, 방직기 따위에 딸린 기구의 하나. 베틀의 경우는 가늘고 얇은 대오리를 참빗살같이 세워, 두 끝을 앞뒤로 대오리를 대고 단단하게 실로 얽어 만든다. 살의 틈마다 날실을 꿰어서 베의 날을 고르며 북의 통로를 만들어 주고 씨실을 쳐서 베를 짜는 구실을 한다. 성구(筬筘).
[50] 겨랴피: 겨릎+이>겨릎이. 껍질을 벗긴 삼대. 겨릅·마개·마골(麻骨).
[51] 망게: 마카. 모두.
[52] 모우'가: 모기가. '모기'의 15세기 형태는 '모긔'였다. 16세기에 비어두음절에서 'ㆍ'가 'ㅡ'로 변화하는 음운 변화의 결과 나타난 형태가 '모긔'이다. '모긔'는 이중모음의 단모음화를 경험하여 '모기'가 되었다. 그런데 일부 지역에서는 'ㅢ' 모음이 'ㅡ'모음으로 단모음화한 후 원순모음화를 경험하여 '모구'가 되었다. 아직도 강원, 경상, 전남, 평안도 지역에서는 '모기'를 '모구'라 한다.
[53] 파 무'꼬: 파 먹고. (피를) 빨아 먹고.

인저ˆ 곱ˆ게 몬ˆ 하그'든~.
(할 수, 삼을 가지고, 삼베는 그래 할 수가 있는데, 그 인제 삼이 이래, 이래 막(마구) 겨릅이 굵고 이러고, 굵다고 모두 인제 뭐, 저, 뭐, 뭐 저 모기가 파먹고 해ˆ 가지고 이래 인제 얽혀 가지고 있거나 하면 그 인제 곱게 못 하거든.)

\# 그르이~까 더: 굴:께 해ˆ 가지'고 마ˆ 인자ˆ 다 쎄, 여' 세, 마. 이래ˆ 가'이, 다' 쎄 바디에, 여' 쎄 바디에, 이래ˆ 끼'이 가주고 하그'등녀.
(그러니까 저 굵게 해ˆ 가지고 뭐 이제 닷 새, 엿 새, 뭐 이래 가지고, 닷 새 바디에, 엿 새 바디에, 이래 꿰어 가지고 하거든요.)

\# 하'므 인자 대ˆ가 인자 굴찍:하고, 요ˆ 와 모수도⁵⁴ 해: 노'우머 요고 왜: 고ˆ오븡⁵⁵ 거ˆ 이'꼬, 또 은'잔 고ˆ븡 거 이'꼬, 굴:긍~ 거 이'꼬, 오'리가⁵⁶ 그릉 거 아 이'써요?
(하면 이제 대가 인제 굵직하고, 요기 왜 모시도 해ˆ 놓으면 요것 왜 고운 것 있고, 또 인제 고운 거 있고, 굵은 거 있고, 올이 그런 것 안 있어요?)

\# 그른 게ˆ 그 인자ˆ 사미 고:불쑤록 고:께 하고, 인자ˆ 사미 인자ˆ 굴:거 가주고 무'진⁵⁷ 왕달 그틍~, 이릉~ 무'진 얼티~'이가⁵⁸ 이'꼬 이릉~ 그'녀

---

54 모수도: 모시도.
55 고ˆ오븡: 곱+은#것>고운 것.
56 오리'가: 오리가. 실, 나무, 대 따위의 가늘고 긴 조각.
57 무'진: 무슨. 무슨'의 15세기 형태는 '므슷', '므슴'이었다. 15세기에는 '므슥', '므섯', '므스', '므슴', '므슷' 등의 변이형이 있다. '므슥'은 대명사로만 쓰였고 '무엇'의 의미를 가지고 있었다(오직 아바뇞 病이 됴ᄒᆞ실씨언뎡 모몰 百千 디위 ᄇᆞ료민ᄃᆞᆯ 므스기 어려보료<1447석보상,11:20a>, 이 羅刹ᄋᆞᆯ 내좃고 毒龍ᄋᆞᆯ 降服히면 내 몸 外예사 므스글 앗기료<1459월인석,7,28b>). '므섯'은 16세기에 처음 보이는데, '므슥'과 마찬가지로 대명사로만 쓰였고 '무엇'의 의미를 가지고 있었다(훗뎌예 므서스로 ᄡᅥ 子孫을 기티리오<1586소학언,6,85a>, 守홈이 므서시 大ᄒᆞ뇨<1590맹자초,7,29b>). '므슥'이 사라지면서 '므섯'이 세력을 확대하게 되고, 이것이 현대국어의 '무엇'으로 이어진다. '므스'는 대명사로 쓰일 경우에는 '무엇'의 의미를 가지고 있었고(이 일후미 므스고<1461능엄언5,18b>), 관형사로 쓰일 경우에는 '어느', '어떤'의 의미를 가지고 있었다(太子ㅣ 우스며 닐오디 내 므스 거시 不足

솔:, 그'어 저게 소나무로 치모 괘~^이 테이~까, 그렁 거 인저^ 모그에,
모궤피 파무'꼬 이래^ 가, 그그 해: 노우'머 그근 인자^ 곱:께 몬^ 하그더.
(그런 게 그 인제 삼이 고울수록 곱게 하고, 인제 삼이 인제 굵어 가지고
무슨 왕달같은 이런 무슨 괭이가 있고 이런 거는 솔, 그 저기 소나무로
치면 괭이 턱이니까, 그런 거 인제 모기에, 모기가 파먹고(파 먹혀 가면서)
이래 가지고, 그거 해^ 놓으면 그건 인제 곱게 못 하거든.)

\#   그리~이 굴:게 째: 가주^ 은자^ 굴쩍:하~이 마^ 해^ 가주고 그래 가 할
'쑤가 이'께.
(그러니 굵게 째 가지고 인제 굵직하게 뭐 해^ 가지고 그래 가지고 할 수가
있게.)

@   제^일 마^니 나오능~ 게 메\# 쎄까지 나옵니'까?
(제일 많이 나오는 게 몇 새까지 나옵니까?)

\#   제^일 마^이 나오능 건^ 몰^라여.
(제일 많이 나오는 건 몰라요)

\#   삼베'는 머^ 아'홉'세 머^ 여'덜'세 데'지, 머^ 그레 바께 안 데'지여.
(삼베는 뭐, 아홉 새 뭐, 여덟새 되지, 뭐 그렇게 밖에 안 되지요.)

ᄒᆞ료<1447석보상,6:24a>). '므슴'은 대명사로 쓰일 경우에는 '무엇'의 의미를 가지고 있었
고(내 사라 므슴 ᄒᆞ료<1447석보상,24:42a>), 관형사로 쓰일 경우에는 '무슨'의 의미를 가
지고 있었다. 그리고 '무슷'은 관형사로만 쓰였고 '무슨'의 의미를 가지고 있었다. 따라서
'무슨'의 전형적인 옛 형태는 '무슷'이라고 할 수 있다. 이들의 파생 관계를 아직까지는
명쾌하게 설명할 수 없다. 15세기에 '어느', '어떤'의 의미를 가지고 있던 '므스'가 16세기
에는 '무슨'의 의미로 변하여 쓰인 예들이 보인다. '므ᅀᅳ'는 '므스'의 이표기로 볼 수 있는
데, 이 시기에 'ㆍ'가 비어두음절에서 비음운화되는 현상이 일어나는데, 이런 영향으로
나타난 표기이다. 특히 16세기의 '므스'는 서간문에서만 나타난다. 18세기에는 현대국어의
'무슨'에 직접 대응될 만한 '무슨', '무슨'이 보인다. 이것이 20세기에 '무슨'으로 통일되어
현대국어에 이른다. 20세기에 보이는 '무삼'은 아직도 방언형으로 나타나고 있다.

58   얼티~'이가: 미상이다. 괭이.

@ 삼베'는 아홉, 열^ 쎄.
(삼베는 아홉, 열 새.)

\# 예^, 그랜^는데 이: 사므를 예^레, 이' 인자^ 사믄 그래 하지마네 지금 머^ 모수 그틍 거'느 여^으사라 안 하이~까 그거'늠 머^ 모르'고, 그릉 그은 다^ 고께 하지마네, 사믄 체^오 고께 해^ 바^야 머^ 여덟 쎄, 아홉 쎄, 그래 해'째시'퍼 머:, 몰^라, 그보다 더 고^께 하는 사^름, 도온 점문가러 하는 데는 더 고^께 하는둥' 그으'느 몰^라^요.
(예, 그랬는데 이 삼을 이래, 이 인제 삼은 그래 하지만은 지금 뭐 모시 같은 것은 여기에서 안 하니까 그거는 뭐 모르고, 그런 거는 다 곱게 하지만은, 삼은 최고 곱게 해^ 봐야 뭐 여덟 새, 아홉 새, 그래 했지 싶어 뭐, 몰라, 그보다 더 곱게 하는 사람, 또 전문가로 하는 데는 더 곱게 하는지 그거는 몰라요.)

@ 어:르신 말쓰므로 머^ 지'베 해^ 임는 오슨 머^ 왕다'쎄?
(어르신 말씀으로는 뭐 집에서 해^ 입는 옷은 뭐 왕닷새(굵은 닷새)?)

\# 그르이~까 그 인자^ 고:붕 그녀 그^ 은자^ 자녀드를 인자^ 키'우머, 자식뜰 키'우머 인자^ 그'그 유'름한다꼬[59], 인자^ 삼베 치어마 머^ 이'런 저^ 시:고 레 해: 줄 오'쓰 인자^, 베, 길삼해^ 가^ 저'넨 다: 해짜넌~'교.
(그러니까 그 인제 고운 거는 그 인제 자녀들을 인제 키우면, 자식들 키우 며 인자 그거 장만한다고, 인제 삼베 치마 뭐 이런 저 시골에 해^ 줄 옷 인제, 베, 길쌈해 가지고 전에는 다 했잖아요.)

\# 길삼해^ 가주고 씨인자^ 예:단하능 거또 길삼 해^ 가주고 머^도 해^ 주고 머^ 저: 적삼 하고 머^, 하고 그럼 거 은자^ 시고 서르 은자^ 해^ 가 할 찌'게는 고:븐 거 그렁 건 은자^ 머, 유르믈 한다꼬 마케' 다^ 고^께 하면,

---

[59] 유름한다꼬: 장만한다고 표준어에 없는 방언형이다. '유름(庾廩)+하다'와 같은 한자어 기 원형이다. 경북 방언에 이와 같은 한자어 구성 방언형이 많이 나타난다.

고ˆ븡~ 거는 다: 유'름한다꼬 다ˆ 안 해ˆ 이'버여.
(길쌈해 가지고 인제 예단하는 것도 길쌈해 가지고 뭐도 해ˆ 주고 뭐 저 적삼 하고 뭐, 하고 그러면 그 인제 시골에서 인제 해ˆ 가지고 할 적에는 고운 거 그런 건 인제 뭐, 장만을 한다고 모두 다 곱게 하면, 고운 거는 다 장만한다고 다 안 해ˆ 입어요.)

\# 안 해ˆ 입'고, 지'베서 하능~ 걷도 가람하고[60], 어'디은 갈 때ˆ 인저ˆ 외:출할 때ˆ 이'블 꺼, 그른 거'르 인자ˆ 고ˆ븡 거 은자ˆ 함 블썩 해ˆ 입찌, 즈 고:븡~ 건 집 안 해ˆ 이'버요.
(안 해ˆ 입고, 집에서 하는 것도 외출복 하고, 어디 갈 때 인제 외출할 때 입을 것, 그런 거를 인제 고운 거 인제 한 벌씩 해ˆ 입지, 저 고운 것은 집에서 안 해ˆ 입어요.)

\# 누'구라도 머ˆ, 이: 농초'네느~요, 고ˆ븡 거는 지'베 애' 이고, 길삼해ˆ도 한다꼬 머ˆ 무조'껀하고 고ˆ븡 거'느~ 이'꼬, 여:정[61] 거'는 마 내ˆ고 마 이'렁' 거 아이'고, 은잔 고ˆ븡 거'는 내ˆ고 차라로 은자ˆ 유'름 애[62] 하메 인자ˆ, 유'름할쓰 때ˆ 엄:는 사:라므너[63] 그 은자ˆ 내ˆ고 싣, 그때 길'삼해ˆ 가 다 해ˆ 무'꼬 살:고 그거 버'얻, 그거'로 가주고 다: 양식, 싱냥 파라[64]

---

60 가람하고: 가름하다. 가름 옷으로 하다. 외출복으로 하다.
61 여:정: 여전(如前). 이전과 같지 않음. 곧 좋지 않은 것을 뜻하는 방언형.
62 애: 아니.
63 사:라므너: 사람+은. 주제격 '-은'이 음절이 늘어나 '-으는', 대격에서도 '-을'이 이와 같이 '-으를'로 실현된다.
64 파라: 팔아. 싸서. '팔다'의 15세기 형태는 '폴다'이다. 18·9세기에는 '폴다'와 '팔다'가 함께 나타나는데, 이는 이 시기에 이미 '·'의 비음운화가 이루어져서 '·'와 'ㅏ'가 동일한 음성형으로 실현되었기 때문이다. 결국 이 둘은 동일한 음성형의 이표기인 것이다. '팔다'의 의미는 여러 가지가 있는데, 기본적인 의미 외에 "자기의 이익을 위하여 무엇을 끌어다가 핑계를 대다"라는 의미로 쓰인 예는 이미 16세기부터 보이기 시작한다. 또한 나이가 드신 어른들 사이에서 사용되는 "돈을 주고 곡식을 사다"라는 의미로 쓰인 예는 17세기에 보인다(糴米 뿔 포라 드리다<1690역어유,하,48b>, 콩 포라 오라<1636병자기,292>). "기술을 가지고 돈을 벌다"의 의미로 쓰인 예는 20세기 문헌에 보인다.

무꼬 그래 해:짜닝교, 저'네는 다:..
(누구라도 뭐, 이 농촌에서는요, 고운 거는 집에서 안 입고, 길쌈해도 한다고 뭐 무조건하고 고운 거는 입고, 여전(좋지 않은 것) 거는 뭐 내고 뭐 이런 게 아니고, 인제 고운 거는 내고(팔고) 차라리 인제 장만 안 하면 인제, 장만할 데 없는 사람은 그 인제 내고 시, 그때 길쌈해 가지고 다 해^ 먹고 살고 그거 뭐, 그걸 가지고 다 양식, 식량 팔아먹고 그래 했잖습니까? 전에는 다.)

\# 그^ 요새^엔 다: 머^ 다: 농촌네 다: 마~이 그 곡쓰 하이~까네 그러'치마느, 저:네엔 다: 곡쓰구[65], 참 이래^ 기러울[66] 찌게는, 곡석 마~이 그 기르 불 째느 다: 그열 길'쌈해^ 가주고 또 내^애 가 자~'이[67], 시:자~'아 가따 내^ 가 그으 가주고 싱냥 파라 무끼'도 하고 이레:써여.
(그 요새는 다 뭐 다 농촌에 다 많이 곡식을 하니까 그렇지만은, 전에는 다 곡식을, 참 이래 귀할 적에는, 곡식 많이 그 귀할 적에는 다 그 길쌈해 가지고 또 내 가지고 장에, 시장에 갖다 내 가지고 그것 가지고 식량 팔아먹기도 하고 이랬어요.)

\# 초:~네 그래서'요. 전'에는다^ 이동네^도 다^그래, 그래 머^시핸:는데 머.
(시골에서는 그랬어요. 전에는 다. 이 동네도 다 그래 그래 그랬는데 뭣을 했는데 뭐.)

@ 베트'른 어:떤 시'그로 이'러'케 짜고?
(베틀은 어떤 식으로 이렇게 짜고?)

@1 아직 베트'레 올'라가기 저'네 실:, 인자^ 모시', 참 모시'란다, 삼베 시:를 풀 미기^는 가정'에 대:해서 쫌?
(아직 베틀에 올가가기 전에 실, 인제 모시, 참 모시란다, 삼베 실을 풀

65　곡쓰구: 곡쏙+우(대격조사). 곡식을.
66　기러울: 기럽+을>아쉬울. 모자랄.
67　자~'아: 장(市場)에. '방~(房)+아'와 같이 일정한 어휘에서만 처격 '-아'가 실현된다.

먹이는 과정에 대해서 좀?)

\# 예ˆ, 풀 미기'는 거'느 이래ˆ 인자ˆ 그걷 나'라 가주고는 그'그 해ˆ 나'아따가 바'디'에[68] 인자ˆ 글 끄'너' 가', 바'디에 고ˆ 은자ˆ 요래ˆ 나'런'는 데, 항 끄'테 다ː 달'례ˆ 가' 이꺼'등 녜.
(예, 풀 먹이는 거는 이래 이제 그것 날아 가지고는 그것 해ˆ 놨다가 바디에 인제 그걸 끊어 가지고, 바디에 그 인제 요래 날았는 데, 한 끝에 다 달려 가지고 있거든요.)

\# 요ː래 은잔ˆ 꼬재ˆ~이로 요래ˆ 인자ˆ 요기 치구, 요'오 치오 인자ˆ 치마 한 끄'테 달리 가ˆ 이쓴 인자ˆ 함 필'로[69] 할 꺼 틈, 그이ˆ사 함 필'로 항 끄'테 하든동, 그'으사 머ˆ 반ː 필'로 항 끄'테 하든동, 고레 할 쑨 인는'데, 하며'느 고 나러 가ˆ 핸ˆ능 그ˆ, 고ˆ골 인자ˆ 그랠ˆ 다ˆ 나라 가뇨곤 은자ˆ 세 쓰때 다ˆ 나'라 가는 거'르 칼'로 끄'너야 대ˆ, 고거'로.
(요래 인자 꼬챙이로 요래 인자 요기 치고, 요기 치고 인제 치면 한 끝에 달려 가지고 있으면 인제 한 필로 할 것 같으면, 그거야 한 필로 한 끝에 하든지, 그거야 뭐 반 필로 한 끝에 하든지, 고래 할 수는 있는데, 하면은 고 날아 가지고 했는 거, 그걸 인제 그래 다 날아 가지고는 인제 새 수대로 다 날아 간 거를 칼로 끊어야 돼, 그거를.)

\# 끄'너 가주'오 고거'르 인자ˆ 바'디에, 요래ˆ 인자ˆ 바'디 나'ˆ 노코 요'게 꿔ˆ.
(끊어 가지고 그거를 인제 바디에, 요래 인제 바디 놔 놓고 요기에 꿰.)

\# 꿔'이[70] 가주ˆ오 두ː, 항 구여ˆ~어[71] 두ː 오'리썩[72], 두ː 얼썩, 두ː 올썩 꿔ˆ

---

[68] 바'디'에: 바디에. 바디. 베틀, 가마니틀, 방직기 따위에 딸린 기구의 하나. 베틀의 경우는 가늘고 얇은 대오리를 참빗살같이 세워, 두 끝을 앞뒤로 대오리를 대고 단단하게 실로 얽어 만든다. 살의 틈마다 날실을 꿰어서 베의 날을 고르며 북의 통로를 만들어 주고 씨실을 쳐서 베를 짜는 구실을 한다. 성구(筬簆).
[69] 필'로: 필(匹)+로.
[70] 꿔'이: 꿰+어.
[71] 항 구여ˆ~어: 한 구멍에. 17세기의 문헌에 '구멍'이 처음 나타난다. 이 단어는 '구무'에

가ˆ, 항 구˜여 두: 얼썩, 두: 얼썰 데드'럭[73], 드가 여드르[74] 그ˆ 꿔'이ˆ 가
　　고래 쪼ˆ옥 해ˆ 노'코, 그래 인자ˆ 그 멜라ˆ[75] 크며느 은자ˆ, 풀 미게ˆ 가ˆ[76]
　　멜라 카므너 푸를 인자ˆ 그거 메물풀 또 쒀ˆ, 메물, 메물풀 쒀ˆ여.
　　(꿰 가지고 두, 한 구멍에 두 올씩, 두 올씩, 두 올씩 꿰 가지고, 한 구멍에
　　두 올씩, 두 올씩 되도록, 들어가 넣도록 그 꿰 가지고 고래 쪽ˆ 해ˆ 놓고,
　　그래 인제 그 매려고 하면은 인제, 풀 먹여 가지고 매려고 하면은 풀을
　　인제 그거 메밀풀 또 쒀, 메밀, 메밀풀을 쒀요.)

\#　메물풀로 쒀ˆ 가, 삼베 할 찌'게'는 메물풀 쒀ˆ 가주고.
　　(메밀풀을 쒀 가지고, 삼베 할 적에는 메밀풀을 쒀 가지고.)

@　왜ˆ 그거 가주고?
　　(왜 그걸 가지고?)

\#　메물 이짜닝'~고.
　　(메밀 있잖아요.)

\#　메물, 그거'르 인자ˆ 가라 가ˆ 저, 찌거 그든, 가라 가주고 그거 인자ˆ 가리

　　'작음'을 뜻하는 파생 접사 '-엉'이 결합하여 만들어진 말인데, 제2음절 모음 'ㅜ'가 음절부
　　음으로 바뀌고 양순음 'ㅁ' 뒤의 반모음 'ㅜ'가 탈락한 과정을 겪은 것이다. 이 '구멍'이라
　　는 어형이 일반적으로 사용된 것은 20세기에 들어와서 일어난 것으로 보인다. 15세기에는
　　'구멍'이라는 뜻으로 모음 앞에서는 '굼', 자음으로 시작되는 조사와 휴지 앞에서는 '구무'
　　가 사용되었고, 16세기에는 '구무'와 함께 '구모'가 나타나기도 했다. 위와 같은 출현 환경
　　은 '두렷ᄒᆞᆫ 구무룰 밍굴고 <1632가례해,7,30b>'에서 나타나는 것처럼 17세기에 무너지기
　　시작했다. 그밖에 17세기에는 '구무~굼', 18세기에는 '구무~구모~굼', 19세기에는 '굼기~
　　굼긔~구무~굼'이 '구멍'과 함께 사용되었다.
72　오'리썩: 올씩. 올[올 :] 실이나 줄의 가닥.((수량을 나타내는 말 뒤에 쓰여)) 실이나 줄의
　　가닥을 세는 단위
73　데드'럭: 되도록.
74　여드르: 옇+드르>넣도록.
75　멜라ˆ: 매(結)+라. 매려고.'ㅇ+ㄹ>ㄹ+ㄹ'의 변화
76　미게ˆ 가ˆ: 먹이어서.

내ˆ 가 풀 쒂 가 그래 인자ˆ 그그러 가라 가주고 그 머ˆ 찌개˄~이 다 드러'도 쪼끔 머'머 그래 해ˆ 가 마 그양 소이, 쏘:고, 수:고 이래ˆ 문때ˆ 가 이래ˆ 이래ˆ 멜 찌'게는, 솔:로 가 이래ˆ 삐끼고, 매을러, 주물러 가 이래, 메고 할 찌게는 그 껍찌가 다 얼거저예.
(메밀, 그걸 인제 갈아 가지고 저, 저거 그거, 갈아 가지고 그거 인제 가루 내 가지고 풀 쒂 가지고 그래 인제 그걸 갈아 가지고 그 뭐 찌꺼기 다 들어도 조금 뭐 그래 해ˆ 가지고 뭐 그냥 쒂, 쑤고, 쑤고 이래 문질러 가지고 이래 이래 맬 적에는, 솔을 가지고 이래 벗기고, 맬, 주물러 가지고 이래, 매고 할 적에는 그 껍질이 다 얽어져요.)

\# 얼'거'지고[77], 다: 솔ˆ로 가ˆ 이래ˆ 삐끼ˆ므 그게' 다: 껍'찌른 다: 얼거지고, 고ˆ 풀만 요래ˆ 인자ˆ 삼베 오'리'에 고ˆ 딱 메여ˆ.
(얽어지고, 다 솔을 가지고 이래 벗기면 그게 다 껍질은 다 얽어지고, 고 풀만 요래 인제 삽베 올에 고 딱 매요.)

\# 고래 인자ˆ 빠딱ˆ해야 그거'르 짜지, 인자ˆ 뿍뜨ˆ항[78] 거 또 그대'로 나러 가주고, 또 뿍뜨ˆ항~이 그'를 재물[79] 메겨[80] 가ˆ 다ˆ 베끼 해ˆ 넨ˆ, 뿍뜩ˆ하응 그양 할 쑤 업꺼'등녀.
(그래 인제 뻣뻣해야 그거를 짜지, 인제 북슬북슬한 걸 또 그대로 날아 가지고, 또 북슬북슬한 거를 잿물 먹여 가지고 다 벗겨 해ˆ 놓, 북슬북슬한 걸 그냥 할 수 없거든요.)

\# 고래 인자ˆ 살ˆ 풀로 미개ˆ[81] 가주고 솔:로 삐깨서[82] 다: 그ˆ 해ˆ 가지고는 인자ˆ 고래 인자ˆ 고ˆ 도투'마리에[83] 가머 가ˆ, 가머 가ˆ 고래 가ˆ 인자ˆ

---

77 얼'거'지고: 얽어지고. 흩어져 내리고.
78 뿍뜨ˆ항: 뿍뜩+하+ㄴ. 북슬북슬한. 털이 많아서 부품하다.
79 재물: 잿물.
80 메겨: 먹여>멕겨. 움라우트.
81 미개ˆ: 먹+이+어>미개. 움라우트. 음운 축약.
82 삐깨'서: 빗+기+어서>빗겨서.
83 도투'마리에: 도투마리. 베를 짜기 위해 날실을 감아 놓은 틀. 베틀 앞다리 너머의 채머리

전자ˆ84 감ː꼬, 말라ˆ앙 가ˆ, 그으'느 머ˆ 불 피ˆ아 노코 애 하ˊ이ˆ까, 마린'
데 인 머ˆ 베'터'르85, 벼'테 그'양 마ˆ, 말루'이ˆ~까 그래 그 풀로 미게ˆ 가ˆ
그래 가ˆ마 가ˆ 해ː 가ˆ 메ˆ 가ˆ는 고, 고래 인자ˆ 고' 다ː 해ː 가ˆ은 고래
인자ˆ 또 짜지요.
(고래 인제 살짝 풀을 먹여 가지고 솔로 빗겨서 다 그 해ˆ 가지고는 인제
그래 인제 고 도투마리에 감아 가지고, 감아 가지고 고래 가지고 인제 견
주어 감고, 말려 가지고 감고, 그거는 뭐 불 피워 놓고 안 하니깐, 마른
데 이 뭐 볕에, 볕에 그냥 말, 말리니깐 그래 그 풀을 먹여 가지고 그래
감아 가지고 해ˆ 가지고 매 가지고는 고, 고래 인제 고 다 해ˆ 가지고는
고래 인제 또 짜지요.)

\# 짤라고 베틀로, 베틀' 가ˆ 들루'코 그 인자ˆ 베틀 가주고, 베트'리싸 머ˆ
요새ˆ 또 베트'리 따, 베틀또 요샌ˆ 다ˆ 초ˆ네는 다ˆ 기럼니ˆ다.86
(짜려고 베틀로, 베틀을 가지고 들여놓고 그 인제 베틀 가지고, 베틀이야
뭐 요즘 또 베틀이 다, 베틀도 요새는 다 촌에는 다 귀합니다.)

\# 다ˆ 업새ˆ 뿌고, 배틀', 이른 베틀' 해ː 가ˆ 그래 인자ˆ 짜지여.
(다 없애 버리고, 베틀, 이런 베틀 해ˆ 가지고 그래 인제 짜지요.)

\# 짜믄 모ˆ, 짜는 사ː라므노, 잘ˆ 짜는 사ː라므노 머ˆ 마ˆ이 짜지요.
(짜면 뭐, 짜는 사람은, 잘 짜는 사람은 뭐 많이 짜지요.)

\# 마ˆ이 짜고, 머ˆ 그거'는 머ˆ 솜씨 엄ː는 사ː라믄 쪼매ˆ 짜고 머, 우리'느
요래ˆ 쫌 배'우'다가 마ː다가, 클 찌'게는 그른 베도 암 배'우'고 핸ː는데,

---

84 위에 얹어 두고 날실을 풀어 가면서 베를 짠다.
전자ˆ: 견주+어>견줘>전자. 견주어. 견주다 〔견주어(견줘), 견주니〕 【…과】 …을】 【…
을 (…과)】 【…을 …에】 (('…과'가 나타나지 않을 때는 여럿임을 뜻하는 말이 주어나 목
적어로 온다)). 둘 이상의 사물을 질(質)이나 양(量) 따위에서 어떠한 차이가 있는지 알기
위하여 서로 대어 보다. 구개음화. 음운 축약.
85 베'터'르: 볕에를. '볕>볕' e>i 고음화.
86 기럼니ˆ다ː. 기릅(高貴)+니다>기릅습니다. 귀합니다.

저 시:집 오'이\^~까 이래\^ 으녀 좀 베틀, 어:름분네드리 이래\^ 인자\^ 길사믈
　　하시고 그라대'요.
　　(많이 짜고, 뭐 그거는 뭐 솜씨 없는 사람은 조금 짜고 뭐, 우리는 요래
　　좀 배우다가 말다가, 클 적에는 그런 베도(베 짜는 것도) 안 배우고 했는데,
　　저 시집오니깐 이래 인제 좀 어른분들이 이래 인제 길쌈을 하시고 그러대
　　요.)

\#　그래 마'이느, 우리'는 길삼해\^ 가\^ 가따 내\^ 가 그래'하긴 안 하시'데요.
　　(그래 많이는, 우리는 갈쌈해 가지고 갖다 내어 가지고(팔고 그르기는) 그
　　래 하기는 안 하시데요.)

\#　안 하시고 그저' 지'베 해\^ 임는 거 하\^고, 거저' 머\^ 참 이래\^ 그저' 이런
　　오'슬 그 이래\^ 쫌 하고 머\^ 그르'치, 머\^ 그래 마'이 내애 가 하고 그르'키
　　는 안 해.
　　(안 하시고 그저 집에서 해\^ 입는 거 하고, 그저 뭐 참 이래 그저 이런
　　옷을 그 이래 좀 하고 뭐 그렇지, 뭐 그래 많이 내 가지고(팔고) 하고 그렇
　　게는 안 해.)

\#　단 집, 여어 머\^ 그 한 지'비는 다' 내\^ 가, 자'아 가\^ 내\^ 가[87] 살[88] 파라

87　내\^ 가: 내어서. 팔아서.
88　살: 쌀. 현대 국어 '쌀'에 대응하는 15세기 어형은 '뿔'이다. 'ㅂ'계 합용병서인 'ㅴ'은 [ps]
　　를 나타내던 글자였다. 즉, 오늘날과 달리 당시에는 된소리가 아니었던 것이다. 현대 국어
　　'찹쌀, 햅쌀, 입쌀, 좁쌀' 등에 있는 'ㅂ' 받침은 '쌀'의 고형이 '뿔'이었음을 확인시켜 주는
　　예이기도 하다. '햅쌀'은 기원적으로 '해+뿔'이었기 때문에 현대 국어에서 '해쌀'로 적지
　　않고 '햅쌀'로 적는 것이다. '뿔'은 17세기에 접어들면서 '쑬'로 바뀌게 된다. 즉 초성이
　　된소리로 바뀌게 된 것이다. 이는 17세기에 'ㅂ'계 합용병서가 된소리로 바뀌기 시작한
　　시기와 일치한다. 마지막으로 'ㆍ'의 음가가 소실되면서 '쑬'이 오늘날의 '쌀'로 된 것이다.
　　즉 이 말의 형태 변화 과정은 '뿔>쑬>쌀'로 정리할 수 있다. 15세기·16세기에는 '뿔'로만
　　쓰이다가 17세기에 들어서면서 '뿔, 쑬' 두 예가 보이기 시작한다. 18세기와 19세기에는
　　'뿔, 쑬, 쌀' 등이 혼재되어 쓰이는 것을 확인할 수 있다. 20세기에는 '뿔'이 표기에서도
　　완전히 없어져서 '쌀, 쑬' 두 예만 나타난다.

    갸ˆ 와 갸, 그그 머ˆ꼬, 보쌀⁸⁹ 파라 갸⁹⁰ 오머 곡석 이거 마ˉ 다ː 장마네⁹¹
    돈ˆ 인자ˆ 하여시는 거또, 그릉'그 다ː 하는 사ː람도 이'꼬 그래요.
    (다른 집, 여기 뭐 그 한 집에서는 다 내 가지고, 장에 가 내 가지고 쌀 팔아 가지고 와 가지고, 그것 뭐냐, 보리쌀 팔아 가지고 옴변 곡식 이거 뭐 다 장만해서 돈 인제 하는 것도, 그런 거 다 하는 사람도 있고 그래요.)

@   그까ˊ 그ˆ언ˆ 데 살 파라 드시'고?
    (그러니깐 그런 데 쌀 팔아 드시고?)

우리'는 그래 갸ˆ 머ˆ 마~ˆ이 그래 갸ˆ 내ˆ 가주고, 참 시ˆ지비⁹² 오'이~'까

---

89 보쌀: 보리쌀. '보리쌀'은 17세기 한글 문헌에 '보리ᄡᆞᆯ'의 형태로 처음 나타나며, '보리+ᄡᆞᆯ'로 형태소 분석된다. 현대국어 형태인 '보리쌀'은 '보리ᄡᆞᆯ>*보리쌀>보리쌀'의 변화과정을 거쳐 나타난 것으로 보인다. '보리ᄡᆞᆯ>*보리쌀'의 변화는 음절 초성의 'ㅄ'이 된소리인 'ㅆ'으로 바뀌었기 때문이고, '*보리쌀>보리쌀'의 변화는 어두음절에서 발생하였던 'ㆍ>ㅏ'의 변화에 따른 것이다. '보리쌀'에는 '좁쌀', '볍쌀' 등과 같이 '쌀' 앞에 나오는 음절종성에 'ㅂ'이 보이지 않는데, 이것은 '보리쌀'이 'ᄡᆞᆯ>쌀'의 변화가 끝난 후에 합성어로 굳어졌기 때문인 것으로 볼 수 있다. 쌀을 세는 단위로는 '섬', '가마', '석' 등이 있다.
90 파라 갸: 사서. 구입해서. '팔다'의 15세기 형태는 'ᄑᆞᆯ다'이다. 18·9세기에는 'ᄑᆞᆯ다'와 '팔다'가 함께 나타나는데, 이는 이 시기에 이미 'ㆍ'의 비음운화가 이루어져서 'ㆍ'와 'ㅏ'가 동일한 음성형으로 실현되었기 때문이다. 결국 이 둘은 동일한 음성형의 이표기인 것이다. '팔다'의 의미는 여러 가지가 있는데, 기본적인 의미 외에 "자기의 이익을 위하여 무엇을 끌어다가 핑계를 대다"라는 의미로 쓰인 예는 이미 16세기부터 보이기 시작한다. 또한 나이가 드신 어른들 사이에서 사용되는 "돈을 주고 곡식을 사다"라는 의미로 쓰인 예는 17세기에 보인다(糴米 ᄡᆞᆯ ᄑᆞ라 드리다<1690역어유,하,48b>, 콩 ᄑᆞ라 오라<1636병자기,292>). "기술을 가지고 돈을 벌다"의 의미로 쓰인 예는 20세기 문헌에 보인다.
91 장마네: 장만해. 준비해. '쟝만ᄒᆞ다'는 15세기에 '쟝망ᄒᆞ다'의 형태로 처음 나타난다. 그런데 '쟝망ᄒᆞ다'의 어원은 분명하지 않다. '쟝망ᄒᆞ다'는 16세기에 동음 충돌을 피하기 위하여 제2 음절 받침 'ㅇ'이 'ㄴ'으로 바뀐다. 중세어 '쟝만ᄒᆞ다'는 치조음 'ㅈ, ㅊ' 다음의 'ㅑ, ㅕ, ㅛ, ㅠ'가 'ㅏ, ㅓ, ㅗ, ㅜ'로 변하는 규칙에 의해 18세기부터 '장만ᄒᆞ다'로 나타나기 시작한다. 이는 18세기에 'ㅈ, ㅊ'이 치조음에서 치조 경구개음으로 바뀜에 따라 발음이 구별되지 않았기 때문에 나타난 표기이다. 이 '장만ᄒᆞ다'가 '장만하다' 형태로 현대국어에 이어진다. 한편 근대국어에서 보이는 '쟉만ᄒᆞ다, 작만ᄒᆞ다, 죡만ᄒᆞ다'도 '쟝만ᄒᆞ다, 장만ᄒᆞ다'로부터 변화한 과도 표기로 보이는데, 한자어 '작(作)'에 유추한 것이 아닌가 한다.
92 시ˆ지비: 시집+ㅣ>시집을.

내ː애 갸̂ 그래 하진 안 하시'이'~까 그거'늠 머̂, 그거'르 머̂ 지겁쩌르 해̂ 가지'고 머̂ 생'할로 삼ː꼬 이래̂ 아~ 하시데̂'요.
(우리는 그래 가지고 뭐 많이 그래 가지고 내 가지고(팔아서), 참 시집오니까 내 가지고(팔아 가지고) 그래 하지는 안 하시니까 그거는 뭐, 그걸 뭐 직업적으로 해̂ 가지고 뭐 생활로 삼고 이렇게는 안 하시데요.)

\# 아~ 하시고 그래 농사 지'아 갸̂ 이래̂ 머̂ 싱'냥하시고 머̂ 그렁 거, 머̂ 그렁 거는 해̂ 갸̂ 그저 온 해ː 입꼬 그저 참ː.
(안 하시고 그래 농사 지어 가지고 이래 뭐 식냥하시고 뭐 그런 거, 뭐 그런 거는 해̂ 가지고 그저 옷 해̂ 입고 그저 참.)

@ 근데 왜 메물풀 쏘'오 가꼬 올'리'지요?
(그런데 왜 메밀풀 쒀 가지고 올리지요?)

@ 딴 풀 갸꼬 하능 게̂ 아이'고, 이ː유가 인슴니'까?
(다른 풀 가지고 하는 게 아니고, 이유가 있습니까?)

\# 모르게'쓰예, 삼베느 그래 메물'풀로 하데여ː.
(모르겠어요, 삼베는 그래 메밀풀로 하데요)

\# 메물푸리 채̂고 조̂타 하데요.
(메밀풀이 최고 좋다 하데요.)

\# 메물풀 하고, 메물풀로 갸̂ 하고, 그 삼베는 메물풀로 하고.
(메밀풀 하고, 메밀풀 가지고 하고, 그 삼베는 메밀풀로 하고.)

@ 고게̂ 더 빠닥빠다탄?
(고게 더 빠닥빠닥한가요?)

\# 그래 머̂ 메물풀이 그 시̂든동[93] 그래 매물풀로 하데'요.

---

93 시̂든동: 세든 동. 세든지. 강하던지.

(그래 뭐 메밀풀이 그 센지 그래 메밀풀로 하데요.)

@1 푸른 우에 서ˆ 완는지 함번?
 (풀은 어떻게 쒔는지 한번?)

@ 메물'풀을 쑬ˆ 때는?
 (메밀풀을 쑬 때는?)

\# 매물' 그거'로 인자ˆ 당가ˆ[94] 나'따가, 고거'로 이래ˆ 갈# 가라 가주고 대:강 인제ˆ 걸러, 얼기'메[95] 걸러 가ˆ, 걸러 가주고 그래 풀을 쑤ˆ데요.
 (메밀 그걸 인제 담궈 놓았다가, 그걸 이래 갈, 갈아 가지고 대강 인제 걸러, 어레미에 걸러 가지고, 걸러 가지고 그래 풀을 쑤데요.)

\# 푸를, 데직ˆ하'~이[96] 푸를 쒀ˆ 가, 푸를 쑤ˈ므 이래ˆ 인자ˆ, 데직ˆ하~이

---

[94] 당가ˆ: 담구+어>당가아. '담그다'는 "어떤 것을 액체 속에 넣다"는 뜻으로 쓰인다. 현대국어 '담그다'에 직접적으로 소급하는 중세어형은 '둠그다'로, 이는 'ㆍ'의 비음운화와 함께 오늘날의 '담그다'로 굳어졌다. '담그다'는 어간 '담그'에 활용어미 '-어/-아'가 붙으면 'ㅡ'가 탈락되어 '담가'가 된다. 한편 15세기에는 '둠그다' 말고 '둠다'도 '담그다'의 의미로 쓰였음을 문헌을 통해 살펴볼 수 있다. 오늘날에는 '담다'와 '담그다'를 구분하여 쓰는데, '둠다'의 용례가 많지 않은 것으로 보아 중세국어 시기에도 대체로 이 둘을 구분하여 썼으리라 짐작할 수 있다. '드ᄆ다'와 '드므다'는 '둠다'에 모음이 삽입되어 3음절어로 늘어난 형태이다. 현대국어에서 '담다'는 '담그다'와 그 뜻을 구별하도록 되어 있다. '담그다'는 어떤 것을 액체 속에 넣다는 뜻이다. 그러나 '담다'는 액체와 상관없이 어떤 그릇에 물건을 넣은 것을 뜻한다. 그리하여 '바구니에 담다', '궤짝에 담아 두었다' 등과 같이 쓰인다. 추상적 의미의 '담다'는 '책은 사상을 담는 그릇이다', '이 편지에 내 마음을 담아 보내오'라고 할 때 그 예를 찾아 볼 수 있다. 이에 비해 '담그다'는 액체와 관련되어 그 속에 무엇인가를 집어넣거나 가라앉힌다는 뜻이다. '담그다'의 용례를 보면 '장을 담그다', '김치를 담그다', '젓갈을 담그다', '냇물에 발을 담그다'와 같다. 그러나 경상방언 등 일부 방언에서는 '담다'와 '담그다'를 이와 같이 엄격하게 구별하여 사용하지 않는다. 대구 지역 등에서는 '김치를 담았다'도 쓰이지만 '김치를 담갔다'도 흔히 들어볼 수 있다. 그러나 "구더기 무서워 장 못 담글까"와 같은 속담에서는 거의 대부분 '담그다'가 쓰인다.
[95] 얼기'메: 얼기미+에>어레미에.
[96] 데직ˆ하이: 되게. 반죽이나 밥 따위가 물기가 적어 빡빡하다.

쑤어 가주고 인자ˆ 이래ˆ 안 흐리ˆ도로⁹⁷ 인자ˆ 그래 인자 소느로 뚝#뚝#
띠: 나ˆ 가주고 이래' 인자ˆ, 주무리기 조:을 만하드록, 주무리기를 조:을
만해:야 데지, 너무 데ˆ도 다: 야깐 야무러도⁹⁸ 안 데고, 늠ˆ 물러도 흘러
싸ˆ, 마ˆ 다ˆ 흘러 뿌 가ˆ 안 데ˆ.
(풀을, 되직하게 풀을 쒀 가지고, 풀을 쑤면 이래 인제, 되직하게 쒀 가지고 인제 이래 안 흐르도록 인제 그래 인제 손으로 뚝뚝 떼 놔 가지고 이렇게 인제 주무르기 좋을 만하도록 주무르기를 좋을 만해야 되지, 너무 되도 다 약간 야물어도(단단해도) 안 되고, 너무 물러도 흘러 버려서, 다 흘러 버려 가지고 안 돼.)

\# 그르'이~까 요: 베 오'리'에 요ˆ 그거' 주물러 가주고 훑터 가주고, 주물러 가ˆ 그 머ˆ 손으로 가ˆ 주물러 가ˆ 이래ˆ 가ˆ 그 할'라 크'믄 데지ˆ캐ˆ야 되그든뇨.
(그러니깐 요 베 올에 여 그거 주물러 가지고 훑어 가지고, 주물러 가지고 그 뭐 손을 가지고 주물러 가지고 이래 가지고 그 하려고 하면 되직해야 되거든요.)

\# 데지ˆ게 가ˆ 이# 인제ˆ 아주 호:박쭉보다 더 데ˆ개 써ˆ야 데ˆ요.
(되직해 가지고 이래 인제 아주 호박죽보다 더 되게 쒀야 되요.)

---

97 흐리ˆ도로: 흐르도록. '흐르다'의 15세기 표기형은 '흐르다, 흐ᄅᆞ다' 두 형태가 나오지만, '흐ᄅᆞ다'형의 출현 빈도가 훨씬 높다. 이 경향은 16세기까지 이어지다가 17세기 이후로는 '흐르다'와 '흐ᄅᆞ다'의 출현 빈도가 비슷해진다. 그러나 '흐ᄅᆞ다' 형태는 20세기 초까지만 보이고 그 이후에는 '흐르다' 형태로 고정되었다. 16세기 문헌에 보이는 '흘으ᄃᆞ' 형태는 16세기 이후로 등장하는 표기자의 분철 표기 의식이 반영되어 나타난 것으로 볼 수 있다. 즉 분철 표기의 과표기 현상으로 나타난 것이다. 19세기 문헌에 보이는 '흘ᄋᆞ다'의 경우도 마찬가지이다. 17세기 이후 문헌에 나타난 '흘르다' 형태는 '흐르-+-어'가 표면형으로 '흘러'가 되는 것에 유추되어, '-어' 활용이 아닌 다른 어미와의 활용에서도 '흘르-'형을 취한 것이다. 결국 '흐르다' 형태는 15세기 이후 현대에 이르기까지 형태나 의미의 변화 없이 쓰이고 있는 것이다.
98 야무러도: 야물어도. 딱딱해도. 경주방언에서는 '야물(硬)-'과 '여물(熟)-'이 변별된다.

\# 좀 데:# 데ˆ게, 호바기 쫌 데ˆ게 쓔ˆ 호박죽, 그래 쒀ˆ 가, 이ˆ래 할 거'트' 믄 이래ˆ 훌터 나ˆ 두므 이래ˆ 소니 안 내'리'가요.
(좀 되, 되게, 호바기 좀 되직하게 쑨 호박죽, 그렇게 쒀 가지고, 이래 할 것 같으면 이래 흐르게 놔 두면 이래 손에서 안 내려가요.)

\# 그래트'륵 해ˆ 가주고 이나', 조래' 오리에다가 여ˆ 인자ˆ 자꾸 주물러 가ˆ, 그래 미게ˆ지여[99].
(그러도록 해ˆ 가지고 이래, 저래 올에다가 여 인제 자꾸 주물러 가지고, 그래 (풀을) 먹이지요.)

@ 손톱 가꼬 삼 째ˆ 가꼬 할 때, 이러:케 물팍[100] 꺼'내 가꼬 하시'자나요?
(손톱 가지고 삼 째 가지고 할 때, 이렇게 무릎 꺼내 가지고 하시잖아요?)

@ 할머'니는 어:떠케 하셛'써요?
(할머니는 어떻게 하셨어요?)

\# 무르'판 위'에 이래ˆ 거ˆ꼬 해ˆ야 데'지요.
(무플 위에 이래 걷고 해야 되지요.)

---

99 미게ˆ지여: 먹이+이여>먹이지요.
100 물팍: 무르팍. '무릎'이 최초로 나타나는 형태는15세기의 '무룹'이다. 같은 시기에 나타나는 '무롭'은 후설모음의 대립관계가 동요되면서 제2음절 모음 'ㅜ'가 'ㅗ'로 바뀐 것이다. 18세기에 나타나서 현대어로 이어지는 '무릎'은, 같은 모음 'ㅜ'가 반복되는 것을 피하기 위해, '무룹'의 제2음절 모음 'ㅜ'가 'ㅡ'로 바뀐 것으로 보인다. '무룹', '무롭', '무릎'의 끝 자음 'ㅍ'은 음절 말 위치에서, '무릅', '무롭', '무릅' 등의 예에서 보는 것처럼 'ㅂ'으로 바뀌었다. 그런데 20세기에는 이러한 형태인 '무릅'이 모음 앞에서도 실현되는 예가 나타난다. 한편 16~17세기의 '무룹ㅍ', 17~18세기의 '무롭ㅍ'은 '무룹', '무롭'의 'ㅍ' 앞에서 'ㅂ'이 임의적으로 첨가된 발음을 표기한 것이다. 18~19세기에 나타나는 '무룹ㅎ', '무롭ㅎ', '무릅ㅎ'은 '무룹', '무롭', '무릎'의 끝 자음 'ㅍ'을 'ㅂ+ㅎ'으로 재분석하여 표기한 것이며, 20세기에 나타나는 '무릅ㅎ'도 마찬가지이다. 18세기와 19세기에 나타나는 '무롭ㅎ'은 17세기 이후 제2음절 위치에서 'ㆍ'로 표기된 음가와 'ㅡ'로 표기된 음가가 같아져서 나타날 수 있었던 표기이다.

\# 거ˆ꼬 해ˆ야 데ː는데.
　(걷고 해야 되는데.)

@ 그ˈ냥도 하셔'따던데?
　(그냥도 하셨다던데?)

\# 그냥 온 닙꼬 하는 사ˈ람으ː 이 조ː심 이ˆ래, 어ˆ른분네들 인데 장ˆ개~이[101], 무르'팍 훌떡 거'더 노코 몬ː 해ˆ 가주고 인자ˆ 오슬 인자ˆ 그 하고 처마로[102] 인자ˆ 이래ˆ 가 푹 싸ˆ 가주, 그라'믄 이ː리 잘 안 데ˆ여.
　(그냥 옷 입고 하는 사람은 이 [조심 ?] 이래, 어른분들 있는데 정강이, 무릎 훌떡 걷어 놓고 못 해ˆ 가지고 인제 옷을 인제 그거 하고 치마로 인제 이래 푹 싸 가지고, 그래 하면 일이 잘 안되요)

\# 젤ˈ로 인자ˆ 무르'팍 다ˆ 훌뜩 거'더 노코 해ˆ야 그게ˆ 인자ˆ 사레 문때ˆ야 잘ː 비베'져요[103].

101　장ˆ개~이: 정강이.
102　처마로ː: 처마+로>치마를. '치마'와 관련된 가장 이른 시기의 어형은 15세기 국어에 나타나는 '치마'이다. 그러므로 '치마'는 아주 오랜 시기부터 그 형태상의 변화를 입지 않은 채 현대국어에까지 이어진 어형으로 볼 수 있다. 그러나 '치마' 이외에도 16세기 문헌에 나타나는 '쵸마'와 '츄마'를 감안하면, '치마'는 '치마' 계통의 어형과 '쵸마', 또는 '츄마' 계통의 어형이 공존한 것으로 볼 수 있다. 그러나 이들 '치마'나 '쵸마, 츄마'가 어떻게 형성된 것인지 그 어원을 파악하기는 어렵다. 다만, '치마'에 비해 '쵸마, 츄마'는 '치-'(?)에 동명사 형성의 '-옴/움'이 더 들어간 것으로 보인다. 즉, '치마'는 '-오/우-'가 개재하지 않은 '침'에 '-아(?)'가 결합된 것이고, '쵸마'나 '츄마'는 '치-'에 '오/우'와 'ㅁ'에 '-아'가 결합한 것으로 볼 수 있다. 그러나 '치-'가 어떤 성격의 것인지, '-아'는 무엇인지 현재로서는 알 수 없다. '초마'가 19세기 국어에까지 나타나다가 20세기에는 '치마'로 통일되었다.
103　비베'져요: 비비+어+저요>비벼저요. '비비다'라는 단어의 최초 출현형은 '비븨다'이다. 15세기부터 보인다. 그러나 '부븨다'란 혀태도 15세기에 등장한다. '비븨다' 계열과 '부븨다' 계열의 두 어휘가 사용되다가 '비븨다' 계열의 변화형인 '비비다'로 정착한다. '비비다'는 '·>ㅡ' 변화를 반영한 과도 표기이고, '쎄비다'는 '비븨다'의 평음 'ㅂ'에 해당하는 경음 'ㅆ'을 사용하여 어감을 강하게 하려는 의도에서 비롯한 표기이다. 그리고 '비뷔다'는 순음 아래 'ㅡ→ㅜ'의 과정을 반영한 표기이고, '부븨다/부뷔다/부비다' 또한 순음 아래 'ㅡ→ㅜ'의 과정을 반영한 표기로 보인다. 현대 <표준국어대사전>에서 '부비다'를 "비비다의

(제일로 인제 무릎 다 훌떡 걷어 놓고 해야 그게 인제 살에 문질러야 잘 비벼져요.)

\# 잘ˆ 비베ˆ지는데, 그ˆ 인자ˆ 어:른분네들 게ˆ 이꼬 하믄 다리'를 훌떡 거더 노코 몰 해ˆ 가주고 그래 가ˆ 인자ˆ 오슬 이래ˆ 내랴ˆ 노코 하기도 하고, 또 마ˆ이~ 하ㅁ'는 이 무르'퐈기 달러[104] 가주고 따거버요[105].
(잘 비벼지는데, 그 인제 어른분들도 거기 있고 하면 다리를 훌떡 걷어 놓고 못 해ˆ 가지고 그래 가지고 인제 옷을 이래 내려 놓고 하기도 하고, 또 많이 하면 이 무릎이 닳아 가지고 따가워요.)

\# 피가 난# 매치ˆ.
(피가 나서 맺혀.)

\# 피가 매치ˆ고, 달가[106] 가지'고 피가 매치ˆ.
(피가 맺히고, 닳아 가지고 피가 맺혀.)

\# 그래 가주고 또# 오또 인자ˆ 또# 내랴ˆ 노코 하는 수도, 오'쎄다, 요'오'다 또# 멀ˆ 하나 데ˆ고 기'버요[107].

잘못'으로 풀이한 점을 보아도 그러하다. 나머지 '쑤븨다'는 '부븨다'에서 평음 'ㅂ'에 해당하는 경음 'ㅆ'을 사용함으로써 어감을 강하게 하려는 의도에서 비롯한 표기로 보인다.
[104] 달러: 닳아서.
[105] 따거버요: 따갑+어+요>따거워요.
[106] 달가: 닳+아>닭아>달아. 어떤 물건 등이 낡아지거나 모양이 줄어드는 것을 '닳다'라고 한다. 15세기의 <월인석보>에서는 '달아'와 같은 활용형이 나온다. 그러나 이것은 어중의 'ㅎ'이 유성음 사이에서 탈락한 표기로 짐작된다. 따라서 이 단어의 원래 어간은 '닳-'이었을 것이다. 왜냐하면 17세기 이후의 문헌에는 '닳-'이 어간으로 쓰였기 때문이다. '달코' 등 유기음이 나타나는 어형은 어간말의 'ㅎ'이 후행 자음과 축약된 것이다. 이 단어는 '물건이 닳다'와 같이 구체적 사물이 마모되는 것을 의미하면서, 동시에 추상적이고도 개념적인 영역으로 그 의미 영역을 확대하였다. 그리하여 세상일에 시달려 약아빠진 사람을 '세파에 닳다'라고 표현하기도 한다.
[107] 기'버요: 깁+어요> 기워요. '깁다'는 '명주실로 짠 천'을 가리키는 명사 '깁'으로부터 온 동사이다. 따라서 '깁'의 본디 의미는 천으로 하는 작업과 관련되는 것이었다. 그러던 것이 '터지거나 해진 곳을 덧대어 막는 작업'을 가리키는 일반적인 용법으로 발달하게 되었다.

(그래 가지고 또 옷도 인제 또 내려 놓고 하는 수도, 옷에다, 요기에다 또 뭘 하나 대고 기워요.)

\# 아프믄 그래 인자ˆ 오슬 내랴ˆ[108] 노코 한데, 새# 오시먼 또# 새 온 떠'러'진다꼬, 오시믄 여ˆ 또# 떨어'진다꼬 인자ˆ 여'어'다가 이래ˆ 하나 데ˆ 가주고 그래 나뚜고[109], 그래 하므 그기ˆ 떠'러'지지, 인자ˆ 본 살은 안 떠러지'고 오슨 안 떠러지거'등녀.
(아프면 그래 인제 옷을 내려 놓고 하는데, 새 옷이면 또 새 옷 떨어진다고, 옷이면 여기 또 떨어진다고 인제 여기에다가 이래 하나 대 가지고 그래 놔두고, 그래 하면 그게 떨어지지, 인제 원래 살은 안 떨어지고 옷은 안 떨어지거든요.)

\# 하나 대ˆ고 이래ˆ 기'버 가ˆ 하머 그래, 그래 가ˆ 하는 사람 이'꼬 그ˆ 머ˆ 참# 머ˆ 주로 인잔ˆ 거:꼬 하는 사람 만'제.

이와 같은 변화 경향에 따라서 '허물', '그릇' 등에도 '깁다'가 사용되게 되었다. '허물'에 대해 '깁다'가 사용되는 예는 18세기에 이미 나타나기 시작하고, '그릇'에 대해서는 20세기 예에서 그 용례가 확인된다. '깁다'는 15세기 문헌에서부터 발견된다. '깁다'의 15세기 표현 역시 현대국어와 같은 '깁다'였다. 이 표현은 15세기부터 현대국어에 이르기까지 큰 어형 변화를 겪지 않은 것으로 볼 수 있다.

[108] 내랴ˆ: 내리+아>내려. '내리다'가 최초로 나타나는 형태는15세기 문헌에 나타나는 'ᄂᆞ리다'이다. 이 'ᄂᆞ리다'의 제1음절 모음 'ᆞ'가 18세기에 'ㅏ'로 바뀐 것이 19세기 형태인 '나리다'이고, 이 '나리다'의 제2음절 모음 'ㅣ'의 영향으로 제1음절 모음 'ㅏ'가 'ㅐ'로 바뀐 것이 '내리다'이다. 후자의 변화를 움라우트라고 하는데, 'ㄹ'을 사이에 둔 움라우트는 일반적으로 동사 어간일 때만 일어났다. 한편 'ㅐ'는 15세기 이래 반모음 'ㅣ'로 끝나는 이중모음이었는데, 18세기에 현대어와 같이 단순모음으로 바뀌었다고 알려져 있다. 그러나 움라우트는 18세기 이전에도 일어났으므로, 움라우트가 먼저 일어났는지, 이중모음의 단순모음화가 먼저 일어났는지는 알 수 없다. 18세기에 '니리다'가 나타나므로, 이 '내리다'의 대응형들만 보면 움라우트가 가장 먼저 일어나고, 'ᆞ>ㅏ' 변화와 단순모음화가 일어났다고 할 수 있겠지만, 일반적으로는 'ᆞ>ㅏ' 변화가 일어나서 'ㆎ>ㅐ' 변화도 일어난 후에 단순모음화와 움라우트가 일어났다고 간주되고 있다. 즉 '니리다'는 제1음절 모음 'ㆎ'가 '내리다'의 제1음절 모음과 음가가 같았기 때문에 나타난 표기이다.

[109] 나뚜고: 놓+아#두+고>놔뚜고> 놓아두고.

(하나 대고 이래 기워 가지고 하면 그래, 그래 가지고 하는 사람 있고 그 뭐 참 뭐 주로 인제 걷고 하는 사람 많지.)

\# 그르잉~께 인자ˆ 참 어:른분'네'드리 여러:시 인'는 데는, 바드:른들[110] 이'꼬, 안으:르느느 이래ˆ 가치 안저 가ˆ 이래ˆ 하믄 길사'믈 하이~까네 요ˆ 인제ˆ 거더 노코 할 쑤가 이'찌.
(그러니까 인제 참 어른분들이 여럿 있는 데는, 바깥어른들 있고, 안어른은 이래 같이 앉아 가지고 이래 하면 길쌈을 하니까 요 인제 걷어 놓고 할 수가 있지.)

\# 거더 노코 할 쑤가 이'찌'마느, 바더'른들 게ˆ시는 데ˆ 여ˆ 다리 훌뚝 거'꼬 몯ˆ 하'이~까네 그래 인제ˆ 이거'로 무르팍을 인자ˆ 그거' 해ˆ 가'예 오스를 더'퍼 노코 해ˆ찌.
(걷어 놓고 할 수가 있지만은, 바깥어른들 계시는데 여기 다리 훌떡 걷고 못 하니까는 그래 인제 이걸로 무릎을 인제 그거 해ˆ 가지고 옷을 덮어 놓고 했지.)

@ 삼도 옌ˆ날 그'믄 놉해ˆ 가'꼬 하셔'써여?
(삼도 옛날 그러면 놉해 가지고 하셨어요?)

\# 예ˆ, 삼도 마ˆ느음 다ˆ 놉하지예.
(예, 삼도 많으면 다 놉하지요.)

\# 삼도 마ˆ느믄 다ˆ 놉해 가ˆ, 삼 할 찌'게도 다ˆ 놉해 가ˆ.
(삼도 많으면 다 놉해 가지고, 삼 할 적에도 다 놉해 가지고.)

@ 그'면 막ˆ 온ˆ, 온ˆ, 온ˆ 삼동' 내ˆ내ˆ?
(그러면 막 온, 온, 온 삼동 내내?)

\# 예ˆ, 그러 가ˆ 인자ˆ 머ˆ 머ˆ 삼도 머ˆ 그 하고 머ˆ 치럴 뻬 하는 사'라므는

---

[110] 바드른들: 바깥 어른들.

칠얼 따레 다ˆ 그거 하지마는, 하는 사ˆ람 치럴'뻬, 치럴 따레, 요ˆ 보'메 해ˆ 가주고 그' 할 꺼 거'트'므 인지ˆ 째ˆ 가ˆ 다: 그 하머 치럴 따레 사믈 또 하자~는교, 핻싸믈.
(예, 그래 가지고 인제 뭐 뭐 삼도 뭐 그 하고 뭐 칠월 베 하는 사람은 칠월에 다 그거 하지만은, 하는 사람 칠월 베, 칠월에, 요 봄에 해ˆ 가지고 그 할 것 같으면 인제 [삼을] 째 가지고 다 그 하면 칠월에 삼을 또 하잖아 요, 햇삼을.)

\# 해쌈 해ˆ 가주고 치럴 따레 겨 사믈 해ˆ야, 하고, 바쁘게 하는 사ˆ라믄, 그래 길삼 솜씨 조ˆ코 하는 사ˆ라믄 치럴 따레 다ˆ 사므 다ˆ, 다ˆ 함니다.
(햇삼해 가지고 칠월에 그 삼을 해야, 하고, 바쁘게 하는 사람은, 그래 길쌈 솜씨 좋고 하는 사람은 칠월에 다 삼을 다, 다 합니다.)

\# 하고, 지' 해'에 다ˆ 베러 만드니ˆ더.
(하고, 제 해에 다 베를 만듭니다.)

\# 만들고, 만들' 때 하는 사ˆ람 기'여'레[111] 나'도ˆ따 기'여'레 인자ˆ, 기'우'레

---

111 기'여'레: 겨울에. 겨울'의 어원에 대한 가설은 대체로 '집 안에 있다'는 뜻으로 '겨다, 겻다'라는 동사의 어간 '겨-'나 '겻-'에 접미사 '-을'이 결합하여 이루어지는 것으로 보는 견해가 우세하다. 이 때의 접미사 '-을'을 관형사형 어미에서 발달한 것으로 보는 견해도 있다. '겨울'류의 단어가 처음 보이는 것은 '겨슬'로서 15세기의 문헌에서이다. 계절을 나타내는 단어는 일상 생활과도 매우 밀접하게 연관되어 있어서, 그 이전 시기에서부터도 자주 사용되는 기본 어휘였을 것으로 생각할 수 있다.
15세기의 '겨슬'은 'ㅿ'을 가지고 있는 명사인데, 'ㅎ'을 더 가지기도 하고 그렇지 않기도 하였다. 'ㅎ'을 더 가진 형태는 17세기까지 꾸준히 나타나는데, 문헌에 나타나는 회수는 많지 않다. 'ㅿ'을 가진 어형은 16세기까지만 나타난다. 그러나 이미 15세기 문헌에서도 'ㅿ'이 없는 형태가 나타나므로, 15세기부터도 이 'ㅿ'이 없는 어형이 상당히 쓰이고 있었던 것임을 알 수 있다. 16세기부터 19세기까지 단어의 끝에 'ㄹ'이 없는 '겨스, 겨으' 형태가 나타나는데, 이들 어형이 모두 자석류 문헌에만 나타나고 실제 문장 가운데에서는 나타나지 않는 것으로 볼 때, 이 어형의 경우, 실제 사용에서는 쓰이지 않고 자석류 문헌에서만 나타나는 특징적인 형태로 볼 수 있다. 16세기에 '겨울'이 처음 등장하고, <서궁일기>가 17세기의 언어를 반영하는 것이라고 할 때, '겨울'이 17세기부터 등장한다. '겨울'처럼 'ㅡ'

해ˆ 가주고는 내년 보'메 탁ˆ 그러케 참 메ˆ고 다ˆ, 다ˆ 이래ˆ 함니더.
(만들고, 만들 때 하는 사람은 겨울에 놔두었다가 겨울에 인제, 겨울에 해ˆ 가지고는 내년 봄에 탁 그렇게 참 매고 다, 디 이래 합니다.)

@ 그'면 저ˆ 베트'레 인제' 올리셔 가주고 머ˆ 구체'적으로 머ˆ 어ˆ떠케 짜고 하시는지 좀# 말ˆ쓤해ˆ 주세요?)
(그러면 저 베틀에 인제 올리셔 가지고 뭐 구체적으로 뭐 어떻게 짜고 하시는지 좀 말씀해 주세요?)

그 베트'리 업씨~이까 어ˆ째 그 하는 거르, 그그'느, 그거'느 오이'려.
(그 베틀이 없으니깐 어떻게 그 하는 거를, 그거는, 그거는 오히려.)

#1 베트'른 만# 만드'기녀 이 나무'가, 이런 나무'로 두: 개, 두: 개르 이레ˆ 서와[112] 가주고, 두: 개르 세와 가주고 이 구멍'을 뚤버 가주고 이래ˆ 가주고 저어ˆ 이ˆ 머ˆ 무진 가리쒜라[113] 카든가, 머ˆ 여ˆ, 여ˆ, 여ˆ 저ˆ 이짜게 인자ˆ 안 너'머'가도록.
(베틀은 만, 만들기는 이 나무가, 이런 나무를 두 개, 두 개를 이래 세워 가지고, 두 개를 세워 가지고 이 구멍을 뚫어 가지고 이래 가지고 저 뭐 무슨 가로대라고 하던가, 뭐 여, 여, 여 저 이쪽에 인제 안 넘어가도록.)

가리'세ˆ 여어다 두: 개를 이래ˆ 써'우느 여ˆ 가리'쒜'가 이'써예.
(가로대 여기에다 두 개를 이래 세우는 여기 가로대가 있어요.)

다리'가 인자ˆ 우'에 올리고, 그거'도 인자ˆ 가리'쒜 이래ˆ 두ˆ 개 이래ˆ 해ˆ 노코 그ˆ 우'에 또 인제' 이래' 올라가도록 또, 또ˆ 따~아 대고 이래 올라가요.

모음을 가진 어형이 어째서 '겨울, 겨울'처럼 'ㅗ, ㅜ' 모음을 가진 어형으로 되었는지는 분명하지 않다. 어쨌든 이 어형이 현대국어로 이어져 내려와서 '겨울'처럼 정착하게 되는 것이다.

112 서'와: 서우(立)+어>세워.
113 가리쒜라: 가로쇠라.

(다리가 인제 위에 올리고, 그거도 이제 가로대 이래 두 개 이래 해ˆ 놓고 그 위에 또 인제 이래 올라가도록 또, 또 땅에 대고 이래 올라가요.)

\# 그래야 서고 이게 인자, 그게 인자 노푸도록 해ˆ 가주고 하고, 인자 여어 안는 자리에는 나께 하고, 기리가 요고만한 발로 요래 다라 노코 하고, 그 은저 여기느 은자 우에 인자 도투마리 언는 데, 거거너 이레 제법 노퍼요.
(그래야 서고 이게 인제, 그게 인제 높도록 해ˆ 가지고 하고, 인제 여기 앉는 자리에는 낮게 하고, 길이가 요거만한 발을 요래 달아 놓고 하고, 그 인제 여기는 인제 위에 인제 도투마리 얹는 데, 거기는 이래 제법 높아요.)

\# 노퍼 가ˆ, 해ˆ 가지'고 인자˘ 안는˘ 데, 사ː람 안자 짜는 데는 인자ˆ 나꼬 그 은자˘ 도투마리[114] 언는 덴 노프˘지예[115].
(높아 가지고, 해ˆ 가지고 인제 앉는 데, 사람 앉아 짜는 데는 인제 낮고 그 인제 도투마리 얹는 데는 높지요.)

\# 놉'꼬, 다리'를 노프'게 해ˆ찌.
(높고 다리를 높게 했지.)

\# 노푸게 해ˆ 가ˆ 이래ˆ 써'우고[116] 가리'세르 이래ˆ 인자ˆ 두ː 나슥 이래ˆ 노코 두ː 나 써'우고 해ˆ 가ˆ, 그래야 은자˘ 여ˆ 요 인자ˆ 또 복파네[117] 인자ˆ 안 데드로, 앙 꾸부러지드로 요ˆ 또 써'우거든.
(높게 해ˆ 가지고 이래 세우고 가로대를 이래 인제 두 개씩 이래 놓고 두 개 세우고 해ˆ 가지고, 그래야 인제 여기 요 인제 또 복판에 인제 안 되도록, 안 구부러지도록 요 또 세우거든.)

\# 또ˆ 요로 또\# 써'우고 해ˆ 가ˆ, 그래 가ˆ 은자ˆ 언저 노코는 내ˆ조 그래

---

[114] 도투마리: 도투마리. 베를 짜기 위해 날실을 감아 놓은 틀. 베틀 앞다리 너머의 채머리 위에 얹어 두고 날실을 풀어 가면서 베를 짠다. 【〈도토마리〈훈몽〉】
[115] 노프˘지예: 높으+지+예>높지요. [노프고, 노프니, 노파, 노파서]
[116] 써'우고: 써우(立)+고>세우고.
[117] 복파네: 한 가운데에.

인자ˆ 도투마ˆ리 그ˆ 인잔 이[를] 땡'기므 인자ˆ 그거' 인잔ˆ, 날 저ˆ, 저ˆ 이래ˆ 또 부'글¹¹⁸ 찌리'고 이래ˆ 그ˆ 할 찌'게느 인자ˆ 꾸'리로 가마 가ˆ, 사'물 인제ˆ 이일구 꾸'리로 가마 가주고 인자ˆ 도투마리 언저 노코 그그 해ˆ 가ˆ 다 인자ˆ [미상] 노코, 꾸'리로 가마 가주고 그: 인자ˆ 부게다 여'어¹¹⁹ 노코 인자ˆ 이러 할 찌'게느 인자ˆ 이래ˆ 땡'기먼¹²⁰ 인자ˆ 읻짜'그를¹²¹ 또 인자 [미상] 데ˆ고, 한 오'리 드가고 함 번 인제ˆ 여'코, 또 이 쩌' 그거 할 찌'겐 또 이짜'게 [미상] 또 이래ˆ 늘차'아¹²² 가 또 함 번 떠 이래ˆ 여'코, 그래'야 인자ˆ 자꾸 짜지'거'등뇨.

(또 요래 또 세우고 해ˆ 가지고, 그래 가지고 인제 얹어 놓고는 나중에 그래 인제 도투마리 그 인제 이 당기면 인제 그거 인제, 날 저, 저 이래 또 북을 찌르고 이래 그 할 적에는 인제 꾸리로 감아 가지고, 삼을 인제 이렇게 꾸리로 감아 가지고 인제 도투마리 얹어 놓고 그거 해ˆ 가지고 다 인제 [미상] 놓고, 꾸리로 감아 가지고 그 인제 북에다 넣어 놓고 인제 이렇게 할 적에는 인제 이래 당기면 인제 이쪽을 또 인제 [미상] 되고,

---

¹¹⁸ 부'글: 북을. 북. 베틀에서, 날실의 틈으로 왔다 갔다 하면서 씨실을 푸는 기구. 베를 짜는 데 중요한 역할을 하며, 배 모양으로 생겼다. 방추(紡錘)·저축(杼柚).
¹¹⁹ 여'어: 옇(入)+어>넣어.
¹²⁰ 땡'기먼: 땡기(牽)+먼>당기면. "어떤 사물을 자기 쪽으로 끌어오다"는 의미의 '당기다'는 옛 문헌에 '돌이다, 둥긔다, 드기다, 드릐다, 돌의다, 당기다'와 같이 다양한 어형으로 쓰였다. '돌이다'와 '드릐다', '돌의다'는 모두 같은 어간에서 분철 또는 연철된 형태의 변이형이다. 17세기 말의 <역어유해>에 나타난 '드겨'는 매우 드물고 특이한 어형이다. 추측건대 '돈기-' 혹은 '둥긔-'보다 더 오래된 형태가 아닌가 여겨진다. '드기-'에 비음이 첨가된 것이 '돈기-'이기 때문이다. 한편 '돈기다', '둥긔다', '당기다'는 연구개 위치의 자음동화가 일어나고(ㄴ>ㅇ), 'ㆍ>ㅏ'의 변화가 실현된 형태이다. 이러한 여러 이형태들은 크게 두 부류로 나누어진다. 즉 '돌이다'류와 '둥긔다'류가 그것이다. 15세기 문헌에 먼저 '돌이다'가 나타나고 16세기 문헌에 가서야 '둥긔다'가 쓰인 사실로 볼 때 '돌이다'류가 더 고형이라 하겠다. 18세기 후기부터 '돌이다'류가 드물어지고 '둥긔다'류로 교체되어 갔다. 결국 현대국어에서 '돌이다'류는 독립된 어간으로서 쓰이지 않게 되고 '둥긔다'류가 변한 '당기다'가 널리 쓰이고 있다. '돌이다'의 어근 '드릐-'는 민속놀이의 이름인 '줄다리기' 정도에 화석형으로 남아 있다.
¹²¹ 읻짜'그를: 이쪽을.
¹²² 늘차'아: 늦추어서. 늘여뜨려서.

한 올이 들어가고 한 번 인제 넣고, 또 이 저 그거 할 적에는 또 이쪽에 [미상] 또 이래 늦춰 가지고 또 한 번 또 이래 넣고, 그래야 인제 자꾸 짜지거든요.)

\# 그래 인자ˆ 발로 땡'게[123] 가ˆ 함 븐 여'코 느차ˆ 가ˆ 함 븐 여'코, 이짝 소늘 여'코, 그 인자ˆ 또# 땡'겨' 가ˆ 또 이짜'글 여'코 느차'아ˆ 가ˆ 이짜'글 여'코, 그래, 그래해:여.
(그래 인제 발로 당겨 가지고 한 번 넣고 늦춰 가지고 한 번 넣고, 이쪽 손을 넣고, 그 인제 또 당겨 가지고 또 이쪽을 넣고 늦춰 가지고 이쪽을 넣고, 그래, 그래해요.)

@1 바레 땡기ˆ능 그그느 이'르미 멈ˆ미, 이ˆ 바레 끄ˆ?
(발에 당기는 그것은 이름이 무엇입니까, 이 발에 끄는?)

@ 바레 끄ˆ능 거?
(발에 끄는 거?)

\# 신# 신나무'라 크데ˆ요.
(신, 신나무라고 하데요.)

\#1 시, 신나무'라 크능 거'는 나무로 이래ˆ 꾸저ˆ~그이[124] 하~'이 해ˆ 가지'고 용두마'리 크능 걸ˆ로, 이래ˆ 이래ˆ 용두마'리 크능 걸ˆ로 인자ˆ 베틀 나무' 우ˆ 우'예다가 요'로'쿠로 파 노코 인자ˆ 요래ˆ 가주고 용두마'리 크능 거'르 인자ˆ 여'으거 언저 가주고 그ˆ 우'에다아 또 이래ˆ 나무'로, 가리'쉐르[125] 해ˆ 가주고 그 우에 또 인자ˆ 그 신나무'라 크능 거'르 여ˆ 무짜ˆ 가주고 그래 가ˆ 여ˆ 끄늘 해ˆ 가주고 이ˆ 미'테 인자ˆ 집씽그'치[126] 그래 만드'러

---

123 땡'게: 땡기+어>당겨서.
124 꾸저ˆ~그이: 꾸부정하게.
125 가리'쉐르: 가로 쇠를.
126 집씽그'치: 짚신같이.

가주고 사^람 인자^ 싱^꼬 인자^ 이래^ 가주고 인자^ 붕[127] 녀'어 가 함 번 짜고, 또 이래^ 탁 땡'기'므 이기^ 또 이기^ 저 사개[128] 징^기[129] 이래^ 데^따가 이래' 데^따가 할 찌'게, 함 븐'썩 이래^ 데^따 할 찌'게 그래 가주고 짜^.

(신, 신나무라고 하는 것은 나무로 이래 구부정하게 해^ 가지고 용두마리라고 하는 걸로, 이래 이래 용두마리라고 하는 걸로 인제 베틀 나무 위, 위에다가 요렇게 파 놓고 인제 요래 가지고 용두마리라고 하는 것을 인제 여기에 얹어 가지고 그 위에다가 또 이래 나무로, 가로대를 해^ 가지고 그 위에 또 인제 그 신나무라고 하는 것을 여기 묶어 가지고 그래 가지고 여기 끈을 해^ 가지고 이 밑에 인제 짚신같이 그래 만들어 가지고 사람 인제 신고 인제 이래 가지고 인제 북 넣어 가지고 한 번 짜고, 또 이래 탁 당기면 이게 또 이게 저 빨리 찡겨 이래 됐다가 이래 됐다가 할 적에, 한 번씩 이래 됐다 할 적에 그래 가지고 짜.)

@ 하루'에 머^ 얼:마나 짜고?
 (하루에 뭐 얼마나 짜고)

@1 그래 가^ 여^ 허'리에 대^, 이래^ 대^능 거는?
 (그래 가지고 여기 허리에 대, 이래 대는 거는?)

하루에 머^, 머^ 잘 짜는 사^라믄 머^, 머^, 머^, 머^ 그 머^ 항:정[130] 몬: 하니^더.
 (하루에 뭐, 뭐 잘 짜는 사람은 뭐, 뭐, 뭐, 뭐 그 뭐 한정 못 합니다.)

잘 짜는 사^라믄 머^ 스무, 스무 자도 짠다는 사^람도 이'꼬, 머^ 열따^아 짜쓱 짜는 사람도 이'꼬, 열 자 짜는 사암도 이'꼬, 그거사 머^ 잘 짜므녀,

---

127 북: 북을.
128 사개: 빨리.
129 징^기: 찡겨.
130 항:정: 한정(限定).

잘ˆ 짜는 사ˆ암 찰칵#찰칵#차커# 잘도 짜능교?
(잘 짜는 사람은 뭐 스무, 스무 자도 짠다는 사람도 있고, 뭐 열다섯 자씩 짜는 사람도 있고, 열 자 짜는 사람도 있고, 그것야 뭐 잘 짜면은, 잘 짜는 사람 찰칵찰칵찰칵 잘도 짜지요?)

#1 요새ˆ 자 카마는 크기도 그때 짜가, 그때 짜가 크다 크~이까네.
(요새 자와 비교하면 크기도 그때 자가, 그때 자가 크가고 하니까.)

#1 요새ˆ는 요고, 요고 시보ˆ 센~ˆ찌, 삼십 센~ˆ찌 한 잔데, 그때는 이거 저ˆ 자가 저ˆ 그래.
(요새는 요것, 요것 십오 센티, 삼십 센티가 한 자인데, 그때는 저 자가 저 그래.)

열ˆ 짜도, 보ˆ통 그저 열, 열 자 짜ˆ 그거 하고 마ˆ 그래.
(열 자도, 보통 그저 열, 열 자 자 그거 하고 뭐 그래.)

그래 마'이 짜는 사ˆ러믄능 그래 짜니ˆ더.
(그래 많이 짜는 사람은 그래 짭니다.)

함 버'네 열다ˆ 짜가 그저 보ˆ통, 열다ˆ 짜 짜는 사ˆ럼 이'꼬, 열 짜 짜는 사ˆ람도 머ˆ 더'러 이'꼬.
(한 번에 열다섯 자가 그저 보통, 열다섯 자 짜는 사람 있고, 열 자 짜는 사람도 뭐 더러 있고.)

#1 다서여'서 짜, 쩌: 첨ˆ 배우'는 사ˆ암 다서여서 짜 짜는 사ˆ암도 이'꼬, 그거'언 머ˆ.
(대여섯 자, 저 처음 배우는 사람 대여섯 자 짜는 사람도 있고, 그거는 뭐.)

근ˆ데 그: 이: 머ˆ 그래, 그래 그게ˆ 머ˆ 기게가 그거'또 다: 베틀'로 처'랄라 크머 그ˆ어도 연당~이[131] 마~이 드가여.
(그런데 그 이 뭐 그래, 그래 그게 뭐 기계가 그것도 다 베틀[132]을 차리려고

하면 그

여^ 또 비게'미를 해^야, 여^야 고게 또 딱# 이래^ 인자^ 이래^ 가머, 발로 땡'기'믄 고게 인자^ 올라가, 사개 칠 찌'게는 또 미'틀 내려갈 쑤도 이'꼬, 눌림'때가 인자^ 딱# 여^ 눌려 나^야, 또 눌림'때르 요^ 베트'레 요^ 달레^ 가 이'써'요.

(여기 또 부티르 해야, 넣어야 그게 또 딱 이래 이제 이래 가면, 발로 당기면 그게 인제 올라가서, 빨리 칠 적에는 또 밑으로 내려갈 수도 있고, 눌림대가 인제 딱 여기 눌러 놓아야, 또 눌림대를 요기 베틀에 요기 달려 가지고 있어요.)

눌림'때르 요래^ 다 저^ 끄늘 매^ 가주고 그거 인자 대나무로 가 요래^ 땡게 가 눌려 가^ 이시'믄, 고게^ 인자^ 발 눌리'고 땡'기'고 할 찌'게 고게^ 요러 꽁^~ 눌리'믄 애 올'로가그덩.

(눌림대를 요래 다 저 끈을 매 가지고 그거 인제 대나무를 가지고 요래 당겨 가지고 눌러 가지고 있으면, 그게 인제 발 누르고 당기고 할 적에 그게 요래 꼭 누르면 안 올라가거든.)

---

131 연당~이: 연장이. 기구가.
132 용두머리: 베틀 선다리 위쪽에 가로로 놓여 있으며 중간과 가장자리에 홈을 파서 쇠꼬리와 눈섭대를 끼우도록 된 나무이다.
베틀신대: 베틀 신 끝에 달려서 잉아대를 올렸다 내렸다 하는 나무 막대
뱁대: 도투마리에 날실을 감을 때 날 올들이 서로 붙지 못하도록 하며, 매기를 할 때 날실의 중간 중간에 끼워 넣는 직경 2~3cm 정도의 통으로 잘라서 만든 대나무 막대기
도투마리: 날실을 감아 두는 틀
채머리: 선다리 뒤쪽에 있는 누운다리로 도투마리를 얹도록 한 지지대
비경이: 잉아올과 사올을 벌려주며 북실이 잘 통과 할 수 있도록 공간을 만들어 주는 역할
선다리: 베틀을 수직으로 지탱하는 버팀목이며 위에는 용두머리가 가로로 놓여 있다.
북: 씨실인 실꾸리를 넣고 북 바늘로 고정시켜 바디 바로 앞 날줄의 사이를 왔다 갔다 하며 실을 짜는 도구이며 옆에 작은 구멍이 나서 실을 통과시키게 되어 있다. 무명실용 북은 크기가 크고, 모시용 북은 작다.
누운다리: 베틀을 수평으로 지탱하는 버팀목으로 앞은 높고 뒤는 낮게 되어 있다.

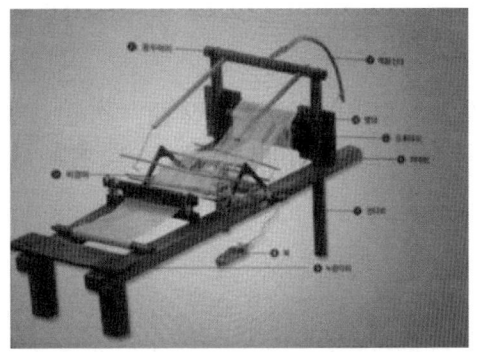

\# 그거 애ˆ~ 눌리믄, 눌림'때가 즈 앤ˆ~ 눌리며는 마ˆ 이그 베ˆ 그기ˆ 마 허'리에 메'고 요ˆ, 요그 도투'마리에 서: 가ˆ 이씨'므 그기ˆ 마 여: 꺼ˆ떡 올'라가 뿌자네여.
(그게 안 눌리면, 눌림대가 저 안 눌리면은 뭐 이거 베 그게 뭐 허리에 매고 요, 요기 도투마리에 서 가지고 있으면 그게 뭐 여기 꺼떡 올라가 버리잖아요.)

\# 올라가 뿌기 따무'네 그ˆ 베트'레, 요ˆ 베틀 요ˆ 가리'쎄 인는 데ˆ, 고ˆ오서로[133] 끄늘 메ˆ 가주고 그 대나무 요거마~낭[134] 거로 눌리음대러 해ˆ 가주고, 고ˆ 눌리고 이씨'믄 고게ˆ 인제ˆ 애~ 올러'가.
(올라가 버리기 때문에 그 베틀에, 요 베틀 요 가로대 있는데, 거기에서 끈을 매 가지고 그 대나무 요거만한 것으로 눌림대를 해ˆ 가지고, 고 누르고 있으면 고게 인제 안 올라가.)

\# 고래 인저ˆ 고ˆ 애~ 올'라가고 발로 땡'겨따 카머 여ˆ 인제ˆ 요게 그ˆ 인자ˆ 와따가 가따가 그지.
(그래 인제 그 안 올라가고 발로 당겼다고 하면 여기 인제 요게 그 인제

---

[133] 고ˆ오서로: 거기에서.
[134] 요거마ˆ낭: 요것만한.

왔다가 갔다가 그러지.)

\# 요새^ 와^ 저'기 저걷 테레비'에 나오능 그, 머^ 베틀 그룽 그 나오능 그, 베 짜더디며 그거 할 거 거'트메 앤~ 나오능'겨.
(요새 왜 저기 저것 텔레비전에 나오는 거, 뭐 베틀 같은 것 나오는 거, 베 짜면서 그거 할 거 같으면 안 나옵니까.)

\# 나오능 기^ 이씨'마 그거'는 오^~이[135], 초^네서 우리 하든 그 캄 또 오^~이 틀리^데여.
(나오는 게 있으면 그거는 온전히, 촌에서 우리 하던 것과 비교하면 또 온전히 다르데요.)

\# 틀리^고 글트'마느, 우리 다^ 베틀 다^ 요샌^ 다^ 베트'리 더' 업:써지고 글치, 저'기도 저^ 여^어도 다^ 베틀 따: 인는 지'븐 이'써예, 여 다.
(다르고 그렇더라만, 우리 다 베틀 다 요새는 다 베틀이 다 없어지고 그렇지, 저기도 저 여기도 다 베틀 다 있는 집은 있어요, 여기 다.)

@ 모'메 거:능 거는 오런바'레만 집씬 걸:고?
(몸에 거는 거는 오른발에만 짚신 걸고?)

\# 예^ 집신 걸^고 이래^ 인자^ 베로 인자^ 여기 그거 인자 말기'로, 말기'로 가주고 여' 인자 감:능 게 아~ 인닝'교.
(예, 짚신 걸고 이래 인제 베를 인제 여기 그거 인제 말기를, 말기를 가지고 여기 인제 감는 게 안 있습니까.)

\# 바'디, 바'디가 여^ 이짜나.
(바디, 바디가 여기 있잖아.)

\# 바'디가 인'는데, 그^ 은자^ 바디지'블 가주고, 우리'도 바디지'븐 이'써여.
(바디가 있는데, 그 인제 바디집을 가지고, 우리도 바디집은 있어요.)

---

[135] 오^~이: 온전히.

\# 인는'데, 바디집' 그거'르 요ˆ 인자ˆ 그 바디에다가 요ˆ 인자ˆ 바디로 고'오다 여ˆ 가 아래우로 이래ˆ 딱 대ˆ 가 여어 가ˆ 자끼'미르[136] 가 요ˆ로 꽁ˆ 눌레, 양:쪼'우 꽁ˆ 눌'리 찡가ˆ[137] 노ˆ머 고게' 인자ˆ, 고럴 찡가ˆ 가 요래ˆ 매 노'우머 고대ˆ'르 이끄'등.
(있는데, 바디집 그것을 요기 인제 그 바디에다가 요기 인제 바디로 고기에다 넣어 가지고 아래위로 이래 딱 대 가지고 넣어 가지고 자끼미(미상)을 가지고 요래 꼭 눌러, 양쪽을 꼭 눌러서 끼워 놓으면 그게 인제, 그래 끼워 가지고 요래 매 놓으면 그대로 있거든.)

\# 부'터 가ˆ 이씨'~이 고고'로 가ˆ 찰캅 짜고 부근 까ˆ 요래ˆ 인자ˆ 여'코.
(붙어 가지고 있으니 그것을 가지고 찰칵 짜고 북을 가지고 요래 인제 넣고.)

\# 그래 인제ˆ 요ˆ 거ˆ 바디 저ˆ 북 지내가머 인자ˆ 바디 고'오ˆ 까주고 여ˆ 탁\# 때'리.
(그래 인제 요기 그 바디 저 북 지나가면 인제 바디 그것 가지고 여기 탁 때려.)

\# 탁\# 때'리머 자꼬 그래, 고래 인자ˆ 짜지고.
(탁 때리면 자꾸 그래, 고래 인제 짜지고.)

\# 그래 또ˆ 인 요짜'게서러[138] 여'음 또 요ˆ, 요ˆ 소느로 가ˆ 착 까 뺄'고, 그래 인자ˆ 떠 요짜'게서 붕 녀'얼 찌게'느 또 요ˆ 소느로 가ˆ 짜'오, 그'래, 그래 찌: 이 능'기고[139] 땡'기고 짜고 그르치'여.
(그래 또 이 요쪽에서 넣으면 또 요, 요 손을 가지고 착 가 버리고, 그래 인제 또 요쪽에서 북 넣을 적에는 또 요 손으로 가지고 짜고, 그래, 그래

---

[136] 자끼'미르: 미상.
[137] 찡가ˆ: 찡구+아>끼워.
[138] 요짜'게서러: 이쪽에서. '-에+서러'
[139] 능'기고: 넘기고.

저 이 넘기고 당기고 짜고 그렇지요.)

@ 여'름에는 그^언 보^통 언^제쯤 하^션'써요?
(여름에는 그건 보통 언제쯤 하셨어요?)

\# 삼에여?
(삼을요?)

@ 예^.
(예.)

\# 삼베?
(삼베?)

@ 그'이'깐 베틀, 베틀 올'릴 때는 언^제쯤 올리'시고?
(그러니깐 베틀, 베틀 올릴 때는 언제쯤 올리시고?)

\# 베틀 올'릴 때늠 머^ 그거 하^머 올'키지, 머^ 보'메 다^ 애~ 하닝교.
(베틀 올릴 때는 뭐 그거 하면 올리지, 뭐 봄에 다 안 합니까?)

\# 보'메 주로 마~이 하고, 치럴뻬 하는 사^러믄 지금 버'러[140] 삼을 쌍^꼬, 다^ 익'키고 하니^더, 지금뇨.
(봄에 주로 많이 하고, "칠월베" 하는 사람은 지금 벌써 삼을 삼고, 다 익히고 합니다, 지금요.)

\# 지금 요새^ 치럴뻬 하는 싸^암더리 이'키고 하지마느, 다^ 보'메, 이'듬메 보'메 마~이, 주로 마~이 하니^더.
(지금 요새 칠월베 하는 사람들이 익히고 하지만은, 다 봄에, 이듬해 봄에 많이, 주로 많이 합니다.)

---

[140] 버'러: 벌써.

\# 보'메 마~이 해ˆ 가' 이케ˆ^141 가' 겨'울내ˆ 삼'꼬 해ˆ 가' 나'돋ˆ따가 인자'
또 싸머 가' 다' 해ˆ 나'도ˆ따가 봄 되'믐 마' 그래 자'서 가주고 다'ˆ 이
삼 가'라 하~이 가' 해고, 그래 인데ˆ 보'메 다'ˆ 하지여.
(봄에 많이 해ˆ 가지고 익혀 가지고 겨우내 삼고 해ˆ 가지고 놔뒀다가 인제
또 삼아 가지고 다 해ˆ 놔뒀다가 봄 되면 뭐 그래 자아 가지고 다 이 삼
가락 해ˆ 가지고 하고, 그래 인제 봄에 다 하지요.)

@ 그러며는 머ˆ 길쌈 그 베틀 요거하고, 그'이깐 삼베하고 미영'베하고는 고ˆ
중간에 머ˆ 어:떤 차이, 미영'베느 쌔'끼^142 써가주고 인제ˆ 빼ˆ내고?
(그러면은 뭐 길삼 그 베틀 요거하고, 그러니깐 삼베하고 무명베하고는
고 중간에 뭐 어떤 차이, 무명베는 씨아 써 가지고 인제 빼내고?)

\# 예, 세기르 가주고 미영, 그 모카 그거 쩌 요래 인자 그걸 갈레 가주고,
다 그거 한 거르 갈레 뿌고, 목 꺼틍 거 인능 거 다 여 은자 티 거틍 거
이녀 다 띠 뿌고 해ˆ 가 그 쎄기로 가 요래 아써 가주고, 아써 가 은 쩌
아써 가 모다 나따가 인자 그거느 인잔 마니 하는 사라믄, 길삼 마이, 모카
도 마이 가는 사러믄 노블 해ˆ 가 타요.
(예, 씨아를 가지고 목화, 그 목화 그거 저 요래 인제 그걸 가려 가지고,
다 그거 한 것을 가려 버리고, "못" 같은 거 있는 거 다 여기 인제 티 같은
거 인제 다 떼 버리고 해ˆ 가지고 그 씨이를 가지고 요래 앗아 가지고,
앗아 가지고 인제 저 앗아 가지고 모아 놨다가 인제 그거는 인제 많이
하는 사람은, 길쌈 많이, 목화도 많이 가는 사람은 놉을 해ˆ 가지고 타요.)

---

141 이케ˆ:익키+어>익혀.
142 쌔'끼: 씨아. 씨아를 의미하는 최초의 어형은 17세기 문헌에 등장하는 '㢱양이'이다. '㢱양
이'는 '㢱(種)+-양이(<앙이, 접미사)'로 분석할 수 있는데 '양이'는 앞 음절 모음 '이'에
의해 'ㅣ'가 첨가된 것이다. 접미사 '-앙이'는 '작은 것'의 의미를 더하는 접미사이다. 접미
사 '-앙이'를 다시 접미사 '-앙'과 '-이'로 분석하는 경우도 있다. 19세기에 오면 '㢱아',
'㢱야', '씨아' 등이 문헌에 등장하는데 '㢱아' 류는 '㢱앙이'에서 변화한 것인지 새롭게
만들어진 어형인지 확실하지 않다. '㢱야'와 '㢱아'의 관계 역시 선행모음 '이' 때문에 'ㅣ'
가 첨가된 것으로 볼 수 있다. '씨아'는 '㢱아'에서 1음절 초성 'ㅳ'이 'ㅆ'으로 변한 것이다.

\# 활로 가ˆ, 활로 만드'라 가ˆ 탐니더.
 (활을 가지고, 활을 만들어 가지고 탑니다.)

\# 고ˆ 활로 만드'러 가ˆ 여ˆ 인자ˆ 빈ˆ 방에 이래ˆ 다: 아무거'또 업새ˆ 노콜랑, 인자ˆ 문지'가[143] 마~이 나이까네 사ˆ러미 온 꺼틍 거두 앤 나ˆ뚜지요, 점ˆ부 다.
 (그 활을 만들어 가지고 여기 인제 빈 방에 이래 다 아무것도 업도록 해ˆ 놓고는, 인제 먼지가 많이 나니까 사람 옷 같은 것도 안 놔두지요, 전부 다.)

---

[143] 문지'가: 먼지가. 먼지'의 15세기 형태는 '몬지'이다. 이 형태는 18세기까지 이어져 오다가 19세기에 '몬지', '몬지', '먼지', '문지' 등 다양한 형태로 나타난다. 20세기에 들어와서는 '먼지'와 '몬지'로 정리된다. 18~19세기에 나타나는 '몬지', '문지' 등은 '몸지'와 함께 여러 지역의 방언에 남아 있다. '문지'(현재 강원, 경기, 경상, 전남, 충북, 함경), '몬지'(강원, 경기, 경북, 전남, 충청), '몸지'(충청).

■ **실뽑기**

@ 그러'면 저ˆ기 미영'베 짜능 거, 활#, 그 쎄ˆ기에서부터 활까'지 해ˆ 가 머 곤치¹ 만들고 물레 해ˆ 가꼬 하능 거, 고거 쫌 얘'기 쫌 해ˆ 주십씨오.
(그러면 저 무명베 짜는 것, 활, 그 씨아에서부터 활까지 해ˆ 가지고 뭐 고치 만들고 물레 해ˆ 가지고 하는 거, 고거 좀 얘기 좀 해ˆ 주십시오.)

\# 예ˆ, 곤치는 네ˆ, 그르 인잗ˆ 저거 미영'은² 그거 은자ˇ 아써³ 가주고 고오 를 은자ˇ 죽ˆ 안자 가ˇ 한 먼 그거'느 노블⁴ 마~이 해ˆ 가ˇ 할 때도 이'꼬, 요ˆ 중녀'네는 다ˆ 기게에 가 가ˇ 타 가ˇ 와찌요.
(예, 고치는 네, 그걸 인제 저거 목화는 그거 인제 앗아 가지고 그거를 인제 죽 앉아 가지고 한 뭐 그거는 놉을 많이 해ˆ 가지고 할 때도 있고, 요 근년에는 다 기계에 가 가지고 (솜을) 타 가지고 왔지요.)

\# 글치만 저ˆ네엔 다ˆ, 엔ˆ나렌 다ˆ 그거 해ˆ써예.
(그렇지만 전에는 다, 옛날에는 다 그거 했어요.)

\# 기게가, 기게가 안 생'기고 할 찌'게는 활로 가ˇ 만드'러 가주고 주:욱ˆ 안

---

1 곤치: 고치. '고치'가 최초로 나타나는 형태는 15세기 문헌에 나타나는 '고티'이다. 이 '고티'의 '티'가 모음 'ㅣ'의 영향으로 '치'로 바뀐 것이 18세기에 나타나서 현대어로 이어지는 '고치'이다. 18세기 문헌형인 '곳티'와 19세기 문헌형인 '곳치'는 각각 '고티'와 '고치'를 중철하여 표기한 것이다.
2 미영은: 무명은. '무명'을 뜻하는 형태는 16세기부터 20세기까지 '무명'으로 나타나며, 17세기부터 19세기까지는 '목면'으로도 나타나고, 19세기에는 '무녕'으로 나타나는 예도 있다. '무명'은 한자어 '木綿(현대어 발음은 mumian)'을 글자가 아니라 소리로 차용한 것이 분명하지만, 어말의 'n'이 국어에서 'ㅇ'으로 바뀐 이유는 알 수 없다. '목면'은 이 한자어를 국어 한자음으로 읽은 것이며, '무녕'은 두 개의 'ㅁ'이 나타나는 것을 피하여 두 번째의 'ㅁ'을 'ㄴ'으로 바꾼 결과이다.
3 아써: 앗아. 수수나 팥 따위의 껍질을 벗기고 씨를 빼다. 깎아 내다
4 노블: 놉을. 하루하루 품삯과 음식을 받고 일을 하는 품팔이 일꾼. 또는 그 일꾼을 부리는 일. '머슴'의 방언(전남).

자 가ˆ 타써예.
(기계가, 기계가 안 생기고(안 나왔을 때) 할 적에는 활을 가지고 만들어 가지고 죽 앉아 가지고 탔어요.)

\# 팅가 가ˆ 타고, 타므 그 이차, 한ˆ참 타믄 이겜ˆ 마 너불너불 피이고.
(튕겨 가지고 타고, 타면 그 인제, 한참 타면 이게 뭐 너불너불 피고.)

@ 올'러'가니까?
(올라가니까?)

\# 앋써 노'으믄 쪼글쪼글하~이 해ˆ 가 여ˆ 씨'마 뻘'거저[5] 가 나올 쩨라, 앋썸, 써ˆ기 앋써 노'우머 쪼글쪼글해 가ˆ 이짜닝'교.
(앗아 놓으면 쪼글쪼글하게 해ˆ 가지고 여기 씨만 볼가져 가지고 나올 때, 앗아, 씨아로 앗아 놓으면 쪼글쪼글해 가지고 있잖아요.)

@ 먼지'가 마~'니 나'니까 그'땜 머ˆ 이러케 더ˆ퍼씨고 하셛써요?
(먼지가 많이 나니까 그때는 뭐 이렇게 덮어쓰고 하셨어요?)

\# 예: 먼지'가 마~'이 나~'이까 어:떤 사'라므너 마스'꾸 이래ˆ 해ˆ 가주 이'랟 수:고늘 가ˆ 이래ˆ 무꾸ˆ코[6], 마스쿠나 어디 그래 인능교, 그때느.
(예, 먼지가 많이 나니까 어떤 사람은 마스크를 이래 해ˆ 가지고 이래 수건을 가지고 이래 묶고, 마스크나 어디 그래 있습니까, 그때는.)

\# 그'녕 이 수ˆ고느로 이래ˆ 묵꽈ˆ 가', 이브로 무까ˆ 가 그래 가ˆ 다ˆ 하고, 그래써여.
(그냥 이 수건으로 이래 묶어 가지고, 입으로 묶어 가지고 그래 가지고 다 하고, 그랬어요.)

---

5 뻘'거저: 볼가져.
6 무꾸ˆ코: 묶+웅+고>묶고.

\# 그래 하라까가, 그래 타 가지고느 은자ˆ 함몰[7] 아안저 가ˆ 이검 머ˆ 빤,
빤때'기 저거 반퉁~이[8] 그틍 가ˆ나 이렁 검 머ˆ 가따ˆ 노코 이랠 비베'자넌
고.
(그래 하다가, 그래 타 가지고는 인제 함께 앉아 가지고 이것 뭐 판, 판자
저거 이남박 같은 거나 이런 거 뭐 갖다 놓고 이래 비비잖습니까?)

\# 요런 인자ˆ 수ㄲ떼'비[9] 이짜'나, 수ㄲ떼'비 고거, 고얼ˆ ㄲ'너 가ˆ, 고고ˆ로
가주ˆ고 인자ˆ 고걸ˆ 가주'고 요ˆ 은녑 델ˆ 만ˆ치 요래ˆ 인자ˆ 요고만ˆ친,
요곤, 요고만ˆ치 인저ˆ 띠ˆ 갇, 요고만'치 띠: 가ˆ 나'이.
(요런 인제 수숫대 있잖아, 수숫대 고거, 고걸 끊어 가지고, 그거를 가지고
인제 그걸 가지고 요 [은엽](미상) 될 만큼 요래 인제 요거만큼, 요거, 요거
만큼 인제 떼 가지고, 요거만큼 떼 가지고 놓아요.)

---

7   함몰: 함목, 함몰, 함께. '함께'가 최초로 나타나는 형태는15세기의 'ᄒᆞᆫ뼈'이다. 16세기에
    나타나는 'ᄒᆞᆷ끠'는 'ᄒᆞᆫ뼈'의 제2음절의 첫 자음 'ㅂ'에 'ㄴ'이 동화되어 'ㅁ'이 된 후, 같은
    위치에서 발음되는 'ㅂ'이 탈락한 것이다. 17세기에 'ᄒᆞᆷ뼈'가 나타나는 이유는 분명하지
    않다. 'ㅁ'과 된소리인 'ㅺ' 사이에 'ㅂ'이 첨가된 것일 수도 있고, 초간본의 표기를 의식한
    것일 수도 있다. 18세기부터 나타나는 'ᄒᆞᆷ긔'는 어간과 어미의 연결에서 'ㅁ+ㄱ'이 'ㅁ+ㄲ'
    으로 발음되는 것을 의식한 표기로 보인다. 19세기에 나타나는 '함씨, 함께, 함께'의 제1음
    절은 18세기 중엽에 일어난 어두음절의 'ㆍ>ㅏ' 변화를 반영한 것이고, '함께, 함께'의 제2
    음절은 18세기 후반에 모음체계의 재정립 과정에서 산발적으로 일어난 'ㅡ>ㅓ'의 변화에
    따라 'ㅢ>ㅔ'의 변화를 반영한 것이다. 흠씨, 함씨'의 제2음절 모음은 16세기에 일어났던
    비어두 음절의 'ㆍ>ㅡ' 변화에 따라 제2음절 이하의 'ㆍ'가 'ㅡ'와 같이 발음되었다는 것이
    드러나는 표기이다. 그리고 19세기에 나타나는 'ᄒᆞᆷ끠'는 'ᄒᆞᆷ긔'의 이표기이다. 15세기의
    'ᄒᆞᆫ뼈'는 어원적으로 'ᄒᆞᆫ(一)+ᄢᅴ(時)+의(처소의 부사격 조사)'로 분석된다. 'ᄒᆞᆫ'의 성조가
    평성이고, 'ᄢᅴ'의 성조가 거성이며, '의'의 성조는 거성인데, 'ᄒᆞᆫ뼈'의 성조가 '평성+거성'
    인 것은 'ᄢᅴ+의'가 '뼈'라는 한 음절로 축약되면서 '거성+거성'의 성조 역시 거성이 되었다
    고 설명할 수 있다.
8   반퉁~이: 반팅이. 이남박.
9   수ㄲ떼'비: 수숫대. '수수'라는 단어는 16세기부터 18세기까지 '슈슈', 19세기 '슈슈, 수수'
    로 나타나다가, 20세기에 '수수'로 정착한다. '수수'는 치찰음 'ㅅ' 다음의 'ㅑ, ㅕ, ㅛ, ㅠ'
    표기가 'ㅏ, ㅓ, ㅗ, ㅜ'로 변화한 결과이다. '수수'는 한어 '蜀黍[ʃiuʃiu]'의 차용어이다(리득
    춘 1987, <조선어 어휘사>, 연변대학출판사).

\# 요고만ˆ치 띠ˆ 노코 고래 꼬재'~이 요ˆ 대ˆ고 삭삭삭싹 비베ˆ, 비베ˆ 가 곤치'르¹⁰ 만드'러 가ˆ 그래 가ˆ 인자ˆ 미영 자'써요¹¹.
(요거만큼 떼 놓고 고래 꼬챙이 요기 대고 싹싹싹싹 비벼, 비벼 가지고 고치를 만들어 가지고 드래 가지고 인제 목화를 자아요.)

@ 고ˆ 아네 은자 소ˆ꼬떼'비는¹² 싹ˆ 떼ˆ 뿌고?
(고 안에 인제 속대는 싹 떼 버리고?)

\# 예ˆ, 고거'느 인자ˆ 비베ˆ 가, 비베ˆ 가'는 요래ˆ 지ˆ고¹³ 삭 빼 뿌리고,
(예, 고거는 인제 비벼 가지고, 비겨 가지고는 요래 쥐고 싹 빼 버리고.)

\# 빼ˆ마 잘ˆ 빠저요.
(빼면 잘 빠져요.)

\# 삭싹 비베ˆ 가 빼므 잘ˆ 빠지고, 타악 비베ˆ 가 여러ˆ시더'러¹⁴ 비베ˆ고 인자ˆ 타음¹⁵ 사ˆ암 여러ˆ시 더 타고 이래ˆ 가ˆ 그랟 빼ˆ 가주 고래 해ˆ 가주'곤 인자ˆ 해ˆ 나'꼬 고거'르 인제ˆ 아라 묵꾸차능'교¹⁶.
(싹싹 비벼 가지고 빼면 빠지고, 탁 비벼 가지고 여럿이 비비고 인제 타는 사람 여럿이 또 타고 이래 가지고 그래 빼 가지고 고래 해ˆ 가지고는 인제

---

10 곤치'르: 고치를.
11 자'써요: 잣(紡)+어+요. '잣다'는 중세국어 당시에 '줏다'였다. 어간 '줏'은 모음으로 시작되는 어미와 결합할 때 어간말음 'ㅅ'이 'ㅿ'으로 변하여 '주-'이 되었고, 자음으로 시작되는 어미와 결합할 때는 '줏다' 형태를 유지하였다. 이 형태는 16~18세기에 걸쳐 나타난다. '줏다'는 'ㆍ'의 비음운화 과정을 겪으면서 '잣다'로 표기된다. 19세기에 '잣다' 형태가 처음 보이고 이것이 현대국어에 이어진다. '누에고치에서 실을 뽑는 얼레, 새끼나 바 따위를 꼬는 데 쓰거나 실을 감는데 쓰는 얼레'라는 의미를 가진 '자새'는 바로 이 '잣다'에서 나온 말이다.
12 소ˆ꼬떼'비는: 속대는.
13 지ˆ고: 쥐고. [지ˆ고, 지ˆ지, 짓ˆ다]자음 아래에서 이중모음 'ㅟ>ㅣ'로 w가 탈락한다.
14 여러ˆ시더'러: 여럿+ㅣ+들(복수접사)+어>여럿이 함께.
15 타음: (솜을) 타는.
16 묵꾸차능'교: 묶지 않습니까?

해ˆ 놓고 고거를 인제 이래 묶잖습니까?.)

\# 고래 해ˆ 가 쪽ˆ 해ˆ 가주우는 무까ˆ 가 이래ˆ 한 다벌쓱 해ˆ, 요고망ˆ~ 그슥 한 다벌쓱 해ˆ 가주고 무까ˆ 가 나ː뚜 노코는, 탁 종이에 싸 가 나ˆ두믄 고래 인자ˆ 물레 처'레[17] 노코 그랟 잔'써' 가, 인제ˆ 물레 처레 노꼬 저ˆ 가락 그'러케 함머느 할매 자따ˆ니, 바므로도 내ˆ 자ˆ꼬 인제' 자미 애~ 오'마 할매는, 할머'니드른 바므로도 자ˆ꼬, 나제ˆ도 자ˆ꼬, 내ˆ 잗써예.

(고래 해ˆ 가지고 쪽ˆ 해ˆ 가지고는 묶어 가지고 이래 한 다발씩 해, 요거만큼 한 다발씩 해ˆ 가지고 묶어 가지고 놔둬 놓고는, 탁 종이에 싸 가지고 놔 두면 고래 인제 물레 차려 놓고 그래 자아 가지고, 인제 물레 차려 놓고 저 가락 그렇게 하면은 할머니들은 자아, 밤으로도 내내 잣고 인제 잠이 안 오면 할머니는, 할머니들은 밤으로도 잣고, 낮에도 잣고, 내내 잣아요.)

\# 자서 가 인니ˆ 가랑[18] 요애ˆ, 가라글 요래ˆ 요마ˆ크싸ˆ 이래ˆ 만드러 가주고, 여ˆ 맨드라 가 중ˆ[19] 나ˆ두느, 그래 내ː조 그 인자ˆ 또 고래, 고래 가라글, 가락 뀌인ˆ 데 고'오다 내주ˆ 날 찌'게는 고래 해ˆ 가주고 은자ˆ 날틀 요래ˆ 나아두, 나트'리라꼬[20] 고ˆ 이꺼'등네, 나틀 가, 나틀 가 요'이 나'아 노꼬, 고ˆ 채'례[21] 노꼬 고 가락 고ˆ 해ˆ 노을 거로 자써 가주ˆ 해ˆ 나아따가 은자ˆ 그글ˆ 항ˆ게 다머, 소구'리, 항 소구'리 다머 가꼬, 그래 이따ˆ가 은저ˆ 거 얼매까지 데머, 여'얼 함 피 떼기나 두ː 필 떼기나 데머 그거 인자ˆ 날틀 가따ˆ 노코 주ˆ욱 인자ˆ 꼬재ˆ~이로 또 요렁 거 또 따드'머, 대꼬재ˆ~이를 요렁 거 따드'머 가ˆ 가는쑤롬하게[22], 와 뜨개'질하는, 아

---

17 처'레: 차+리+어>차려.
18 가랑: 가락. 다리가랑, 다리가랭이.
19 중ˆ: 쭉.
20 나트'리라꼬: 날틀+이+라고. 길쌈할 때 필요한 실을 뽑아내는 틀. 열 개의 구멍에 각각 가락을 꿰어 열 올의 실을 한 줄로 뽑아낸다.
21 채'례: 차리+어>채례. 차려. 움라우트.

아드 뜨개'질 애ˆ~인 하능교?

(자아 가지고 인제 가락 요래, 가락을 요래 요만큼씩 이래 만들어 가지고, 여기 만들어 가지고 죽 놔두고, 그래 나중에 그 인제 또 고래, 고래 가락을, 가락 뀐 데 고기에다 나중에 날 적에는 고래 해ˆ 가지고 인제 날틀 요래 놔두, 날틀이라고 고 있거든요, 날틀 가지고, 날틀 가지고 요기 놔 놓고, 고 차려 놓고 고 가락 고 해ˆ 놓은 것을 자아 가지고 해ˆ 놨다가 인제 그걸 한데 담아, 소쿠리, 한 소쿠리 담아 가지고, 그래 있다가 인제 그 얼마까지 되면, 이게 한 필 되거나 두 필 되거나 되면 그거 인제 날틀 갖다 놓고 죽 인제 꼬챙이로 또 요런 거 또 다듬어, 대꼬챙이를 요런 거 다듬어 가지고 가느스름하게, 왜 뜨개질하는, 애들 뜨개질 안 합니까?)

\# 요래ˆ 뜨개'질하능 게ˆ, 대꼬장개'~이[23] 만드'라 가ˆ 고래 따드'머 농ˆ 기 이'써요.

(요래 뜨개질하는 게, 대꼬챙이를 만들어 가지고 고래 다듬어 놓은 게 있어요.)

\# 재까'락망꿈쓰하'이 해ˆ 가ˆ.

(젓가락만큼씩하게 해ˆ 가지고.)

\# 고래 가 인자ˆ 가는, 저까락그치 가늘게 해ˆ 가 고래 가 인자ˆ 고고'로 요래ˆ 고 날틀 나ˆ뚠 데 고'오다가 고 가락을 고ˆ 끼ˆ 가, 주욱ˆ 끼ˆ 가 날트'레 고' 하나'슥, 하나'슥, 하나'슥, 하나'슥, 하나'슥 구영'을 뚤바[24] 가

---

22 가늘쑤룸하게: 가느스름하게.
23 대꼬장개'~이: 대꼬챙이. 대+꼬챙이. 가늘고 길면서 끝이 뾰족한 쇠나 나무 따위의 물건. 대꼬치.
24 뚤바: 뚫어. 현대어 '뚫다'는 '~에 구멍을 내다'라는 기본 의미를 갖는데, "난관을 통과하다"(예: 어려운 입시의 관문을 뚫었다), "사람의 마음이나 미래의 사실을 예측하다"(예: 마음을 뚫어보다)는 뜻으로도 쓰인다. 또한 "무엇을 융통하거나 해결할 길을 찾아내다"는 의미로 '뚫다'가 쓰이기도 한다. '뚫다'는 15세기부터 17세기까지 '듧다'로 나타난다. <구급방언해>(1466)에 나타난 '들워'는 '듧다'의 원래 어간이 '들ᄫ-'이라는 것을 보여준다. '듧고'와 같이 자음 앞에서는 어간 말 자음이 'ㅂ'이고, 모음 앞에서는 'ㅸ'이 약화되어

고ˆ오다 나틀 체레 노코 고거'를 마케[25] 그ˆ 열 깨로 만드'라 가ˆ 고래 나ˆ
코 고래 가ˆ 인자ˆ 마다ˆ~아[26] 가따 노코 또 안 나는교.
(고래 가지고 인제 가는, 젓가락같이 가늘게 해ˆ 가지고 고래 가지고 인제
고거를 요래 고 날틀 놔둔 데 고기에다가 고 가락을 고 끼워 가지고, 죽
끼워 가지고 날틀에 고 하나씩, 하나씩, 하나씩, 하나씩, 하나씩 구멍을
뚫어 가지고 고기에다가 날틀 차려 놓고 고거를 모두 그 열 개로 만들어
가지고 고래 놓고 고래 가지고 인제 마당에 갖다 놓고 또 안 납니까.)

또 여래ˆ 말띠~ 치고 삼 하드시 말띠~ 치고 고래 가ˆ 다: 그케 가ˆ 므이시
하자닌'~교.
(또 요래 말뚝을 치고 삼베 하듯이 말뚝을 치고 고래 가지고 다 그렇게
무엇을 하잖아요.)

'w'로 나타나 '들워'가 된 것이다. '듧다'는 17세기에 'ㅡ'가 'ㅜ'로 원순모음화되어 '둛다'
로 나타나며, 동시대에 어두 초성 'ㄷ'이 'ㅼ'으로 경음화된 '쑬다'의 형태도 함께 나타난
다. 이는 의미를 강화하기 위한 것으로 볼 수 있다. 17세기에 '쑬워'로 나타나는 것은 원래
'듧다'에 있던 받침 'ㅂ'이 약화된 때문이다. '들ㅸ-'의 어간 말 자음 'ㅸ'이 '뚫'처럼 어간
말 자음 'ㅭ'으로 변한 것은 다음과 같이 설명할 수 있다. 19세기의 언중들이 '들워'와
같은 형태를 어중에서 'ㅎ'이 탈락한 것으로 잘못 분석하고 어간을 재구성한 것이 '뚫'이
라고 생각된다. 이런 설명이 타당하다면 '뚫다'의 변화는 '들ㅸ다>듧다>둛다>쑬다/쑬다>
뚫다'로 잡을 수 있다. 그런데 '여기 좀 뜰버라'와 같이, 경상방언에는 아직 '듧다'가 남아
있는 예를 찾아볼 수 있다.

25 마케: 모두. 말끔히.
26 마다~아: 마당+아(처격). 마당에. '마당'은 18세기 문헌에 처음으로 보인다. '마당'이 나오
기 전에는 "장(場)"의 뜻으로 '맏' 또는 '맡'이 쓰였다. '마당'은 바로 명사 '맏'에 명사를
만드는 접미사 '-앙'이 결합된 형태이다. 명사에 접미사 '-앙'을 붙여 또 다른 명사를 만드
는 방식은 아주 생산적이다. '고랑(골+앙)', '구멍(굼+엉)', '도랑(돌+앙)', '벼랑(별+앙)',
'바당(받+앙)' 등이 바로 그러한 과정을 거쳐 나온 파생 명사들이다. 15세기의 '맏'은 18세
기 문헌까지 보이다가 사라진다. '맏'이 소실된 이유는 새롭게 등장한 '마당'에 세력을
빼앗겼기 때문이다. '맏'이 단음절 단어로서 형태 안정도가 떨어지고 'ㄷ' 받침을 가짐으로
써 발음하기 어려웠다는 점이 '마당'과의 유의 경쟁에서 불리하게 작용하였을 것으로 추정
된다. 흥미로운 것은 '골', '굼', '돌', '별', '받' 등과 같은 파생의 핵심어들이 모두 사라졌다
는 점이다. '맏'도 예외가 아니다.

\# 한 피'리나나 두: 피'리나 그래 나라²⁷ 가주고, 나라 가' 그거'느 인자^ 나라 가' 나^ 두믄 그거'는 주로 인자^ 불로 피'아야 데'지요.
(한 필이나 두필이나 그래 날아 가지고, 날아 가지고 그거는 인제 날아 가지고 놔두면 그거는 주로 인제 불을 피워야 되지요.)

\# 불로 피'아야 되'이~까네, 그르'~이 불로 피'아야 대'~이까네, 그, 그럼 요^ 와^ 엔:나레는 가슬²⁸ 치고 나믄 이'른 듬낙, 보탕 그'틍 그, 나무 깨'고, 도^끼로 가^ 나무도 좀 치고 깨고 하머 여^러 쪼가'리²⁹ 다', 마카 나니'더.
(불을 피워야 되니까는, 그러니 불로 피워야 되니까는, 그, 그럼 요 왜 옛날에는 갓을 치고 나면 이런 [미상], 보탕 같은 것, 나무 깨고, 도끼를 가지고 나무도 좀 치고 깨고 하면 여러 조각 다, 모두 납니다.)

\# 그렁 거러 [유:코] 나^도^예.
(그런 거를 [미상] 놔둬요.)

\# 여^ 대메'쩍할^라꼬³⁰.

---

27 나라: 날다. 전통 직조 용어인 '날다'가 나타나는 최초의 형태는 16세기 문헌 <훈몽자회>에 나타나는 '놀다'이다. 그리고 <현풍곽씨언간>에 옷 만드는 사연 속에 여러 번 나타난다. 이 '놀다'의 제1음절 모음이 'ㆍ'가 변해서 현대어의 '날다'가 되었는데, 이 변화를 경험한 형태가 문헌에서 쉽게 찾을 수 없지만, 그 시기가 18세기였을 것으로 추정된다. 그리고 '놀다'의 어간 성조가 거성이고 현대어의 날(經)에 대응되는 '눌'의 성조도 거성이므로, 이 두 어형이 파생 관계에 있을 가능성이 있다. 전통 직조 용어인 '날다'는 현대국에서 사라지고 '날줄'과 같은 합성어에 화석형처럼 남아 있다.
28 가슬: 갓+을. 산판을 '갓'이라고 했다. 그러니까 산판의 나무를 베고.
29 쪼가리: 조각.
30 대메'쩍할^라꼬: 대패질하려고. '대패'는 '퇴포(推鉋)'에 그 어원을 두고 있다. 16세기 <훈몽자회>에 '디파'가 나오고 이 '디파'가 '디패/대파'로, 다시 '대패'로 변하는 과정을 거쳤다. 16세기의 '디파'가 18세기에 '대파'가 되는 것은 어두음절의 'ㆍ'가 'ㅏ'로 바뀌는 변화에 의해서이다. 정약용(丁若鏞)의 <아언각비(雅言覺非)>에서 "推鉋者 削木使平之器也 東人誤飜爲大牌 華音推鉋本作뒤판聲相近"이라 하여 이 말의 어원과 차용음에 대하여 정확하게 설명하였다. 이것은 "퇴포는 나무를 깎아 평평하게 만드는 도구이다. 우리나라 사람들이 잘못 번역하여 대패(大牌)가 되었다. 중국음 '퇴포'는 본래 '뒤판'이라는 소리와 더 가깝

(여기 [대패질]하려고.)

\# 나무 그'어르, 대'메'찌하은 데, 그'얼ˆ 이'따ˆ, 요'오'따 나'아 노'코, 집'캉 머 나'아도 노'코, 그거 인자ˆ 그'런 등'게캉³¹, 등'게도 인자ˆ 항 가'마ˆ~이³² 가 따ˆ 노'코, 그ˆ 나머'지 그래 이ˆ 보탕 찌그라~이 그'렁 거'러 주'욱ˆ 가따'가, 수부ˆ기³³ 가따ˆ 모'다ˆ 복파네 여'어 노코 그래 인자ˆ 믿'테 지'페³⁴ 노코 고ˆ 우'에다가, 지'피고 고ˆ 우'에다가 인자ˆ 보탕 찌끄라ˆ지³⁵ 고'렁 거'를 가따'가 노코, 그래 그ˆ 우'에다 등게를 피'아 가ˆ 그'래 인자ˆ 불로 안 찌리닝~'교.

(나무 그거를, [대패질]하는 데, 그걸 여기에다, 요기에다 놔 놓고, 짚이랑 뭐 놔도 놓고, 그거 인제 그런 등겨랑, 등겨도 인제 한 가마니 갖다 놓고, 그 나머지 그래 이 모탕 찌꺼기 그런 거를 죽 갖다가, 수북이 갖다 모아서 복판에 넣어 놓고 그래 인제 밑에 짚을 놓고 고 위에다가, 지피고 고 위에 다가 인제 모탕 찌꺼기 고런 것을 갖다가 놓고, 그래 그 위에다가 등겨를

다"로 풀이된다.
31 등'게캉: 등겨와.
32 가'마~이: 가마니. 문헌 자료에는 나타나지 않는 이 말은 일본어에서 들어온 것으로 보인다. 기존 연구에서는 이 말의 어원을 일본어의 kamasu[叭]라고 간주하고 있으나 kamasu가 우리 말에 들어와서 '가마니'가 되었다고는 설명하기 어려운 점이 있다. kamasu의 제3음절이 '가마니'의 제3음절 '니'와 매우 다르기 때문이다. 그러나 '가마니'의 어원을 다른 곳에서 찾기 어렵기 때문에 일본어 kamasu와 '가마니'를 관련지어 설명하는 것 이상의 다른 방법이 없다. 한편 kamasu의 일본 서남부 방언형 kamage가 우리 말에 들어와 '가마니'로 어형이 변화되었다고 보는 설도 있다. '가마니'의 기원에 관한 가장 타당한 설명은 다음과 같다. 먼저 일본어 kamasu의 어간 kama가 우리말에 차용되어 명사 '가마'가 생겨난다. 우리말의 '한 가마 두 가마'라고 할 때 쓰인 명사 '가마'가 그러한 예이다. 그리고 이 명사 '가마'에 접미사격인 '-니'가 결합한 것이 '가마니'이다. 접미사격인 '-니'가 '가마'에 결합한 것은 '주머니'의 '-니'에 견인된(혹은 유추된) 것이다. 의미적으로 '주머니'와 '가마니'는 무언가를 넣는 용기(容器)라는 점에서 상통한다. 일본어에서 차용된 '가마'가 우리말로 굳어지고 여기에 다시 '-니'가 결합한 것이 '가마니'인 것이다.
33 수부ˆ기: 수북하게.
34 지'페: 지피+어>지펴.
35 찌끄라ˆ지: 찌끄레기.

피워 가지고 그래 인제 불을 안 지핍니까.)

\# 불로 찔러, 불로 찔러 가주ˆ고 인자ˆ 그래 길쭘ˆ하~이 이래ˆ 수북ˆ하~이 인자ˆ 길쭘ˆ하~이 이래ˆ 해ˆ 노코 수북ˆ하~이 태'아 가, 태'아 가ˆ 나'도 므 고게ˆ 인자ˆ 좀 사그'라지믄 쪼매ˆ 인자ˆ 수ˆ미 조매ˆ 주거 다ˆ 타따ˆ 시러, 안에 께 얼'쭈[36] 다ˆ 타따 시푸머 인지ˆ 드르 타도 갠차'나요.
(불을 질러, 불을 질러 가지고 인제 그래 길쭉하게 이래 수북하게 인제 길쭉하게 이래 해ˆ 놓고 수북하게 태워 가지고, 태워 가지고 놔두면 고게 인제 좀 사그라지면 조금 인제 숨이 조금 죽어서 다 탔다 싶어, 안의 것이 얼추 다 탔다 싶으면 인제, 덜 타도 괜찮아요.)

\# 거'테 꺼마, 등게마 타마 고ˆ 착ˆ착ˆ 꼭ˆ꼭ˆ 눌리 다:죽꺼려, 다둑꺼'리 노ˆ 므 저느'게 그가ˆ 나'.
(겉의 것만, 등겨만 타면 고 착착 꼭꼭 눌러 다독거려, 다독거려 놓으면 저녁에 그게 나아(좋아).)

\# 참, 한ˆ참 이시'믄 나지.
(참, 한참 있으면 날지.)

\# 새보'게 일'라 그래 해ˆ야.
(새벽에 일어나서 그래 해야.)

\# 새보'게 일찍 일'라 가주고 그거' 인자ˆ 불로 찔러 가ˆ 다ˆ 태'아 재로, 재로 만드'라 노ˆ믄, 불로 피'아 노ˆ믄 그래 인자ˆ 내ˆ조 그그 므시 하자닌'~교.
(새벽에 일찍 일어나 가지고 그거 인제 불을 질러 가지고 다 태워 재로, 재로 만들어 놓으면, 불을 피워 놓으면 그래 인제 나중에 그거 무엇 하잖아요.)

\# 불로 은자ˆ 베 맬라 크믄 일'찌기 노블 해ˆ 가 메는 사ˆ암 이'꼬, 암 매는

---

[36] 얼'쭈: 얼추. 대략.

사ˆ라미, 베 매는 그거'느요, 미영'베 메능 거ˇ느 아ˆ무나 몬ˆ 매니ˆ더.
(불을 인제 베 매려고 하면 일찍 높을 해ˆ 가지고 매는 사람 있고, 안 매는 사람이, 베 메는 그거는요, 무명베 매는 거는 아무나 못 맵니다.)

\# 미영'베나 삼베나 아ˆ무나 사ˆ람마다 몸ˆ 매ˆ여.
(무명베나 삼베나 아무나 사람마다 못 매요.)

\# 배 짤 쭐 아러도 그 몸ˆ 매는 사ˆ램이꼬, 베는 잘ˆ 메는 사ˆ람 이'써여.
(베 짤 줄 알아도 그 못 매는 사람 있고, 베는 잘 매는 사람 있어요)

\# 잘ˆ 메는 사ˆ럼 읻'꼬 그ˆ 인자ˆ 노블 마ˆ이 하지.
(잘 매는 사람이 있고 그를 이제 높을 많이 하지.)

\# 주로 참 그기ˆ 인자ˆ 기술자, 노블 하니ˆ더.
(주로 참 그것이 인제 기술자, 높을 합니다)

\# 노블 해ˆ 가주고 그래 해ˆ 노코 그거'르 그 인자ˆ 참 머ˆ, 머ˆ, 저게ˆ 그거 하능 거는 저ˆ, 저ˆ게 또 풀로 해ˆ 가주고 인자ˆ 또 함 뻐지'기[37] 그ˆ 다마 노코 그 인자ˆ 즈그, 즈ˆ 머ˆ시 해ˆ 가ˆ 인자ˆ 디ˆ에 인자ˆ 그거'르 사ˆ람마 다 마ˆ이 따래요[38].
(높을 해ˆ 가지고 그래 해ˆ 놓고 그거를 그 인제 참 뭐, 뭐, 저게 그거 하는 거는 저, 저게 또 풀을 해ˆ 가지고 인제 또 한 바구니 그 담아 놓고 그 인제 저거, 저 무엇 해ˆ 가지고 인제 뒤에 인제 그거는 사람마다 많이 달려요.)

\# 삼베는 사ˆ라미 마ˆ이, 사ˆ라므, 삼베는 사ˆ람이 마ˆ이 안 따리지마네 그거 ' 미영'베는 메는 데 사ˆ람이 마이 따리.

---

37 뻐지'기: 자재기. '함버지기'는 매우 많다라는 의미를 가지고 있다.
38 따래요: 딸리+어+요>달려요. 부족해요. '달리다'의 의미에 부족하다라는 의미가 ≪표준국어대사전≫에는 누락되어 있다.

(삼베는 사람이 많이, 사람은, 삼베는 사람이 많이 안 달리지만은 그거 무명베는 매는 데 사람이 많이 달려.)

\# 이레ˆ 말라ˆ 가머 불또 이래ˆ 눌레 주고, 양쪼개 불또 이래ˆ 어디 또 인자ˆ 젇써 가ˆ 불로 인자ˆ 풀 발라 가주고 그거 해ˆ 노ˆ믄, 삐께ˆ 노ˆ믄 그걸 인자ˆ 사치'미, 이래ˆ 사치'미라고 디ˆ에 인자ˆ 요래 살개ˆ지데로 해ˆ 가주고 인자ˆ 디ˆ에 따라가요, 바'디에, 디ˆ에.
(이래 말려 가면 불도 이래 늘려 주고, 양쪽에 불도 이래 어디 또 인제 저어 가지고 불을 인제 풀 발라 가지고 그거 해 놓으면, 빗어 놓으면 그걸 인제 사침, 이래 사침이라고 뒤에 인제 요래 살려지도록 해ˆ 가지고 인제 뒤에 따라가요, 바디에, 뒤에.)

\# 매ˆ 가ˆ 내'리가믄, 이래ˆ 삐께ˆ 가ˆ 내'리가머, 고거 인자ˆ 말라ˆ 가머 고거 또 내루'코[39] 저ˆ 디ˆ에 도투마리 감ˆ꼬 미영'베 맨드는 데 사ˆ람 마ˆ이 드러예.
(매 가지고 내려가면, 이래 빗어 가지고 내려가면, 그거 인제 말려 가면 그것도 내리고 저 뒤에 도투마리 감고 무명베 만드는 데 사람 많이 들어요.)

\# 마ˆ이 들머 여자드리 주ˆ욱 그래, 베 맨다 커먼 또 쭈ˆ욱 오니ˆ더.
(많이 들면 여자들이 죽 그래, 베 맨다고 하면 또 쭉 옵니다.)

\# 오는 사ˆ람 읻꼬, 오'믄 도투마리 가마 주는 사ˆ람 읻꼬, 여ˆ 또 사침[40] 내라ˆ 주는 사ˆ람 읻꼬, 불또 이레 눌려 다둑꺼'리 해ˆ 주는 그런 사ˆ람 읻꼬 참.
(오는 사람 있고, 오면 도투마리 감아 주는 사람 있고, 여기 또 사침 내려

---

39 내루'코: 내룽+고> 내리고. [내룽고, 내룽지, 내룽게 내루만, 내라아]
40 사침': 사침. 베틀의 비경이 옆에서 날의 사이를 띄어 주는 두 개의 나무나 대. 교곤(攪棍)·사침. 【〈사춤대〈역해〉←사춤+대

주는 사람 있고, 불도 이렇게 눌려 다독거려서 해ˆ 주는 그런 사람 있고 참.)

@ 그럼 품아씨 하셔써요?
(그럼 품앗이 하셨어요?)

\# 푸마시 하는 사ˆ람도 이'꼬, 주로 베 매능 거'느 아ˆ무나 몬ˆ 매니ˆ더.
(품앗이 하는 사람도 있고, 주로 베 매는 거는 아무나 못 맵니다.)

\# 베 매능 거'는, 짜능 거'는 머ˆ 이래ˆ 아ˆ무나 또 배'아 노ˆ~응 고 짠다 카지마는 매능 거'는 그게ˆ 그도 잘ˆ하는 사ˆ람 이'써여.
(베 매는 거는, 짜는 거는 뭐 이래 아무나 또 배워 놓고 그 짠다고 하지만은 매는 거는 그게 그것도 잘하는 사람이 있어요.)

\# 잘하는 사ˆ람 이'씨ˆ~이까 노블 사다가 그래 인자ˆ, 그래 인자ˆ 노베ˆ다 해ˆ 가ˆ 그거 하며는 다리ˆ 참 머ˆ, 머ˆ 함 필도 매고 머ˆ, 머ˆ 참 돌 문따ˆ~아 매'앰 또 나아따 이'튼날 또 불 찔'러야 데고 그러ˆ~이까 불을 그리 마~이 해ˆ야 데'지요.
(잘하는 사람이 있으니깐 놉을 사다가 그래 인제, 놉 해다가 해ˆ 가지고 그거 하면은 다른 이(다른 사람) 참 뭐, 뭐 한 필도 매고 뭐, 뭐 참 또 문질러 매면 또 놓았다가 이튿날 또 불 질러야 되고 그러니까 불을 그래 많이 해야 되지요.)

@ 미영베'에도 풀 머겨'요?
(무명베에도 풀 먹여요?)

\# 예.
(예.)

@ 므 거끼느 어ˆ떰 풀 머기ˆ는지?
(뭐 거기에는 어떤 풀을 먹이는지?)

\# 거'어, 거'어늠 머^, 미영'베는 머^, 머^, 미영'베느 머^, 머^, 아'무 푸리나 다^ 하지예.
(거기, 거기에는 뭐, 무명베는 뭐, 뭐, 무명베는 뭐, 뭐, 아무 풀이나 모두 하지요.)

\# 그거'늠, 멍^베는 머^ 보살 가라 가^도 하고 그는 아^무 머^ 살풀 해^도 데'고, 아^무꺼나 다^ 해^요, 아^무꺼나 다^하고.
(그거는, 무명베는 뭐 보리쌀 갈아 가지고도 하고 그거는 아무 뭐 쌀풀 해도 되고, 아무것이나 다 해요, 아무것이나 다하고.)

\# 삼베는 보'~이까 그래 그^ 저^ 메물'풀로 그'래 하데^요.
(삼베는 보니까 그래 그 저 메밀풀로 그래 하데요.)

\# 메물'풀이 조^타꼬, 메물'풀이 조^타 하데^여.
(메밀풀이 좋다고, 메밀풀이 좋다 하데요.)

\# 미끄럽'꼬, 메무'리[41] 그래 미끄럽'땀니다.
(미끄럽고, 메밀이 그래 미끄럽답니다)

@ 그 다^으메는 그 옌^날 인제^ 머^ 베 짜시기나 호근 앙 그^음 머^ 삼 째^거나 미엉'베 이러^케 활 가^ 팅가^거나 머^ 이렁^ 거 하실 때 다^ 이레^ 모여^

---

[41] 메무'리: 메밀이. '메밀'의 고어 형태는 '모밀'이었다. 현재도 '메밀국수'를 '모밀국수'라 하기도 한다. <향약구급방>(文下 10, 目 8)에서 '모밀'이 '목맥(木麥)'으로 쓰이고 있어 '모-'의 어원이 '목(木)'과 관련이 있을 것으로 추정하는 견해가 있으나, 이는 의미를 나타내는 것이라기보다 음을 차용한 것으로 보는 편이 타당할 것이다. 한편 '모-'가 '산(山)'의 고유어인 '뫼'와 관련이 있을 것으로 보아 '모밀'의 기원을 '뫼[山]+밀ㅎ[麥]'으로 보기도 한다. '모밀'은 20세기에 '메밀'로 나타나 현대국어에 이르는데, 'ㅗ>ㅔ'의 변화는 쉽게 설명할 수 없다. '모밀'의 제2음절 'ㅣ'의 영향을 받아서 '뫼밀'이 되고 이것이 '메밀'로 변하였다고 볼 수도 있으나 '뫼밀'의 형태가 문증되지 않아서 단정 지어 말할 수는 없다. 19세기에 'ㅁ', 'ㅂ' 등 순음 아래에서 'ㅚ'가 'ㅔ'로 변화하는 현상은 몇몇 단어에서 나타난다. 예) 뵈>베[布], 묏도기>메쑤기, 뫼>메[飯], 뵈쌍이>베쌍이 등.

가주고 하셔꼬 또 힘 등 거, 마'니 어'려워찌 안씀'미'까?
(그다음에는 그 옛날 인제 뭐 베 짜시거나 혹은 안 그러면 뭐 삼 째거나 무명베 이렇게 활 가지고 튕기거나 뭐 이런 것 하실 때 다 이래 모여 가지고 하셨고 또 힘든 거, 많이 어려웠지 않습니까?)

@ 요즘^하고 달'리 다^ 일'리'리 하셔야 데고, 또 농사철하고 겹'쳐'지니까, 미영'베 가'트며는?
(요즘하고 달리 다 일일이 하셔야 되고, 또 농사철하고 겹치니까, 무명베 같으면?)

@ 고'런 예^'기'들?
(고런 얘기들?)

미영'베는 기'울로 주로 하이까네, 미영'베는 기'울, 미영'베는 기'울로 하고, 그^ 인자^ 삼베는 그르^~이 그'으느 인자^ 마^ 농사철 덜 날 때 보'메 다^ 해뿌자'닌'교.
(무명베는 겨울에 주로 하니까는, 무명베는 겨울, 무명베는 겨울에 하고, 그 인제 삼베는 그러니 그거는 인제 뭐 농사철 덜 날 때 봄에 다 해^ 버리잖아요.)

일'찌기 보'메 사'뭘따레나 이래^ 일'찌기 해^ 뿌고, 하므 그르 이:월딸, 정이월 데'므 다^ 그거 삼 자'꼬 근근 쫌매^ 해^도 하마 봄 다'친다 시프'므 마 삼 그'틍 그 다^ 해^ 뿌니더.
(일찍 봄에 삼월이나 이래 일찍 해^ 버리고, 하면 그래 이월, 정이월 되면 다 삼 잣고 근근이 조금 하면 봄 닥친다 싶으면 뭐 삼 같은 건 다 해^ 버립니다.)

농사철 앤 날 때 다^ 하고.
(농사철 안 날 때 다 하고.)

@1 미영바테 옌^나레 미영 이레^ 달리^마 쪼 애'릴 때 고^ 따먹짠습니'까?

(목화밭에 옛날에 목화 이래 달리면 저 어릴 때 고 따먹잖습니까?)

예ˆ, 그 아들 그 다래[42] 따 가주고.
(예, 그 애들 다래 따 가지고.)

@ 다래라 캄니까?
(다래라고 합니까?)

#1 미영' 다래.
(미영 다래.)

예ˆ, 미영' 다래.
(예, 미영다래.)

다래 따 뭉는'다꼬 아아드리 모ˆ두 그ˆ 나ˆ 저ˆ 그ˆ 하프 모르'게 다래 따 가주고 꼭ˆ꼬 씹'푸므 그게ˆ 달그드리ˆ 하'담니다.
(다래 따먹는다고 애들이 모두 그 나가서 저 그 하면 모르게 다래 따 가지고 꼭꼭 씹으면 그게 달짝하답니다.)

달그리ˆ하~이까 그걸 다래 따가'주고 무'꼬 그래사테ˆ요.
(달짝하니까 그걸 다래 따가지고 먹고 그러데요.)

@ 그면 이게ˆ 저ˆ 남자 하는 일ˆ하고 아느로 하는 닐ˆ하고가 다ˆ아 구분이 데ˆ 이써씀미'까?
(그러면 이게 저 남자 하는 일하고 안으로 하는 일하고가 다 구분이 돼 있었습니까?)

@ 이케 베 짜고 할 때?
(이렇게 베 짜고 할 때?)

---

42 다래: 다래. 아직 피지 아니한 목화의 열매. 【〈드래〈훈몽〉】

\# 요새ˆ는 반양ˆ반드른 주방에도 머ˆ 이릉ˆ 그 저릉 그 다ˆ 하고 다ˆ 기습쩌 글 따 저그 앙길'러 다ˆ 하지마네, 엔ˆ나렌 어디 남, 반냥반드리 그거 부어'케 어디 드가씀미'까?
(요새는 바깥양반들은 주방에도 뭐 이런 거 저런 거 다 하고 다 기습적으로 다 저거 안일을 다 하지만은, 옛날에 어디 남, 바깥양반들이 그거 부엌에 어디 들어갔습니까?)

\# 부어'케, 부엉닐ˆ하믄 흉'을 보고.
(부엌에, 부엌일하면 흉을 보고.)

@ 미영 따 오시능 거까지만 하고?
(목화 따 오시는 것까지만 하고?)

\# 따능 거는 거ˆ드러 주고, 갈'고 머ˆ 이렁 거는 다ˆ 하지마네, 자ˆ꼬 머ˆ 하능 거 또ˆ 머' 하는 사ˆ람 한다 케ˆ도 그거 머ˆ 저 좀ˆ처럼 남자드이 하닝' 기 애이고, 그래 남 그릉 글 하면.
(따는 거는 거들어 주고, 갈고 뭐 이런 거는 다 하지만은, 잣고 뭐 하는 것도 뭐 하는 사람 한다고 해도 그거 뭐 저 좀처럼 남자들이 하는 게 아니고, 그래 남 그런 걸 하면.)

@ 그믄 엔ˆ날 머ˆ 질삼 하실 때 좀 어'려워따ˆ 생각하능 거 머ˆ 그ˆ렁 거 기ˆ엉나시능 거 이쓰믄 좀 말'씀해ˆ 주세요?
(그럼 옛날에 뭐 길쌈하실 때 좀 어려웠다고 생각하는 것 뭐 그런 것 기억 나시는 것 있으면 좀 말씀해 주세요?)

\# 머ˆ 어'려운 기ˆ사 머ˆ 다ˆ 머ˆ 일ˆ이사 다ˆ 으'릅고[43] 머ˆ 하고.
(뭐 어려운 거야 뭐 다 일이야 다 어렵고 뭐 하고.)

@ 네, 할배 계ˆ셔 가'꼬 말'씀 안 하시능 거에요?

---

[43] 으'릅고: 어렵고.

(네, 할아버지 계셔 가지고 말씀 안 하시는 거에요?)

\# 이씨'나 업^씨나 머^ 그거 하니^더.
(있으나 없으나 뭐 그거 합니다.)

\#1 불 피'울 찌'게 불을 푸아 주능 기사^ 숩^지만도.
(불 피울 적에 불을 피워 주는 거야 쉽지만도.)

\# 그래 불 그틍 그는 피'아 주고, 암 피'아 주는 사^람 암 피'아 주고, 불또 피'아, 불 그틍 거느 쫌 패'아 주고, 피'와 주니^더.
(그래 불 같은 것은 피워 주고, 안 피워 주는 사람 안 피워 주고, 불도 피워, 불 같은 것은 좀 피워 주고, 피워 줍니다.)

\# 그거'느 거^들어 주지만 땅 그느 머^ 이레^ 머^ 앙 그^드러 주^요.
(그것은 거들어 주지만 다른 것은 뭐 이래 뭐 안 거들어 줘요.)

@ 베틀 올'러가신 그게^ 힘드시자나요?
(베틀에 올라가는 그게 힘드시잖아요?)

@ 짜^고 하시능 거또?
(잣고 하시는 것도?)

\# 예^, 암만 그거 해^도 그케 저^기 머^ 또 저^ 짜고 달고 하능 건 또 그거 하지요, 힘드'지요.
(예, 아무리 그거 해도 그래 저기 뭐 또 저 짜고 달고 하는 것은 또 그거 하지요, 힘들지요.)

\# 힘든데 그케 허'능 거는 옌^나레 머^ 저^기 며'늘 저^기 그거 하능 거는 베 짜는 데는 그케 저^ 떡 해^ 주고, 떡 해^ 주~이까네 며느리 이 [저'질게] 무레 항^상 이거 저'기에 물로 써^야⁴⁴ 데그'등뇨, 또 배 짤 찌'게는.

---

44 써^야: 썻+어야.

(힘든데 그래 하는 것은 옛날에 뭐 저기 며느리 저기 그거 하는 거는 베 짜는 데는 그렇게 저 떡 해ˆ 주고, 떡 해ˆ 주니까는 며느리 이 [젖게 물에 항상 물로 씻어야 되거든요, 또 베 짤 적에는.)

\# 물로 삭 치믄, 물로 삭 쳐 가 물로 나ˆ두고 요ˆ 물로 추가 가 요 삭 노카ˆ야 그게ˆ 씨'가 삭삭 든다 말이시더.
(물을 삭 치면, 물을 삭 쳐가지고 물을 놔두고 요 물에 축여 가지고 요 삭 녹여야 그게 씨가 든다는 말입니다.)

\# 안 녹쿠ˆ머 마링 거 떠 뻔드'거 풀 핸ˆ능 그는 그'양 몬ˆ 하그등.
(안 녹이면 마른 것 또 뻣뻣하게 풀 한 것은 그냥 못 하거든요.)

\# 고ˆ 인제ˆ 요ˆ 짤 찌'게는 인자ˆ 저지게 물로 가 여래 이시'믄 그케 마'리 업짠느~이, 그ˆ 인자ˆ 며늘 저ˆ개 짜는 데, 배 짜는 데는 찰떠'글 해ˆ 주~이 부터 가 올케 몸ˆ 무그라꼬 찰떡 해ˆ 조ˆ따고 마ˆ 그라데ˆ요.
(고 인제 요 짤 적에는 인제 젖게 물을 가지고 이래 있으면 그래 말이 없는데, 그 인제 며느리 저기 짜는 데, 베 짜는 데는 찰떡을 해ˆ 주니 붙어 가지고 옳게 못 먹으라고 찰떡 해ˆ 줬다고 뭐 그러데요.)

\# 그라고 딸 저ˆ 삼 삼ˆ는 데는, 따른 삼, 삼하는데, 딸 삼 삼ˆ는 데는 콩 보'꺼 주~이, 콩'을 보까 주~이까, 콩'을 보'꼬 주~니까 콩 씸ˆ니라꼬, 먼저 사'믈 입'을 훑'터야 데거'든예.
(그리고 딸 저 삼 삼는 데는, 딸은 삼, 삼하는데, 딸 삼 삼는 데는 콩 볶아 주니까, 콩을 볶아 주니까, 콩을 볶아 주니까 콩 씹느라고, 먼저 삼을 입으로 훑어야 되거든요.)

\# 삼을 사'므마ˆ 이'베 물 훑'터야 데니까네 그래 인자ˆ 사'믈 몬ˆ 삼꼬 며'느러 느으 저ˆ 인자ˆ 찰떠글 해ˆ 가 주믄 저 부터 가지'고 베 몬ˆ 짜라고 찰떡 해ˆ 준다.
(삼을 삼으면 입에 물고 훑어야 되니까는 그래 인제 삼을 못 삼고 며느리는 저 인제 찰떡을 해ˆ 가지고 주면 저 붙어 가지고 베 못 짜라고 찰떡

해ˆ 준다.)

\# 이 저'질게[45], 물이ˆ라꼬[46] 저진, 물로 인제ˆ 적세 가ˆ 저ˆ 베 그그 하는데, 저지른, 물 이래 그륵세[47] 다마 노트세 하~니, 하~야리 다마 노코 이래ˆ 여페 인는데, 그ˆ다가 소늘 풍덩 적세 가ˆ 마ˆ 찰떠그로 소늘, 소네 부트~이까네 저 물 적'씨~이까 소네 앰 부짜닌'고.
(이 젖게, 물이라고 젖은, 물을 인제 적셔 가지고 저 베 그거 하는데, 젖은, 물 이래 그릇에 담아 놓고 항아리, 항아리에 담아 놓고 이래 옆에 있는데, 거기에다가 손을 풍덩 적셔 가지고 뭐 찰떡으로 손을, 손에 붙이니까는 저 물 적시니까 손에 안 붙잖아요.)

\# 그ˆ얼 인자ˆ 머ˆ 찰떠'그로 마ˆ 하나, 하나로 뚝ˆ 띠ˆ 가주 이래ˆ이래ˆ 함모게[48] 이'베 드갈마ˆ양 뚝 띠ˆ 가ˆ 한분 소네 무'레 적세 가ˆ 마ˆ 이래ˆ 뚝 띠ˆ 가ˆ 이'베 여'코 마 베 짜이ˆ~까다 이른 더 한다 마ˆ일시더.
(그걸 인제 뭐 찰떡을 뭐 하나, 하나를 뚝 떼 가지고 이래이래 한번에 입에 들어갈 만큼 뚝 떼 가지고 한번 손에 물을 적셔 가지고 뭐 이래 뚝 떼 가지고 입에 넣고 뭐 베 짜니까 일은 더 한다는 말입니다.)

\# 더 잘하고 따르느 콩'을 보'까 주~이까네 그이 머머 씸ˆ니라꼬 삼을 몬ˆ 훌러'리, 언쩌든지 사믈 이'빨로가 훌'터야 데'는데 메로 타고 이래ˆ 인자ˆ 메로ˆ 삭ˆ 이래ˆ 인자ˆ 그 인자ˆ 무러 훌'터 가ˆ 메로 타 가주고 이래' 비베ˆ고 하ˆ야 데'는데 이 므ˆ 메ˆ 탈라 크~이까네 뭉니'라꼬 몬ˆ 타써요.
(더 잘하고 딸은 콩을 볶아 주니까 그러니 씹느라고 삼을 못 훑어, 언제든지 삼을 이로 훑어야 되는데 *로 타고 이래 이제 *로 삭 이래 인제 그 인제 물어 훑어 가지고 [메로] 타 가지고 이래 비비고 해야 되는데, 이 뭐 메 타려고 하니까 먹느라고 못 탔어요.)

---

45 저'질게: 질게.
46 물이ˆ라꼬: (입에) 물리라고.
47 그'륵세: 그릇+에>그릇에.
48 함모게: 한#몫+에> 한몫에. 한꺼번에. 함께.

\#   그리 사믈 몯^ 삼^꼬, 그리.
     (그러니 삼을 못 삼고, 그래.)

@   시집싸'리 시'키나요?
     (시집살이시키나요?)

\#   예^, 그'러타꼬 마~이 읻짜난'교.
     (예, 그렇다고 많이 있잖아요.)

\#   그러이~까네 어느 그 딸 그거' 하는 데는 콩 보꺼 주고, 머^ 잘하라꼬, 그래 해^ 조^ 노~이 그래 또 내^조 또 박까^ 가 해^ 주~이까 따른 또 그거 해^ 가 여'그 삼 삼는 데 또 머^가 찰떡해^ 주이까, 딸 삼 삼^는 데 찰떡해 주~이까 박까^ 가 또 해^ 조^ 바꼬'예.
     (그러니까는 어느 그 딸 그거 하는 데는 콩 볶아 주고, 뭐 잘하라고, 그래 해^ 줘 놓으니 그래 또 나중에 또 바꿔 가지고 해^ 주니까 딸은 또 그거 해^ 가지고 여기 삼 삼는 데 또 뭐가 찰떡해 주니까, 딸 삼 삼는 데 찰떡해 주니까 바꿔 가지고 또 해^ 줘 봤고요.)

\#   바까^ 가^ 해^ 조~이 인자^ 며'늘또 그래 가^ 하드~이까네 머^ 이른 여저^이 하지'러.
     (바꿔 가지고 해^ 주니 인제 며느리도 그래 가지고 하니까 뭐 일은 여전히 하지.)

\#   밉'쌍, 머^ 올키 몯^ 하믄 밉'쌩데라꼬, 메'늘로 그래 해^ 조'따 크능 기^라예.
     (밉상, 뭐 옳게 못 하면 밉상되라고, 며느리에게 그래 해^ 줬다고 하는 거에요.)

\#   그래 엔^나'레는 다^ 메'늘도 쫌 미'버하고 따른 또^ 내 자슥이래 가^ 끼'어 짜고 그래 핻~'능가, 심사 다^ 그래 이'써'따 크는데, 요새^는 그라'믄 몯^ 사^니더.
     (그래 옛날에는 다 며느리도 좀 미워하고 딸은 또 내 자식이라 가지고 끼

어 짜고 그래 했는가, 심사 다 그래 있었다고 하는데, 요새는 그러면 못
　　삽니다.)

@　질삼하실 때에 부르시'고 하셔떤 노래에 가틍 거 이쓰'세요?
　　(길쌈하실 때 부르셨던 노래 같은 거 있으세요?)

#　으~으~, 즈^ 질'상할 때 부르'고 마^ 그거' 업^서여.
　　(아니, 저 길쌈할 때 부르구 뭐 그건 없어요.)

@　에이, 그래두 그 베트'레 안즈셔 가주고?
　　(에이, 그래도 베틀에 앉으셔 가지고?)

#　여'긴 베트' 린 데 모^ 하니^더.
　　(여기는 베틀 있는 데서 못 합니다.)

#　여'긴 다^, 요새^애 일 망 녀'어 놀고 하~이 그러치, 노래'가 먼^교?
　　(여기는 다, 요새 이제 막 여기 놀고 하니 그렇지, 노래가 뭡니까?)

#　아무꺼또 모 하고, 그거느 어디, 그건 어디 저어 어디 마 참 대개 기술쩌그
　　로, 장사 지프로 요새 마 하는 그 공장그치 해^ 노코 하는 데는 그래 할똥
　　모르지마느, 여그 이른 데는 그거르 모르니더, 그거르 엄니더.
　　(아무것도 못 하고, 그거는 어디, 그건 어디 저 어디 마 참 되게 기술적으
　　로, 장사 집으로 요새 하는 그 공장같이 해^ 놓고 하는 데는 그래 할지
　　모르지만은, 여기 이런 데는 그거를 모릅니다, 그건 없습니다.)

@　그 베틀'에 안즈셔 가주고 머^ 하셔써요?
　　(그 베틀에 앉으셔 가지고 뭐 하셨어요?)

#　그냥 머^ 일^마 하지.
　　(그냥 뭐 일만 하지.)

#　일^마 하지, 그릉 거 머^ 그래도 여^는 참 그그 노^래 머^ 하고느 그그

다'여^ 머^ 참^ 저^ 어디 공장그'치 이래^ 채'레 노코 하는 데 그트머 이 노래도 하고 머^ 하지 또 모르지마느, 이 초^네느 그래 모^ 해이'쓰.
(일만 하지, 그런 거 뭐 그래도 여기는 참 그거 노래 뭐 하고는 그거 다 여기 뭐 참 저 어디 공장같이 이래 차려 놓고 하는 데 같으면 이 노래도 하고 뭐 하지 또 모르지만은, 이 촌에는 그래 못 했어요.)

\# 그르~이 요새^ 인자^ 마 마구재'비 댕기'므 놀^고 글치, 그라~이 그르치, 엔^나레는 어'디 머^ 놀^러나 간닝'교?
(그러니 요새 인제 뭐 마구잡이로 다니면서 놀고 그렇지, 그러니 그렇지, 옛날에는 어디 뭐 놀러나 갔나요?)

\# 머^ 무'꼬 새^고, 잠 쪼매^ 자고느 그저 길삼 그거 하고 머^ 그저 그랜^는데, 그기^ 그 어'데 머^ 들^ 릴로 가닝'교, 머^ 지'비 빨리 씩'꼬 길삼하느 그기^ 이^리고, 글치 머.
(뭐 먹고 새고, 잠 조금 자고는 그저 길쌈 그거 하고 뭐 그저 그랬는데, 그게 그 어디 뭐 들일로 가나요, 뭐 집에 빨리 씻고 길쌈하는 그게 일이고, 그렇지 뭐.)

\#1 귀로 가주고는 드'꼬 이브로 가주고는 삼 삼^는데.
(귀를 가지고는 듣고 입을 가지고는 삼 삼는데.)

@ 질쌈 놈만 해^ 가주고 머'꼬 사^는 사^람들도 이'써써요?
(길쌈 놈만 해^ 가지고 먹고 사는 사람들도 있었어요?)

\# 질쌈해^ 무'꼬 사^는 사^람 이'써찌.
(길쌈해 먹고 사는 사람 있었지.)

@ 질쌈 놈만 해^ 가주고, 나'메 집?
(길쌈 놈만 해^ 하지고, 남의 집?)

\# 노'베 가^ 가주고?
(놉으로 가 가지고?)

\# 그'릉 거는 여자들 그릉 그 마^네써예, 저^네너.
(그런 것은 여자들 그런 거 많았어요, 전에는.)

\# 저'개 노베 가^ 가주고 해^ 무'꼬 하는 사^람 마^나써.
(저기 놉으로 가 가지고 해^ 먹고 하는 사람 많았어.)

@ 그이까 머 농토도 업꼬 하이께네 그렁 건만?
(그러니까 뭐 농토도 없고 하니까는 그런 것만?)

\# 디'딜바^에 바^안^ 찌'거 주고 이거 저^ 쌀 한 바가치쓱 어더 와가^ 그까^ 생'할로 삼'꼬, 그 인'자 또 엄^는 사^라므느 반^ 찌'거 주고 저녁'밥 해^ 묵꼬 그거'르 가주^ 가 가' 밥 한 바가치 이래^ 어더 가^ 가' 가, 저'넨 다^ 바가'치 이래^ 한 바가'치 어더 가 가^ 가지'고 그거 참 내^ 무'글 꺼를 가주^ 가 지'비 곰'끼^가 이씨'~이까, 아아들하고 이씨'~이까, 그래 인지^ 그그 어더다가 인자^.
(디딜방아에 방아 찌어 주고 쌀 한 바가지씩 얻어 와서 그것 가지고 생활로 삼고, 그 이제 또 없는 사람은 방아 찌어 주고 저녁 해^ 먹고 그것을 가지고 가 가지고 밥 한 바가지 이래 얻어 가지고 가 가지고, 전에는 바가지 이래 한 바가지 얻어 가지고 가 가지고 그거 참 내 먹을 것을 가지고 가서 집에 굶고 있으니까, 아이들하고 있으니까, 그래 인제 그거 얻어다가 인제.)

@ 밤새^ 놉해 달^라고 하지도 아낸'는데, 막 밤새^ 가'가^ 일^ 도와주고 고마 밥 어더 머'꼬, 이래^떤 분들도 옌^나레는 이'서따 카고 하던데?
(밤새 놉해 달라고 하지도 않았는데, 막 밤새 가서 일 도와주고 고만 밥 얻어먹고, 이랬던 분들도 옛날에는 있었다고 하고 하던데?)

\# 그'른 옌^나레는 그'케 노'블 잘 안 해^찌예.
(그런 옛날에는 그렇게 놉을 잘 안 했지요.)

\# 노'블 마^이, 노베 가믄 인자^ 바^아도, 디'딜빠^에 바'아~도 찌'거 주고

그래 가 버러 묵꼬 여자드른 머^ 버^리 인능교?
(놉을 많이, 놉으로 가면 인제 방아도, 디딜방아 방아도 찌어 주고 그래 가지고 벌어 먹고 여자들은 뭐 벌이가 있습니까?)

\# 그래 가 인자^ 그거 하고 인자^ 머 베 길쌈 잘하는 사^라므는 길쌈, 베 짤 쭈로도 가고 고래 인자^ 또 머^ 참 우리 인자^ 벼 베 주러도 가고, 이런 미영' 길쌈 가틍 거를 마^이 하는 사^라므느 마^이 이리^ 마^이 채이~니까네 그래 노베 가 가^ 그래 해^ 주고 그래 가 또 어더 묵꼬 그래 가^ 버'러 묵꼬 또 사'랃찌.
(그래 가지고 인제 그거 하고 인제 뭐 베 길쌈 잘하는 사람은 길쌈, 베 짜 주러도 가고 고래 인제 또 뭐 참 우리 인제 벼 베 주러도 가고, 이런 무명 길쌈 같은 거를 많이 하는 사람은 많이 일이 많이 차니까 그래 놉으로 가 가지고 그래 해^ 주고 그래 가지고 또 얻어 먹고 그래 가지고 벌어 먹고 또 살았지.)

@ 제'릅때[49] 아까^ 나^믕 거, 삼 제^릅때?
(겨릅대 아까 남은 거, 삼 겨릅대?)

\# 삼, 제'랍?
(삼, 겨릅?)

@ 예^, 제'라븐 머^ 어'떠케, 아까 지붕 이'으시고 머^ 그러케 하셔써요?
(예, 겨릅은 뭐 어떻게, 아까 지붕 이으시고 하셨어요?)

\# 예^, 지붕 여'꺼 가지'고, 지붕'도 여'꺼 가지 지붕도 이'이고, 머어^ 그래 아^ 아^는 사^라믄 내비'래 뿌고 글치여, 머^.
(예, 지붕 엮어 가지고, 지붕도 엮어 가지고 지붕도 이고, 뭐 그래 안 하는 사람은 내버려 버리고 그렇지요, 뭐.)

---

49 제'릅때: 겨릅대. 껍질을 벗긴 삼대. 겨릅 · 마개 · 마골(麻骨).

\#   나무'도 때^고 머' 이래찌예.
       (나무도 때고 뭐 이랬지요.)

\#   주로 그렁 거 까 짐 니'이는 데, 초가지블 이~잉까데, 초가집 미'테느 고 고를 여'어야 따따항 게 요래^ 인자^ 간추룸^ 항 게^ 인자^ 지붕 지스리 이^뿌지요.
       (주로 그런 것 가지고 집 이는 데, 초가집을 이니까, 초가집 밑에는 그것을 넣어야 따뜻한 게 요래 인제 가지런한 게 인제 지붕 기스락이 이쁘지요.)

\#   짐 마'리 이 카모 고롱 고로 여'어 가, 새^도 여'코 그렁 거토 여'코 그래 가^ 제'라픈 고래 해^쓰요.
       (짚 말이 이렇게 하면 그런 것을 넣어 가지고, 억새도 넣고 그런 것도 넣고 그래 가지고 겨릅대는 그래 했어요.)

\#   길싸암하고 제'라븐 고오'께 말라가^, 그리~잉께 제'라븐 고거또 고오'께 뻬'끼고는 양^다리 가따가 고^오께 쑤와 가^ 말루치요.
       (길쌈하고 겨릅은 곱게 말려서, 그러니까 겨릅은 그것도 곱게 벗기고는 양달에 갖다가 곱게 세워 가지고 말리지요.)

\#   말라^야, 비치 고^버야 고 인자^ 이 집 이'이는 데 여'코, 고래 무까^가.
       (말려야, 빛이 고와야 고 인제 이 집 이는 데 넣고, 고래 묶어서.)

@   미영'베하고 삼베하고 머^가 더 어렵꼬, 머'가 이래?
       (무명베하고 삼베하고 뭐가 더 어렵고, 뭐가 이래?)

\#   미웅'베는 잡꼬 머'어든지 타고 하능 그는 방아네서 다^, 마'런 데서 하능 기^라 가^ 숩는데, 삼베가 더 어럽지에.
       (무명베는 잣고 뭐든지 타고 하는 거는 방안에서 다, 마른 데서 하는 것이라 가지고 쉬운데, 삼베가 더 어렵지요.)

\#   그은 치부~'이까네, 물러 도^능 기^라 가^ 내에^ 그그'능 무'레 적'셔야 되^예.

(그거는 추우니까, 물이 도는 것이라 가지고 내내 그거는 물에 적셔야 돼요.)

\# 그ᅳ으는 무'레 적'씨는 그능 항^붐[50] 인자^ 이'를 이'켜 가^ 사ᅳ믈, 재물' 려^ 가 이'켜 가^ 내룰^ 찌에, 글때눈 마링 거'러 씨고 하까, 그 이'상 내^에 자'실 때나 살물 때나 쨀^ 때나 이거 머^ 내^에 그저 머^ 저^ 베 짤 찌게는 다^ 요래^ 참 방아네서 다^ 하는, 치버도 하고 더'브믄 물려 노코 하지마는 미영'베가 숩^지, 수^븐, 삼베가 더 어'러버.
(그거는 물에 적시는 거는 한번 인제 이래 익혀 가지고 삼을, 잿물 넣어 가지고 익혀 가지고 내릴 적에, 그때는 마른 것을 쓰고 할까, 그 외에는 내내 자을 때나 삼을 때나 쨀 때나 이거 뭐 내내 그저 뭐 저 베 짤 적에는 다 요래 방안에서 다 하는, 추워도 하고 더우면 물려 놓고 하지만은 무명베가 쉽지, 쉬운, 삼게가 더 어려워.)

\# 미영'베는 머^ 방아~네서 하~이까네, 마'른' 데서 하~이까네 삼베가 더 어' 러워요.
(무명베는 방안에서 하니까, 마른 곳에서 하니까 삼베가 더 어려워요.)

@ 머^ 저:기 베 짜고 질삼하고 하실 때 머^ 이러케 특뻘한 기:영 나시능 거, 엔^날 이래뜬 저기 이'따, 머^ 이렁 거 이쓰믄 좀 말:씀해^ 주세요?
(뭐 저기 베 짜고 길쌈하고 하실 때 뭐 이렇게 특별한 기억 나시는 거, 옛날 이랬던 적이 있다, 뭐 이런 거 있으면 좀 말씀해 주세요?)

\# 그러케 마^이 애~ 해^ 노'이까느 모르겐니^더.
(그렇게 많이 안 해^ 놓으니까 모르겠습니다.)

\# 그래도 머^ 기싸를 마~이 아~ 하고 그르케 하다가 그'양 치'아 뿌고 그랜^ 는데.
(그래도 뭐 길쌈을 많이 안 하고 그렇게 하다가 그냥 치워 버리고 그랬는데.)

---

50 항^붐: 한금. ㅂ/ㄱ 교체현상. '꽉'의 방언(경북).

■ 양잠

@ 그러'면 이제^ 그 누에 치능 거 여^쭤 보게씀이'다?
(그러면 이제 그 누에 치는 것 여쭤 보겠습니다?)

@ 그^ 누에가 종^뉴가 어^떵 게 이'꼬 옌^날 여'어서 머^ 어^떵 걸 하션는지?
(그 누에가 종류가 어떤 게 있고 옛날에 여기서 뭐 어떤 것을 하셨는지?)

누에가 머^, 누에가 종^뉴가 머^가 인눈교?
(누에가 뭐, 누에가 종류가 뭐가 있습니까?)

봄 꼰치가 이'꼬 추잠 꼰치가 인꼬 그르치에.
(봄 고치가 있고 추잠 고치가 있고 그렇지요.)

범 꼰치는 이래 봄 누에를 미게^ 가^ 그거 하'므는 이래^ 꼰치가 야무고[1] 더 뚜꺼꼬, 뚜꺼께 인자^, 지'블 뚜꺼'께 진^능가 바.
(봄 고치는 이래 봄 누에를 먹여 가지고 그거 하면은 이래 고치가 야물고 더 두껍고, 두껍게 인제, 집을 두껍게 짓는가 봐.)

추잠 누에는 이래^ 꼰치가 좀 덜^ 야무다능 기^ 주리 아'매[2] 덜^ 가'믕 게 인제^ 지'블 아'매 야무게 덜^ 지~으니까네 아'매 더 주리 정^는 모~애 이지예.
(추잠 누에는 이래 고치가 좀 덜 야물다는 게 줄이 아마 덜 감는 게 인제 집을 아마 야물게 덜 지으니까는 아무래도 줄이 적은 모양이지요.)

---

1 야무고: 야물(硬)+고. '야물(硬)-'과 '여물(實, 熟)-'이 이 방언에서는 변별이 된다.
2 아'매: 아마. 16세기에 '아마'로 처음 나타나며, 17세기 이후로 나타나는 '아므, ᄋᆞ마, ᄋᆞ므'는 이 시기에 이미 'ᆞ'가 비음운화하여 'ᆞ'와 'ㅏ'의 음성이 동일하였기 때문에 나타난 표기이다. 따라서 '아마, 아므, ᄋᆞ마, ᄋᆞ므'는 모두 동일한 음성형을 달리 표기한 이표기에 불과하다. 현대어 '아마'는 "확실히 단정하기는 어렵지만, 어느 정도 그럴 것이라고 생각하는 경우"에 쓰는 의문 부사로, '짐작하건대'나 '대개'와 유사한 의미를 지닌다.

\# 그ˆ 인지ˆ 처잠 누에는 그러코, 봄 누에느 아ˆ매도 꼰치가³ 더 야무고 조ˆ타 이 카데'여.
(그 인제 추잠 누에는 그렇고, 봄 누에는 아무래도 고치가 더 야물고 좋다 이렇게 말해대요.)

@ 그ˆ 여'기서는 어ˆ떵 거 하셔써요?
(그럼 여기서는 어떤 것을 하셨어요?)]

@ 두ˆ 븐, 두ˆ 번 다ˆ 하셔써요?
(두 번, 두 번 다 하셨어요?)

\# 두ˆ우븐 다ˆ 몯ˆ 해ˆ쓰요.
(두 번 다 못 했어요.)

\# 우리'는 꼰치가 여'기 업쓰~인까, 참 뽕낭'기 업쓰~이까, 뽕나무 가리 농ˆ기 업쓰~잉까, 저ˆ 사네 황용 가 가지, 여'어 지'베 뽕 쪼ˆ매끔'서 이'썬는데, 저ˆ 황용 동네 구사리 거ˆ어 가ˆ 가주고, 어ˆ른하고 가서 이래ˆ 애기장 잘 찌게는, 처잠 잘 찌게, 애기 잘 찌게는 요래ˆ 인자ˆ 뽕으로 인자ˆ 이릉ˆ 거ˆ 저릉ˆ 거ˆ 주아다가 동ˆ네, 그ˆ 인자ˆ 뽕나무 하나'쓱 인능 거 주아다가 미겨'써여.
(우리는 고치가 여기 없으니까, 참 뽕나무가 없으니까, 뽕나무 갈아 놓은 게 없으니까, 저 산에 황용 가 가지고, 여기 집에 뽕 조금씩 있었는데, 저 황용 동네 구석 거기 가 가지고, 어른하고 가서 이래 애기잠 잘 적에는, 첫잠 잘 적에, 애기잠 잘 적에는 요래 인제 뽕으로 인제 이런 것 저런 것 주워다가 동네, 그 인제 뽕나무 하나씩 있는 거 주워다가 먹였어요.)

---

3 꼰치가: 고치가. ㄴ-첨가. '고치'가 최초로 나타나는 형태는15세기 문헌에 나타나는 '고티'이다. 이 '고티'의 '티'가 모음 'ㅣ'의 영향으로 '치'로 바뀐 것이 18세기에 나타나서 현대어로 이어지는 '고치'이다. 18세기 문헌형인 '곳티'와 19세기 문헌형인 '곳치'는 각각 '고티'와 '고치'를 중철하여 표기한 것이다

\# 　미겐^는데, 그래 그러 우리 해^ 가지'고 마^이 무꼬 할 쯔게는, 이^잠 자고 삼^잠 자고 할 쯔게는, 골^ 쯔게는⁴ 머^ 덜^ 무꼬, 고래 이^잠 잘 쯔게까지 는 얼^매 앰 무거요.
(먹였는데, 그래 그렇게 우리 해 가지고 많이 먹고 할 적에는, 이잠 자고 삼잠 자고 할 적에는, 그럴 적에는 뭐 덜 먹고, 고래 이잠 잘 적까지는 얼마 안 먹어요.)

\# 　얼^매 앰 묵꼬 그런데, 고릉 건 요래^ 주아 가 이제 마~이, 조매 이씨'믄 이자^ 뽕 앰 미기^고, 적:따고 앰 미기^고 하는 사^라민데 고릉 거 어더다 가도 미기^고 이라다가, 그래 내^제 우리'는 한줌 자고 삼^잠 자고 한밥 바드므는, 네^잠 잘 쯔게는 마~ 마~이 묵는다이~요.
(얼마 안 먹고 그런데, 그런 건 요래 주워 가지고 이제 많이, 조금 있으면 인제 뽕 안 먹이고, 적다고 안 먹이고 하는 사람한데 고런 거 얻어다가도 먹이고 이러다가, 그래 나중에 우리는 한잠 자고 삼잠 자고 한밥 받으면, 네잠 잘 적에는 뭐 많이 먹는다니까요.)

\# 　그를 치게는 한 반장⁵ 거'틍 거 미기^믄 돌배~이 수^가 그 멧# 돌배~이가 그거 하노?
(그럴 적에는 한 반장 같은 거 먹이면 돌뱅이 수가 그 몇 돌뱅이가 그거 하지?)

\#1 열립⁶, 한, 한자~이 시믈려'덜 돌배~이, 반^장은 열립 돌배~이가 반^자~ 이고.
(열 장, 한 한장이 스물여덟 돌뱅이, 반장은 열네 돌뱅이가 반장이고.)

\# 　반^장 그'틍 거 좀 미게^찌, 아'므 우리 그때.
(반장 같은 거 좀 먹였지, 아마 우리 그때.)

4 　골^ 쯔게는: 고를 적에는. 그럴 때에는.
5 　한 반장: 대략 반장.
6 　열립: 열(十)+잎(葉). 열장.

102 | 경주지역의 삶과 방언

\# 그래 가지'고 그 가지'고 뽕이 업^써 가주고 한^잠, 함밥 바드 가^아는, 삼^잠 자고 할 찌기ㄲ정 글^치 마^이 엠 무^~이까네, 저^그이까네 마^이 엠 무^ 인녀, 함밥 바드'믄 마^이 무ㄲ덩, 하리여'.
(그래 가지고 그거 가지고 뽕이 없어 가지고 한잠, 한밥 받아 가지고는, 삼잠 자고 할 적에까지는 그렇게 많이 안 먹으니까, 적으니까 많이 안 먹는데 인제, 한밥 받으면 많이 먹거든, 하루에요.)

\# 하리 묵는 머^어시가 자미 아치'메 한 자고 일라'믄 함밥 준다.
(하루 먹는 무엇이 잠이 아침에 한번 자고 일어나면 한밥 준다.)

\# 그리~이까데 참 때 데'믄 또 한밥, 참^ 때까지도 머^ 한밥 바드 가'는 마^덜^ 미기'니까데 그기^ 인자^, 덜^ 미기^믄 그기^ 또 주리 저^ㄲ, 빨리 애~ 올러가고, 그르키 따무레 인자^ 델 쑤 인는 데^로 좀 잘^ 미게^야 빨리 올러가고, 함밥 바다 가^ 인자^ 다쎄, 여쎄마네, 여쎄마네 다^ 올러갈라 크고 마^ 이래 데'먼 다^ 오리지'요.
(그러니까 참 때 되면 또 한밥, 참 때까지도 뭐 한밥 받아 가지고는 뭐 덜 먹이니까 그게 인제, 덜 먹이면 그게 또 줄이 적고, 빨리 안 올라가고, 그렇기 때문에 인제 될 수 있는 대로 좀 잘 먹여야 빨리 올라가고, 한밥 받아 가지고 인제 닷새, 엿새만에, 엿새만에 다 올라가려고 하고 뭐 이래 되면 다 오르지요.)

\# 이레^ 데'먼 다^ 오리난'데, 하이'튼 여쎄 데'머는 올리능 건, 잘^ 미기^믄 올라 가니^더.
(이레가 되면 다 오르는데, 하여튼 엿새 되면은 오르는 건, 잘 먹이면 올라 갑니다.)

\# 그란'데 우리'는 뽕~이 지'베 업^꼬, 다^ 딴 사^라믄 바테다 가라 노코 하지 만, 우리'는 지'베서러[7] 그게 하~이까는 황용 가 가지고 저어^ 동대부^살

---

[7] 지'베서러: 집에서. '-에서러'가 경주방언과 동해안을 따라서 동북방언 곧 함경도 지역 방

거^어 가가^ 따 가 와쓰요.
　　(그런데 우리는 뽕이 집에 없고, 다 다른 사람은 밭에다가 갈아 놓고 하지만, 우리는 집에서 그래 하니까 황용 가 가지고 저 [동대부살] 거기 가서 따 가지고 왔어요.)

@　근^데 나^중에 한 네^잠 잘 때쭘^ 데^며 양^이 마^는데?
　　(그런데 나중에 한 네잠 잘 때쯤 되면 양이 많은데?)

#　양^이 마^느니께 그^으케 인자^ 가지예.
　　(양이 많으니까 그래 인제 가지요.)

#　여^ 뽕'은 지'베 싸^러미 주라고 나^뚜고 인자^ 뽕 따러 가야 되제.
　　(여기 뽕은 집의 사람이 주라고 놔두고 인제 뽕 따러 가야 되지.)

@　주인 엄^는 뽕을 따다 오시능 거에요?
　　(주인 없는 뽕을 따서 오시는 거예요?)

#　예^, 사네, 삼뽕.
　　(예, 산에, 산뽕.)

#　삼뽕 고고'르 인자^ 뽕 읍^시~이가 그^케 그 인자^ 그래 가 인자^ 누에르 미기^기 시^잔, 그래 가 사늘, 사네 가^ 어^른하고 두^리 인자^, 참 아^너른하고 그래 두^리 가 가지고 이래^ 뽕을 비가 오기^나 머^ 비가 머^ 비가 머^ 올^라 크기'나 말^기나 마^ 사네 가지.
　　(산뽕 그것을 인제 뽕 없으니까 그래 그 인제 그래 가지고 인제 누에를 먹이이 시작하는데, 그래 가지고 산을, 산에 가서 어른하고 둘이 인제, 참 안어른하고 그래 둘이 가 가지고 이래 뽕을 비가 오거나 뭐 비가 뭐 비가 뭐 오려고 하거나 말거나 뭐 산에 가지.)

언과 함께 나타나다.

\# 저ˆ 심목 쏘ˆ게 가 갸주 이래ˆ 가마 뽕 따러 가, 뽕을 보고도 이래ˆ 참 나느 그래 처ˆ으메 그때 삼뽕 거틍 거로, 우리'느 남산서러 컨는데, 삼뽕을 몰ˆ란는데, 그르~이 우리 여그 오~이가 어ˆ르니 뽕을 앙 가라 노코, 바테 앵 가라 노고 뽕을 쪼ˆ매끄쓱 인능 그그 보'고 미겐ˆ는데, 그래 저ˆ 함밥 빠드 가ˆ는 사네 가짜네.
(저 신목 속에 가 가지고 이래 가면 뽕 따러 가, 뽕을 보고도 이래 참 나는 그래 처음에 그때 산뽕 같은 것을, 우리는 남산에서 컸는데, 산뽕을 몰랐는데, 그러니 우리 여기 오니까 어른이 뽕을 안 갈아 놓고, 밭에 안 갈아 놓고 뽕을 조금씩 있는 그것 보고 먹였는데, 그래 저 한밥 받아 가지고는 산에 갔잖아.)

\# 황용 가 가지고 뽕'을 바뿌제[8] 가주ˆ 와가ˆ 따가ˆ 오는데, 그래 쌈뽀~이 이끼'는 저ˆ 마~이 이'쓰에.
(황용 가 가지고 뽕을 밥보자기 가지고 와서 따서 오는데, 그래 산뽕이 있기는 저 많이 있어요.)

\# 인는데, 내가 잘 몸ˆ 뽀~이가 더 어ˆ르니, 야예'이 저거 따라 커 마차ˆ 주고 해ˆ 가, 그래 내ˆ가 그그'를 따고 그래, 그래 가마ˆ 그ˆ 심목 소ˆ게 드가가ˆ 이씨~이 하도 그그해ˆ 가ˆ 메ˆ 태르 그거 해ˆ써여.
(있는데, 내가 잘 못 보니까 또 어른이, 얘야 저거 따라고 하면서 맞춰 주고 해 가지고, 그래 내가 그거를 따고 그래, 그래 가만히 그 신목 속에 들어가 있으니 하도 그것해(그렇고 그래) 가지고 몇 해를 그거 했어요.)

\# 며 탈 그얼ˆ 따가ˆ 가가ˆ 그 인자ˆ 어ˆ른들, 시ˆ조모 게ˆ시, 참 시ˆ조부 게ˆ시고 하~이까네 수이'온 하구 인자ˆ 그때는 명지'옷, 고때 쯔ˆ므느 인자ˆ 명지'오슨 덜ˆ 해ˆ 이'벗따.
(몇 해를 그걸 따서 가지고 그 인제 어른들, 조모 계시, 참 시조부 계시고 하니까 수의 하고 인제 그때는 명주옷, 그때 쯤은 인제 명주옷은 덜 해ˆ

---

8 바뿌'제: 보자기.

입었다.)

\# 오슨 덜ˆ 해ˆ 이'번는데 안자ˆ 수이'옷 꺼'틍 거, 그렁 거 한다꼬, 어ˆ른들 게시~이까 그래 한다꼬, 그래 가ˊ 뽕 드래르 미게써.
(옷을 덜 해ˆ 입었는데, 인제 수의 같은 거, 그런 거 한다고, 어른들 계시니까 그래 한다고, 그래 가지고 뽕을 그래 먹였어.)

\# 미게ˆ엔데, 그래 가가ˊ 그거 따가ˊ 해: 가지'고 한 바뿌재쓱 따 가주'고 이'고 그래 가ˊ 와쓰요.
(먹였는데, 그래 가서 그거 따서 해ˆ 가지고 한 밥보자기씩 따 가지고 이고 그래 가지고 왔어요.)

\# 와 가지'고, 그래 와가ˊ 그래 미기ˆ고 또 이'트날 또 가고 밥 싸고 또 가고 그래ˆ요.
(와 가지고, 그래 와서 그래 먹이고 또 이튿날 또 가고 밥 싸고 또 가고 그래요.)

\# 그래 내ˆ 따다가, 그~르이 멘 참 이'레마네 올리능 그로, 한밥 바드머 이'레마네 올라가요.
(그래 내내 따다가, 그러니 몇 참 이레만에 오르는 것은, 한밥 받으면 이레만에 올라가요.)

\# 이래르 잘ˆ 무어야 올러가는데 그래 인자ˆ 그래 그거 따르 갈 쯔게는 메:일메:일 그래 댕'겨써요.
(이레를 잘 먹어야 올라가는데 그래 인제 그래 그거 따러 갈 적에는 매일매일 그래 다녔어요.)

\# 댕'게 가 그래 뽕을 딴는데, 따다가 미게ˆ가 그거 하머 그 인잔ˆ 참 잘 데'에야 그거'도 또 이래ˆ 잘ˆ 떼ˆ며는 그한데, 그도 올케 몬ˆ 데'믄 저ˆ 인자ˆ 마 잘믄 누에가 그 잘 무꼬 잘 올라가믄 게안은'데, 고게ˆ 잘몬 떼'믄 중능 기ˆ 마ˆ네여.

(다녀 가지고 그래 뽕을 땄는데, 따다가 먹여서 그거 하면 그 인제 참 잘 되어야 그것도 또 이래 잘 되면은 그거한다, 그것도 옳게 못 되면 저 인제 뭐 잘못 누에가 그 잘 먹고 잘 올라가면 괜찮은데, 그게 잘못 되면 죽는 게 많아요.)

@ 보ː통 어ˆ떠케 데ˈ믄 주ˆ꼬 하는지?
(보통 어떻게 되면 죽고 하는지?)

\# 그가ˆ 마ˆ 지'블 지ˆ따가 올키 몬ˆ 찌ˆ꼬, 몬ˆ 지ˆ꼬 이래ˆ 인자ˆ 물로 내ˆ노코 중능 기ˆ 더'러 마~이 이ˆ쓰요.
(그게 뭐 집을 짓다가 올핵 못 짓고, 못 짓고 이래 인제 물을 내놓고 죽는 게 더러 많이 있어요.)

\# 그ˈ래 데ˈ먼 마ˆ 다ˆ 실페지.
(그렇게 되면 뭐 다 실패지.)

@1 담ˆ배가 가까ˈ이 가마?
(담배가 가까이 가면?)

\# 예ˆ, 담ˆ배도 안 조ˆ코.
(예, 담배도 안 좋고.)

\# 그가ˆ 인자ˆ 그 인자ˆ 올러갈 때 올릴 찌게 그거 또 쫌 머ˆ 부정도 쫌 그거ˆ도 좀 부정이 좀ˆ 손사래치게 마ˆ리지.
(그게 인제 그 인제 올라갈 때 올릴 적에 그거 또 좀 뭐 부정도 좀 그거도 좀 부정이 좀 손사래치게 말이지.)

@ 올리기 저ˈ네 머ˆ 부정 안 타라고 모ˆ 요ˆ로케 하셔떵 건ˆ 업ː쓰세요?
(올리기 전에 뭐 부정 안 타라고 뭐 요렇게 하셨던 것은 없으세요?)

\# 머ˆ 부정 안 타고 그'어는 올'리 전, 저'네 그거'는 머ˆ 부정 안 타도록 머ˆ 방ˆ사하능 그렁 거는 업ˆ찌에.

(뭐 부정 안 타고 그거는 올리기 전, 전에 그거는 뭐 부정 안 타도록 뭐 방사하는 그런 것은 없지요.)

\# 　그렁 거는 머ˆ 업'꼬, 우야든지 마ˆ 부정한 사ˆ람들 그ˆ 한밥 바ˆ다가 그거 할, 올르갈 때 데ˆ고 한밥 바꼬 올르가고 할 쯔ˆ게는 그ˆ 부정한 사람 좀 안 보'믄 조ˆ치여.
　　(그런 것은 뭐 없고, 어떻든지 뭐 부정한 사람들 그 한밥 받아서 그거 할, 올라갈 때 되고 한밥 받고 올라가고 할 적에는 그 부정한 사람 좀 안 보면 좋지요.)

\# 　누'에 인는 바~에 애~ 올'리고, 그 인제ˆ 올'리 노콘 인자ˆ 몸ˆ 뽀'게 하지.
　　(눈에 있는 방아에 안 올리고 그 이제 올리 놓고는 이제 못 보게 하지.)

@ 　양박⁹ 까'틍 거 하싱 거'또 업'꼬, 그렁 거는 업'꼬?
　　(양밥 같은 거 하신 것도 없고, 그런 거는 없고?)

\# 　양밥 꺼'틍 거는 애~ 하'고, 그'렁데 머ˆ 델ˆ 쑤 인'는 데'로 부정한 사ˆ러미 앰 보, 이래ˆ 머'진¹⁰ 참ˆ 상가ˆ 당한 사ˆ람, 그른 사ˆ러믄 안 보'므 조ˆ치요.

9 　양박: 양밥. 미신의 하나로 액땜을 막기 위해 버리는 일.
10 　머'진: 무슨. '무슨'의 15세기 형태는 '므슷', '므슴'이었다. 중세국어 시기에 이들과 의미적 유사성 및 형태적 유사성을 가지고 있는 단어로는 '므슥', '므섯', '므스', '므슴', '므슷' 등이 있었다. '므슥'은 대명사로만 쓰였고 '무엇'의 의미를 가지고 있었다(오직 아바닚 病이 됴ᄒᆞ실씨언뎡 모몰 百千 디위 ᄇᆞ료민둘 므스기 어려보료<1447석보상,11:20a>, 이 羅刹올 내좃고 毒龍올 降服히면 내 몸 外예ᅀᅡ 므스글 앗기료<1459월인석,7,28b>). '므섯'은 16세기에 처음 보이는데, '므슥'과 마찬가지로 대명사로만 쓰였고 '무엇'의 의미를 가지고 있었다(훗더예 므스스로 뻐 子孫을 기티리오<1586소학언,6,85a>, ᄉᆔ홈이 므서시 大ᄒᆞ뇨<1590맹자초,7,29b>). '므슥'이 사라지면서 '므섯'이 세력을 확대하게 되고, 이것이 현대국어의 '무엇'으로 이어진다. '므스'는 대명사로 쓰일 경우에는 '무엇'의 의미를 가지고 있었고(이 일후미 므스고<1461능엄언5,18b>), 관형사로 쓰일 경우에는 '어느', '어떤'의 의미를 가지고 있었다(太子ㅣ 우ᅀᆞ며 닐오뎌 내 므스 거시 不足ᄒᆞ료<1447석보상,6:24a>). '므슴'은 대명사로 쓰일 경우에는 '무엇'의 의미를 가지고 있었고(내 사라 므슴 ᄒᆞ료<1447석보상,24:42a>), 관형사로 쓰일 경우에는 '무슨'의 의미를 가지고 있었다. 그리고 '므슷'은 관형사로만 쓰였고 '무슨'의 의미를 가지고 있었다. 따라서 '무슨'의 전형적인 옛 형태는

(양법 같은 것은 안 하고, 그런데 뭐 될 수 있는 대로 부정한 사람이 안 보, 이래 무슨 참 상 당한 사람, 그런 사람은 안 보면 좋지요.)

@ 여기는 아까ˆ 봄 꼰치 한다고 하셔'짜나요?
(여기는 아까 봄 고치 한다고 하셨잖아요?)

@ 그며는 언ˆ제부터 시ˆ작하셔 가주ˈ고, 누에씨'도 줌ˆ비하셔야 데ˈ고, 언ˆ제부터 해ˆ 가꼬 언ˆ제까지 끈나는지 고ˆ 한번' 순ˆ서대ˆ로?
(그러면은 언제부터 시작하셔 가지고, 누에씨도 준비하셔야 되고, 언제부터 해ˆ 가지고 언제까지 끝나는지 그것 한번 순서대로?)

#1 모숨'기 저'네 하여간 곤치 따다가 데~이까네, 모 스무ˆ울 저'네.
(모심기 전에 하여간 고치 따다가 되니까, 모를 심기 전에.)

#1 고ˆ 인제ˆ 시ˆ자근 언ˆ제쯤 데능'곤 잘 알ˆ 쑤가 엄ˆ는데.
(고 인제 시작은 언제쯤 되는가는 잘 알 수가 없는데.)

#1 아ˆ매도 날, 날 순 아ˆ매또 근ˆ 아ˆ매도 한 이ˆ십오ˆ 일, 한 한달 가까'이 걸리ˆ지 시픈데, 미기ˆ능 기.
(아마도 날, 날 수는 아마도 근 아마도 한 이십오 일, 한 한달 가까이 걸리지 싶은데, 먹이는 게.)

@ 그머 언ˆ제 해ˆ 가ˆ 언ˆ제쯤, 그면 씨'는 어ˆ예 구하셔써'요?
(그러면 언제 해ˆ 가지고 언제쯤, 그러면 씨는 어떻게 구하셨어요?)

'무슷'이라고 할 수 있다. 이들의 파생 관계를 아직까지는 명쾌하게 설명할 수 없다. 15세기에 '어느', '어떤'의 의미를 가지고 있던 '므스'가 16세기에는 '무슨'의 의미로 변하여 쓰인 예들이 보인다. '므ㅅ'는 '므스'의 이표기로 볼 수 있는데, 이 시기에 'ㆍ'가 비어두음절에서 비음운화되는 현상이 일어나는데, 이런 영향으로 나타난 표기이다. 특히 16세기의 '므스'는 서간문에서만 나타난다. 18세기에는 현대국어의 '무슨'에 직접 대응될 만한 '무손', '무슨'이 보인다. 이것이 20세기에 '무슨'으로 통일되어 현대국어에 이른다. 20세기에 보이는 '무삼'은 아직도 방언형으로 나타나고 있다.

#1 씨'느 저^ 과네서러 줌^미더.
    (씨는 저 관에서 줍니다.)

해^ 가 이래^ 누에' 씨르 고골^ 멧 똘배'~이[11], 멧 똘배~이 신'청마 하머 주자닝'~교.
    (해 가지고 이래 누에씨를 그걸 몇 돌뱅이, 몇 돌뱅이 신청만 하면 주잖아요.)

얼^매 미긴^더, 얼^매 미긴^다 크능 거'를, 고골^ 할 끄 그트면 주^유.
    (얼마 먹인다, 얼마 먹인다 하는 것을, 그것을 할 것 같으면 줘요.)

@   그'음 어느 정도 하셔써'요, 멧 똘배~이 정도 지'베서는?
    (그러면 어느 정도 하셨어요, 몇 돌뱅이 정도 집에서는?)

예^, 반^장도 미게^고 머^ 열 똘배'~이 줄^라 금^ 열 똘베~이쓱또 가따^ 미기^고 그래 해:써여.
    (예, 반장도 먹이고 뭐 열 돌뱅이 주려고 그러면 열 돌뱅이씩도 갖다 먹이고 그래 했어요.)

@   그며 인제^ 고 씨 가주고 처^메 하셔 가꼬 메^칠마네 애기잠 자고 두^잠, 세^잠, 머^ 네^잠까지 자는지?
    (그러면 인제 고 씨 가지고 처음에 하셔 가지고 며칠만에 애기잠 자고 두잠, 세잠, 뭐 네잠까지 자는지?)

예^, 그거'는 머^ 한 삼, 한 삼 일, 사^ 일마네도 한잠, 한 사, 삼 일마네 잠 자지여, 애'기'잠 자제.
    (예, 그거는 뭐 한 삼, 한 삼 일, 사 일만에도 한잠, 한 사, 삼일만에 잠 자지요, 애기잠 자지.)

---

11   멧똘배~이: 몇 돌방. 누에를 올리는 방석의 숫자를 말한다.

\# 삼 일, 사ˆ 일 무ˈ그머.
(삼 일, 사 일 먹으면.)

\# 사ˆ 일 무ˈ그머 애ˈ기ˈ잠 자고, 고래 또 인자ˆ 또 고거ˈ 하면 또 여ˈ내 고래ˆ 이따가 또 자고, 애기잠 잔 디ˆ에는 또 한 사ˆ 일도, 오ˆ 일도 무ˈ금ˈ꼬 이 잠 자고.
(사 일 먹으면 애기잠 자고, 고래 또 인제 또 고거 하면 또 이내 고래 있다가 또 자고, 애기잠 잔 뒤에는 또 한 사 일도, 오 일도 먹고 이 잠 자고.)

\# 네ˆ잠 자믄 마~ˈ이 자는데, 고 삼ˆ잠까지도 인자ˆ 삼잠 인자ˆ 고래 또 인자ˆ 고래, 고래 무ˈ꼬 또 인자ˆ 또 한 사ˆ 일 무ˈ그면, 사ˆ 일 요래ˆ 무ˈ그면 또 인자ˆ 한잠 자예.
(네잠 자면 많이 자는 건데, 고 삼잠까지도 인제 삼잠 인제 고래 또 인제 고래, 고래 먹고 또 인제 또 한 사 일 먹으면, 사 일 요래 먹으면 또 인제 한잠 자요.)

\# 고ˆ레 인자ˆ 마음버ˈ리 인자ˆ 요래ˆ 잘 때는 요래ˆ 인자ˆ 모ˈ글 딱 들고 요래ˆ 이ˈ쓰예.
(고래 인제 마지막으로 인제 요래 잘 때는 요래 인제 목을 딱 들고 요래 있어요.)

\# 잠 잘라 클 찌ˈ에 한 마리쓱 요래ˆ요래ˆ 한 산, 넷, 나을 무ˈ그면 요래ˆ 모ˈ글 딱 들고 요래ˆ 가마ˆ이 이ˈ서여.
(잠 자려고 할 적에 한 마리씩 요래요래 한 삼, 넷, 나흘 먹으면 요래 목을 딱 들고 요래 가만히 있어요.)

\#1 그ˈ때는 뽕을 주ˆ도 암 무ˈ그~이까네.
(그때는 뽕을 줘도 안 먹으니까.)

\# 암 무ˈ꼬 요래ˆ 가마ˆ 고개 들고 이ˈ써요.
(안 먹고 요래 가만 고개 들고 있어요.)

\# 포똑포똑[12] 고래 고개 들고 이씨˅마 마˄ 한 고거˅ 잘 찌˅게는 마˄ 우 잘 찌˅게는 마˄ 뽕 조˄도 앰 무˄꼬 고개 마카 다˄ 들고 요래˄ 이˅써여.
(포똑포똑 고래 고개 들고 있으면 뭐 한 그것 잘 적에는 뭐 우 잘 적에는 뭐 뽕 줘도 안 먹고 고개 모두 다 들고 요래 있어요.)

\# 고래 가˅ 인자˄ 마˄ 그래 가˅ 머˄ 한 이˄잠 잘 때능 그거 하고, 한 삼˄잠, 함밥, 이˄잠 자고 삼˄잠 자고 고래 인자˄ 한 하리, 하리 쉬˅이 가지˅고 또 이˅틀마네 고래 인자˄ 애기잠 깨˄고, 또 인자˄ 또 사흘마네 또 삼˄잠 자고 또 사, 고래 자고 또 또 이˅틀마네 또 삼˄잠 자고, 고래 이자 내˄ 차례대˄로 고래 나가고, 그 인자˄ 함밥 바드 간˅ 좀 더 자데˄여.
(그래 가지고 인제 뭐 그래 가지고 뭐 한 이잠 잘 때는 그거 하고, 한 삼잠, 한밥, 이잠 자고 삼잠 자고 고래 인제 한 하루, 하루 쉬어 가지고 또 이틀만에 그래 인제 애기잠 깨고, 또 인제 또 사흘만에 또 삼잠 자고 또 사, 고래 자고 또 또 이틀만에 또 삼잠 자고, 고래 인제 내 차례대로 고래 나가고, 그 인제 한밥 받아 가지고는 좀 더 자데요.)

\# 함밥 바드 갸˅는, 한잠 잘 찌˅게는, 네˄ 븐째 잘 찌˅게는 쫌 더 자능 기˄래여.
(한밥 받아 가지고는, 한잠 잘 적에는, 네 번째 잘 적에는 좀 더 자는 거에요.)

\# 고래 자고 고˅랜, 함밥 바다 갸˅는 한 이˅틀 마˄ 자니˄더.
(고래 자고 고래, 한밥 받아 가지고는 한 이틀 뭐 잡니다.)

@ 거 은˄제 나˄중에 고러케 해˄서 실˄ 뽀바야 될 끄 아이˄임까?
(그 인제 나중에 그렇게 해서 실 뽑아야 될 것 아닙니까?)

@ 그믄 실˄ 뽑꼬 하능 고거˅는 어˄떠케 하시는지?
(그러면 실 뽑고 하는 그것은 어떻게 하시는지?)

---

12 포똑포똑: 여기저기 간혹. 여기저기 간간이.

실ˆ 뽑꼬 하능 거는 그거 인자ˆ 실ˆ 뽀브머느 그거'느 인자ˆ 실ˆ 뽑는 기계' 로 인자ˆ 여'네 물레매ˆ로 요, 요 처'레 노치요, 물레매ˆ로.
(실 뽑고 하는 것은 그거 인제 실 뽑으면 그것은 인제 실 뽑는 기계를 인제 역시 물레처럼 요, 요 차려 놓지요, 물레처럼.)

물레매ˆ로 전능 걸ˆ 차리 노코, 야프로 인제ˆ 체'리 노코 고'레 인자ˆ 나'는 데, 곤치로 인자ˆ 고거'로 쪄요.
(물레처럼 잣는 것을 차려 놓고, 앞으로 인제 차려 놓고 그래 이제 나는데, 고치를 이제 그것을 쪄요.)

곤치를 쪄 가지'고, 쪄 가지'고 나ˆ아두 노코, 쪄 가ˆ 나ˆ아두고, 냄비'로 요렁 거로 인자ˆ 나'아두고 물로 팔팔팔팔, 물로 끼'리 가지'고 고ˆ 곤치로 한 더버'기 턱ˆ 떠 여'어, 한 더베'기 턱ˆ 떠 여'어 가지'고 요래ˆ 가ˆ 고ˆ 물 끌'른 데더 여'어 노코, 여'어 노코 고'래 인제ˆ 요래ˆ 인자ˆ 걷'쭐로 거'더 내ˆ 뿌고, 걷'쭐로 거'더 내ˆ 뿌고 속ˆ쭈'리라야 고게ˆ 인자ˆ 주리 곱ˆ께 나와요.
(고치를 쪄 가지고, 쪄 가지고 놓아둬 놓고, 쪄 가지고 놔두고, 냄비를 요런 것을 인제 놔두고 물을 팔팔팔팔, 물을 끓여 가지고 그 고치로 한 더버기 턱 떠 넣어, 한 더버기 턱 떠 넣어 가지고 요래 가지고 거기 물 끓는 데에다가 넣어 놓고, 넣어 놓고 그래 인제 요래 인제 겉줄을 걷어 내 버리고, 겉줄을 걷어 내 버리고 속줄이라야 그게 인제 줄이 곱게 나와요.)

걷'주른 인자ˆ 이래ˆ 인자ˆ 저'서 가지'고 인자ˆ 솔솔솔솔 빼ˆ 가, 뽀버'어 소느'로 가ˆ 이래ˆ 그거 이런 남기 이'써요, 나무로 가ˆ, 나무 요래ˆ 가지 요래ˆ 번능 거', 뽀바 가지'고 살살살 저'지면 걷'주리 인자ˆ 버'저지[13] 쁘

---

[13] 버'저지: 벗(脫 벗>볏)+어+져>벗겨져. 벗다'라는 단어는 15, 16세기에는 '벗다'로, 17세기 에는 '벋다', '볏다'로 출현하다가, 18세기부터 다시 '벗다'의 어형을 취하여 오늘에 이르고 있다. 뜻은 "사람이 자기 몸 또는 일부에 착용한 물건을 몸에서 떼다[脫]", "의무나 책임 따위를 면하게 되다[免]"이다. 15, 16세기에는 '밧다'(예: 발 바스시고 즌 흘개 그스며<금강

(겉줄은 인제 이래 인제 저어 가지고 인제 솔솔솔솔 빼 가지고, 뽑아서 손을 가지고 이래 그거 이런 나무가 있어요, 나무를 가지고, 나무 요래 가지 요래 뻗은 거, 뽑아 가지고 살살살 저으면 겉줄이 인제 벗겨져 버리고.)

거'쭐 버'으지믄 그거 인지^ 떼^ 내^ 노코 그래 인자^ 속^쭐로 나오능 거 고골^ 인자^ 개야~능 걸 고래 해^찌요.
(겉줄 벗겨지면 그거 인제 떼 내어 놓고 그래 인제 속줄이 나오는 것 그걸 인제 괜찮은 걸 그래 했지요.)

고거 하는데, 고래 해^ 가지'고 고걸^ 인자^ 까꾸로 요래^ 나아두고 요래^ 인자^ 그거 하능 기^라.
(그거 하는데, 그래 해^ 가지고 그걸 인제 거꾸로 요래 놔두고 요래 인제 그거 하는 거야.)

요래^ 그 인자^ 저^ 물레 나아두고 그 아꾸마[14] 요래^ 인자^ 고기^다 깜짜 능겨.
(요래 그 인제 저 물레 놔두고 그 아귀만 요래 인제 거기에다가 감잖아요.)

물레, 물레메^로 요론^ 아꾸가 이'쓰요.
(물레, 물레처럼 요런 아귀가 있어요.)

아꾸 인는'데, 고'오다 세^ 발, 네^ 발 떼^는 요래^ 아꾸가 인는'데, 고'오다가 갸므마, 그래 갸므마 내 인자^ 자:꾸 요래^, 그 은제^ 올리믄 자:꾸 올러가자닝교.

경삼가해 4〉 37, 옷 밧디 아니ᄒ더니 〈삼강행실도 효〉 35)라는 단어가 존재하였는데, 이는 위에서 언급한 '벗다'의 의미 가운데 "사람이 자기 몸 또는 일부에 착용한 물건을 몸에서 떼다[脫]"만을 뜻한 것이다. 이로써 15, 16세기에는 "사람이 자기 몸 또는 일부에 착용한 물건을 몸에서 떼다[脫]"의 뜻으로 '벗다'와 '밧다'가 동시에 존재하였고, 17세기 이후부터 '벗다'만을 사용하기 시작하여 오늘에 이르렀을 것으로 추정할 수 있다.

14 아꾸마: 아귀만.

(아귀 있는데, 거기에다 세 발, 네 발 되는 요래 아귀가 있는데, 거기에다가 감으면, 그래 감으면 내 인제 자꾸 요래, 그 인제 올리면 자꾸 올라가잖아요.)

\# 고ː오 다 데ˆ 가믄 또 인자ˆ 또 지버여코.
(고 다 돼 가면 또 인제 또 집어넣고.)

\# 고거 인자ˆ 거ˆ 인자ˆ 주리 야ː께 나오ː믄 고거 인자ˆ 또 꼰치르 한 데베ː기 쏙¹⁵, 한 사발쏙 여ˆ코, 여ː으머 또 머ˆ 주리 막ˇ 한테ˆ 인저ˆ 엉그럭¹⁶ 부터 뿌래ˆ 인제ˆ 다ˆ 그거 해ˆ 뿌고.
(고거 인제 그 인제 줄이 약하게 나오면 고거 인제 또 고치를 한 되박씩, 한 사발씩 넣고, 넣으면 또 뭐 줄이 막 한데 인제 엉겨 붙어 버리고 인제 다 그거 해ˆ 버리고.)

@1 꼰치 풀고 아네 드른능 고ˆ 까ˆ만 그그ˈ능 머라?
(고치 풀고 안에 든 고 까만 그것은 뭐라?)

\# 예ˆ, 번데ˈ기¹⁷.
(예, 번데기.)

---

15 데베ˈ기쏙: 되박씩.
16 엉그럭ˈ: 엉키어.
17 번데ˈ기: 번데기. '번데기'라는 단어는 15세기에 '본도기'(救急方諺解 下:72)로 처음 보인다. 이 '본도기'는 '본독'에 접미사 '-이'가 결합된 어형으로 추정된다. 그런데 '본독'의 어원은 알기 어렵다. 중세국어나 근대국어에서는 '본도기'가 일반적이나 간혹 분철된 '본독이'(物譜, 走蟲)로 표기되어 나오기도 한다. 근대국어의 '본도기'는 19세기 말의 <한영자전>(1897)에는 '본되기'로 나온다. 이 '본되기'는 '본도기'가 'ㅣ' 모음 역행 동화에 의해 '본되기'로 변한 뒤에 'ㅗ>ㅓ' 변화에 따라 나타난 어형으로 보인다. 한편 20세기 초의 <조선어사전>(1920)에는 '번더기'로 나온다. 이 '번더기'는 '본도기'에서 제1음절과 2음절의 모음 'ㅗ'가 'ㅓ'로 변한 어형이다. 이 '번더기'의 'ㅣ' 모음 역행 동화 형태가 '번데기'이다. '번데기'가 <조선어사전>(1938)에서 확인되는데 여기서는 '번더기'도 싣고 있으며 오히려 이것을 중심 표제어로 삼고 있다. 이로 보면 '번데기'는 '본도기>번더기>번데기'의 과정을 거쳐 온 것으로 정리된다.

@ 그'음 머ˆ 어ˆ떠케 하셔써요?
(그것은 뭐 어떻게 하셨어요?)

\# 번데'기 그거'는 머'꼬, 그래요, 머ˆ 저ˆ 버'리고 머ˆ 그래찌요.
(번데기 그거는 먹고, 그래요, 뭐 저 버리고 뭐 그랬지요.)

\# 머끼'야 머ˆ 아'아드른 그으 잘ˆ 머'거예.
(먹기야 뭐 애들은 그거 잘 먹어요.)

\# 그ˆ은데 그래 가 머ˆ 번데'기든 머ˆ든 머끼'도 하고, 내'버리기도 하고 머ˆ 그래 참ˆ 그래 치'아 뿌고.
(그런데 그래 가지고 뭐 번데기든 뭐든 먹기도 하고, 내버리기도 하고 뭐 그래 참 그래 치워 버리고.)

@ 그'며는 그ˆ 거'씨른 그냥 버'려 뿌능 검'미까?
(그러면은 그 겉실은 그냥 버려 버리는 겁니까?)

\# 예:, 거'씨는 이래ˆ 쪼끄'마 거'드믄 데ˆ여, 고'오너.
(예, 겉실은 이래 조금만 걷으면 돼요, 그것은.)

\# 거'씰, 거'테 그거 할 끄 거'틈, 와 이래ˆ 저ˆ 맹지'실ˆ 이래ˆ 저 애ˆ 인능'교, 꼬'치 갇\# 따ˆ 노'으머.
(겉실, 겉에 그거 할 것 같으면, 왜 이래 저 명주실 이래 저 안 있습니까, 고치 갓 따 놓으면.)

\# 그'느 쪼꼼'마 거'드마 데ˆ예.
(그거는 조금만 걷으면 돼요.)

\# 그'르 거'더 가주고 꼬재~'이로 갸ˆ 설:설: 저'져 거'더 뿌머 마ˆ 그거 올리면 데ˆ요.
(그래 걷어 가지고 꼬챙이를 가지고 설설 저어서 걷어 버리면 뭐 그거 올리면 돼요.)

■ 천 짜기

@ 그면 은:제 고래 가지'고 물레 가 자자 가지'고 고면 실: 다 푸러 가주고 뽀바 가주고는 그다으메는 이제^ 오까'를 짤 때 비:다는 인제^ 어:떠케 짜는지, 고: 다^음 당게 말:씀해 주세요?
(그러면 인제 고래 가지고 물레 가지고 자아 가지고 그러면 실 다 풀어 가지고 뽑아 가지고는 그다음에는 이제 옷감을 짤 때 비단은 인제 어떻게 짰는지, 고 다음 단계를 말씀해 주세요?)

그거'도 머^ 저^게, 그거'는 저게 저^ 머'시 하니^더.
(그거도 뭐 저기, 그거는 저기 저 무엇 합니다.)

저^ 보~이 여어서런 해: 가지'고는 잘 그게^ 안 이'라 그거 저^ 그거도 야^무나 그게^ 하능 게 애이'고, 고고도 이래^ 저: 뽀브내^는 사^래미 이'써예.
(저 보니까 여기에서는 해^ 가지고는 잘 그게 안 이래 그거 저 그거도 아무도 그게 하는 게 아니고, 그것도 이래 저 뽑아내는 사람이 있어요.)

그거'는, 곤치너 뽀브내^는 사^램 인는데, 고^ 인자^ 고거'도 인 요래^ 인자^ 또 아꾸'가 인는데, 아꾸에 가머 가^, 아꾸에 요래^ 가머 가지'고 조^옹 나아뚜고 인자^ 그래 그걸^ 주^욱 나아 노코 그래 나라요, 베로.
(그거는, 고치는 뽑아내는 사람이 있는데, 고 인제 고것도 인제 요래 인제 또 아귀가 있는데, 아귀에 감아 가지고, 아귀에 요래 감아 가지고 족 놔두고 인제 그래 그걸 죽 놔 놓고 그래 날아요, 베를.)

고거'늠 머^ 간다나 빼^냄, 오리마 빼^내 가아꼬 주욱 나^아 노코 고거'느 인자^ 머^ 날지 머^여, 베로.
(그거는 뭐 간단해게 빼내, 올만 빼내 가지고 죽 놔 놓고 그것은 인제 뭐 날지 뭐요, 베를.)

베로 날, 그그'늠 머^ 말룰^ 테엑도 업:꼬 그냥 마.

(베를 날고, 그것은 뭐 말릴 이유도 없고 그냥 뭐.)

@ 미영'베나 이렁 거 가트며는 이러케 주^욱 걸^지 안씀미'까?
(무명베나 이런 것 같으면은 이렇게 죽 걸지 않습니까?)

@ 이거는 그'렁 거는 업^꼬?
(이거는 그런 것은 없고?)

예^, 이거'는 나'아 저^, 아프로 조^옥 나'아 노코 이 여^얼 개고, 열^ 개로 나'아 노코 고'리 나지
(예, 이것은 놓아 저, 앞으로 죽 놓아 놓고 열 개고, 열개로 놓아 놓고 그래 날지.)

그그'늠 머^ 그그'느 인자^ 머^ 풀머 고^ 시'리니까, 시'리 나'아 한끄'테 다 달레^ 가 이씨~잉까 고고'늠 고 마 아꾸[1] 여^ 나뚜 노코 고고'로 마^ 요 고고 나'아 노코 조옥^ 나'아 노코 베르 날지, 머^.
(그것은 뭐 그것은 인제 뭐 풀면 그건 실이니까, 실이 나와서 한끝에 다 달려 가지고 있으니까 그거는 그 뭐 아귀 여기 놔둬 놓고 그걸로 뭐 요 그거 놔 놓고 족 놔 놓고 베를 날지, 뭐.)

나는'데 고^, 고고는 그' 곤치는 아'무 사^래미나 나, 그거 뽑'능 기^ 애이~'라여.
(나는 데 고, 그거는 그 고치는 아무 사람이나 나, 그거 뽑는 게 아니에요.)

고고'는 하는 사^람 이씨~'이 고^ 인자^ 아꾸도 고^ 인자^ 동^네 드러 도 그래 하는 사^램 이끄든, 하나쓱.
(그거는 하는 사람 있으니 그 인제 아귀도 그 인제 동네에 더러 또 그래 하는 사람 있거든, 하나씩.)

---

1 아꾸: 아귀, 입구.

\# 인제ˆ 하는 사ˆ램 이씨'믄 그래 인자ˆ 고ˆ 가 가지고 인자ˆ 곤치로 가조ˆ 가 가 고ˆ 가 가ˆ 봄ˆ니더.
(인제 하는 사람 있으면 그래 인제 거기 가 가지고 인제 고치를 가지고 가 가지고 거기 가 가지고 뽑습니다.)

\# 보는데 고'래 하데ˆ요.
(뽑는데 그래 하데요.)

\# 고ˆ래 하능 거ˆ 보'이간 글테.
(그래 하는 거 보니까는 그렇데.)

\# 고래 아꾸로 나ˆ두 노코 주ˆ욱 나아 노코 그래 베 나라 가주ˆ고, 나러 가꼬느 인자ˆ 또 머ˆ 날'멈 머ˆ 앤 짜닝, 참ˆ 저ˆ 매, 매닝'교.
(그래 아귀를 놔둬 놓고 죽 놔 놓고 그래 베 날아 가지고, 날아 가지고는 인제 또 뭐 날면 뭐 안 짜는, 참 저 매, 매잖아요.)

\# 도투마리 나아도 여내 인자ˆ, 그거도 요래ˆ 쌈매ˆ로 머ˆ 여기 부른 업ˆ찌여.
(도투마리 놔두고 이내 인제, 그거도 요래 삼처럼 뭐 여기 불은 없지요.)

\# 그으는 머ˆ 삼매ˆ러, 삼 카마 더 여'어너 더 불른 도 달믄 더하지
(그거는 뭐 삼처럼, 삼에 비하면 더 여기는 더 불은 또 달면 더하지.)

\# 그기ˆ 곤치, 여ˆ 비ˆ다잉~까네.
(그게 고치, 여기 비단이니까는.)

@ 아ˆ, 바로 타 뿌~이께네?
(아, 바로 타 버리니까?)

\# 예ˆ, 부른 더, 더 겁ˆ나지.
(예, 불은 더, 더 겁나지.)

\# 그리~이까 그어도 마ˆ 그양 마ˆ 참ˆ 잘ˆ 마리'고 그으은 다ˆ 머 약허~이까 또 잘ˆ 마시'리 약허~이까, 잘ˆ 마리'고 고오는 머ˆ 불 피울 피료도 업ˆ꼬

삼베 카마 더 잘ˆ 마르'지.
(그러니까 그것도 뭐 그냥 뭐 참 잘 마르고 그건 다 뭐 약하니까 또 잘 마르고 약하니까, 잘 마르고 그거는 뭐 불 피울 필요도 없고 삼베에 비하면 더 잘 마르지.)

\# 그 사믄 굴ˆ찌마, 오리는 굴ˆ찌만, 이건 워나~이 약하~이까네 고오늠 머ˆ 나오'먼 그'양 마ˆ 마리잔닝'교.
(그 삼은 굵지만, 올이 굵지만, 이건 워낙 약하니까 그거는 뭐 나오면 그냥 뭐 마르잖아요.)

\# 다 말르'꼬², 벌, 하머 뽀바 올리믄 버러, 가므믄 고오늠 머ˆ 다 두우 데니까, 그래 수ˆ웁니더.
(다 마르고, 벌써, 벌써 뽑아 올리면 벌써, 감으면 그거는 뭐 다 두면 되니까, 그래 쉽습니다.)

@ 삼베능 그 머ˆ 아까ˆ 바디에 두ˆ 개씩 꼼는다 케ˆ짜나요?
(삼베는 그 뭐 아까 바디에 두 개씩 꽂는다고 했잖아요)

---

2 말르'꼬: 마르고 재단(裁斷)하고. 현대어의 '마르다[裁斷]'는 "옷감이나 재목 따위의 재료를 치수에 맞게 자르다"는 뜻이다. 재목보다는 주로 옷감을 대상으로 쓰인다. 동음어로 '마르다[乾造]'가 존재한다. '마르다[裁斷]'의 중세국어 어형은 'ᄆᆞᄅᆞ다'이다. 'ᄆᆞᄅᆞ다'의 제2음절에 'ㆍ>ㅡ' 변화가 적용된 것이 'ᄆᆞ르다'이고, 제1음절에 'ㆍ>ㅏ'가 적용된 것이 '마르다'이다. 전자는 17세기쯤의 근대국어에서, 후자는 19세기 문헌에 가서야 나타난다. '마르다'와 관련된 단어 중 특이한 것으로 '몰ᄍᆞ다'와 '마르지다'가 있다. '몰ᄍᆞ다'는 <유합>(1664)에 처음 나타난 것인데 당시 지역 방언에 존재한 방언형일 가능성이 매우 높다. 17세기 방언에 존재한 '몰ᄍᆞ다'는 'ᄆᆞᄅᆞ다'의 쌍형어였을 가능성이 높다. '몰ᄍᆞ다'와 'ᄆᆞᄅᆞ다'를 음운론적으로 관련지어 변화 관계로 설명하기는 어렵다. 현대의 방언사전에 '말갓'과 같은 어형이 보고된 예는 없다. 20세기 문헌인 <초학요선> 등에 처음 나타난 '마르지다'는 고유어 '마르-'와 한자어 '지(裁)'가 혼효된 어형으로 판단된다. 고유어 어간에 한자어를 결합시킨 매우 특이한 조어법이라 하겠다. 동사 '마르다'의 명사형은 '마름'이다. 명사형 어미 '-ㅁ'이 동사 어간에 결합한 것이다. '마름'에 다시 동사 파생 접미사 '-질'이 결합한 '마름질'도 자주 쓰이는 단어이다.

\# 예ˆ, 맹ˆ 이거'도 두ˆ 개쓰윽 오'리, 꿔, 낄ˆ 찌게느, 바'디 낄ˆ 쯔겐 다ˆ 두ˆ 개쓱이지.
(예, 역시 이것도 두 개씩 올이, 바디에 꿰, 낄 적에는, 바디에 낄 적에는 다 두 개씩이지.)

\# 두ˆ 개쓱 드가야 요래ˆ 인자ˆ 북, 부'글 가지'고 요래ˆ 인자ˆ 치고 할 찌'게 인자ˆ 중가'네 인자ˆ 사개 치지.
(두 개씩 들어가야 요래 인제, 북, 북을 가지고 요래 인제 치고 할 적에 인제 중간에 인제 사개 치지.)

\# 요'오래 인자ˆ 요'오로 하나하나 하나'는 한ˆ옥에 요오래가 올리가'믄 하나는 올리가'면 하나는 내'리 가고 네에 요래요래 해ˆ에야 그기ˆ 인자ˆ 머'시고 저어게 베가 짜'아지지
(두개씩 들어가야 이제 북을 가지고 치고 할적에 중간에 이제 ??치지 이렇게 이제 한올이 올라가면 한올이 내려가고 내내 이렇게 해야 베가 짜지지)

@ 그므 이게ˆ 바'디가 삼 바'디 가'트믄 쫌 궁기³ 굴ˆ그 께고 그'으면 이?
(그러면 이게 바디가 삼 바디 같으면 구멍이 좀 굵을 것이고 그러면 이?)

\# 맹지'는⁴ 바'디가 고ˆ거예.

---

3 궁기: 굵+이>구멍이. '구멍'이 최초로 나타나는 형태는 17세기의 '구멍'이다. 이 단어는 '구무'에 '작음'을 뜻하는 파생 접사 '-엉'이 결합하여 만들어진 말인데, 제2음절 모음 'ㅜ'가 음절부음으로 바뀌고 양순음 'ㅁ' 뒤의 반모음 'ㅜ'가 탈락한 과정을 겪은 것이다. 이 '구멍'이라는 어형이 일반적으로 사용된 것은 20세기에 들어와서 일어난 것으로 보인다. 15세기에는 '구멍'이라는 뜻으로 모음 앞에서는 '굵', 자음으로 시작되는 조사와 휴지 앞에서는 '구무'가 사용되었고, 16세기에는 '구무'와 함께 '구모'가 나타나기도 했다. 위와 같은 출현 환경은 '두렷훈 구무롤 밍글고 <1632가례해,7,30b>'에서 나타나는 것처럼 17세기에 무너지기 시작했다. 그밖에 17세기에는 '구무~굵', 18세기에는 '구무~구모~굵', 19세기에는 '굼기~굼긔~구무~굵'이 '구멍'과 함께 사용되었다.

4 맹지'는: 명주. '명주'는 옛 문헌에 다양한 어형들로 등장한다. 크게 보아 다음 세 가지로 나누어진다. (1) 명디, 명지, 면디, (2) 면듀, 면쥬, 면주, (3) 명쥬, 명주. 이것들은 제 1음절 종성으로 'ㅇ'을 갖는 것('명디', '명지', '명쥬', '명주')과 'ㄴ'을 갖는 것('면디', '면듀', '면쥬', '면주') 혹은 제2음절 중성에 'ㅣ'가 쓰인 것('명디', '명지', '면디')과 'ㅠ', 'ㅜ'가

(명주는 바디가 고와요.)

\# 고거늠 마요ˆ 바디싸리 잔잔항ˆ 기 고ˆ브이~더.
　　　(그거는 뭐 요 바디살이 잔잔한 게 곱습니다.)

@ 그렁 거는 옌ˆ날 다ˆ 어ˆ떠케 만드셔'써요, 상 바디하고?
　　　(그런 거는 옛날에 다 어떻게 만드셨어요, 삼 바디하고?)

\# 그으도 하는 사ˆ라미 있자능ˆ교.
　　　(그것도 하는 사람이 있잖아요.)

\# 바ˆ디 해ˆ 가 팔로 오자닝'~교.
　　　(바디 해ˆ 가지고 팔러 오잖습니까.)

\# 바디에, 바디 점뭉가르 해ˆ 가지'고 인자ˆ 점문저그 바디 만드'러 가ˆ 고ˆ 인자ˆ 맹지 바ˆ디 머ˆ 이릉ˆ 그 거 저게 메ˆ 쌔 바디, 메ˆ 쌔 바디는 얼매, 얼ˆ매, 며 쌔 바디느 얼ˆ매거 인자ˆ 고ˆ분, 도ˆ쑤 노픈' 데는, 명지 바ˆ드 거틍 거는 돈ˆ 만'치.
　　　(바디에, 바디 전문가가 해ˆ 가지고 인제 전문적으로 바디 만들어 가지고 그 인제 명주 바디 뭐 이런 거 그 저기 몇 새 바디, 몇 새 바디는 얼마, 얼마, 몇 새 바디는 얼마고 인제 고운, 도수 높은 데는, 명지 바디 같은 거는 돈이 많지.)

\# 돈ˆ 만'코, 그으도 인자ˆ 그 사ˆ람드리 하는데 또 인자ˆ 더 그게 공'이 들그든.

쓰인 것('면듀', '면쥬', '면주', '명쥬', '명주)으로 구분할 수 있다. 15세기 문헌에 '명디'가 가장 먼저 나오고, 16세기 문헌 등에 '면듀'가 나타난다. '면듀'는 한자어 '면주(綿紬)'에서 비롯된 것이고, '면쥬'는 '면듀'의 'ㄷ'구개음화형이다. '면주(綿紬)'는 비단의 한 종류이다. '명주'는 '면쥬'에서 받침 'ㄴ'이 'ㅇ'으로 변한 것인데 비음의 교체이다. 그런데 '명디'가 문제이다. '명디'는 중국 차용어일 가능성이 있다. 명주는 누에고치에서 뽑은 명주실로 짠 피륙으로, 매우 곱고 부드럽다. 따라서 '명주 고름 같다'라는 말은 성질이 매우 곱고 보드라움을 뜻하고, '명주 바지에 똥싸개' 또는 '명주 자루에 개똥'은 "겉보기에는 그럴듯하고 좋은 것 같으나 실은 더럽고 보잘것없는 것을 이르는 말"이다.

(돈 많고, 그것도 인제 그 사람들이 하는데 또 인제 또 그게 공이 들거든.)

\#   그리~이까 그래 가^ 팔러 옴^니더.
    (그러니까 그래 가지고 팔러 옵니다.)

\#   그렁 건^, 바디 거틍 그는 여어 머^ 아^무나 장마내 가^ 하능 기^ 아이'고, 그도 바^디 맨드는 사^래미 이^써여.
    (그런 건, 바디 같은 것은 여기 뭐 아무나 장만해 가지고 하는 게 아니고, 그것도 바디 만드는 사람이 있어요.)

@   그면 인제^ 바디에 해^ 가꼬 짜능 그는 비나, 베' 하능 그나 또^가치?
    (그러면 인제 바디에 해 가지고 짜는 것은 베나, 베 하는 것이나 똑같이?)

\#   예^, 맨^ 가테여.
    (예, 역시 같아요)

\#   짜능 거는 맨^ 가트여.
    (짜는 것은 역시 같아요.)

@   베틀'도 다^ 가틍 거 쓰시구요?
    (베틀도 다 같은 것 쓰시고요?)

@   또^가틍 거 이 바디만 바까^ 가꼬?
    (똑같은 거에 이 바디만 바꿔 가지고?)

\#   바디만 보고 이'찌 마^ 맨^ 가테예, 다^.
    (바디만 보고 있고 뭐 역시 같아요, 다.)

@   그면 머^ 베트'레 그냥 바디만 바꾸^는 정도가 데'고?
    (그러면 뭐 베틀에 바디만 바꾸는 정도가 되고?)

\#   땅 거 바꾼능 그는 머^ 한^굼 여'여 머^ 여^ 다^ 그대'로 씨니~더.
    (다른 것 바꾸는 것은 뭐 하나도 여기 뭐 여기 다 그대로 씁니다.)

■ 염색

\# 그대ˆ로 씨고, 요고 안자ˆ 요: 인자ˆ 베 텡'군능 거 고거' 머ˆ고, 말 끼고 고고 머어고, 저:기 배체'에 고고 요래ˆ 이제 텡가ˆ 가지'고 요래ˆ 그 찌리 능 그 바늘, 고게ˆ 인자ˆ 양:쪼게 나가능, 고게ˆ 인자ˆ 요거 맹지'는 고:브니 '~까네, 고거ˆ 바늘 고거ˆ 인자ˆ 찌리능 거로 인자ˆ, 텡구ˆ머¹ 요래ˆ 찌리능 거, 고게ˆ 인자ˆ 이 고:브야 데지.
(그대로 쓰고, 요거 인제 요 인제 베 튕기는 거 그거 뭐냐, 말 꿰고 그거 뭐냐, 저기 "배채"에 고거 요래 이제 튕겨 가지고 요래 그 찌르는 그 바늘, 그게 인제 양쪽에 나가는, 그게 인제 요거 명주는 곱으니까, 그 바늘 그거 인제 찌르는 것을 인제, 튕기면 요래 찌르는 거, 그게 인제 이 고와야 되지.)

@ 그면 그 이제ˆ 지금부터 이제ˆ 온 찐ˆ능 거 요롱 거'뜰 여쩌ˆ 볼 텐데요, 그: 인제ˆ 염:색카고 머 어:떵 거 쓰 가지'고 오까메, 미영'이나 이런 데에 염:색 까틍 거 하션는지 좀 말:씀해 주십씨요?
(그러면 그 이제 지금부터 이제 옷 짓는 거 요런 것들 여쭤 볼 텐데요, 그 인제 염색하고 뭐 어떤 거 써 가지고 옷감에, 무명이나 이런 데 염색 같은 거 하셨는지 좀 말씀해 주십시오?)

\# 삼베, 삼베도 그ˆ 인자ˆ 저:네 인자ˆ 누:렁 거 입끼 시른 사:럼, 까:만 물 드리고, 이랜ˆ 물로 사다가 드린, 드려 바:써여.
(삼베, 삼베도 그 인제 전에 인제 누런 거 입기 싫은 사람, 까만 물 들이고, 이런 물을 사다가 들인, 들여 봤어요.)

\# 드려 보고 염:색 그거ˆ 드리 가ˆ 해: 입꼬, 함봄 모: 땅 거사 마~이 드리는 교, 머:.

---

1 텡구ˆ머: 튕기며.

(들여 보고 염색 그거 들여 가지고 해ˆ 입고, 한번 뭐 다른 거야 많이 들입니까, 뭐.)

\# 그ˆ 저ˆ 뻘ˆ갓코 새ˆ파라코 이릉 그는 안 드리~니까 까'망 거 밤:색, 그저 그렁 거 드리지.
(그 저 빨갛고 새파랗고 이런 거는 안 들이니까 까만 거 밤색, 그저 그런 거 들이지.)

@ 어디서, 그 물까ˆ믄 어디서 구하셔 가주'고?
(어디서, 그 물감은 어디서 구하셔 가지고?)

\# 물까ˆ믄 사가ˆ 와찌여.
(물감은 사서 왔지요.)

\# 와 저ˆ네 양재물' 이른 저ˆ 비'누 거틍 거 여'어 물감 거틍 거 파자'네.
(왜 전에 양잿물 이런 저 비누 같은 것 여기 물감 같은 것 팔잖아요.)

\# 이거 깡:통에다가 물깜ˆ 녀'른 물 여'어 노코 고고' 무'를 여:러 가'지 여ˆ어 노코, 무'진² 새깔 돌:라 크'믄 무'진 새깔 주'고, 무'진 새깔 줄:라³ 큰데,

---

2 무'진: 무슨. '무슨'의 15세기 형태는 'ㅁ슷', 'ㅁ슴'이었다. 중세국어 시기에 이들과 의미적 유사성 및 형태적 유사성을 가지고 있는 단어로는 'ㅁ슥', 'ㅁ섯', 'ㅁ스', 'ㅁ슴', 'ㅁ슷' 등이 있었다. 'ㅁ슥'은 대명사로만 쓰였고 '무엇'의 의미를 가지고 있었다(오직 아바닔 病이 됴호실씨언뎡 모몰 百千 디위 브료민돌 ㅁ스기 어려보료<1447석보상,11:20a>, 이 羅刹올 내좃고 毒龍올 降服히면 내 몸 外예사 ㅁ스글 앗기료<1459월인석,7,28b>). 'ㅁ섯'은 16세기에 처음 보이는데, 'ㅁ슥'과 마찬가지로 대명사로만 쓰였고 '무엇'의 의미를 가지고 있었다(훗뎌예 ㅁ서스로 뼈 子孫을 기티리오<1586소학언,6,85a>, 녿홈이 ㅁ섯이 大호뇨<1590맹자초,7,29b>). 'ㅁ슥'이 사라지면서 'ㅁ섯'이 세력을 확대하게 되고, 이것이 현대국어의 '무엇'으로 이어진다. 'ㅁ스'는 대명사로 쓰일 경우에는 '무엇'의 의미를 가지고 있었고(이 일후미 ㅁ스고<1461능엄언5,18b>), 관형사로 쓰일 경우에는 '어느', '어떤'의 의미를 가지고 있었다(太子ㅣ 우스며 닐오뎌 내 ㅁ스 거시 不足호료<1447석보상,6:24a>). 'ㅁ슴'은 대명사로 쓰일 경우에는 '무엇'의 의미를 가지고 있었고(내 사라 ㅁ슴 호료<1447석보상,24:42a>), 관형사로 쓰일 경우에는 '무슨'의 의미를 가지고 있었다. 그리고 'ㅁ슷'은 관

미영'베, 삼베마 하~이까 여^어 머^ 그릉 건데, 명주는 거^ 저^ 참 이래^ 곱:께 새:파랑 거'또 드리고 빨^강 거'또 드리고, 맹주 이불감^ 하며 새:파랑 거 드리고 빨:강 거 드리고, 머^ 이래^ 디리고, 그 하지마는 저^ 삼베, 미영'베느 까^망 거 머^ 밤:색 꺼징 여래나 드리~까, 땅 건^ 안 디'려써여. (이거 깡통에다가 물감 이런 물 넣어 놓고 그거 물을 여러 가지 넣어 놓고, 무슨 색깔 달라고 하면 무슨 색깔 주고, 무슨 색깔 주라고 하는데, 무명베, 삼베만 하니까 여기 뭐 그런 건데, 명주는 그 저 참 이래 곱게 새파란 것도 들이고 빨간 것도 들이고, 명주 이불감 하면 새파란 것 들이고 빨간 거 들이고, 뭐 이래 들이고, 그 하지만은 저 삼베, 무명베는 까만 거 뭐 밤색 거저 요래나 들일까, 다른 건 안 들였어요.)

@ 그며는 어^떠케 물감^ 사 가주'고 오셔 가지'고 어:떠케 하선는지?
(그러면은 어떻게 물감 사 가지고 오셔 가지고 어떻게 하셨는지?)

물까^물 사 가^ 와 가지'고 고고'느 은자^ 물로 팔:팔: 소테 끼'레[4] 가주'고 그래 가^ 인자^ 고거를 적'시고, 적시 가^ 무래 인자^ 베짜치로 요래^ 나따가 고 베짜치 고'오로 무레다가 적세^ 가^ 확 뿌래 뿌고, 고래 고고'로 고 인자^ 요래^ 여어 가지'고 디리, 잘몬하믄 얼룽얼룽해:지고, 그그도, 잘^ 뜨리'야 데지 잘몬해^아 얼룽얼룽해^짐 그제 그래 가^ 드리 가^ 이버 쓰예.

형사로만 쓰였고 '무슨'의 의미를 가지고 있었다. 따라서 '무슨'의 전형적인 옛 형태는 '무슷'이라고 할 수 있다. 이들의 파생 관계를 아직까지는 명쾌하게 설명할 수 없다. 15세기에 '어느', '어떤'의 의미를 가지고 있던 'ᄆᆞᆺ'가 16세기에는 '무슨'의 의미로 변하여 쓰인 예들이 보인다. 'ᄆᆞᆺ'는 'ᄆᆞᆺ'의 이표기로 볼 수 있는데, 이 시기에 'ㆍ'가 비어두음절에서 비음운화되는 현상이 일어나는데, 이런 영향으로 나타난 표기이다. 특히 16세기의 'ᄆᆞᆺ'는 서간문에서만 나타난다. 18세기에는 현대국어의 '무슨'에 직접 대응될 만한 '무슨', '무슨'이 보인다. 이것이 20세기에 '무슨'으로 통일되어 현대국어에 이른다. 20세기에 보이는 '무삼'은 아직도 방언형으로 나타나고 있다.

3 줄:라: 달라.
4 끼'레: 끓여.

(물감을 사 가지고 와 가지고 그것은 인제 물을 팔팔 솥에 끓여 가지고 그래 가지고 인제 그것을 적시고, 적셔 가지고 물에 인제 고 베에 그걸 물에다가 적셔 가지고 확 뿌려 버리고, 그래 그걸 그 인제 요래 넣어 가지고 들이는데, 잘못하면 얼룩덜룩해지고, 그것도, 잘 들여야 되지 잘못해서 얼룩덜룩해지면 그저 그래 가지고 들여 가지고 입었어요.)

@ 함 범'만 하능 거'에요?
　　(한 번만 하는 겁니까?)

\# 예ˆ, 그래 함 범'만 드리지에.
　　(예, 그래 한 번만 들이지요.)

@ 함 범'만 드리면 데능 기:고?
　　(한 번만 들이면 되는 것이고?)

@1 처년 염뇨 가틍 건 업써씀미'까?
　　(천연 염료 같은 것은 없었습니까?)

@ 황토 가틍 거나?
　　(황토 같은 것이나?)

@1 옥쌕 까틍 거'는 무슨 풀'립 따고?
　　(옥색 같은 것은 무슨 풀잎 따고?)

\# 예ˆ, 옥쌔, 옥쌕 까틍 거'도, 드리능 옥쌩 니팔, 옥쌕도 그ˆ 사다가ˆ, 물로 사다가ˆ 드레'쓰예.
　　(예, 옥색, 옥색 같은 것도, 들이는 옥색 잎, 옥색도 그 사다가, 물을 사다가 들였어요.)

@ 주:옥 까틍 거ˆ 따싱 거ˆ는 업:꼬?
　　(쪽 같은 것 따신 것은 없고?)

\# 지'베스르 머'어 한 다'레, 엔^나래 머^ 저'게 물까^믈 머^ 지'베스르 하능 거'르 그거' 한데, 그: 머^ 저^ 와 사'네 가 가주'고 그거 오:리목, 오:리목 암^미까, 오:리목 씨?
(집에서는 뭐 한 달에, 옛날에 뭐 저기 물감을 뭐 집에서 하는 것은 그거 한데, 그 뭐 저기 왜 산에 가 가지고 그거 오리나무, 오리나무 압니까, 오리나무 씨?)

\# 오^리목 열매 씨' 그거'로 가따가, 그거'로 가따가 이래^ 당가^ 가지'고 그거.
(오리나무 열매 씨 그것을 가져다가, 그것을 가져다가 이래 담궈 가지고 그거.)

@ 그머 어^떤 시'그로 하션는지, 좀 구체'저그로?
(그러면 어떤 식으로 하셨는지, 좀 구체적으로?)

\# 오:리목 그거'는 알부다~이더[5], 나는.
(오리나무 그거는 어렴풋합니다, 나는.)

\#1 오:리목 열매'로 따다가 요'어 띠디'리믄[6] 그기^ 깨^지거드요.

---

[5] 알부다~이더: 어렴풋합니다.
[6] 띠디'리믄: 뚜드리+면. 두드리다'는 문이나 북 따위의 어떤 대상물을 소리가 나도록 잇따라 치거나 때리는 행위를 표현하는 단어이다. '두드리다'는 "소리가 나도록 친다"는 점에서 '때리다'나 '치다'와 의미 차이가 있다. 이 동사는 '사람을 두드리다'처럼 사람이나 개 따위를 목적어로 취하여 '때리다'와 거의 같은 의미를 표현하기도 한다. 다른 한편으로 현대국어에서 이 단어는 '그의 가야금 연주는 심금을 두드리는 바가 있다'와 같은 예문에서 보듯이, 감동을 주거나 정서를 격동시키다는 뜻을 갖는다. 이것은 구체성 동사인 '두드리다'가 추상적 의미로 확대된 결과이다. 이 단어의 어형은 시대에 따른 변화 모습이 매우 단순하다. 15세기 문헌에서는 주로 '두드리다'로 쓰이고 '두드리다'도 16세기 이후에는 적지 않게 출현한다. '두드리다'와 '두드리다'는 제2음절의 'ㅡ'가 'ㆍ'로 표기되는 정도의 미세한 차이만 있을 뿐이다. 이런 표기 변화는 'ㆍ>ㅡ' 변화에 영향을 받은 결과이다. 20세기 문헌 중 방언을 반영한 것에는 어두 경음화가 실현된 '쑤드리다'와 같은 어형도 발견된다. 현대의 여러 방언에서 이 단어는 어두 경음화 실현형 '뚜드리다' 혹은 '뚜디리다'로 사용되고 있다. 이 단어가 경음화를 겪은 것은 두드리는 행위를 더 강조적으로 표현하려는 의도

(오리나무 열매를 따다가 요기 두드리면 그게 깨지거든요.)

#1 깨^지모 무레다가 이래^ 다'마 갸^ 이래^ 소늘 가지'고 주물리머 무리 나온다꼬요.
(깨지면 물에다가 이래 담아 가지고 이래 손을 가지고 주무르면 물이 나온다고요.)

#1 무리 나오'머 그걸^ 가지 인쟈^ 그 무레다가 베로 인쟈^ 저^ 고리[7] 적세애 데:요.
(물이 나오면 그것을 가지고 이제 그 물에다가 베를 이제 저 골고루 적셔야 돼요)

#1 잘몬 적'시먼 얼룩떨룩하기 때무네 미'미[8] 주물르야 데^.
(잘못 적시면 얼룩덜룩하기 때문에 매매 주물러야 돼.)

퍼떡퍼떡[9] 주물'러야 데지.
(퍼떡퍼떡 주물러야 되지.)

@ 그엄 오^리몽 녈매 가틍 거 끄'리고 하는 이렁 거는 업:꼬, 그냥 쩌 가꼬?
(그럼 오리나무 열매 같은 거 끓이고 하는 것은 없고, 그냥 쪄 가지고?)

#1 그'양 마^ 생 거'로 사다가 마^ 띠디'러 가지'고, 띠디'리므 그가^ 깨^지거드.

가 작용한 것이다. 이런 경음화 현상은 격렬한 동작을 의미하는 동사에 흔히 나타난다. 예컨대 '디르다>찌르다>찌르다', '닿다>짷다>찛다', '부수다>뿌수다' 등이 동작의 격렬성 효과를 증대하기 위해 경음화가 실현된 것이라 할 수 있다. '두드리다'와 비슷한 의미를 표현하는 단어로 '두들기다'가 있다. '두들기다'는 19세기 문헌에도 보이지 않으니 20세기 이후에 생겨난 말임이 분명하다. '두들기다'는 '두드리다'에서 어근 '두들-'을 추출하고 여기에다가 접사 '-기-'를 결합시킨 구성일 것이다. 또한 '두드리다'는 '패다'와 연어(連語) 구성을 이루어 '두드려 패다'로 자주 쓰인다.

7 고리: 골고루.
8 미'미: 매매.
9 퍼떡퍼떡: 빨리.

(그냥 뭐 생 것을 사다가 뭐 두드려 가지고, 두드리면 그게 깨지거든.)

#1 열매가 요ˆ 인 요래ˆ 동글동글항 기ˆ 깨ˆ지머 물로 타 가지'고 그 인자ˆ 오:리목나무로, 열매로 마ˆ이 여'어먼 무'리 진하고 저:께 여'어먼 무'리 덜: 진하고.
(열매가 요 이 요래 동글동글한 게 깨지면 물을 타 가지고 그 인제 오리나무를, 열매를 많이 넣으면 물이 진하고 적게 넣으면 물이 덜 진하고.)

@ 그'머 어ˆ떤, 어ˆ떤 새기 나오는'데요?
(그러면 어떤, 어떤 색이 나오는데요?)

감ˆ색끄치 나오'지요.
(감색같이 나오지요.)

그: 새깔도 보'이깜 머ˆ 우리'는 그으는 알부타이[10] 모ˆ야, 쩌메ˆ 해ˆ 보고 안 해ˆ 바ˆ쓰여, 그으는.
(그 색깔도 보니까 뭐 우리는 그거는 어렴풋하게 뭐야, 조금 해ˆ 보고 안 해ˆ 봤어요, 그거는.)

#1 우리'느 안 해ˆ 바ˆ쓰에.
(우리는 안 해ˆ 봤어요.)

#1 딴 사ˆ래미 그래 따다가 한다 크는 소리마 드러찌, 우이는 해ˆ 노'은 새까른 자세ˆ히 암 바ˆ쓰여.
(다른 사람이 그래 따다가 한다고 하는 소리만 들었지, 우리는 해ˆ 놓은 색깔은 자세히 안 봤어요.)

@ 혹씨 쪼ˆ대[11] 가틍 거 가지'고 하시능 거'는 모ˆ 뽀셔써요?

---

10 알부타'이: 알 듯 모를 듯. 어렴풋하게.
11 쪼ˆ대: 찰흙.

(혹시 뭐 찰흙 같은 걸 가지고 하시는 것은 못 보셨어요?)

쪼:오대 가틍 거 와요, 그 머 꾸께에다가[12] 그저^네 보~이 물로 드리 가^
그래 너^이 무리 머^ 그 조^치도 안 하고, 검추무우리^[13] 항 게 머^ 무리
그래^예.
(찰흙 같은 거 왜요, 그 뭐 진흙에다가 그전에 보니까 물을 들여 가지고
그래 놓으니 물이 뭐 그 좋지도 안 하고, 거무스름한 게 뭐 물이 그래요.)

머^ 그^ 머^ 무'신 새까리라꼬 할 쑤도 어^꼬, 검추무리^ 항 게 그런데,
그래 가^ 함몬 디리능 거 바'써요, 우리'도 한 지'비.
(뭐 그 뭐 무슨 색깔이라고 할 수도 없고, 거무스름한 게 그런데, 그래
가지고 한번 들이는 거 봤어요, 우리도 한 집에서.)

그^는 우리 클 때 보~이까 그라데^.
(그것은 우리 클 때 보니까 그러데.)

그니까 껌, 여^ 그 흐'를 가주고 그리 드리따고, 껌추무리^ 항 거를 드린능
기^라.
(그러니까 검, 여기 그 흙을 가지고 그래 들였다고, 거무스름한 거를 드린
거야.)

물또 조^치도 아^하고, 그그'는 다^ 사아프은[14] 지네 가찌.
(물도 좋지도 않고, 그것은 다 살짝 지나 갔지.)

그으늠 머^ 오'래 그그 물 드리 가^ 해^ 가^ 온 납'꼬 머^ 마^이 그 항 그또
업'꼬, 그라데에 본물까미 나와 노이까네 물감 머 고븡 거 새까리 조응
거 천지 나오이까네 머, 그으도 머 이래 명주도 저네는 지베서르 미겨

---

12 꾸께에다가: 꾸겨다가. 꾸겨서.
13 검추무우리^: 거무스름하게.
14 사아프은: 살푼. 살짝.

가 하능 거도 인제 머 마이 그거 애 하고, 그거 저 곤치 거틍 미기능 거또 머 비단 하능 그거또 지베 어디 마이 쓰 올키 해ˆ 이버야 말로 하지요.
(그거는 뭐 오래 그거 물 들여 가지고 해ˆ 가지고 옷 입고 뭐 많이 그 한 것도 없고, 그러다가 본물감이 나와 놓으니까 물감 뭐 고운 거 색깔이 좋은 거 천지 나오니까 뭐, 그것도 뭐 이래 명주도 전에는 집에서 먹여 가지고 하는 것도 인제 뭐 많이 그거 안 하고, 그거 저 고치 같은 거 먹이는 것도 뭐 비단 하는 그것도 집에 어디 많이 저 옳게 해ˆ 입어야 말을 하지요.)

\# 그으느 인자ˆ 수의 하능 거고, 시:집 깔 때ˆ 그 명주 이불또 인는 사ˆ래미 그을 해ˆ 주지, 엄:는 사ˆ라므느 머ˆ 미웅'베에 이불 머ˆ 그렁 거 해ˆ 존ˆ는 데 머예.
(그것은 인제 수의 하는 거고, 시집 갈 때 그 명주 이불도 있는 사람이 그걸 해ˆ 주지, 없는 사람은 뭐 무명베 이불 뭐 그런 거 해ˆ 줬는데 뭐요.)

\# 멩지 이불떠 머ˆ 돈: 이에 살림 이'꼬 머신 사ˆ러미라야 그'렁 거 하지, 멩주 이'브로 해ˆ 주지, 머ˆ.
(명주 이불도 뭐 돈 이래 사림 있고 무엇한 사람이라야 그런 거 하지, 명주 이불을 해ˆ 주지, 뭐.)

@1 표백하능 거에 대:해서는?
(표백하는 것에 대해서는?)

@ 하ˆ야케 만들' 때는 어예 하시는지?
(하얗게 만들 때는 어떻게 하시는지?)

\# 하ˆ야케 할 찌'으는 사라시.
(하얗게 할 적에는 표백.)

\# 사라시 그거, 하:야케 하는 게사 머ˆ 사라시 이거 머ˆ 하ˆ야케.
(표백 그거, 하얗게 하는 것이야 뭐 표백 이거 뭐 하얗게.)

@1 사라시, 사라시하는 방시글 요로케?

(표백, 표백하는 방식을 요렇게?)

@ 그래 고거 함번 말:씀해 주세요?
(그래 그거 한번 말씀해 주세요?)

#1 사라'시 그 빼짐'물 여'어 가ˆ 아 하?
(표백 그 양잿물 넣어 가지고 안 하나?)

아ˆ~이시더, 사라'시하능 그릉 기ˆ 인니ˆ더.
(아니에요, 표백하는 그런 게 있어요.)

그릉 게 인'는데, 저:네 사라'시하능 기ˆ 인는데 그'은 머: 얼푸ˆ타~니이더[15].
(그런 게 있는데, 전에 표백하는 게 있는데, 그건 뭐 어렴풋합니다.)

그거 머ˆ 사라'시 하능 그거'너 이런 무리기나 머ˆ 그거 하능 거 이래ˆ 사라'시 물'루, 사라'시 그거 야기 이꺼'등뇨.
(그거 뭐 표백 하는 그것은 이런 물이 뭐 그거 하는 거 이래 표백 물을, 표백 그거 약이 있거든요.)

약 그거를 사다가 해ˆ써예.
(약 그거를 사다가 했어요.)

약 그그 사다가 이래ˆ 당'군~이까네 머ˆ 하:야케 마ˆ 무리 빠져 뿌고 하'야케지데'여.
(약 그것을 사다가 이래 담그니까 뭐 하얗게 뭐 물이 빠져 버리고 하얘지데요.)

@1 혹써 기와 깨ˆ 가꼬 가리'에 물 타서 사라'시하지는?
(혹시 그 기와 깨 가지고 가루에 물 타서 표백하지는?)

---

15 얼푸ˆ타~니이더: 어렴풋합니다.

\# 그렁 건 업써쓰예.
   (그런 것은 없었어요.)

\# 게와 깨ˆ 가ˋ 하능 거는 그륵[16] 딱능 거예, 녹그륵, 노그륵 땅능 거는 기아까리 가지ˋ고 해ˆ쓰예.
   (기와 깨 가지고하는 것은 그릇 닦는 거요, 놋그릇, 놋그릇 닦는 거는 기와 가루 가지고 했어요.

@1 잼무ˋ레 담가ˆ 가?
   (잿물에 담가 가지고?)

\# 빨래 쌀머, 살머 입꼬 하능 그기ˆ 인자ˆ 집재물[17] 바차ˆ 가ˋ[18] 그레 해ˆ써요.
   (빨래 삶아, 삶아 입고 하는 그게 이제 짚잿물 받아 가지고 그래 했어요.)

\# 재물또 귀:하고 할 찌'게 그ˆ을 때 인자ˆ 집 그그르 떼ˆ 가주고 소구ˋ리에 다가 그거 통 나아, 미'테 통 나아 노코 인자ˆ 이래ˆ 미'테다 꼬재~이 이레 ˆ 인자ˆ 체따리 걸ˆ치고 그래 인자ˆ 재로 항ˆ개 퍼 부어 가ˆ, 불 떼ˆ 가 재로 항ˆ개 퍼 부어 가지ˋ고 소구ˋ리에다가 그걸ˆ 이래ˆ 우'에다가 인자ˆ 걸ˆ치고 미'테 통 걸ˆ치고, 우'에다가 세따리[19] 그래 노'으믄 그게ˆ 물로

---

[16] 그륵: 그릇. [그륵이, 그륵은, 그륵으로, 그륵게]
[17] 집재물: 짚재물.
[18] 바차ˆ 가ˋ: 받쳐서. 받히다'는 16세기 문헌에 '바티다'의 형태로 처음 나타난다. '바티다'는 '받+티(강세접사) +-다'로 형태소 분석이 된다. 즉 '받다'에 강세접사가 붙어 형성된 파생어이다. 18세기에 보이는 '바치다'와 같은 형태는, '바티다'가 구개음화의 영향을 받은 결과이다. 그리하여 '바티다', '바치다'와 같은 형태들은 '받히다'가 연철표기된 것이고, '받히다'는 분철표기, '받치다'는 중철표기된 것이다. 'ㅂ치다', 'ㅂ읏치다'와 같은 형태는 '바치다'를 'ㅂ치다'가 'ㆍ>ㅏ'의 변화에 합류하여 'ㅂ치다>바치다'와 같은 변화를 겪었다고 오인하여 과도교정한 표기이다. 'ㅂ읏치다'는 'ㅂ치다'의 중철표기이다. 많은 사람들이 '받치다'의 표기를 '받히다'로 혼동하는데, 한글맞춤법에 따르면 '받히다'가 아닌 '받치다'가 맞는 표기이다. '받치다'는 '받다'에 강세를 나타내는 접미사 '-치-'가 결합한 형태이고, '받히다'는 '받다'에 피동 접미사 '-히-'가 결합해서 생성된 피동사이다. '받히다'는 "머리나 뿔 따위로 세차게 부딪치다", "머리나 뿔 따위에 받음을 당하다"의 의미를 가진다.

떠 부ˆ, 물로 더파ˆ 가ˆ 떠떠ˆ타'이 해ˆ 가주고 그ˆ을 떠 브'어써여.
　　　(잿물도 귀하고 할 적에 그럴 때 인제 짚 그것을 때 가지고 소쿠리에다가 그거 통 놓아, 밑에 통 놓아 놓고 인제 이래 밑에다 꼬챙이 이래 인제 쳇다리 걸치고 그래 인제 재를 한 개 퍼 부어 가지고, 불 때 가지고 재를 한 개 퍼 부어 가지고 소쿠리에다가 그걸 이래 위에다가 인제 걸치고 밑에 통 걸치고, 위에다가 쳇다리 그래 놓으면 거기에 물을 떠 부어, 물을 데워 가지고 따뜻하게 해ˆ 가지고 그걸 떠 부었어요.)

\# 　떠 부'어 가ˆ 그래 가ˆ 재물 바추'우믄 누ˆ러'~이 미끌미끌해ˆ여.
　　　(떠 부어 가지고 그래 가지고 잿물 받으면 누렇게 미끌미끌해요.)

\# 　그 인녀 그그'르 가주고 빨래 씨'꺼²⁰ 입'꼬 그래해ˆ찌.
　　　(그 인제 그걸 가지고 빨래 씻어 입고 그래했지.)

@1 그게ˆ 우리 전ˆ통저긴 잼무'린데, 그게ˆ 인제ˆ 아까ˆ 빼잼'물 컨능 거'느 인자ˆ 양잼물, 화'학 제:푸미 드러옹 거'라?
　　　(그게 우리 전통적인 잿물인데, 그게 인제 아까 빼잿물이라고 하는 것은 인제 양잿물, 화학 제품이 들어온 거라?)

\# 　양잼무'리 또 이'써꼬 요세ˆ 또 빼잼무'ˆ리라꼬 또 그ˆ리 또 이ˆ쓰예.

19　세따리: 쳇다리.
20　씨'꺼: 씿+어. 씻어. [씿+어, 씿+으니, 씿+으미] '씻다'는 15세기에 '싯다, 뻣다'로 나타나기 시작하여, 16세기에는 '싯다'로, 17세기에는 '싯다, 뻣다, 씻다'로, 19세기에는 '뻣다, 씻다, 씻ㅅ다'로, 20세기에는 '씻다, 씻ㅅ다'로 나타나다가 '씻다'로 정착한다.
　　　15세기 문헌에 '싯다'와 '뻣다'는 동시에 나타난다. '뻣다'는 'ㅄ'이 어두 자음군이었기 때문에 [ps]로 발음하였을 것이다. 그러나 17세기에 어두자음군이 경음화하면서 '뻣다>씻다'로 변화하기 시작한다. 표기상 '뻣다'와 '씻다'는 19세기까지 경쟁하다가 결국 '씻다'로 정착한다. 그리고 '싯다'는 17세기까지 나타나다가 경음화하여 '씻다'에 합류한 것으로 보인다. 한편 '씻ㅅ다'는 어간 '씻-'이 활용하는 과정에서 'ㅅ'을 중철한 표기이다. 이와 관련한 관용어로는 "씻은 듯 부신 듯."이 있는데, 이것은 아무것도 남지 않을 만큼 말끔하게 없어진 모양을 이르는 말이다.

(양잿물이 또 있었고, 요새 또 빼잿불이라고 또 그래 또 있어요.)

\# 양잼무른 옌^나래 멩^, 삼베에 살머 씨^고 입^꼬 할 찌^게, 그을 때 양잼무'리 마~이 나오고, 고 인자^ 삼 이'킬 쪼'게 그거도, 삼 이'킬 쪼'게 처^메는 재로 가^ 핸^는데, 내^조오는 인자^ 그게^ 인자^ 빼잼무리 나와 가주고, 삼 니키는 게 그기^ 히미 덜^ 뜨러써, 그기^ 수워써요.
(양잿물은 옛날에 무명, 삼베에 삶아 씻고 입고 할 적에, 그럴 때 양잿물이 많이 나오고, 그 인제 삼 익힐 적에 그것도, 삼 익힐 적에 처음에는 재를 가지고 했는데, 나중에는 인제 그게 인제 빼잿물이 나와 가지고, 삼 익히는 게 그게 힘이 덜 들었어, 그게 쉬웠어요.)

\# 재무 바차^ 가^ 할 쯔'게 그'때는, 참 재로 가지'고 할 쯔'게는, 깍지 재로 가^ 할 찌'게 그'때는 다^ 어'러원니다.
(잿물 받아 가지고 할 적에 그때는, 참 재를 가지고 할 적에는, 그저 재를 가지고 할 적에 그때는 다 어려웠어요.)

\# 그러코, 삐또 올케 몬^ 내고.
(그렇고, 빛도 옳게 못 내고.)

@1 그게^ 삼베 할 때하고 미영'베하고, 사라시하능 게 쫌 차'이가 안 나씀미까?
(그게 삼베 할 때하고 무명베하고, 표백하는 게 좀 차이가 안 났습니까?)

\# 예^, 삼, 미영'베는 머^ 그 하능 거 업^찌요.
(예, 삼, 무명베는 뭐 그 하는 게 없지요.)

\# 미영'베사 머^ 다^ 힝 거 해^ 가^ 바래^자닝'교[21], 바테가.
(무명베야 뭐 다 흰 거 해 가지고 바래게 하잖아요, 볕에.)

---

[21] 바래^자닝'교: 바래게 하잖습니까. 말리다.

\# 살마 가˄ 저˄ 인제˄ 줄에 너러 가˄ 인자˄ 무레다 적쎄 가˄ 또 은자˄ 베'테다 바래˄머 그기˄ 인자˄ 자˄꾸 하˄얘지.
(삶아 가지고 저 이제 줄에 널어 가지고 인제 물에다가 적셔 가지고 또 인제 볕에다가 바래게 하면 그게 인제 자꾸 하얗게 되지.)

@ 빨래를 하실 때˄도 가가˄ 확˄ 빠라 가꼬 확˄ 너러 가˄ 카악 보고 해˄따가 그을 또 빨고?
(빨래를 하실 때도 가서 확 빨아 가지고 확 널어 가지고 확 보고 했다가 그걸 또 빨고?)

\# 그'그'는 빨래는 그 살머 씨'끄 가˄ 또 널˄고 재'물 래애 가˄ 또 널˄고 이래˄ 가주 인자˄ 재'물 뺄˄라고 그거 해˄찌, 머˄ 사라시해˄ 가, 그거 사라시가 애이'고 그 머˄ 그 히라꼬 그라능 건 아이그등.
(그거는 빨래는 그 삶아 씻어 가지고 또 널고 잿물 내 가지고 또 널고 이래 가지고 인제 잿물 빼려고 그거 했지, 뭐 표백해 가지고, 그거 표백이 아니고 그 뭐 그 하얘지라고 그러는 건 아니거든.)

\# 그 인자˄ 잼'물'래애 가˄ 널˄고 빨래 살머 가˄ 널˄고, 이래˄ 인자˄ 잼'물'로 두˄ 번'쓱 내˄거등.
(그 인제 잿물 내 가지고 널고 빨래 삶아 가지고 널고, 이래 인제 잿물을 두 번씩 내거든.)

\# 재'물'래애 가˄ 뜨뜨˄탄 무'레다가 당가˄ 가주고, 그래 이 당가˄ 나'아따가, 하리뺌[22] 당가˄ 나'아따가 그래 또 이'튼날 널˄고 하머 재무'리 저˄ 누˄름항 기˄ 자˄악 빠지능 기'라에.
(잿물 내 가지고 따뜻한 물에다가 담가 가지고, 그래 이 담가 놓았다가, 하룻밤 담가 놓았다가 그래 또 이튿날 널고 하면 잿물이 저 누런 게 자꾸 빠지는 거에요.)

---

[22] 하리뺌: 하룻밤.

\# 　그래 때미′네, 그래 가̂ 자̂꾸 베̂테다가.
　　(그렇기 때문에, 그래 가지고 자꾸 볕에다가.)

@1 　여기서는 빨래한다 앙 카고 서답한다 앙 캄미까?
　　(여기서는 빨래한다고 안 하고 "서답한다" 안 합니까?)

\# 　예̂, 서답씽는다, 서답씽는다 그고 옌̂날, 처̂으메 그래 인 서답씽는다 그고.
　　(예, "서답씫는다", 서답씫는다 그리고 옛날, 처음에 그래 인제 서답씫는다 그리고.)

@ 　그머 여′기느 옌̂날 처̂는 그믄 삼베하고 미영하고, 명주하고, 또 머̂ 어̂떵 거 이′써써요, 온 만드′러 이′브시는 데?
　　(그러면 여기는 옛날 천은 그러면 삼베하고 목화하고, 명주하고, 또 뭐 어떤 거 있었어요, 옷 만들어 입으시는 데?)

\# 　온 마능 그̂ 여′그 그 그렁 거는 마̂ 치음 초̂네서 만드능 거는 그거빠̂꺼 더 인능′교.
　　(옷 만드는 것 여기 그 그런 거는 뭐 저 촌에서 만드는 것은 그것밖에 더 있나요.)

\# 　그른데 인자̂ 그 인자̂ 사므 인자̂ 광′목 까̂틍 거 인자̂ 사쩨예.
　　(그런데 이제 그 인제 사면 인제 광목 같은 것 이제 샀지요.)

\# 　사 가̂ 광̂목 꺼̂틍 거 나오′~이, 나오′~이 인자̂ 명주도 차암 저 머시더, 인자̂ 저게 미영′베도 덜̂ 하고, 미영′도, 미영′ 거̂틍 거또 덜̂ 갈고 덜̂ 하고 머, 베 그̂틍 그도 몬̂ 하게로 하~이까네, 길싸믈 몬̂ 하구′로 하~이까네, 그 며̂ 연 저′네 길쌈 몬̂ 하구′로 해̂짜능교.
　　(사 가지고 광목 같은 거 나오니, 나오니 인제 명주도 참 저 뭐냐, 인제 저기 무명베도 덜 하고, 목화도, 목화 같은 것도 덜 갈고 덜 하고 뭐, 베 같은 것도 못 하게 하니까, 길쌈을 못 하게 하니까, 그 몇 년 전에 길쌈 못 하게 했잖아요.)

\# 그거 미영 따 가주고 가따 대ˆ라 크지, 길쌈 몬ˆ 하구'로 하~이까네, 그르이 그걸ˆ 모리게로²³, 모리게로도 하고, 그거 저게 길쌈하다가, 미영 자따가 뿌짜끼ˆ믄²⁴ 막 끄지께ˆ가고²⁵ 머ˆ 저엄 빼아'져²⁶ 가고 머.
(그거 목화 따 가지고 갖다 대라고 하지, 길쌈 못 하게 하니까, 그러니 그걸 모르게, 모르게도 하고, 그거 저기 길쌈하다가, 목화 잣다가 붙잡히면 막 끌려가고 뭐 전부 빼앗아 가고 뭐.)

@1 그러며는 미영'베 끈나고 인자ˆ 이저'네 어ˆ르신 소ˆ시절 때 인자ˆ 새로 베가 막 드로'지 안슴니까?
(그러면은 무명베 끝나고 인제 이전에 어르신 소시절 때 인제 새로 베가 막 들어오지 않습니까?)

@1 어ˆ뜬 처ˆ니 드러완는지 주ˆ욱 함번?
(어떤 천이 들어왔는지 죽 한번?)

\# 처ˆ음 드러옹 게ˆ 광ˆ모기, 광ˆ모기 재고 마ˆ이 드러오고, 그어또 내조ˆ 광ˆ목 드러오고, 광ˆ목 드러오'고, 와세또라 크므 또 고건ˆ 쫌 보드랍때ˆ요.
(처음 들어온 게 광목이, 광목이 최고 많이 들어오고, 그것도 나중에 광목 들어오고, 광목 들어오고, "와세또"라고 하면 또 그건 좀 보드랍데요.)

---

23 모리게로: 모르게.
24 뿌짜끼ˆ믄: 붙잡히면.
25 끄지께ˆ가고: 끌려가고.
26 빼아져: 빼앗아. '빼앗다'는 19세기에 '쎄앗다'(太上感應篇圖說諺解 1), '빼앗다'(韓佛字典 296), '빼앗다'(성교절요)로 처음 보인다. 이 가운데 '빼앗다'가 기원형이다. '빼앗다'는 동사 어간 '빼-'와 '앗-'이 결합된 복합 동사이다. '빼-'는 "도적기 뿔와 미처 칼흘 빼여"(東國新續三綱行實圖 孝1:56)에서 확인된다. 그리고 '빼티다'(救急簡易方 2:71), '빼혀다'(楞嚴經諺解 6:74) 등에서 보듯 복합 동사 형성에 자주 이용되었음을 보인다. 양주동(1965:425), 김민수 편(1977:517)에서는 '拔'의 의미로 '싸-', '쌘-'를 제시하고 있으나 '빼-'가 있는 한 '빼앗다'의 '빼-'를 다른 것으로 보기는 어렵다. 한편 '앗-'은 "동녕을 흐마 아ᅀᅡ샤"(龍飛御天歌 42장)에서 확인된다. '앗-'은 그 자체가 '빼앗다'의 뜻이다. 이로 보면 '빼앗다'는 '빼어 가로채다'의 뜻이다.

　그'너 문체'가 이'꼬 이런 다ˆ 찌'게, 팜배'게[27] 이래ˆ 찌'겐능 거 그'렁 거, 광ˆ목또 팜배ˆ기 찌'겐능 거드로' 나오'고 그래 나와'써요, 마'이.
(그것은 무늬가 있고 이런 다 찍어, 판에 이래 찍은 거 그런 거, 광복도 판에 찍은 것들이 나오고 그래 나왔어요, 많이.)

　나오'고 그래 나온 디ˆ에느 머ˆ.
(나오고 그래 나온 뒤에는 뭐.)

#1 　광ˆ목, 오ˆ걍목, 나ˆ중에 인자ˆ 신혼농'으로써는 인자ˆ 비로ˆ도 치마 커능 그ˆ.
(광목, 옥양목, 나중에 인제 신혼용으로는 인제 비로드 치마라고 하는 거.)

@1 　이'불 껍'찌레 하능 거'는뇨, 이'불?
(이불 껍질에 하는 것은요, 이불?)

　양단, 양단 그렁 거 하고, 비로도 나올 때 우'에저고'리는[28] 호박딴ˆ, 율똥.
(양단, 양단 그런 것 하고, 비로드 나올 때 윗저고리는 호박단, 율동.)

　율똥 처마 케사ˆ 머, 고ˆ 율똥 처마, 호박딴ˆ 저구'리, 비로ˆ도 처마, 양단 저구'리, 상다베[29] 그래 해ˆ써예, 처ˆ으메.
(율동 치마라고 하면 뭐, 그 율동 치마, 호박단 저고리, 비로드 치마, 양단 저고리, 상답에 그렇게 했어요, 처음에.)

　저ˆ 비ˆ단 나올 때 인자ˆ 저ˆ 나오능 거'너.
(저 비단 나올 때 인제 저 나오는 것은.)

　그르 인자ˆ 젤ˆ 잘하는 사ˆ래미 이르ˆ 비로ˆ도 치므, 율똥 참 머ˆ 양단 저구'리, 율똥 처마, 호박딴ˆ 저고리, 그래 인자ˆ 머ˆ 또 여'름, 여'름 그ˆ

27　팜배'게: 판박에.
28　우'에저고'리는: 윗저고리는.
29　상다베: 상답에. 혼수를 받고 그 답으로 보내는 물품.

머^고, 그또 이즈쁘'따.
(그래 인제 제일 잘하는 사람이 이래 비로드 치마, 율동 참 뭐 양단 저고리, 율동 치마, 호박단 저고리, 그래 인제 뭐 또 여름, 여름 그 뭐냐, 그것도 잊어 버렸다.)

@ 모시?
   (모시?)

모수 거˼ 그는 여'름, 하˼녀름 실'랑, 신혼 오시, 실'랑 바지, 적쌔'미, 모'스로 가˼ 인자^ 적쌔'미[30] 거˼ 거 이'릉 거 해^, 참 하고 그르'치.
   (모시 같은 것은 여름, 한여름 신랑, 신혼 옷이, 신랑 바지, 적삼, 모시를 가지고 적삼 같은 것 이런 것 해, 참 하고 그렇지.)

@1 그라고 난 디^에 박쩡희 나오'고는 인자^ 머^ 나와씀니까, 백 푸로 큰능 거?
   (그러고 난 뒤에 박정희 나오고는 인제 뭐 나왔습니까, "백 프로"라고 하는 것?)

그^ 저'네 나와찌요.
   (그 전에 나왔지요.)

@1 그 저'네 나와?
   (그 전에 나왔어요?)

#1 네.
   (네.)

@1 또 백# 프로 또 머^ 그때 나옹 거 또 머'?
   (또 백 프로 또 뭐 그때 나온 거 또 뭐?)

@1 함^복 마~이 해^ 이'번능 거는?

---

30 적쌔'미: 적삼이. 움라우트.

(한복 많이 해ˆ 입은 것은?)

\# 예ˆ, 백 푸로늠 마ˆ이 나오'고.
(예, 백 프로는 많이 나오고.)

\#1 그 머ˇ 이'름 머ˆ 포목 짱:사 한 사'라미나 아ˆ까.
(그 뭐 이름 뭐 포목 장사 한 사람이나 알까.)

@ 그'며는 각깍 까주'고 머ˆ 하션는지 여ˆ쭤 보께ˆ'요?
(그러면 각각을 가지고 뭐 하셨는지 여쭤 볼게요?)

@ 먼저 그'머 베 가주'고늠 머머 해ˆ 이'브시고 하셔써요?
(먼저 그러면 베 가지고는 뭐뭐 해ˆ 입으시고 하셨어요?)

@1 그'이까 그'으를 남자온, 여ˆ자온, 아아들, 따라ˆ온, 머시마ˆ온, 그'얼 갈비르[31] 고래ˆ 해ˆ 가주ˆ 종ˆ뉴별로 남자 오슨 머ˆ, 머ˆ, 머ˆ, 머ˆ, 꺼'테서부터 아네 머ˆ가 인는가를 여래, 여래 쭉ˆ?
(그러니까 그것을 남자옷, 여자옷, 애들, 딸 옷, 남자 아이 옷, 그걸 분류를 고래 해ˆ 가지고 종류별로 남자옷은 뭐, 뭐, 뭐, 뭐, 겉에서부터 안에 뭐가 있는가를 요래, 요래 쭉?)

\# 그'어'느 인자ˆ 머ˆ 무어ˆ씨를 가지'고, 머ˆ 삼배를 가주곤 다ˆ 주적새미 하고, 여자드름 머ˆ 처매저고리 이래 츰 그거 하고 다, 전부 다 삼베, 삼베로 가ˆ 해ˆ 이버짠능교, 초네서는, 저네는 다.
(그건 인제 뭐 무엇을 가지고, 뭐 삼베를 가지고는 다 적삼 하고, 여자들은 뭐 치마저고리 이래 참 그거 하고 다, 전부 다 삼베, 삼베를 가지고 해ˆ 입었잖아요, 촌에서는, 전에는 다.)

\# 길쌈할 찌'게는 삼베로 가ˆ 해ˆ 입꼬, 미영'베로 가지'고 인자ˆ 바지저고'리,

---

[31] 갈비르: 갈비를. 분류를. 갈래를.

두루막, 머ˆ 전ˆ부 다ˆ 주ˆ적새미, 그 다ˆ 그으 까, 그릉 그 가ˆ 하고, 머ˆ 삼 바더 가는 인자ˆ 사믈 가지'고는 도ˆ복 끄틍 그도 하고, 이른 두루막또 하고, 다ˆ 해ˆ찌요.
(길쌈할 적에는 삼베를 가지고 해ˆ 입고, 무명베를 가지고 인제 바지저고리, 두루마기, 뭐 전부 적삼, 그 다 그것 가지고, 그런 것 가지고 하고, 뭐 삼 받아 가지고는 삼을 가지고는 도포 같은 것도 하고, 이런 두루마기도 하고, 다 했지요.)

\# 하고, 내ˆ조느 인자ˆ 그거' 이래ˆ 길쌈하고, 광몽 나와 가ˆ 광목 까지'고 주ˆ적새'미 해ˆ 입꼬, 그라고는 인자ˆ 메영'베는 끄치 나찌요, 머, 머.
(하고, 나중에는 인제 그거 이래 길쌈하고, 광목 나와 가지고 광목 가지고 적삼 해ˆ 입고, 그러고는 인제 무명베는 끝이 났지요, 뭐, 뭐.)

\# 여'어서 몬ˆ 하그'르 하지'르 이 자ˆ꾸 그래 노~이 그래 가꼬 머ˆ 그 하고, 그라고 또 인자ˆ 모수 나고, 그 뒤ˆ에느 인자ˆ 여'어 또 인자ˆ 왜모수라꼬 그거 와 여ˆ 중국 사밍가, 그거 인자ˆ 나와 가주고 그거 해ˆ찌.
(여기에서 못 하게 하고 이 자꾸 그래 놓으니 그래 가지고 뭐 그 하고, 그러고 또 인제 모시 나오고, 그 뒤에는 인제 여기 또 인제 왜모시라고 그거 왜 여기 중국 삼인가, 그거 인제 나와 가지고 그거 했지.)

\# 삼도 앵 갈ˆ고, 삼도 인자ˆ 머ˆ 고 뒤ˆ에느 삼도 앙 가랃'써예.
(삼도 안 갈고, 삼도 인제 뭐 그 뒤에는 삼도 안 갈았어요.)

\# 삼도 앵 갈ˆ고, 그렁 거 나오'고는 삼 앵 갈ˆ고.
(삼도 안 갈고, 그런 거 나오고는 삼 안 갈고.)

@ 베 가주고는, 삼, 삼 가주고 그렁 거 하셔꼬, 명주 가꼬는 주로 머ˆ 어ˆ떤 온 하셔'써요?
(베 가지고는, 삼, 삼 가지고 그런 거 하셨고, 명주 가지고는 주로 뭐 어떤 옷 하셨어요?)

\# 　호분니'불또³² 하고, 사므로 가ˆ는, 호분니'불 여'르메, 여'름 호분니'불 해ˆ
　　써고, 미영 가주고는 참 머ˆ 또 이'불하고, 미영이'부리고 머ˆ, 전시'내³³
　　이'불또 하고 머ˆ 참 머ˆ 참 주ˆ적쌔'미도 하고 아아들또 다ˆ 그그'러 가ˆ
　　해ˆ 입'꼬, 어ˆ른도 그거'로 해ˆ 입'꼬 머ˆ, 아아드름 머ˆ 쪼매ˆ꾸마'게³⁴ 해ˆ

32　호분니'불또: 홑이불. '홑이불'은 '한 겹으로, 또는 하나인, 혼자인'의 뜻을 더하는 접두사
　　'홑-'에 '이불[衾]'이 결합한 것이다. 그런데 '홑'의 15세기 형태는 'ᄒᆞᇢ'이었고, '이불'은
　　'니블'이었다(病을 어더 니블와 벼개를 옮겨 오고<1481두시초03,38a>). 'ᄒᆞᇢ'은 자음이
　　나 휴지(休止) 앞에서는 어말 자음 제약에 의해 'ᄒᆞᆸ'으로 교체되었고(ᄒᆞᆸ소리를 聲이라
　　ᄒᆞ고<1447석보상,21:19b>), 모음 앞에서는 'ᄒᆞᆳ'으로 교체하였다(單온 ᄒᆞ오지오<1461능
　　엄언8,15b>). 15세기에 'ᄒᆞᇢ니블'이 나타나지 않는 것은 자료의 제약 때문인 것으로 보인
　　다. 동일 계열의 'ᄒᆞᆳ몸[獨]', 'ᄒᆞᆳ옷[單衣]' 등이 문헌에서 검증되고 있기 때문이다. 이
　　'ᄒᆞᇢ'은 16세기에 들어서 '홋'으로 변화되어 표기된다(單 홋 단<1576신유합,下,44a>). 그
　　런데 16세기 문헌에서는 '혼니블'이 나타난다. '혼니블'은 '홋니블' 형태가 있었음을 보여
　　주는 예이며, 이 시기에 이미 어말에서 'ㅅ'이 'ㄷ'으로 중화되었음을 보여주는 예이다.
　　왜냐하면 'ㄴ' 앞에서 'ㄷ'이 동화되는 비음동화가 일어났기 때문이다. 어말에서 'ㅅ'과
　　'ㄷ'의 대립이 사라져 비음동화가 표기에 반영된 것은 이 시기 문헌에서 여러 차례 문증된
　　다(잇ᄂᆞ니>인ᄂᆞ니[有], 이틋날>이튼날[明日], 뭣뭣ᄒᆞ다>먼밋ᄒᆞ다, 낫나치>난나치 등). 16
　　세기 이후로 15세기에 보였던 'ᄒᆞᇢ'의 어간 말음 'ㅈ'은 확인할 길이 없다. 19세기까지도
　　'홋'으로 표기되기 때문이다(單的 홋<1768몽유상,43a>, 홋것 單<1880한불자,114>, 홋 單
　　<1880한불자,114>). 이는 '홋'이 모음 앞에서 나타나는 용례를 찾을 수 없고 자음이나 휴지
　　앞에서 쓰인 예만 보이기 때문이다. 그렇다면 '홋'은 20세기에 어떻게 해서 '홑'이 되었을
　　까? 용례가 적기 때문에 그 이유를 정확하게 설명할 수는 없지만, '홋츠로'의 형태로 그
　　기원을 짐작할 수는 있다. 18세기 자료에서 "살쉬 쟈근 디롤 펴고 됴츙쉬 홋츠로 펴 진을
　　일워 싸호믈 츠히과댜 <1787병학남,4b>"라는 용례가 나오는데, 현대어로 풀이하자면 "살
　　수(화살을 쏘는 사람)는 작은 데로 펴고(세력이나 작전을 벌이거나 그 범위를 넓히고),
　　조총수(조총을 쏘는 사람)는 홑으로 펴서 진을 이루어 싸움을 준비하고자 한다"이다. 따라
　　서 '홋츠로'의 어간은 '홋츠'으로 생각된다. '홋츠'이 '홑'으로 변할 가능성은 충분하다.
　　구개음화가 일어난 후 원래 어말 'ㅊ'을 가지고 있던 단어들은 'ㅊ'이 구개음화의 결과로
　　일어난 것이라 생각하여 일종의 역구개음화된 표기 형태를 보여주는 경우가 있기 때문이
　　다(풋>퓻[小豆]). 이 형태는 19세기 자료에도 나타난다(홋츠로 單<1880한불자,114>). 따라
　　서 '홋츠'에서 '홑'으로 변화하였고, 이것이 현대국어에 이른 것으로 볼 수 있다. '니블'은
　　원순모음화를 겪어 '니불'이 되었고, 19세기에 어두에서 'ㅣ' 모음 앞의 'ㄴ'가 탈락하면서
　　'이불'이 되었다.
33　전시'내: 전부다.

입짜마는 어^른드른, 아아들 오시사 그늠 머^ 오시라 클 께^ 인능교.
(홑이불도 하고, 삼을 가지고는, 홑이불 여름에, 여름 홑이불 했었고, 무명 가지고는 참 뭐 또 이불하고, 무명이불이고 뭐, 전부 이불도 하고 뭐 참 뭐 참 적삼도 하고 아이들도 다 그것을 가지고 해^ 입고, 어른도 그걸로 해^ 입고 뭐, 아이들은 뭐 조그마하게 해^ 입지만은 어른들은, 아이들 옷이야 그건 뭐 옷이라고 할 게 있나요.)

\# 머^ 므진 오슬 해따 그릉 게 인능교.
(뭐 무슨 옷을 했다 그럴 게 있나요.)

\# 머^, 머^, 또 올케 잘해^ 주는 사^라므녀 고^븐 오슬, 고^븐 거르 가주고 또 미영'베도 고^븡 거르 가주고, 참 인는 지'비는 아아들도 고^븡 거르 해^ 주고, 엄^는 지'비늠 머^ 고 딱 마 고^븡 거는 다^ 머^ 내^고 마.
(뭐, 뭐, 또 옳게 잘해 주는 사람은 고운 옷을, 고운 것을 가지고 또 무명베도 고운 것을 가지고, 참 있는 집에는 아이들도 고운 것을 해^ 주고, 없는 집에는 워 고 딱 뭐 고운 것은 다 뭐 내고 뭐.)

@ 색똥저고'리 그틍 그?
(색동저고리 같은 것?)

\# 색똥저고리 그틍 그 다^ 머^ 인마정 그거 할 찌'게 나완능 거 아잉~교, 색동저고리 나올 찌'게는?
(색동저고리 같은 것은 다 뭐 얼마만큼 그거 할 적에 나온 것 아닙니까, 색동저고리 나올 적에는?)

\# 색똥저고리 나올 찌'엔 길삼 다^ 애~ 할 때 색똥저'고리 나와^찌요.
(색동저고리 나올 적에는 길쌈 다 안 할 때 색동저고리 나왔지요.)

\# 새똥저고'리나, 새똥저고'린 애~ 할 때 나와꼬.

---

34 쪼매^꾸마게: 조그마하게.

(색동저고리는, 색동저고리는 안 할 때 나왔고.)

@ 일^하러 나갈 때^ 임는 바지, 째른 것 이'째, 드^레 나갈 때 임는 온?
(일하러 나갈 때 입는 바지, 짧은 것 있죠, 들에 나갈 때 입는 옷?)

드^레 나갈 때 임능 거 머^ 삼베 오시고, 머^ 삼베 주^적쌔'미 그거지, 머.
(들에 나갈 때 입는 거 뭐 삼베 옷이고, 뭐 삼베 적삼 그거지, 뭐.)

드^레 나갈 때^ 임능 거^ 삼베 주^적쌔'미지.
(들에 나갈 때 입는 거 삼베 적삼이지.)

삼베 주^적쌔'미고 머^ 미영 주^적쌔'미고, 그렁 거 입찌, 드^레 나갈 때^.
(삼베 적삼이고 뭐 무명 적삼이고, 그런 거 입지, 들어 나갈 때.)

@ 여'름에 요'오, 요^ 우'에 이?
(여름에 요기, 요 위에 이?)

아^~, 제끼'예[35].
(아, 조끼요.)

제끼는 인자^ 제끼는 주로 은자 이래 주로 할 때 입찌, 일 할 때는 안 이버써예.
(조끼는 인제 조끼는 주로 인제 이래 주로 할 때 입지, 일 할 때는 안 입었어요.)

일 할 때는 제끼 입고 적새미 입꼬, 다 그래 몬 해요.
(일 할 때는 조끼 입고 적삼 입고, 다 그래 못 해요.)

제끼' 저렁 거'너 어'디 나가실' 때, 나가실' 때 주로 여'름 데^끼나 겨'을 데^끼나, 나가실 때.

---

[35] 제끼'예: 조끼에.

(조끼 저런 것은 어디 나가실 때, 나가실 때 주로 여름 됐거나 겨울 됐거나, 나가실 때.)

@ 그라'마 아너^른들 소^게 임는 오'슨?
(그러면 안어른들 속에 입는 옷은?)

\# 안어^드른 소^고스는 또 소^꼰 닙'꼬, 여자드른 쫌 반 머^시, 바그로보다 쫌 엔^나래는 더 그하게 이'버짜닝교.
(안어른은 속옷은 또 속곳 입고, 여자들은 좀 바깥 무엇, 바깥어른보다 좀 옛날에는 더 그거하게 입었잖아요.)

\# 소^곤, 소^곤, 소^꼰 닙'꼬, 다내 입'꼬, 다내크능 거 가래~이를 이기 해^ 가주'고 이래^ 풍덩^한, 너르'게 해^ 가 임는, 그 다내라꼬 그거' 입'꼬, 그래 인자^ 또 처매[36] 입고.
(속옷, 속옷, 속곳 입고 다내 입고, 다내라고 하는 거 가랭이를 이래 해^ 가지고 이래 풍덩한, 넓게 해^ 가지고 입는, 그 다내라고 그거 입고, 그래 인제 또 치마 입고.)

@1 소^꼬슬 꼬장주'이라[37]?

---

[36] 처매: 치마. '치마'와 관련된 가장 이른 시기의 어형은 15세기 국어에 나타나는 '치마'이다. 그러므로 '치마'는 아주 오랜 시기부터 그 형태상의 변화를 입지 않은 채 현대국어에까지 이어진 어형으로 볼 수 있다. 그러나 '치마' 이외에도 16세기 문헌에 나타나는 '쵸마'와 '츄마'를 감안하면, '치마'는 '치마' 계통의 어형과 '쵸마', 또는 '츄마' 계통의 어형이 공존한 것으로 볼 수 있다. 그러나 이들 '치마'나 '쵸마, 츄마'가 어떻게 형성된 것인지 그 어원을 파악하기는 어렵다. 다만, '치마'에 비해 '쵸마, 츄마'는 '치-'(?)에 동명사 형성의 '-옴/움'이 더 들어간 것으로 보인다. 즉, '치마'는 '-오/우-'가 개재하지 않은 '침'에 '-아'(?)가 결합된 것이고, '쵸마'나 '츄마'는 '치-'에 '오/우'와 'ㅁ'에 '-아'가 결합한 것으로 볼 수 있다. 그러나 '치-'가 어떤 성격의 것인지, '-아'는 무엇인지 현재로서는 알 수 없다. '쵸마'가 19세기 국어에까지 나타나다가 20세기에는 '치마'로 통일되었다.
[37] 꼬장주이라: 고쟁이. '고쟁이'는 '바지'를 뜻하는 '고자(袴子)'에 접미사 '-앙이'가 결합하여 이루어진 것으로 보인다. '바지'는 본디 '바디'의 어형을 가지는 것으로, 16세기에 처음 그 예가 보인다. '바지'는 '고(袴)'로 표현될 수 있었는데, '고(袴)'는 다시 '고의(袴衣)'로

(속곳을 "꼬장주"라?)

\# 소ˆ꼬슬 꼬장주라 케여.
(속곳을 꼬장주라고 해요.)

@ 금ˆ 멀ˆ로 만드시'고?
(그건 뭐로 만드시고?)

\# 그 여'내[38] 미영 머ˆ, 미영'베고, 삼베고 그" 러치.
(그 역시 무명 뭐, 무명베고, 삼베고 그렇지.)

@ 명주 가꼬는 오슬 어ˆ떵 걸 만드셔'써요?

표현되거나 '고자(袴子)'로 표현되었다. 이 가운데 '고의'는 16세기부터 문헌에서 확인할 수 있다. '고의(袴衣)'는 15세기에서부터 보이는 고유어 'ᄀ외'와, 그 후대형인 '고외'를 한자로 적은 것이다. 따라서, '고의'는 '고쟁이'와 직접 관련은 없는 것으로 보이는 어형이다. 그러나, '고자(袴子)'는 경우가 좀 다른 것으로 생각된다. 그것은 17세기에 '성적 불구자'라는 의미로 '空袴子 고쟈'<1690역어유,상,30a>가 나타나는 바, '袴子'의 한자음은 '고쟈'였을 것이며, 이는 '성적 불구자'를 뜻하는 단어 '고쟈'와 같은 소리로 나타나게 되는 것이다. 즉, 속옷으로 쓰이는 '고외, 고의'를 표현하는 한자 표현은 '袴衣'와 '袴子'의 두 꼴을 모두 쓸 수 있었음에도 불구하고, '袴子'는 '성적 불구자'라는 뜻을 가지는 단어와 동음이의어 관계에 있었기 때문에 기피되었던 단어로 생각된다. 그러던 것이 접미사 '-앙이'를 써서 의복의 명칭을 만드는 예가 나타나게 됨에 따라, 속옷의 한 종류를 나타내는 방식으로 '고의'나 '바지'를 대신하여 '袴子'의 한자음인 '고쟈, 고자'에 '-앙이'를 결합시킨 '고장이'를 형성하게 된 것으로 보인다. 이는 19세기에 들어서의 일이다. 19세기에 들어 접미사 '-앙이'를 사용하여 이루어진 의복 명칭으로는 '잠방이'(窮袴) <1810몽유편, 상,10a>가 보인다. 다만, '고장이'의 형성이 접미사 '-앙이'보다는 새로운 복식형태의 출현에 더 밀접하게 관련되어 있을 가능성도 짙다. 여기서는 이같은 가능성에 대해 가능성을 열어 두는 것으로 만족하고자 한다. '고장이'의 형성을 '고의, 바지'가 뒤섞여 이루어진 '고지'에 접미사 '-앙이'가 이루어졌다고 볼 수도 있을 것이다. 그러나, 이와 같은 가능성은 '고지'처럼 나타나는 어형을 찾기 어렵다는 점, '바지 모양의 하의'를 뜻하는 한자어에 '袴子'가 있다는 점에서 그 가능성은 좀 떨어지는 것이라고 할 수 있다. '고장이'는 'ㅣ 모음 역행동화'가 적용되어 '고쟁이'로 표현될 수 있었으며, 이 '고쟁이'가 규범어휘로 정착하여 현대에 이르게 된다. '고쟁이'가 널리 쓰이게 된 것은 20세기에 들어서의 일이다.

38 여'내: 역시.

(명주 가지고는 옷을 어떤 걸 만드셨어요?)

\# 명주 거`틍 거는 그기^ 인자^ 가람옷[39] 테기시더[40], 전시`내.
(명주 같은 것은 그게 인제 외출복 턱입니다, 모두.)

\# 그기^ 겨`으런 가람오슬 해^꺼든녀.
(그게 겨울에는 외출복을 했거든요.)

@1 수이`?
(수의?)

\# 예^, 수이`옫하고, 은자^ 또 그저 또 그^ 한 사^라미 임능 거`느 인자^ 그그 인자^ 비다~이까베 머^ 상처`그로[41] 잘^ 임능교.
(예, 수의하고, 인제 또 그저 또 그거 한 사람이 입는 것은 인제 그거 인제 비단이니까 뭐 평상시에 잘 입나요.)

\# 고^ 인자^ 상^답 끼튼 데, 아들 장^개 보내 머, 딸 시^집 뽀내 머^ 인자^ 해^ 가^ 인자^ 예^당 거`틍 거, 하능 그 천생 명주로 하고, 물 띠레[42] 가주고 여^ 새^파란 물 띠리고, 빨^간 물 띠리, 노^란 물 띠리고, 점^부 그렁 거 해^짜느.
(그 인제 상답 같은 데, 아들 장가 보내 뭐, 딸 시집 보내 뭐 인제 해^ 가지고 인제 예단 같은 거, 하는 거 천생 명주로 하고, 물 들여 가지고

---

39 가람옷: 가름옷. 외출복.
40 테기시더: 턱입니다.
41 상처`그로: 상척(相斥)으로.
42 띠레: 들려서. 들이다'는 동사 '들다'에 사동 접미사 '-이-'가 결합한 것이다. '들다[入]'는 "밖에서 속이나 안으로 향해 가거나 오거나 하다"라는 뜻을 기본적으로 가지며(예: 안으로 드세요), "어떤 일에 돈, 시간, 노력, 물자 따위가 쓰이다"(예: 이번 여행에 돈이 많이 들었다), "남자가 결혼하다"(예: 장가를 들다) 등의 뜻을 부차적으로 갖는다. 이에 '들이다'는 '들다'의 여러 가지 의미의 사동사로 쓰이게 된다. 여기에서는 '들이다'의 물감을 들이다라는 뜻이다. 15세기의 '妃子 드리샤몬'에서 '드리다'는 "식구를 새로 맞이하다"라는 뜻으로 기본적으로 '입(入)'의 의미와 관련이 된다.

여기 새파란 물 들이고, 빨간 물 들이고, 노란 물 들이고, 전부 그런 거 했잖아요.)

\# 물로 디리 가˘ 따˘ 해˘짜니.
(물을 들여 가지고 다 했잖아요.)

\# 저'넨 다˘ 머˘ 뜨는 오스는 머˘ 율똥 그거'도 안 나'고, 명주 다˘ 애~ 할 찌'게는 율동 나고 비로'도 나고 다˘ 나짜닝'~교.
(전에는 다 뭐 뜨는 옷은 뭐 율동 그것도 안 나오고, 명주 다 안 할 적에는 율동 나오고 비르도 나오고 다 나왔잖아요.)

\# 그 율동 나고 비로˘도 날 찌'게는 명주오슨 다˘ 상다베 앤 녀'어써여.
(그 율동 나오고 비르도 나올 적에는 명주옷은 다 상답에 안 넣었어요.)

\# 아니'요, 저˘ 저˘게 다˘ 여˘자나 남자는 다˘ 명주오슬 하고, 소˘고스는 삼배로 가˘ 하는 수 마'니 이'써요, 수의오스는.
(아니요, 저 저기 다 여자나 남자는 다 명주옷을 하고, 속옷은 삼베를 가지고 하는 수가 많이 있어요, 수의는.)

@ 소˘고또 삼베 가'꼬 하시고?
(속옷도 삼베 가지고 하시고?)

\# 예.
(예.)

\# 속˘오슨 삼배로 가˘ 하머 모'메 떨˘ 부'꼬, 안 겡기˘고⁴³ 조'타꼬, 그래 핸˘니더.
(속옷은 삼베를 가지고 하면 몸에 덜 붙고, 안 감기고 좋다고, 그래 했습니다.)

---

43 겡기˘고: 감기고. 움라우트. 감기다'는 '감다'에 피동 접미사 '-기-'가 결합하여 만들어진 파생어로, 15세기 이후로 현대국어에 이르기까지 의미나 형태의 변화 없이 쓰이고 있다.

\# 그런데 요새^는 사미 업스^~니, 진짜 사미 잘 업스'이까 전시'네 모수고 나오능 게^ 이렇게, 그르이까 저 머^ 중국 쌈, 중궁 모수 케^사므, 삼 케^사므 나오이, 그릉 그'녀 가지고 인자^ 모수라꼬 애~ 할라꼬, 모수느 인자^ 앤 녀찬은'교.
(그런데 요새는 삼이 없으니, 진짜 삼이 잘 없으니까 전부 모시고, 나오는 게 이렇게, 그러니까 저 뭐 중국 삼, 중국 모시하고 하면서, 삼이라고 하면서 나오니, 그런 것은 가지고 인제 모시라고 안 하려고, 모시는 인제 안 넣잖아요.)

\# 수이'온 애~ 하자능'교.
(수의 안 하잖아요.)

\# 그르^~이 사미머 사미고, 차라로 마^ 저게^ 데^게 그한 사^러믄 미영'베로, 미영'베로 가^ 하능 기^지.
(그러니 삼이면 삼이고, 차라리 뭐 저기 되게 그거한 사람은 무명베로, 무명베를 가지고 하는 것이지.)

\# 그 인자^ 모수오슨 애~ 하요
(그 인제 모시옷은 안 해요.)

@ 수이'는 직쩝 만드셔써요?
(수의는 직접 만드셨어요?)

\# 아니'요, 우리'는 다^ 저 해^ 나아도, 해^ 나써요, 저거.
(아니요, 우리는 다 저기 해^ 놓아도, 해^ 놓았어요, 저기.)

@ 오까^믄 해^ 노'우셔떵 기^고?
(옷감은 해^ 놓으셨던 것이고?)

\# 아니'요, 다^ 요새^는 다^ 업^써예.
(아니요, 다 요새는 다 없어요.)

\# 명지'로 가ˆ, 명지'를 아~ 하~이까네 다ˆ 사가ˆ해ˆ써요.
(명주를 가지고, 명주를 안 하니까 다 사서 했어요.)

@ 그며는 제가 온별로, 온 이름대로 말씀 드리며는 요고는 머, 머ˆ 가꼬 요거, 요런 놈 마드러따, 요렁 거 쫌 얘기해 주세요?
(그러면은 제가 옷별로, 옷 이름대로 말씀 드리면은 요거는 뭐, 뭐 가지고 요것, 요런 놈 만들었다, 요런 거 좀 얘기해 주세요?)

@ 옌나레 치마 가틍 거는 주로 어떵 거, 치메느 어떵 걸로 만드러 이브션는지?
(옛날에 치마 같은 것은 주로 어떤 것, 치마는 어떤 걸로 만들어 입으셨는지?)

\# 처마 머, 머ˆ 옌나렌, 처마 머, 가라믄 명주고, 삼베느 머어 보통 중까라므로 입꼬 댕기고, 미영 참 미영베도 좀 보통으로 거저 머ˆ 거저 한, 곱께 해ˆ 가지고 인자ˆ 큰 가, 고븡 거, 고븡 거 인자ˆ 고렁 거 해ˆ 가 가람한다꼬 하고, 주로 미영 그 해찌 머ˆ 땅 그늠 머ˆ 가람 하능 기 인는교.
(치마 뭐, 뭐 옛날에는, 치마 뭐, 외출복은 명주고, 삼베는 뭐 보통 평상복으로 입고 다니고, 무명 참 무명베도 좀 보통으로 그저 뭐 그저 한, 곱게 해ˆ 가지고 인제 큰 거, 고운 거, 고운 거 인제 그런 거 해ˆ 가지고 외출복 한다고 하고, 주로 무명 그 했지 뭐 다른 것은 뭐 외출복 하는 게 있나요.)

@1 치마늠 메 폭짜'리로 만드?
(치마는 몇 폭짜리로 만드셨어요?)

\# 일곱 퐁, 여덜 폭, 그래 해쓰예.
(일곱 폭, 여덟 폭, 그래 했어요.)

\# 가라모슨 한메들 꺼 그 하는 데는.
(외출복은 할머니들 거 그 하는 데는.)

@1 치마에 그람ˆ 여ˆ기 이래ˆ, 허리에 뭉는 거 이거'를 머라고 부르심미까?
(치마에 그러면 여기 이래, 허리에 묶는 거를 이거를 뭐라고 부르십니까?)

\# 헐'띠요.
　(허리띠요.)

\# 헐'띠, 헐'띠, 인자ˆ 여 헐'띠르 인자ˆ 이래ˆ 인자ˆ 끼고, 치마 입꼬, 그거 다ˆ내 이'꼬 소ˆ꼳, 꼬장주ˆ 이'꼬 그래 노'으이 다 해ˆ 이'브~이까, 다 해ˆ 입꼬 또 여 허'리띠 끼고, 그래 골치 아프게 다ˆ 이'버짜네.
　(허리띠, 허리띠, 인제 여기 허리띠를 인제 이래 인제 끼고, 치마 입고, 그거 다내 입고 속곳, 고쟁이 입고 그래 놓으니 다 해ˆ 입으니까, 다 해ˆ 입고 또 여기 허리띠 끼고, 그래 골치 아프게 다 입었잖아.)

@ 우쩌고'리늠 멀ˆ로 만드셔꼬, 맹ˆ 다ˆ 또ˆ까튼 걸로요?
　(윗저고리는 뭐로 만드셨고, 모두 다 똑같은 것으로요?)

\# 예.
　(예.)

@1 옌날 새댁뜨른 바께 나갈 때 이래 얼굴 이래 몬 내고 이래 더퍼씨능?
　(옛날 새댁들은 밖에 나갈 때 이래 얼굴 이래 못 내고 이래 덮어쓰는?)

\# 그건 처내라꼬예.
　(그건 "처내"라고요.)

\# 처내라꼬 이래 또 옌나레 은자 새댁뜰네 참 마 시집가기나 하머 그으 또 덥퍼씨고, 바께 나가암 더퍼씨고 그거 하능 건 처내.
　(처내라고 이래 또 옛날에 인제 새댁들이 참 뭐 시집가거나 하면 그 또 덮어쓰고, 밖에 나가면 덮어쓰고 그거 하는 것은 처내.)

@ 그다으메 머ˆ 고재이는 아까 머ˆ 무느나, 고재이 가틍 거는 아까 그 베 가주고, 모시 가주고 하신다고 하셔써요?
　(그다음에 뭐 고쟁이는 아까 뭐 무느나, 고쟁이 같은 것은 아까 그 베 가지고, 모시 가지고 하신다고 하셨어요?)

\# 고재이느 예, 겨 저게 거저 평소 때 이블 꺼로요?
(고쟁이는 예, 그 저기 그저 평소 때 입을 것을요?)

\# 예.
(예.)

@ 그다'음 어ˆ른들, 바깓어ˆ른들 바지는 멀ˆ로 하셔써'요?
(그다음 어른들, 바깥어른들 바지는 뭐로 하셨어요?)

@ 여'르메늠에 멀ˆ로 하시고, 겨'우레늠 멀ˆ로 하시고?
(여름에는 뭐로 하시고, 겨울에는 뭐로 하시고?)

\# 받, 바그뜨어ˆ런들료?
(밖, 바깥어른들요?)

@ 예.
(예.)

\# 오스로?
(옷을?)

@ 예.
(예.)

\# 그 인저ˆ 바트로느 바지저고'리 인자ˆ 미영'베로 가ˆ 그래 하고,
(그 인제 바깥어른은 바지저고리 인제 무명베를 가지고 그래 하고.)

\# 미영'베로 가ˆ 하고, 가람 하능 거는 명주 바지저고'리로 하고.
(무명베를 가지고 하고, 외출복 하는 것은 명주 바지저고리로 하고.)

\# 명주 바지저고'리로 하고 그래 인자ˆ, 두루막또, 명쭈 두루막또 하는 사ˆ람 이'꼬, 고ˆ 인자ˆ 머ˆ 미영'베 두루막 하는 사ˆ암도 이'꼬, 그래 해ˆ찌 머'여.

(명주 바지저고리 하고 그래 인제, 두루마기도, 명주 두루마기도 하는 사람 있고, 고 인제 뭐 무명베 두루마기 하는 사람도 있고, 그래 했지 뭐요.)

@1 처'레 따라서 또 달리?
(철에 따라서 또 달리?)

\# 예^, 처'레 따라서 그래 해^여.
(예, 철에 따라서 그래 해요.)

@ 그먼 단추 가틍 거나 동정 가틍 거, 단추 가틍 거는 머^ 써 가주고 다쎠서요?
(그러면 단추 같은 것이나 동정 같은 것, 단추 같은 것은 뭘 써 가지고 다셨어요?)

\# 단추는 장에 가머 단추 파자능'교.
(단추는 시장에 가면 단추 팔잖아요.)

\# 그거 인자^ 지'베스로 고고다 구영 뚫^꼬 해^ 가^ 다 단추 그래 하고, 근^데 단초느 인제^ 장에 가가^ 사다가 인자^ 그거 달고 그래 해^써여.
(그거 인제 집에서 거기에다 구멍 뚫고 해^ 하지고 다 단추 그래 하고, 그런데 단추는 인제 장에 가서 사다가 인제 그거 달고 그래 했어요.)

\# 단추 업씰 찌게는 또 인자^ 헝^거플 저'버 가^ 요레^ 단초'를 매^써예.
(단추 없을 적에는 또 인제 헝겊을 접어 가지고 요래 단추를 맸어요.)

\# 매^ 가^, 똥고리^하~이 요리 매^ 가^, 고래 가^ 여자드른 고래 해^꼬, 남자드른 사다가 달고.
(매 가지고, 동그랗게 요래 매 가지고, 고래 가지고 여자들은 고래 했꼬, 남자들은 사다가 달고.)

\# 여자드른 그거 적사'메 인자^ 우'에 운또리 인자^ 점^부 인자^ 욘 끄늘 가주고 요레^ 저'버 가주고 고고 만드러 가, 요래^요래^ 매먼, 매는 사'램 이

써 고'오또, 요래ˆ 매ˆ 가 똥그리ˆ하도로 해ˆ 가 고래 또 요래ˆ.
(여자들은 그거 적삼에 인제 위에 윗도리 인제 전부 인제 요 끈을 가지고 요래 접어 가지고 그거 만들어 가지고, 요래요래 매면, 매는 사람 있어 그것도, 요래 매 가지고 동그랗게 해ˆ 가지고 고래 또 요래.)

@ 아ˆ, 동저~는?
(아, 동정은?)

동'저는, 동'전 다ˆ 머ˆ 다라찌, 머여.
(동정은, 동정 다 뭐 달았지, 뭐요.)

저고'리 하믄 다ˆ 동, 적사미나 저고'리나 동정 다능 거는.
(저고리 하면 다 동, 적삼이나 저고리나 동정 다는 거는.)

@ 거'어또 사 가주고 하싱 거'예요?
(그것도 사 가지고 하신 거예요?)

요세ˆ, 요세ˆ 인자ˆ 사지요.
(요새, 요새 인제 사지요.)

사지마 저'네는, 저'네는 이거 인자ˆ 쫌 명주로 가주고 동정 거틍 고 바지저고'리에, 저ˆ 기ˆ열 빠지 저고'린데다 동정 미영'베로 가ˆ 다는 사ˆ람도 이'꼬, 인자ˆ 또 명주는 요거 인자ˆ 조~이로 저버 가조, 또깝ˆ한 조~이로 저'버 가ˆ 인자ˆ 심 녀어 가, 그래 가ˆ 인자ˆ 명주로 가주고 요래ˆ 해ˆ꼬 그랜ˆ니ˆ더.
(사지만 전에는, 전에는 이거 인제 좀 명주를 가지고 동정 같은 고 바지저고리에, 저 겨울 바지 저고리에다 동정을 무명베를 가지고 다는 사람도 있고, 인제 또 명주는 요거 인제 종이를 접어 가지고, 두꺼운 종이를 접어 가지고 인제 심 넣어 가지고, 그래 가지고 인제 명주를 가지고 요래 했고 그랬습니다.)

고ˆ븡 거로 가ˆ 고래ˆ 해ˆ꼬, 미영'베 바지저고'리는 동'정을 다라도 마 머

엉'베로 가주'고 이'애 다라쓰'예.
　　(고운 것을 가지고 고래 했고, 무명베 바지저고리는 동정을 달아도 뭐 무명베를 가지고 이래 달았어요.)

\# 　미엉'베로, 미엉'베로 다.
　　(무명베로, 무명베로 다.)

\# 　삼베늠 머^ 동'정도 안 달고 그'냥.
　　(삼베는 뭐 동정도 안 달고 그냥.)

@ 　아^, 삼베는 동'정 업'씨 그'냥 온 만드'셔꾸요?
　　(아, 삼베는 동정 없이 그냥 옷 만드셨고요?)

\# 　예^, 고걸^ 쪼:꼼 느께'느 인자^ 동'정, 다: 삼베도 동정 다라 가주'고 미엉'베로 가주'고 동'정 달고 그레 해^쓰'에.
　　(예, 그걸 조금 늦게는 인제 동정, 다 삼베도 동정 달아 가지고 무명베를 가지고 동정 달고 그래 했어요.)

\# 　해아고 글'치만, 처^멘 저'넨 다: 동'정도 업^씨 그'냥 다라써'예.
　　(하고 그렇지만, 처음에는 전에는 다 동정도 없이 그냥 달았어요.)

\# 　그'냥 달고, 미엉'베는 겨'으레 저고'리이까데.
　　(그냥 달고, 무명베는 겨울에 저고리니까.)

@ 　그'면 함:복 고^ 부붐 명칭 쫌?
　　(그러면 한복 고 부분 명칭 좀?)

\# 　요거 인제^ 요거는 기'리고, 요거는 기'리고, 요고는 솜매고, 요고는 인자^ 긷:씨고, 요고 동'저~이고, 요고'는 그'러치.
　　(요거 인제 요거는 길이고, 요거는 길이고, 요거는 소매고, 요거는 인제 깃이고, 요거는 동정이고, 요거는 그렇지.)

\#   요고' 고로미이까네 그래 인니 요고 또 요고ᄂ, 요ˆ 먼:지 인능 거ˆᄂ 요고 ˆᄂ 긷:씨네.
      (요거는 고름이니까 그래 인제 요거 또 요거는, 요 먼저 있는 것은 요거는 깃이네.)

\#   요거ˆᄂ 긷:씨고 요ˆ언 동'정 아임미'까.
      (요거는 깃이고 요거는 동정 아닙니까.)

@   요고'ᄂ?
      (요거는?)

\#   고고'ᄂ 고'롬.
      (그것은 고름.)

\#   요고'ᄂ 고로미고.
      (이것은 고름이고.)

\#   요고'ᄂ 끄똥[44], 요고'ᄂ 끄똥, 요ˆ 소매 끄타ˆ~에 요ˆ 인능 거'ᄂ, 요고'ᄂ 끄똥.
      (요거는 끝동, 요거는 끝동, 요 소매 끝에 요 있는 것으, 요거는 끝동.)

@   요ˆ서 요오ˆ까지는?
      (여기에서 여기까지는?)

\#   고'오ᄂ 기일.
      (고거는 길이.)

@   요골ˆ 기'링가 카고?
      (요걸 길이라고 하고?)

---

[44] 끄똥: 끝동.

\# 예ˆ, 요고ˆ온 기'리라 커고.
　　(예, 요건 길이라고 하고.)

@ 그먼 요ˆ서 요ˆ오까지?
　　(그러면 여기에서 여기까지는?)

\# 요고'는 동'정⁴⁵, 참 그 사'매⁴⁶.
　　(요거는 동정, 참 그 소매.)

@ 요ˆ서 요기까'질 머'라고 하세요?
　　(여기에서 여기까지를 뭐라고 하세요?)

@ 요고'는 요'오까지, 요'오까지?
　　(요거는기 여기까지, 여기까지?)

\# 아~, 요고'는 소매고, 요고'는 기'레, 기'레 요고 인자ˆ 고'디⁴⁷, 요고', 요고'
　　어깨바'지⁴⁸, 어깨바'진데 요고'느 요ˆ 한테 따징ˆ~ 거 아잉~교, 요고'느.
　　(아, 요거는 소매고, 요거는 길이, 길이 요거 인제 "고디", 요거, 요거 어깨
　　받이, 어깨받이인데 요거는 요 한데 따진 거 아닙니까, 요거는.)

@ 디:쪼근, 디:쪽, 요'오서 요오'까진?
　　(뒷쪽은, 뒤쪽, 여기에서 여기까지는?)

45　동'정: 동정. 한복에 다는 동정.
46　사매: 소매. 국어사에서 '소매'가 최초로 나타나는 형태는15세기의 '스매'이다. '스매'는 17세기 문헌에서는 '소매'로 바뀌어 나타나기도 하는데, 이것은 이 당시에 'ㅁ, ㅂ, ㅍ'과 인접한 환경에서 'ㆍ'가 'ㅗ'로 바뀌는 산발적인 변화가 일어났기 때문이다. 이 '소매'가 굳어진 것이 현대어형 '소매'이다. 18세기부터 나타나는 '소미'의 제2음절은 18세기 중엽에 어두 음절의 'ㆍ'가 'ㅏ'로 바뀜에 따라 'ㅓ'가 'ㅐ'로 바뀌는 변화가 18세기 후반에 일어났기 때문에 나타날 수 있었던 표기이다. 그리고 이러한 'ㆍ>ㅏ'의 변화에 따라 일시적으로 나타나는 것이 19세기의 '사매, 사미, 삼애'의 제1음절 'ㅏ'이다
47　고'디: 고디.
48　어깨바'지: 어깨받이.

\# 근: 딛, 등'낄⁴⁹, 등'낄.
(그건 뒷, 등길, 등길.)

@1 사매 끄'테 요ˆ 머ˆ 데ˆ는 저게ˆ 이'르미?
(소메 끝에 요 뭐 대는 저게 이름이?)

\# 끄똥, 요고'느 끄똥뇨
(끝동, 요거는 끝동이요.)

@ 끄똥 덴:다 카시고?
(끝동 된다고 하시고?)

\# 예ˆ, 끄또~이라, 요'오는 끄또~이라.
(예, 끝동이라, 요거는 끝동이라.)

@ 그므 옌ˆ나레 저거 호'돈슨⁵⁰ 머ˆ 어:떠케 해ˆ 이'브셔꼬, 바까테 임는 온, 겨보슨 또 어:떵 거가 이'썬는지, 아느로오⁵¹ 하고 바까트로⁵²?
(그러면 옛날에 저거 홑옷은 뭐 어떻게 해ˆ 입으셨고, 바깥에 입는 옷, 겹옷은 또 어떤 게 있었는지, 안으로하고 바깥으로?))

\# 호도스너 홀 껍띠기로⁵³ 하~이까 점:부 호도시고, 그 인자ˆ 겨브느 인자ˆ, 인자ˆ 안 데:고 그래 하~이까네 겨비고, 또 하도스느 인자ˆ 소무룰, 사이에 소ˆ움을 여 가 하~이 그게ˆ 인자ˆ 하도시고 그러치.
(홑옷은 홑 껍데기로 하니까 전부 홑옷이고, 그 인제 겹옷은 인제, 인제 안을 대고 그래 하니까 겹이고, 또 핫옷은 인제 솜을, 사이에 솜을 넣어가지고 하니까 그게 인제 핫옷이고 그렇지.)

---

49 등'낄: 등길.
50 호'돈슨: 홑옷은.
51 아느로오: 안으로, 안사람으로, 여자들로.
52 바까트로: 바깥으로, 남자들로.
53 껍띠'기로: 껍데기로.

@ 하돔 만드'실 때는 어:떠케 만드셔써요?
   (핫옷 만드실 때는 어떻게 만드셨어요?)

하돔 만들 찌'게늠 머^ 소^우므로 만드러 가^ 인자^ 그거 해^ 가, 소^움나 가^ 소^우믈 해^ 가^ 사다가 인자^ 그예 쩌 안 디벨[54] 때 인자^ 그거 소^우믈 가^ 부쳐 가^ 고'레 디베^찌여.
   (핫옷 만들 적에는 뭐 솜으로 만들어 가지고 인제 그거 해^ 가지고, 솜을 넣어 가지고 솜을 해서 가지고 사서 인제 그래 저 안을 뒤집을 때 인제 그거 솜을 가지고 붙여 가지고 고래 뒤집지요.)

@ 요로케 중가'네 바느'질하능 거는 머라 카세요?
   (요렇게 중간에 바느질하는 것은 뭐라고 하세요?)

@ 줄줄로 바느'질해 가'꼬, 와: 그: 저^ 잠배~이[55] 만드'러 입능 거 이'찌 안씀미'까?
   (줄줄로 바느질해 가지고, 왜 그 저 잠방이 만들어 입은 것 있지 않습니까?)

---

54 디벨: 뒤집을.
55 잠배~이: 잠방이. '잠방이'는 '가랑이가 무릎까지 내려오도록 짧게 만든 홑바지'로 한자어로는 '곤의(褌衣)'라고 한다. 여름철에 농사꾼이 바지 대신 입었던 것인데 요즘의 반바지와 약간 비슷한 것이라 할 수 있다. 현대국어에서도 이 단어는 노년층에서 여전히 쓰이고 있다. 옛 문헌에서 '잠방이'는 17세기에 '쟘방이'로 처음 나타난다. 그 후 '잠빙이', '잠뱅이', '잠방이' 등으로 다양하게 나타난다. 문헌으로 볼 때 '잠방이'는 '쟘방이>잠방이'로 단모음화를 겪은 형태이며, 20세기에 나타나는 '잠뱅이'의 형태는 원말인 '쟘방이'가 ㅣ 역행동화에 의해 전설모음화된 형태로 주로 방언에서 많이 들을 수 있다. '쟘방이'가 언제 어떻게 생겨난 말인지는 잘 알려져 있지 않다. <허생전>에 '베잠방이로 늙어 죽다'라는 표현이 나온다. 이 말의 뜻은 벼슬을 하여 빛나는 옷을 입어 보지 못하고 베로 만든 일상복 '베잠방이'를 입는 신세로 늙어 죽는다는 뜻이다. 달리 말해 '재능을 펴 보지 못하고 평범한 사람으로 살다가 죽다'는 뜻이다. 속담 '잠방이에 대님 치듯'은 거북한 일을 당하여 속이 켕기는 상태를 비유적으로 표현한 것이다. 잠방이는 길이가 짧아서 대님을 칠 필요도 없는 것인데 대님을 치는 흉내를 내어야 하는 거북한 심사를 표현한 속담이라 할 수 있다.

\# 아ˆ, 느'베[56] 저구'리, 니'베, 느'베 저구'리, 느베'옷[57].
(아, 누비 저고리, 누비, 누비 저고리, 누비옷.)

@ 고'렁 거또 다ː 만드'러 보시고?
(그런 것도 다 만들어 보시고?)

\# 마드'러 보'기느 안 해ˆ써예.
(만들어 보기는 안 했어요.)

@1 소ˆ믈 아네 여ˆ 노'으면 이게ˆ 암 뭉치ˆ구러 중간 이렌ː 바늘로?
(솜을 안에 넣어 놓으면 이게 안 뭉치도록 중간에 이래 바늘로?)

\# 예ˆ, 서ˆ물 인자ˆ 그그 하능 거'느 도려네[58] 여래 인자ˆ 요거 인자ˆ 함불 시'쳐예[59].

---

[56] 느'베: 누비. '두 겹의 천 사이에 솜을 넣고 줄이 죽죽 지게 박는 바느질. 또는 그렇게 만든 물건.'이라는 뜻의 '누비'는 15세기부터 각 세기별로 골고루 나타나며, 조선시대 초기의 유물에서도 누비옷을 볼 수 있다. '누비다'의 어간 '누비-'는 이 명사와 어근이 같지만, 문헌에 나타나는 시기는 17세기부터이다. '누비다'라는 동사는 아마 '신'에서 '신다'라는 동사가 생긴 것과 같은 과정을 겪은 것으로 보인다. 즉 '누비'라는 명사 자체가 동사의 어간의 사용된 것이다. 이 '누비다'의 어간은 처음 등장한 이후 현대까지 아무런 어형의 변화 없이 사용되고 있다. 현대국어에서는 '두 겹의 천 사이에 솜을 넣고 줄이 죽죽 지게 박다.'는 뜻 이외에도 '이리저리 거리낌 없이 다니다'는 뜻도 있는데, 후자는 전자의 의미에서 파생된 것으로 보인다.
[57] 느'베옷: 누비옷.
[58] 도려네: 도련에.
[59] 시'쳐예: 스치어요. '스치다'는 현대국어에서 여러 가지 뜻으로 쓰인다. '옷깃을 스치다'에서는 '서로 살짝 닿으면서 지나가다'는 뜻이다. '잠깐 지나간 일이 머리 속을 스쳐 갔다'의 '스쳐'는 '잠시 어떤 생각이나 느낌이 떠올랐다가 사라지다'라는 뜻이다. '공간이나 시간을 거쳐 가다'는 뜻의 '스치다'도 쓰인다. '스치다'의 고어는 '스치다'와 '슷치다' 등으로 나타난다. 한편 중세국어 문헌에는 '문지르다'는 뜻의 '빛다', '슷다' 등의 낱말도 존재한다. 이 단어는 그 뜻이 '스치다'와 달라서 같은 어원을 가진 것이라 할 수 없다. 중세국어에서는 아주 짧은 틈을 뜻하는 '슷'(間)이라는 명사도 있다. 명사 어간 '슷'과 '슷치다'는 의미상 거리가 있어서 같은 어원을 가진 것이라 하기 어렵다.

(예, 솜을 인제 그거 하는 것은 도련에 요래 인제 요거 인제 미리 시쳐요.)

\# 함불 시'치고, 시'치므 인자ˆ 고ˆ 고게ˆ 디베'머 암 뭉치ˆ니:더.
(미리 시치고, 시치면 이제 고 그게 뒤집으면 안 뭉칩니다.)

\# 인자ˆ 저구'리 가틍 거나 바지, 머'어시나 요래ˆ 가 인자ˆ 그거 저게 다: 여'그 저'게 이래ˆ 실:로 가ˆ 이래ˆ 감:짜능교?
(인제 저고리 같은 거나 바지, 무엇이나 요래 가지고 인제 그거 저기 다 여기 저기 이래 실을 가지고 이래 감잖아요.)

\# 소매에는 감:꼬, 바지도 인자ˆ 이레ˆ 인자ˆ 점:부 다: 거'테다가 솜: 발라 노코 고'오다가 이래ˆ이래ˆ 실:로 가ˆ 함불 이래ˆ이래ˆ 가머 노, 첨: 그ˆ 할 찌'에.
(소매에는 감고, 바지도 인제 이래 인제 전부 다 겉에다가 솜 발라 놓고 거기에다가 이래이래 실을 가지고 미리 이래이래 감아 놓고, 처음 그 할 적에.)

\# 처ˆ음 그ˆ 할 찌'게도 그래도 내ˆ주우느 고게ˆ 인자ˆ 고대ˆ로 인자ˆ 또 거' 더 노'오머 다'으멘 또 고'양 노'오머 데그'등네.
(처음 그 할 적에도 그래도 나중에는 고게 인제 고대로 이제 또 걷어 놓으면 다음에는 또 그냥 놓으면 되거든요.)

\# 앰 뭉치ˆ거등네.
(안 뭉치거든요.)

\# 고라고, 처:음 할 찌'게느 고레 처:음 소ˆ게 처ˆ음 바럴' 찌게는 요래ˆ 인제ˆ 부'칠 찌게느 요래ˆ 그 인자ˆ 실:로 가 요래ˆ 함 븐 쓱: 가머요.
(그러고, 처음 할 적에는 고래 처음 속에 처음 바를 적에는 요래 인제 붙일 적에는 요래 그 인제 실을 가지고 요래 한 번씩 감아요.)

@1 엔ˆ날 어ˆ런드레 지혜가 참 대ˆ단항 거라.
(옛날 어른들의 지혜가 참 대단한 거야.)

@1 거 시:를 이레ˆ 가마 노~오이 이기ˆ 소ˆ미 암 뭉치ˆ고, 고대:로 그래 오슬 내ˆ중에 뜨더 내ˆ도 소ˆ미 고대ˆ로, 소ˆ믄 모양 그대'로 드러 이'꼬.
(그 실을 이래 감아 놓으니 이게 솜이 안 뭉치고, 그대로 그래 옷을 나중에 뜯어 내도 솜이 그대로, 솜은 모양 그대로 들어 있고.)

\# 그대ˆ로 이'씨~이 인저ˆ 내ˆ조 또 고'양 고고'너 인자ˆ 씨'껄 찌에, 빨래 씨'껄 찌게느 인제ˆ 고ˆ 거'더 가ˆ, 살ˆ 거'더 가ˆ 나ˆ 나따가, 그래 내ˆ조 또 시'꺼 가ˆ 또 풀 해ˆ 가ˆ 다: 해ˆ 가주'고느 고고 인자ˆ 또 소ˆ게, 고ˆ 소'게 가따'가 고대ˆ로 또 인자ˆ 디'베ˆ 가 고래 가 딱 부치'므 고대ˆ로 이'써요.
(그대로 있으니 인제 나중에 또 그냥 그것은 인제 씻을 적에, 빨래 씻을 적에는 인제 그걸 걷어 가지고, 살살 걷어 가지고 놔 놨다가, 그래 나중에 또 씻어 가지고 또 풀 해ˆ 가지고 다 해ˆ 가지고는 그거 인제 또 속에, 고 속에 갖다가 고대로 또 인제 뒤집어 가지고 고래 가지고 붙이면 고대로 있어요.)

\# 고대ˆ로 이'꼬 인자ˆ 할 찌'게느, 꾸'멜 찌'게느, 디'벨[60] 찌'게느 인자ˆ 도련 은'자, 도련 가'에 인자ˆ 요 저구'리 가ˆ에느, 요ˆ느 인자ˆ 바느'질로 듬ˆ성듬 ˆ성 해ˆ야 데지.
(고대로 있고 인제 할 적에는, 꿰맬 적에는, 뒤집을 적에는 인제 도련 인제, 도련 가에 인제 요 저고리 가에는, 요기는 인제 바느질을 듬성듬성 해야 되지.)

\# 그'래야 요고 앤 따라가그'등.
(그래야 요게 안 따라가거든.)

@1 도련' 큰'능 가ˆ 이러'게 돌려서 이러'케 바느'질하'능 걸ˆ 도'려니라 그럽'니까?
(도련이라고 하는 것이 이렇게 돌려서 이렇게 바느질하는 것을 도련이라 그럽니까?)

---

60 디'벨: 뒤집을.

\#   아니, 여: 인자ˆ 도려'느너 인자ˆ 미'테 인자ˆ, 우'에 우또'리르[61] 입'꼬 인자ˆ 미'테 여기 인자ˆ 도려'~이라 캄미'더.
(아니, 여기 인제 도련은 인제 밑에 인제, 위에 윗옷을 입고 인제 밑에 여기 인제 도련이라고 합니다.)

---

[61] 우또'리르: 윗도리를.

■ 바느질

@1 근^데 고^ 바느질하능 거 요래^ 이래^이래^ 하능 거또 이'꼬, 이르^겐 돌리
　　기도 하고 여^러 가지 이'찌요, 바느'질하는 방식?
　　(근데 그 바느질하는 것 요래 이래이래 하는 것도 있고, 이렇게 돌리기도
　　하고 여러 가지가 있지요, 바느질하는 방식?)

@　바널 종, 종^뉴부터 해^ 가주고 바느'질 어^떠케 하시는지 쫌 말^씀해^ 주
　　세요?
　　(바늘 종, 종류부터 해^ 가지고 바느질 어떻게 하시는지 좀 말씀해 주세
　　요?)

@1 이불 거틍 거'느 바늘 큰^ 거 꺼 이래^ 해^ 가^?
　　(이불 같은 것은 바늘 큰 것 가지고 이래 해^ 가지고?)

@　그~이까 어^떰 바늘, 어^떰 바늘 읻'꼬?
　　(그러니까 어떤 바늘, 어떤 바늘 있고?)

#　예^, 또 머^ 고^분 오스는 고^븐 바늘로 까^ 해^야 데'고, 그르 인자^ 굴:근
　　오시고 하돈 끼'미능¹ 거넌 쫌 바늘 쫌 굴^릉 거 가^ 해^야 데'고 그르치.
　　(예, 또 뭐 고운 옷은 고운 바늘을 가지고 해야 되고, 그래 이제 굵은 옷이
　　고 핫옷 꿰매는 것은 조금 바늘 좀 굵은 거 가지고 해야 되고 그렇지.)

#　요런 인자^ 명주온 꺼틍 거느 바느리 좀 고^버야 데'고, 그 인자^ 그그'느
　　인자^ 이레^ 명주 거틍 거느 거^ 인자^ 바널 굴^근 거로 하믄 쫌 덜^ 조~
　　으니까 굴^긍 거를, 인자^ 굴^군 옷 미영'베, 삼베넌 굴^근 바널 까^ 해^야

1　끼'미능: 꾸미는. '꾸미다'가 최초로 나타나는 형태는15세기 문헌에 나타나는 '쑤미다'이다.
　'꾸미다'는 16세기 이후 그 표기만 바뀌었을 뿐, 발음은 바뀌지 않았다. 16세기부터 나타나
　는 '꿈이다'는 '쑤미다'의 분철 표기이다. 한편 15세기 국어에는 이 '쑤미다'와 비슷한 뜻의
　단어로 '비스다'가 있었는데, 이 단어의 흔적이 '(설)빔'에 남아있다.

데고.
(요런 인제 명주옷 같은 것은 바늘이 좀 고와야 되고, 그 인제 그것은 인제 이래 명주 같은 것은 그 인제 바늘 굵은 걸로 하면 좀 덜 좋으니까 굵은 것을, 인제 굵은 옷 무명베, 삼베는 굵은 바늘 가지고 해야 되고.)

\# 그래~이게 거ˆ 저ˆ 명주오슨 쫌 고ˆ분 바늘 까ˆ 하고.
(그러니까 그 저 명주옷은 조금 고운 바늘 가지고 하고.)

@ 그며 인제ˆ 바지 만들거나 저고리 만들거나 이불 만들거나 이불 께ˆ멜' 때나, 이럴 때 바느'질하는 방버비 다ˆ 다르'지 안씀'니까?
(그러면 이제 바지 만들거나 저고리 만들거나 이불 만들거나 이불 꿰맬 때나, 이럴 때 바느질하는 방법이 다 다르지 않습니까?)

@ 고거 함번 말ˆ씀해 해주요?
(고거 한번 말씀해 주세요?)

\# 이불 ㄲˆ멜 찌'게는 아주 굴ˆ군 바늘로 가ˆ ㄲ러메지여.
(이불 꿰맬 적에는 아주 굵은 바늘을 가지고 꿰매지요.)

@ 그 어ˆ떤 시'그로 시치'믈[2] 하시는지?
(그 어떤 식으로 시침을 하시는지?)

\# 그거'르 모' 오ˆ째, 그거 머ˆ 오슬 여 나ˆ두고 하는 거'트먼사 하지마, 여ˆ 오또 나ˆ두고 애~ 하고 그거 머ˆ 어ˆ떠케.
(그것을 뭐 어떻게, 그거 뭐 옷을 여기 놔두고 하는 것 같으면 하지만, 여기 옷도 나두고 안 하고 그러면 뭐 어떻게.)

@ 고ˆ 요ˆ로케 바늘 돌리능 검마다 요래ˆ 꼬ˆ메능 거'는 요건 어예 꼬ˆ메능 거다, 고'론 명칭, 이'르미 이짜'나요, 할머니?

---

2 시치'믈: 시침을.

(고 요롷게 바늘 돌리는 것마다 요래 꿰매는 것은 요건 어떻게 꿰매는 것
　　이다, 그런 명칭, 이름이 있잖아요, 할머니?)

\#　그어예 머^ 또 은자^ 저기 호`돈 할 찌'게는 바늘론 가지'고, 호`돈 할 찌게'
　　는 인자^ 박지요³.
　　(그거야 뭐 또 인제 저기 홑옷 할 적에는 바늘을 가지고, 홑옷 할 적에는
　　인제 박지요.)

\#　바금`질해^야⁴ 데'고, 고^ 인자^ 떠^ 점^부 디베'고 인자^ 겨보시나 그렁 거
　　인자^ 따고⁵ 할 꺼'느 은자^, 또 시`끌 찌겐 또 따고 디베^ 가^ 하고 하능

3　박지요: 박음을.
4　바금`질해^야: 바금질해야. 바느질의 하나. 실을 곱걸어서 튼튼하게 꿰매는 것으로, 온박음
　　질과 반박음질의 두 가지가 있다. '박음질'은 바느질법의 하나로, 실을 곱걸어서 튼튼하게
　　꿰매는 방법이다. 이 '박음질'은 온박음질과 반박음질의 두 가지 종류가 있다. '박질'은
　　18세기 한글 문헌에서 '박음질'이라는 형태로 나타나 현대국어에 이르기까지 별다른 변화
　　없이 쓰이고 있다. 이것은 '박-+-음(명사형 전성어미)+-질(접사)'로 분석되며 말 그대로
　　"박는 행동"을 뜻한다. '홈질'은 옷감 두 장을 포개어 바늘땀을 위아래로 드문드문 호는
　　바느질법이다. '박음질'은 위 아래로 촘촘하게 박아내는 바느질로서 홈질보다 더 튼튼하게
　　박는 것이다. 예전에는 대바늘이나 쇠바늘을 이용해 손으로 아래위를 촘촘히 박는 것만
　　'박음질'이라고 했다. 그러나 현대에는 재봉틀로 박는 것도 '박음질'이라 칭한다. 접미사
　　'-하다'가 결합하여 주로 '박음질하다'라는 동사로 쓰인다. 옷감을 다스리는 동사로, '마르
　　다', '박다', '호다', '꿰매다', '깁다', '누비다' 등이 있다. 이 동사들은 모두 옷감으로 옷을
　　만들 때 행하는 여러 가지 동작을 표현한 낱말들이다.
5　따고: 따내고. '따다'는 그 표기와 음운변화에 의해 'ㅺ>ㅼ>ㄸ', 'ㆍ>ㅏ'로 변한 것 이외에
　　는 특별한 변화가 없다. 그러나 그 의미는 현대국어에 와서 크게 확장되었다. 15세기 등의
　　우리말에서 '따다'는 나무의 열매나 잎 등 달려 있는 물체를 떼어 내는 의미가 가장 기본적
　　인 것이었다. 그러나 현대국어에 이르러 그 뜻이 크게 확장되어 다의적 용법을 가지게
　　된다. 그리하여 "글이나 말 따위에서 필요한 부분을 뽑아 취하다"(예: 요점을 따다), "노름,
　　내기, 경기 따위에서 이겨 돈이나 상품 따위를 얻다"(예: 돈을 따다), "이름이나 뜻을 취하
　　여 그와 같게 하다"(예: 할아버지 이름을 따다), "점수나 자격 따위를 얻다"(예: 운전면허를
　　따다) 등과 같은 다양한 의미를 표현한다. '따다'가 현대국어에서 이렇게 다양한 의미로
　　확대된 것은 현대 사회가 복잡다단하게 발전하면서 국어를 사용하는 환경이 한결 다양하
　　고 복잡해짐으로써 문장 표현 환경이 변하였기 때문일 것이다. '따다'의 어원은 더 이상
　　밝혀 분석하기가 쉽지 않다. 의성어 '똑' 혹은 '딱'과 같은 단어가 동사 '따다'와 관련되어

거, 그'렁 거는 점^부 인자^ 홈질해야⁶ 데.
　　　(박음질해야 되고, 고 인제 또 전부 뒤집고 인제 겹옷이나 그런 거 인제 따고 할 것은 인제, 또 씻을 적엔 또 다고 뒤집어 가지고 하고 하는 거, 그런 거는 전부 인제 홈질해야 돼.)

\# 　홈질해^야 데'고, 호'도슨 어'데든지 또 바금'질 해^야 데'고.
　　　(홈질해야 되고, 홑옷은 어디든지 또 박음질해야 되고.)

@ 　이'부런?
　　　(이불은?)

\# 　이'부른, 이'불또 홈질하고, 코 꺼'러 메'고⁷ 이릉 그는 바'그야 데'고, 그래

　　있을 가능성을 생각해 볼 수 있다. 달린 과일이나 잎 따위를 딸 때 나는 소리인 '똑'이나 '딱'이 이 동사의 결과로 실현되는 소리와 상통할 수 있기 때문이다.
6　홈질해야: 홈질해야. 헝겊을 겹쳐 바늘땀을 성기게 꿰매다. 봉(縫). '호다'는 15세기 이후로 형태와 의미의 변화 없이 현대에까지 이르고 있다. 19세기 문헌에서는 바느질법의 한 가지인 '홈질'이 보이는데, 이 단어도 '호다'에서 파생된 단어이다(홈질ᄒ다 縫<1880한불자,110>). '호다'는 20세기 이후로 잘 쓰이지 않는 단어가 되었다. 이는 일상생활에서 바느질이 그리 중요한 일상이 아니기 때문일 것이다.
7　메고: 매고. '매다[結]'는 "끈이나 줄 따위의 두 끝을 엇걸고 잡아당기어 풀어지지 아니하게 마디를 만들다"는 뜻이다. 중세국어 시기의 어형은 '미다'이고 이것이 19세기 이후 문헌에서 '매다'로 변하였다. 어두음절에서의 'ㆍ>ㅏ' 변화가 실현된 것이다. 17세기 후기 문헌에 돌발적으로 나타난 '매다'는 'ㆍ>ㅏ' 변화가 적용된 것이 아니라 표기상 우발적으로 나타난 것일 가능성이 높다. 어형과 의미 변화가 거의 없이 수백 년 동안 쓰여 온 말이 '매다'이다. '매다'는 몇 개의 동음이의어를 가지고 있다. '밭을 매다'의 '매다'는 첫 음절이 장음이어서 '매다[結]'와 완전한 동음어는 아니다. '매다[結]'는 그 뜻이 확대되어 "어떤 데에서 떠나지 못하고 딸리어 있다"는 의미로도 쓰인다. 예컨대 '아버지는 그 일에 목을 매고 있다'와 같은 문장의 '매다'가 그러한 의미를 보여 준다. '매다'에서 나온 파생 명사로 '매듭'이 있다. '매듭'은 <국한회어>(1895)에 '도래매듭 族結'(79)으로 처음 문헌에 나타난다. '매듭'의 옛 말은 '미듭'이다. '미듭'은 15세기부터 나타나는데, 이것은 '미-(>매-)'에 명사 파생 접미사 '-듭'이 결합된 것이다. '미듭', '미둡', '민둡', '민듭'의 형태로 나타나다가 현대국어의 '매듭'으로 굳어졌다. 한편 '미듭'류와는 별도로 17, 18세기 문헌에는 '민줍', '미줍'의 형태가 보인다. 이들은 '및-[結]'에 명사 파생 접미사 '-읍(>-웁)'이 결합된 것이라 볼 수 있다.

인자ˆ 디베'고 머ˆ 가ˆ 둘리고 하능 거'는 홈질로 해ˆ야 머ˆ 내ˆ조 그거'또 따고 인자ˆ, 따고 하기가 숩ˆ지[8].
　　　(이불은, 이불도 홈질하고, 코 걸어 매고 이런 것은 박아야 되고, 그래 인제 뒤집고 뭐 가를 두르고 하는 것은 홈질을 해야 뭐 나중에 그것도 따고 인제, 따고 하기가 쉽지.)

\# 　이거'느 인자ˆ 안 따능 거'느 머ˆ던지 인자ˆ 폭 꺼'러 매고 하능 거'느 안 따ˆ이까 그거'느 인자ˆ 바그야 데'고, 바그야 데'고 인자ˆ 이불또 그러코, 바그야 데'고, 거 인자ˆ 가ˆ 둘리고 점ˆ부 디베'고, 그거 하고 하능 거'는 점ˆ부 홈질로 해ˆ야 데'고 그러치.
　　　(이것은 인제 안 따는 것은 무엇이든지 인제 폭 얼어 매고 하는 것은 안 따니까 그것은 인제 박아야 되고, 박아야 되고 인제 이불도 그렇고, 박아야 되고, 그 인제 가를 두르고 전부 뒤집고, 그거 하고 하는 것은 전부 홈질을 해야 되고 그렇지.)

@1 이'부른 홈지리 아이'~고 시침'질이라?
　　　(이불은 홈질이 아니고 시침질이고?)

\# 　그거'느 은자ˆ 디베ˆ 가ˆ, 디베ˆ 가주'고 인자ˆ 소움 거틍 거 암 뭉치ˆ라꼬 그레 인자ˆ 시치'를 여'얼라 그래.

8　숩ˆ지: 쉽지. 쉽다'는 15세기 문헌에서도 '쉽-'으로 확인된다. '쉽-'의 변이형 혹은 이표기로는 '슙-', '숩-'이 나타나는데, '슙-'은 '쉽-'의 모음 uj 또는 wi가 도치되어 ju로 바뀐 것이 아닌가 생각된다. '슙-'이 '숩-'과 같은 소리였을 가능성도 있다. 왜냐하면 구개음화가 확산된 18세기 이후에는 ㅅ이 ㅣ, j 앞에서 구개음으로 실현되었는데, 구개음 ㅅ은 ㅣ, j와 조음 위치가 가까워 '쌰, 셔, 쇼, 슈' 등은 '사, 서, 소, 수' 등으로 통합되었기 때문이다(샹>샹[賞], 셔다>서다[立], 쇼>쇼[牛], 슈건>수건[巾] 등). '숩-'은 '수비, 수이' 등 부사형에서만 나타나는 형태이나, 현대 국어의 경상, 전라, 강원 등의 방언에서는 '숩-'이 어간으로 여전히 쓰인다. 이것은 '쉽-'의 모음이 중세 국어 시기에 하향 이중모음 /uj/이었는데, 반모음이 탈락한 핵모음만 발음했기 때문으로 보인다. '수비>수이'의 'ㅸ'은 15세기에 일찍 사라진 소리로, 일반적으로는 w로 바뀌었지만 부사 파생접미사 '-이' 앞에서는 아예 사라져 버렸다. (갓가비>가까이. cf. 치비>치위[冷])

(그것은 인제 뒤집어 가지고, 뒤집어 가지고 인제 솜 같은 거 안 뭉치라고 그래 인제 시침을 넣으려고 그래.)

\# 그거'느 인자ˆ 담성덤성하~이 인자ˆ.
(그것은 인제 듬성듬성하게 인제.)

\# 그거'느 인자ˆ 마ˆ 이 띠'아 가주고도 하고 마ˆ 드문ˆ드문ˆ 그래.
(그것은 인제 뭐 이 띄어 가지고도 하고 뭐 드문드문 그래.)

@ 그이까 월래 모양 다ˆ 만드'러 가꼬느 이제ˆ 군데ˆ군데ˆ 하능 그는 시치미고, 살ˆ짝 하능 건 홈ˆ질하능 기ˆ고?
(그러니까 원래 모양 다 만들어 가지고는 이제 군데군데 하는 것은 시침이고, 살짝 하는 것은 홈질하는 것이고?)

\# 예.
(예.)

@1 그라고 저ˆ기 천ˆ 두ˆ 쪼각 이래ˆ 마때ˆ가ˆ 부치능 거는, 떠'러징 거 이레ˆ 부칠, 이'을 때는 그'을 우'에?
(그리고 저기 천 두 조각 이래 맞대 가지고 붙이는 것은, 떨어진 거 이래 붙일, 이을 때는 그걸 어떻게?)

\# 이'을 쩨ˆ는 그'어는 저'게 여'그 바거야지예.
(이을 때는 그것은 저기 여기 박아야지요.)

@1 바금'질?
(박음질?)

\# 예ˆ, 포근 바금'질해야지여.
(예, 폭은 박음질해야지요.)

\# 언ˆ제든지 포근 바'그 나ˆ애, 그거'는 다'으메 떠 앤 따~이까.

(언제든지 폭은 박아 놔야, 그거는 다음에 또 안 따니까.)

\# 가ˆ 둘리능 거ˈ마 따니까.
(가를 두르는 것만 따니까.)

@ 이ˈ불 가틍 거ˈ는 머ˆ 요줌ˆ도 바느ˈ질해ˆ 가꼬 만드ˈ시고 하시는데, 엔ˆ날 처ˆ메느 이제 바느ˈ질해ˆ 가주ˈ고 온 까틍 거 다ˆ 만드러 이ˈ브셔쓸 꺼 아니ˈ에요?
(이불 같은 것은 뭐 요즈음도 바느질해 가지고 만드시고 하시는데, 옛날 처음에는 이제 바느질해 가지고 옷 같은 것 다 만들어서 입으셨을 거 아니에요?)

@ 그ˈ러다가 이제ˆ 머ˆ 기게ˈ도 나오ˈ고 해ˆ찌요?
(그러다가 이제 뭐 기계도 나오고 했지요?)

@ 고고 머ˆ 어ˆ떠케, 언ˆ제쭈메 기게 나와 가꼬 그때부터 어ˆ떠케 썬는지?
(그거 뭐 어떻게, 언제쯤에 기계 나와 가지고 그때부터 어떻게 썼는지?)

\# 그그 다ˆ 생각해 논능ˈ교?
(그걸 다 생각해 놓나요.?)

@ 재봉ˈ틀 가틍 거?
(재봉틀 같은 것?)

\# 재봉ˈ틀 거틍 거 나와 이ˈ찌마네, 아이고, 몰:라요, 언ˆ제쯤 나완능ˈ고, 재봉ˈ틀 나오ˈ고, 그래 인자ˆ 바느ˈ질 처ˆ메 우리 인자ˆ 전ˆ부 이 지ˈ베서러 바ˈ꼬, 그거 할 찌ˈ 게는 핸ˆ는데, 고'레 가ˆ 은저ˆ 재봉ˈ틀 나와 가ˈ는 재봉ˈ틀로 가주ˈ고 다ˆ 그ˆ 해:찌예.
(재봉틀 같은 거 나와 있지만은, 아이고, 몰라요, 언제쯤 나왔는지, 재봉틀 나오고, 그래 인제 바느질 처음에 우리 인제 전부 이 집에서 박고, 그거 할 적에는 했는데, 그래 가지고 인제 재봉틀 나와 가지고는 재봉틀을 가지고 다 그 했지요.)

재봉'틀로 가ˆ 그ˆ 하고, 머ˆ 재봉'트른 엔 나오, 재봉'틀 나와도 또 인자ˆ 요새ˆ는 오슬 사다 이'브~이까데, 사다 이'브~이 머ˆ 재봉'틀또 피료업써, 요새ˆ느요.
(재봉틀을 가지고 그 하고, 뭐 재봉틀은 안 나오, 재봉틀 나와도 또 인제 요새는 옷을 사다가 입으니까, 사다 입으니까 뭐 재봉틀도 필요없어요, 요새는요.)

@ 금ˆ 재봉'틀 어ˆ떠케 사ˆ용하션는지 쫌 말'씀해ˆ 주세요?
(그럼 재봉틀 어떻게 사용하셨는지 좀 말씀해 주세요?)

@ 사ˆ용법?
(사용법?)

재봉'트르느 머ˆ 벨로 사ˆ용은 아ˆ 핸ˆ는데, 우리'도 사노키'사 사 나', 사 가ˆ 다ˆ 서쿠'코[9], 저레ˆ 가ˆ 여어 너'코 아ˆ 인능'교.
(재봉틀은 뭐 별로 사용은 안 했는데, 우리도 사놓기는 사 놔, 사 가지고 다 썩히고, 저래 가지고 넣어 넣고 안 있습니까.)

@ 재봉'트를 이쪼'게선 머라고 그러셔써'요?
(재봉틀을 이쪽에선 무엇이라고 그러셨어요?)

@ 머ˆ 제ˆ가 머ˆ 그냥 어ˆ른들 미씽ˆ~, 머ˆ 이러케도 부르시고 하시던데?
(뭐 제가 뭐 그냥 어른들 미싱, 뭐 이렇게도 부르시고 하시던데?)

예ˆ, 미씽ˆ, 미씽ˆ 머ˆ 케ˆ찌마느 머ˆ 재봉'털 커고 머ˆ 손틀 머ˆ 재봉'틀 커능 게ˆ 마ˆ 다ˆ 재봉'틀 케ˆ찌 머여.
(예, 미싱, 미싱 뭐 했지만은 뭐 재봉틀이라고 하고 뭐 손틀 뭐 재봉틀이라고 하는 게 뭐 다 재봉틀이라고 했지 뭐요.)

9　서쿠코: 썩히고.

@ 재봉'틀 가주곤 주로 어^떵 거 만드셔써'요?
(재봉틀 가지고는 주로 어떤 거 만드셨어요?)

그렁 거 나와 가주고는 머^ 저^게 바진, 저 주~적쎄'미[10] 거틍 거, 이렌 호돋 꺼틍 거'는 바께 쓰고, 그 인자 그거 하고 머^ 거저 참 머^ 이레^ 머^ 다 그거 해^찌 머여.
(그런 거 나와 가지고는 뭐 저기 바지, 저 적삼 같은 거, 이래 홑옷 같은 거는 밖에 쓰고, 그 인제 그거 하고 뭐 그저 참 뭐 이래 뭐 다 그거 했지 뭐요.)

폭 꺼틍 거 바꼬 머^ 전시'네 그렁 거 해^찌.
(폭 같은 것 박고 뭐 전부 그런 거 했지.)

하고 머^ 쪼매^ 하고, 쪼매^ 하고 마~이, 자꾸 머^ 오슬 만드러 가 나오~이까 머^ 그렁 거 사 가^ 입'꼬, 머^ 그래 머^ 그 피로 업^꼬 머^ 안 해^ 입'찌 머여.
(하고 뭐 조금 하고, 조금 하고 마니, 자꾸 뭐 옷을 만들어 가지고 나오니까 뭐 그런 거 사 가지고 입고, 뭐 그래 뭐 그 필요 없고 뭐 안 해^ 입지 뭐요.)

@1 그라만 저'기 온 만들'기 저'네 처~늘 사 가^ 와 가 그냥 바로 오슬 몬^ 만들'지 안슴니'꺼?
(그러면 저기 옷 만들기 전에 천을 사 가지고 와 가지고 그냥 바로 옷을 못 만들지 않습니까?)

@1 거^다^ 이러'케 머^ 꺼^어 가, 치수 재^ 가, 그거' 그^ 과'정에서부터 그걸^ 머라 그러고, 그 가위질해^ 가^꼬 이레^ 가^ 은자^ 가위질하는데, 천^ 사 가^ 와?

---

10 주^~적쎄'미: 주적삼. 바지 저고리.

(거기에다 이렇게 뭐 그어 가지고, 치수 재 가지고, 그거 그 과정에서부터 그걸 뭐라고 그러고, 그 가위질해 가지고 이래 가지고 인제 가위질하는데, 천 사 가지고 와서?)

@ 처^메 오깜^ 지'베 인능 거또 조^코, 사 가 완는 오깜^도 조^코, 그거 까꼬 먼저 어^른 재^ 가꼬?
(처음에 옷감 집에 있는 것도 좋고, 사 가지고 왔는 옷감도 좋고, 그것 가지고 먼저 얼른 재 가지고?)

치수 재^ 가지'고 머^ 저^ 머^ 그거 입떤' 온 닌는' 거'로 가지'고 정검해 가^ 마^ 할 수가 이꼬.
(치수 재 가지고 뭐 저 뭐 그거 입던 옷 있는 것을 가지고 점검해 가지고 뭐 할 수가 있고.)

@ 그먼 할머'니, 저^ 재^ 주세요?
(그러면 할머니, 저 재 주세요?)

@ 자^, 요'오서부터 요'오까지 재^능 거 머^ 재^꼬, 요렁 걸^ 말씀해 주시면 조^치요.
(자, 여기에서부터 여기까지 재는 것은 뭘 쟀고, 요런 것을 말씀해 주시면 좋지요.)

아~, 요어'느 머^ 이거'는 화장~이고[11], 이거'는 화자~이지요.
(아, 요기는 뭐 이것은 회장이고, 여기는 화장이지요.)

여^느 화자~이고, 화자~이고, 여기느 인자^ 기'리, 저^ 여^ 기'리고, 기'리고, 여^너 화자~이고, 기'리고 인저^ 그러치요.
(여기는 화장이고, 화장이고, 여기는 이제 길이, 저 여기 길이고, 길이고, 여기는 회장이고, 길이고 이제 그렇지요.)

---

11 화장~이고: 회장이고.

\# 그러고 머ˆ 미'테 꺼ˆ또ˆ, 미'테 떠 인자ˆ 바지, 아ㅗ이, 그느 고'디[12].
(그러고 뭐 밑의 것도, 밑에 또 인제 바지, 아니, 그건 고대.)

\# 그ˆ는 고'디, 오꼬'디.
(그건 고대, 옷 고대.)

@ 모근 고'디 잰ˆ다, 이러케 하시고?.
(목은 고대 잰다, 이렇게 하시고?)

\# 예ˆ, 고'디.
(예, 고대.)

@ 여'기?
(여기?)

\# 그그'는 허'리.
(그것은 허리.)

@ 허'리 잰ˆ다 그고?
(허리 잰다 그러시고?)

\# 예ˆ, 허'리는 그거 인자ˆ 여ˆ느 인자ˆ 요세ˆ, 옌ˆ날 바지저고리 하능 거느 허'리 벨로 잴ˆ 피료 업ˆ서여.
(예, 허리는 그거 이제 여기는 이제 요새, 옛날 바지저고리 하는 것은 허리 별로 잴 필요 없어요.)

\# 그거'느 이레ˆ 척 저'버 가주고 하~이까 크게 해ˆ 가ˆ 이레ˆ 척 저'버 가ˆ 입짜는'교.
(그것은 이래 착 접어 가지고 하니까 크게 해 가지고 이래 착 접어 가지고 입잖습니까?)

---

[12] 고'디: 고대.

\# 이래ˆ 저'버 가ˆ 허리끄'늘 메'~이까 그거'늠 머ˆ 크게 하~이까 벨ˆ로, 그저 참ˆ 대ˆ충 여래ˆ 거저 머ˆ 그거 질.
(이래 접어 가지고 하리끈을 매니까 그것은 뭐 크게 하니까 별로, 그저 참 대충 이래 그저 뭐 그거 잴.)

@ 이건ˆ 이러케 이 가'슴 가트면 둘레는 안 재ˆ고.
(이건 이렇게 이 가슴 같으면 둘레는 안 재고?)

\# 예ˆ, 이 길ˆ마 잼ˆ니다.
(예, 이 길만 잽니다.)

\# 길 재ˆ고서 화장 요고'만 재ˆ고, 품, 요고' 품.
(길 재고서 화장 요고만 재고, 품, 요고 품.)

@ 음ˆ, 품 잰ˆ다 카고, 여'어서 여?
(음, 품 잰다고 하고, 여기에서 여기는?)

\# 그건ˆ 은자ˆ 그거'는 바지 인자ˆ 바지 기'리.
(그것은 이제 그거는 바지 인제 바지 길이.)

\# 바지 기'리지.
(바지 길이지.)

@ 기'리 잰ˆ다고?
(길이 잰다고?)

\# 예ˆ, 바지 기'리 재ˆ고.
(예, 바지 길이 재고.)

\# 고ˆ 인녀 요거'느 사폭[13].

---

[13] 사폭: 네 폭.

(고 인제 요기는 사폭.)

@　요거'는, 안쪽'그로는?
　　　(요거는, 안쪽으로는?)

#　예, 요거'는 사포'고.
　　　(예, 요거는 사폭이고.)

@　요'기서 요'오까지?
　　　(여기에서 여기까지?)

#　그거'는, 그거'느 업^찌 머'여.
　　　(그거는, 그거는 없지 뭐요.)

@　요기 왜 남자들 사타구'니서?
　　　(요기 왜 남자들 사타구니에서?)

#　중^~우믿.
　　　("중우밑".)

@　주^~우믿 짿^다 카세요?
　　　(중우밑 잰다고 하세요?)

#　주^~우믿 챈^다 크고.
　　　(중우밑 잰다고 하고.)

@　고로케 해^ 가^ 재다늘 언주 고래 재^짜나요?
　　　(그렇게 해^ 가지고 재단을 인제 그래 잿잖아요?)

@　그 다으메?
　　　(그다음에?)

@1 그걸^ 머러 그라는'가 함번 여^쩌 바?

(그걸 뭐라고 그러는가 한번 여쭤 봐?)

@1 그러케 하능 걸?)
(그렇게 하는 걸?)

@ 고'레 하능 걸ˆ 머ˆ 한다 카세'요?
(그래 하는 것을 뭐 한다고 하세요?)

거ˆ 은자ˆ 여ˆ 머ˆ 여'어는 소매 긴동[14] 부'친다, 거ˆ 은자ˆ 요ˆ 인자ˆ 요거'느 소매 요고'느, 요는 긴도~이고, 긴동 부'친다 크고.
(그 인제 여기 뭐 여기는 소매 깃동 붙인다, 그 인제 요 인제 요거는 소매 요거는, 요기는 깃동이고, 깃동 붙인다고 하고.)

---

[14] 긴동: 깃동.

■ 마름질

@1 인자ˆ 오슬, 온# 처ˆ늘 말?
(인제 옷을, 옷 천을 마르는?)

\# 예ˆ, 온 만들' 때요.
(예, 옷 만들 때요.)

\# 온 만들' 때 요고 인자ˆ 소매 부치는 거는 긴동 부치고, 고느 인자ˆ 긴동 부체 가지'고 요 긴동 부처 가ˆ 요ˆ 인자ˆ 소매, 저ˆ 소매 빼아리해[1] 가, 소매 빼아리해 가고 요ˆ 은자ˆ 길, 소매 빼아리해 가ˆ 섭[2] 따라 가ˆ 길 딸고, 점ˆ부 다ˆ 그러치에.
(옷 만들 때 요거 인제 소매 붙이는 거는 깃동 붙이고, 그것은 인제 깃동 붙여 가지고 요 깃동 붙여 가지고 요 인제 소매, 저 소매 [***]해 가지고, 소매 [***]해 가지고 요 인제 깃, 소매 [***]해 가지고 섶 달아 가지고 깃 달고, 전부 다 그렇지요.)

@ 이걸ˆ 다ˆ 하능 걸ˆ 머ˆ 한다고 하세요?
(이걸 다 하는 걸 뭐 한다고 하세요?)

---

1 빼아리해: 미상.
2 섭: 섶. 국어사 자료에서 '섶'은 17세기에 '섚'이라는 형태로 처음 나타난다. 단독형일 때나 자음 앞에 올 때 'ㅍ'은 'ㅂ'으로 소리나기 때문에 19세기까지 '섭, 섭'으로만 표기되었다. 그러나 모음이 후행할 때에도 '섭ㅎ' 또는 '섭ㅍ' 등으로 표기하여 '섚'이라는 원래의 형태를 밝혀서 표기하려고 한 경향이 보인다. '섭ㅎ'은 'ㅍ'을 'ㅂ+ㅎ'으로 재음소화한 것이고, '섭ㅍ'은 '섭'이라고 표기하는 일반적 경향을 준수하되 후행 음절의 초성에 'ㅍ'을 표시함으로써 원래의 형태를 밝힌 중철 표기이다. 20세기 들어서는 아예 모음으로 시작하는 조사 앞에서 '섭'이라고만 표기한 예들이 보인다. 이것은 유기음을 평음으로 발음하는 현대 국어의 경향이 반영된 것으로 여겨진다. 또 '섚'은 현대 국어에서와 마찬가지로 17세기부터 '앞섚', '옷섚' 등과 같이 쓰이는 예가 많다. '섚'이 쓰이는 곳이 저고리 등 윗옷에만 한정되기 때문에 이러한 경향이 나타난 것으로 생각된다.

@ 이거̇도 부치고 이거̇또 부̇치고 하능 거, 처ˆ으메 오깜 딱 노ˆ코 가따ˆ 재ˆ고?
 (이것도 붙이고 이것도 붙이고 하는 것, 처음에 옷감 딱 놓고 갖다 재고?)

그거̇는 머ˆ 온 부치고, 부치능 거̇느 머ˆ 긴동 부치머 긴동 부친다 커고.
 (그것은 뭐 옷 붙이고, 붙이는 것은 깃동 뭐 붙이면 깃동 붙이다고 하고.)

@1 온 말른̇다 앙 그럼미̇까?
 (옷 마른다고 안 그럽니까?)

아ˆ, 말른ˆ다 커능 거, 아~, 그거 하능 거, 말른 거, 그래.
 (아, 마른다고 하는 거, 아, 그거 하는 거, 마르는 거, 그래.)

@ 전체 다ˆ 합쳐 가ˆ?
 (전체 다 합쳐 가지고?)

말릉 거, 온 마네여.
 (마르는 것, 옷 말라요.)

@ 온 만다 카시고.
 (옷 마른다고 하시고?)

예.
 (예.)

@ 자ˆ, 그먼 이제ˆ 오까ˆ믈 가지̇고 와 가ˆ 재ˆ짜나요?
 (자, 그러면 이제 옷감을 가지고 와 가지고 쟀잖아요?)

@ 잰ˆ능 거 오까ˆ믈 어ˆ떠케 해ˆ 가주고, 어예 짤라 가주고, 어예 만들고 하시는지, 고거 쫌 얘ˆ기해 주세요?
 (잰 거 옷감을 어떻게 해ˆ 가지고, 어떻게 잘라 가지고, 어떻게 만들고 하시는지, 그것 좀 얘기해 주세요?)

\# 오 짤라 가˘ 어예 하능 거 멀ˆ 하는 데 그 만드'노, 머르 만드능거 그거'로.
(옷 잘라 가지고 어떻게 하는 거 뭘 하는데 그걸 만드나, 뭘 만드는지 그것으로.)

@ 위쩌고리 먼저 만들면, 만든다 카며는?
(위의 저고리 먼저 만들면, 만든다고 하면은?)

\# 저고'리 머ˆ 만드능 기ˆ 머ˆ.
(저고리 뭐 만드는 게 뭐.)

@1 언'지, 인자˘ 온, 처ˆ늘 딱 피ˆ 노코 인자˘ 이걸 뽀'늘 따 가˘, 치'수 다˘, 그믈 끼ˆ 가˘³, 그 다음짜 이 짤'라야 안 뎀미'까?
(아니, 인제 옷, 천을 딱 펴 놓고 인제 이걸 본을 떠 가지고, 치수 다, 금을 그어 가지고, 그다음으로 이 잘라야 안 됩니까?)

\# 짜리능 거넌 인자˘ 그거 머ˆ 우'에 꺼 짜르'머 고ˆ 인저˘ 우'에 꺼 할 찌게'느, 우'에 꺼 말글 찌'게는 인저˘ 긴동부텅 짤러 노코, 긴동부텅 짜리'고, 고레 인자˘ 요' 길부텅 빼ˆ내ˆ, 길부텅 짤라 노코, 소매 인잔 소매 요고ˆ 인자˘ 짜리'고, 고래 인자˘ 소매에 다리고 인자˘ 요'오 인자˘ 섭 띠ˆ고, 섭 하고 고'레 깁 띠ˆ고, 그러치요.
(자르는 것은 인제 그거 뭐 위의 것 자르면 고 인제 위의 것 할 적에는, 위의 것 마를 적에는 인제 깃동부터 잘라 놓고, 깃동부터 자르고, 고래 인제 요길부터 빼내, 요길부터 잘라 놓고, 소매 인제 소매 요거 인제 자르고, 그래 인제 소매 자르고 인제 요 인제 섶 떼고, 섶 하고 그래 깃 떼고, 그렇지요.)

@ 그'때 머ˆ 까 짜림니'꺼?
(그때 뭐 가지고 자릅니까?)

---

3 끼ˆ 가˘: 그어서.

\# 　가ˆ이로 그저.
　　(가위로 그저.)

\# 　가ˇ위로 가ˆ 짜리'지요.
　　(가위를 가지고 자르지요.)

@1 여'어 말ˆ로 가위 앙 카고 머ˆ 가시'게⁴ 이럼 마ˆ른 안 씀미'까?
　　(여기 말로 가위라 안 그러고 뭐 "가시개" 이런 말은 안 씁니까?)

\# 　예ˆ, 가시'게, 옌ˆ나레 가시'게 캔ˆ니더.
　　(예, 가시개, 옛날에 가시개라고 했습니다.)

4　가시'게: 가위. '가위'가 최초로 나타나는 형태는 15세기의 'ᄀᆞᇫ애'이다. 16세기에 나타나는 'ᄀᆞᆯ애'는 15세기 말~16세기 초에 'ㄹ'과 'ㅿ' 사이의 유성 후두 마찰음 'ㅇ'이 탈락한 결과이며, 17세기에 나타나는 'ᄀᆞ애'는 16세기에 'ㅿ'이 탈락한 결과이다. 그런데 17세기와 18세기에 나타나는 '가익'의 모음은 일반적인 음운변화로는 잘 설명되지 않는다. 먼저 제1음절의 'ㅏ'는 'ㆍ>ㅏ'의 변화가 18세기에 일반적으로 일어났다는 사실과 일치하지 않는다. 그리고 16세기에 일어난 비어두음절에서의 'ㆍ>ㅡ' 변화에 따르면, '가익'의 제2음절 모음 '익'는 음가가 [ㅢ]였다고 보아야 하는데, 'ㅐ>ㅢ'의 변화는 생각하기가 어렵다. 따라서 '가익'는 이전의 형태인 'ᄀᆞ애'의 제1음절 모음과 제2음절의 음절주음이 서로 바뀐 결과로 판단된다. 그리고 'ᄂᆞᆯ>나로(>나루)', 'ᄀᆞᆯ>가로(>가루)'의 제2음절 모음과 마찬가지로, '가익'의 제2음절 모음이 '외'로 바뀐 것이 19세기에 나타나는 '가외'이다. 그 후 '가외'는 비어두음절에서 산발적으로 일어난 'ㅗ>ㅜ' 변화에 따라 '가위'로 바뀌었다. 15세기의 'ᄀᆞᇫ애'는 '자르다'를 의미하는 동사 'ᄀᆞᇫ-' 뒤에 파생접사 '개'가 결합한 후에 'ㅿ' 뒤에서 'ㄱ'이 'ㅇ'으로 약화된 결과이다. 이 'ᄀᆞᇫ-'은 15세기 국어의 'ᄌᆞᆯ木올 ᄀᆞᇫ아오라<1459월인석,10,13b>'라는 예문과 현대 제주 방언의 동사 'ᄀᆞᇫ-'에서 확인된다. 그리고 현대국어의 '따개'에서의 '-개'처럼, '-개'는 동사 뒤에 붙어서 그 동작을 행하는 도구를 나타내는 파생접사이다.

■ 세탁

@ 그래 가주고 고`로케 해^서 인제^ 오슨 만드`러 이'브셔꼬, 그다^메 이제 할머'니 저^ 빨래하싱' 거 좀 여쩌^ 보께^요?
(그래 가지고 그렇게 해서 이제 옷은 만들어 입으셨고, 그다음에 이제 할머니 저 빨래하시는 것 좀 여쭤 볼게요?)

@ 옌^나레는 비'누 가틍 거또 어^꼬 하셔쓰~니까, 옫 어예' 빨고, 그다^으메 옫 빠라 와 가주고느 또 메'겨야 데자'나여?
(옛날에는 비누 같은 것도 없고 하셨으니까, 옷 어떻게 빨고, 그다음에 옷 빨아 와 가지고는 또 먹여야 되잖아요?)

@ 고'론 얘^기들 쫌 천^처`니?
(그런 얘기들 좀 천천히?)

예, 빨래 해^ 가주고 머^, 빨래해^ 가` 와 가주고느 머^ 빨래`느 머^ 벨, 그게^ 인제^ 재물로 여^느 인자^ 그거 빨래할 찌'게느, 빨래 옫 버저 가 그^어르 빨래 거^ 할 찌'게느 지푸로 떼^ 가, 벼찝' 떼^ 가주고 인자^ 집 바차^ 가` 여네 재물 아까^ 그 이야기해^ 짜느~교, 재무를 그그 인자^ 바차^ 가`, 거기다가 치대` 가`, 거기다 치대^ 가`, 가` 가주고 그래 가` 가 씨'꼬 와써요, 드^레.
(예, 빨래 해^ 가지고 뭐, 빨래해 가지고 와 가지고는 뭐 빨래는 뭐 별로, 그게 이제 잿물로 여기는 이제 그것 빨래할 적에는, 빨래 옷 벗어 가지고 그것을 빨래 그 할 적에는 짚을 때 가지고, 볏짚 때 가지고 이제 짚 받아 가지고 이내 잿물 아까 그 이야기했잖아요, 잿물을 그거 인제 받아 가지고, 거기에다가 치대 가지고, 거기다 치대 가지고, 가^ 가지고 그래 가^ 가지고 씻고 왔어요, 들에.)

요새^ 지'베서 시찌마`느, 저'네느 저^ 걸^ 무레 가든 동, 모'쎄 가든 동,

염'모세 가 갸^ 씨뜬 동 그래 앤 나간닝'교.
(요새는 집에서 씻지만, 전에는 저 냇가에 가든지, 못에 가든지, 연못에 가^ 가지고 씻든지 그래 안 나갔나요.)

나가 갸^ 씨'꼬 그랜^는데, 그래 해^ 가주고 와 가주고, 또 인자^ 여^ 집 재물' 그거 아~이 치대능 거 나아두고, 살물 꺼러 재물로 바차^ 노코 가 써여.
(나가 가지고 씻고 그랬는데, 그래 해^ 가지고 와 가지고, 또 이제 여기 짚 잿물 그것 애벌 문지른 거 놔두고, 삶을 것은 잿물을 받아 놓고 갔어요.)

재물로 바차^아 노코 가머 그래 와 가주고 인자^, 비'녀도 업^꼬 할 찌게' 느 그래 핸^는데, 비녀'도 업^꼬 할 찌'게느 거 머^ 오슬 머^ 깨끄다게도 모^ 시'꼬 이'버찌 머^여.
(잿물을 받아 놓고 가면 그래 와가지고 인제, 비누도 없고 할 적에는 그래 했는데, 비누도 없고 할 적에는 그 뭐 옷을 뭐 깨끗하게도 못 씻고 입었지 뭐요.)

비'느도 업^꼬 할 찌'게느 깨끄다~이 몬^ 씨'꼬여, 그래 비녀 처^엄 나오는 데, 비'녀 나오는데 그 빼잼물' 그거'요, 무진 시^커멍 거, 시^커멍 그렁 거러, 빼잼물 그거'러 가^ 이 단등게러[1] 처 가주고 그'어다 저'서 가주고 안차^ 가^ 그래 만드'러 가^ 그래 써써예.
(비누도 없고 할 적에는 깨끗하게 못 씻고, 그래 비누 처음 나오는데, 비누 나오는데 그 빼잿물 그거요, 무슨 시커먼 거, 시커먼 그런 것을, 빼잿물 그걸 가지고 이 등겨 쳐 가지고 거기에다 저어 가지고 앉혀 가지고 그래 만들어 가지고 그래 썼어요.)

만드'러 가^ 그 쎄^고, 그거 씨^고 나~이까 내^조 힘 비'누가 나오데^여.
(만들어 가지고 그거 쓰고, 그거 쓰고 나니까 나중에 흰 비누가 나오데요.)

---

[1] 단등'게러: 단등겨를.

\# 힘 비'누 나와 가ˆ 그'레 가ˆ 써'꼬, 그런데 힌 비'누 나와 쓰고 모ˆ 인자ˆ 그라고 머ˆ 인자ˆ 또 머ˆ 참 요세ˆ년 또 머ˆ 기'러믈 가주고 또 머ˆ 빼제'믈 가따가 만드'러 가ˆ 시자느ˆ~교, 초ˆ네요.
(흰 비누 나와 가지고 그래 가지고 썼고, 그런데 흰 비누 나와서 쓰고 뭐 인제 그러고 뭐 인제 또 뭐 참 요새는 또 뭐 기름을 가지고 또 뭐 빼잿물 갖다가 만들어 가지고 쓰잖아요, 촌에서요.)

\# 만드'러 가ˆ 다ˆ 써'요.
(만들어 가지고 다 써요.)

\# 만드ˆ러 씨'~이 때 잘ˆ 가고 머ˆ 비'노 머ˆ 조ˆ타 커'네요, 요세ˆ느.
(만들어 쓰니까 때 잘 가고 뭐 비누 뭐 좋다고 하네요, 요새는)

@ 그러면 오깜ˆ별'로 미영'은 미영'대로, 이게ˆ 빠'는 방버'비, 빨래할 때 하시는 방버'비 어ˆ떵 거'너 뚜드'려 가ˆ 빠라야 데고?
(그러면 옷감별로 무명은 무명대로, 이게 빠는 방법이, 빨래할 때 하시는 방법이 어떤 거는 두드려 가지고 빨아야 되고?)

\# 예, 그 인자ˆ 뚜드'려², 다ˆ 옌ˆ날 껀ˆ 다ˆ 뚜디'리야 데.

---

2 뚜드'려: 두드려. '두드리다'는 문이나 북 따위의 어떤 대상물을 소리가 나도록 잇따라 치거나 때리는 행위를 표현하는 단어이다. '두드리다'는 "소리가 나도록 친다"는 점에서 '때리다'나 '치다'와 의미 차이가 있다. 이 동사는 '사람을 두드리다'처럼 사람이나 개 따위를 목적어로 취하여 '때리다'와 거의 같은 의미를 표현하기도 한다. 다른 한편으로 현대국어에서 이 단어는 '그의 가야금 연주는 심금을 두드리는 바가 있다'와 같은 예문에서 보듯이, 감동을 주거나 정서를 격동시키다는 뜻을 갖는다. 이것은 구체성 동사인 '두드리다'가 추상적 의미로 확대된 결과이다. 이 단어의 어형은 시대에 따른 변화 모습이 매우 단순하다. 15세기 문헌에서는 주로 '두드리다'로 쓰이고 '두듯리다'도 16세기 이후에는 적지 않게 출현한다. '두드리다'와 '두듯리다'는 제2음절의 'ㅡ'가 '·'로 표기되는 정도의 미세한 차이만 있을 뿐이다. 이런 표기 변화는 '· > ㅡ' 변화에 영향을 받은 결과이다. 20세기 문헌 중 방언을 반영한 것에는 어두 경음화가 실현된 '쑤드리다'와 같은 어형도 발견된다. 현대의 여러 방언에서 이 단어는 어두 경음화 실현형 '뚜드리다' 혹은 '뚜디리다'로 사용되고 있다. 이 단어가 경음화를 겪은 것은 두드리는 행위를 더 강조적으로 표현하려는 의도가

(예, 그 인제 두드려, 다 옛날 것은 다 두드려야 돼.)

\# 엔^날 꺼'느 삼베나 미영베나 뚜드'려 가^, 명주는 뚜드'려 가^ 인자^ 짜능 거는 모 인제^ 이래^ 비^틀체 가^ 몬, 삼베, 미영베너 이레^ 마^ 비^틀처 가^ 짜지마네, 명주는 비^틀처 가^ 몬^ 짜여.
(옛날 것은 삼베나 무명베나 두드려 가지고, 명주는 두드려 가지고 인제 짜는 것은 뭐 이제 이래 비틀어서 가지고 못, 삼베, 무명베는 이래 뭐 비틀어 가지고 짜지만은, 명주는 비틀어 가지고 못 짜요.)

\# 나물 짜능 거메^로 요레^ 짝^ 짜야 데'고, 모수도 그러코, 땅 뇨레^ 인자^ 요래^ 짜야 데'지, 그 저기 비틀쩌^ 짜먼 미^지인다³ 아인~교.)
(나물 짜는 것처럼 요래 쫙 짜야 되고, 모시도 그렇고, 딱 요래 인제 짜야 되지, 그 저기 비틀어 짜면 해진다 아닙니까.)

\# 미^지는 따무'레, 고^붕 거너, 그 인자^ 명주, 모수^넌 다^ 이래^ 비틀쩌 가^ 짜머 미^저 뿌링께'네, 몰리^여.
(해지기 때문에, 고운 것은, 그 인제 명주, 모시는 다 이래 비틀어 가지고 짜면 해져 버리니까, 몰려요.)

\# 몰리^능 게러, 모수도.
(몰리는 거에요, 모시도.)

\# 요새^로 치믄 그래여.

작용한 것이다. 이런 경음화 현상은 격렬한 동작을 의미하는 동사에 흔히 나타난다. 예컨대 '디르다>찌르다>찌르다', '딯다>쩧다>찧다', '부수다>뿌수다' 등이 동작의 격렬성 효과를 증대하기 위해 경음화가 실현된 것이라 할 수 있다. '두드리다'와 비슷한 의미를 표현하는 단어로 '두들기다'가 있다. '두들기다'는 19세기 문헌에도 보이지 않으니 20세기 이후에 생겨난 말임이 분명하다. '두들기다'는 '두드리다'에서 어근 '두들-'을 추출하고 여기에다가 접사 '-기-'를 결합시킨 구성일 것이다. 또한 '두드리다'는 '패다'와 연어(連語) 구성을 이루어 '두드려 패다'로 자주 쓰인다.

3 미^지인다 : 미어진다.

(요새로 치면 그래요.)

\# 그게 인지'느 그^ 인제^ 짤 찌겐 요래^ 나물 짜능 거매^로 요래^ 꽁^ 눌레⁴
가^ 요래^ 짜 가^ 그 해^야 데^고, 그 미영'베, 삼베느 마^ 이레^ 비^틀처
가^ 이레^ 짜고, 그레.
(그게 인제 그 인제 짤 적에는 요래 나물 짜는 것처럼 요래 꼭 눌러 가지고
요래 짜 가지고 그 해야 되고, 그 무명베, 삼베는 뭐 이래 비틀어 가지고
이래 짜고, 그래.)

@ 금 내가, 할머니께서, 자^, 내가 지'베 빨래 이망^큼, 명^베 다^ 모다^따,
모다^ 가꼬 내가 이 동네 사^라쓰니까 할매 가트머, 할매'~이 가트머 어^
떠케 하선는지, 첨^부터 함번 쭈^욱 함번, 해^ 가꼬 지'베 가꼬 와 가^ 어예
하선'는질, 첨^부터?
(그럼 내가, 할머니께서, 자, 내가 집에 빨래 이만큼, 무명베 다 모았다,
모아 가지고 내가 이 동네 살았으니깐 할머니 같으면, 할머니 같으면 어떻
게 하셨는지, 처음부터 한번 쭉 한번, 해^ 가지고 집에 가지고 와 가지고
어떻게 하셨는지를, 처음부터?)

@ 온 모다^ 가꼬, 어디 가^ 빠셔 가꼬, 어^떠케 해^ 가^ 와 가코, 그얼^ 그냥
옌^날 생각 나시능 거 그냥 이^야기를 함번 쭉 해^ 주세요?
(옷 모아 가지고, 어디 가서 빠셔 가지고, 어떻게 해^ 가지고 와 가지고,

---

4   눌레: 눌려. 눌리다'가 최초로 소급되는 형태는 15세기 문헌에 나타나는 '눌이다'이며, 그
어간은 '누르-(壓)+-이-(피동접사)'로 분석된다. 15세기 국어에서 어간 뒤에 모음으로 시작
되는 어미가 오거나 사피동 접사가 오는 경우, 현대어의 '르' 변칙 용언은 'ㄹㅇ'으로 표기
되는 부류와 'ㄹㄹ'로 표기되는 부류로 나누어졌다. 전자인 'ㄹㅇ'의 'ㅇ'은 'ㄱ'이 약화된
결과라고 해석되고 있는데, 15세기 문헌형인 '눌이-'가 이 'ㄹㅇ' 유형에 속한다. 용언의
활용에 나타나는 이 'ㄹㅇ'은 16세기 말에 'ㄹㄹ'로 바뀌어서 현대어로 이어지는데, 이것이
문헌에 반영되어 나타난 것이 17세기 형태인 '눌리-'이다. 15세기 형태인 '누르이-'는 'ㄱ'
에서 약화된 '-이-'가 아니라 원래 '-이-'였던 피동 접사가 통합된 형태이고 18세기 형태인
'눌리이-'는 이중의 피동 접사가 통합된 형태로써, 이 두 형태는 방언형이 문헌에 기록된
것이 아닌가 한다.

그걸 그냥 옛날 생각 나시는 거 그냥 이야기를 한번 쭉 해ˆ 주세요?)

\# 우리'느 거저 쫌 시꾸가 마'느~이까네, 삼ˆ대가 이레ˆ 참 가치 한테ˆ서, 삼ˆ대, 사ˆ대가 한테ˆ서 사라써여.
(우리는 그저 좀 식구가 많으니까, 삼대가 이래 참 같이 한데서, 삼대, 사대가 한데서 살았어요.)

\# 사ˆ다가, 참 위때에서 시조부 도러가시고, 그 또 참 그거 할 때는 빨래가 마ˆ낸니ˆ더.
(살다가, 참 윗대에서 시조부 돌아가시고, 그 또 참 그거 할 때는 빨래가 많았습니다.)

\# 마ˆ내는데, 그저 머ˆ 저ˆ 치대ˆ 가 저ˆ 그 뭐:야, 여'네[5] 맨ˆ 땅 거'느 그 머ˆ 이약할 꺼'또 업:써여.
(많았는데, 그저 뭐 치대 가지고 저 그 뭐냐, 이내 역시 다른 것은 그 뭐 이야기할 것도 없어요.)

@ 그'며 이제ˆ 빨랠 빠라 가주'고 오시자'나요?
(그러면 이제 빨래를 빨아 가지고 오시잖아요?)

@ 오실 때 그ˆ 아까 웨ˆ 저'기 빨래할 때 그 빨랠 함 번 하능 게ˆ 아닌 걸ˆ로 알ˆ고 이끄'든뇨?
(오실 때 그 아까 왜 저기 빨래할 때 그 빨래 한 번 하는 게 아닌 걸로 알고 있거든요?)

@ 예ˆ를 들면, 함 번 빠'라요, 뚜드'려 가'꼬 빠'라 가'꼬는 확 너'러 나아따가 거'다 가'꼬 또 빨고, 이러케 하신 저근 업:쓰세요?
(예를 들면, 한 번 빨아요, 두드려 가지고 빨아 가지고는 확 널어 놓았다가 걷어 가지고 또 빨고, 이렇게 하신 적은 없으세요?)

---

5   여'네: 역시.

@ 고레ˆ야 새까리 섬명하게 잘ˆ 나고 쫌ˆ?
(그래야 색깔이 선명하게 잘 나고 좀?)

그거'느 인자ˆ 살므~으이.
(그거는 인제 삶아야지.)

와 가ˆ 인자ˆ, 빨래 시꺼 가ˆ 와 가ˆ 살머 가, 재무레 인제ˆ 또 살마 가, 그레 가ˆ 가 또 시꺼 가ˆ 와 가ˆ 그레 널ˆ고, 그래ˆ찌.
(와 가지고 인제 빨래 씻어 가지고 와 가지고 삶아 가지고, 잿물에 인제 또 삶아 가지고, 그래 가 가지고 또 씻어 와 가지고 그래 널고, 그랬지.)

그레 가ˆ 또 인자ˆ 그 재무리 도카~이까 빨래 어떡[6] 떨'어지~이, 요세ˆ느 머ˆ 누가 떠러진다고 별 생가 아~ 하~이 재물로 내ˆ나, 그러'치만, 그때느 인자ˆ 마 미영'베, 삼베, 그 할 찌'게느 재물로 저ˆ 걱쩡더 해ˆ써여.
(그래 가지고 또 인제 그 잿물이 독하니까 빨래가 빨리 떨어지니, 요새는 뭐 누가 떨어진다고 별로 생각 안 하니까 잿물을 내나, 그렇지만, 그때는 인제 뭐 무명베, 삼베, 그거 할 적에는 잿물로 저 걱정도 했어요.)

재물로 뺄ˆ라고, 잘ˆ 떠'러진다꼬, 온 잘 떠'러진다꼬.
(잿물을 빼려고, 잘 떨어진다고, 옷 잘 떨어진다고.)

그레 내ˆ는데 거ˆ 인자ˆ 적세 가ˆ 인자ˆ 쩌ˆ 떠뜨탄 무레 기어레는, 기여른 미영'베런 떠뜨ˆ탄 무레다가 인자ˆ 무레 적쎄 재물로 내ˆ는데 함 분 내ˆ고, 두ˆ 분 내ˆ고, 두ˆ 붕까지 내ˆ써여.
(그래 냈는데 그 인제 적셔 가지고 인제 저 따뜻한 물에 겨울에는, 겨울에는 무명베는 따뜻한 물에다가 인제 물에 적셔서 잿물을 내는데 한 번 내고, 두 번 내고, 두 번까지 냈어요.)

내ˆ 가ˆ 그래 풀 해ˆ 가주고 해쓰

---

6 어떡': 빨리.퍼덕.얼른.

(내 가지고 그래 풀 해ˆ 가지고 했어.)

\# 그래 해ˆ찌 머, 여'르모스느 마ˆ 무'레다가, 내'리갸ˆ는 무'레다가 당가⁷ 노코.
(그래 했지 뭐, 여름옷은 뭐 물에다가, 내려서는 물에다가 담가 놓고.)

@ 여'르메 빨래하실 때 하고, 겨'울 빨래하고, 고'렁 거또 하시능 게 좀 차'이가 나씀미까?
(여름에 빨래하실 때 하고, 겨울 빨래하고, 그런 것도 하시는 게 좀 차이가 났습니까?)

\# 예ˆ, 여'름 빨래'사 무'레다가, 여'르메는 숩ˆ찌요⁸.

---

7 당가ˆ: 담궈. '담그다'는 "어떤 것을 액체 속에 넣다"는 뜻으로 쓰인다. 현대국어 '담그다'에 직접적으로 소급하는 중세어형은 '둠그다'로, 이는 'ㆍ'의 비음운화와 함께 오늘날의 '담그다'로 굳어졌다. '담그다'는 어간 '담그-'에 활용어미 '-어/-아'가 붙으면 'ㅡ'가 탈락되어 '담가'가 된다. 한편 15세기에는 '둠그다' 말고 '둠다'도 '담그다'의 의미로 쓰였음을 문헌을 통해 살펴볼 수 있다. 오늘날에는 '담다'와 '담그다'를 구분하여 쓰는데, '둠다'의 용례가 많지 않은 것으로 보아 중세국어 시기에도 대체로 이 둘을 구분하여 썼으리라 짐작할 수 있다. '드모다'와 '드므다'는 '둠다'에 모음이 삽입되어 3음절어로 늘어난 형태이다. 현대국어에서 '담다'는 '담그다'와 그 뜻을 구별하도록 되어 있다. '담그다'는 어떤 것을 액체 속에 넣다는 뜻이다. 그러나 '담다'는 액체와 상관없이 어떤 그릇에 물건을 넣은 것을 뜻한다. 그리하여 '바구니에 담다', '궤짝에 담아 두었다' 등과 같이 쓰인다. 추상적 의미의 '담다'는 '책은 사상을 담는 그릇이다', '이 편지에 내 마음을 담아 보내오'라고 할 때 그 예를 찾아 볼 수 있다. 이에 비해 '담그다'는 액체와 관련되어 그 속에 무엇인가를 집어넣거나 가라앉힌다는 뜻이다. '담그다'의 용례를 보면 '장을 담그다', '김치를 담그다', '젓갈을 담그다', '냇물에 발을 담그다'와 같다. 그러나 경상방언 등 일부 방언에서는 '담다'와 '담그다'를 이와 같이 엄격하게 구별하여 사용하지 않는다. 대구 지역 등에서는 '김치를 담았다'도 쓰이지만 '김치를 담갔다'도 흔히 들어볼 수 있다. 그러나 "구더기 무서워 장 못 담글까"와 같은 속담에서는 거의 대부분 '담그다'가 쓰인다.

8 숩ˆ찌요: 쉽지요. 쉽다'는 15세기 문헌에서도 '쉽-'으로 확인된다. '쉽-'의 변이형 혹은 이표기로는 '숩-', '슙-'이 나타나는데, '슙-'은 '쉽-'의 모음 uj 또는 wi가 도치되어 ju로 바뀐 것이 아닌가 생각된다. '숩-'이 '슙-'과 같은 소리였을 가능성도 있다. 왜냐하면 구개음화가 확산된 18세기 이후에는 ㅅ이 ㅣ, j 앞에서 구개음으로 실현되었는데, 구개음 ㅅ은 ㅣ,

(예, 여름 빨래야 물에다가, 여름에는 쉽지요)

\# 글치마네, 기'얼[9] 빨래'느 그 무'르 어'름 어'런는 모세 가ˆ 가주고, 여름 어'런 데 그 돌ˆ로 가', 그거 모ˆ께~이르 가주 와 꺼주고[10], 바끄'로서 어ˆ떤 사ˆ라'믄 와 가주고 뚜뜨려, 머ˆ 어'름 어'런능 거로 꺼조ˆ 가, 그레 가 어'름 꾸영[11] 요고마ˆ아~이 뚤버[12] 노코 그래도 시'꼬, 그ˆ 머ˆ 소'늘 푸'러

---

j와 조음 위치가 가까워 '샤, 셔, 쇼, 슈' 등은 '사, 서, 소, 수' 등으로 통합되었기 때문이다 (샹>셩[賞], 셔다>서대[立], 쇼>쇠[牛], 슈건>수건[巾] 등). '숩'은 '수비, 수이' 등 부사형에서만 나타나는 형태이나, 현대 국어의 경상, 전라, 강원 등의 방언에서는 '숩-'이 어간으로 여전히 쓰인다. 이것은 '쉽-'의 모음이 중세 국어 시기에 하향 이중모음 /uj/이었는데, 반모음이 탈락한 핵모음만 발음했기 때문으로 보인다. '수비>수이'의 'ㅸ'은 15세기에 일찍 사라진 소리로, 일반적으로는 w로 바뀌었지만 부사 파생접미사 '-이' 앞에서는 아예 사라져 버렸다. (갓가비>가까이. cf. 치비>치위[冷])

9 기얼: 겨울. '겨울'의 어원에 대한 가설은 대체로 '집 안에 있다'는 뜻으로 '겨다, 겻다'라는 동사의 어간 '겨-'나 '겻-'에 접미사 '-을'이 결합하여 이루어지는 것으로 보는 견해가 우세하다. 이 때의 접미사 '-을'을 관형사형 어미에서 발달한 것으로 보는 견해도 있다. '겨울'류의 단어가 처음 보이는 것은 '겨슬'로서 15세기의 문헌에서이다. 계절을 나타내는 단어는 일상 생활과도 매우 밀접하게 연관되어 있어서, 그 이전 시기에서부터도 자주 사용되는 기본 어휘였을 것으로 생각할 수 있다. 15세기의 '겨슬'은 'ㅿ'을 가지고 있는 명사인데, 'ㅎ'을 더 가지기도 하고 그렇지 않기도 하였다. 'ㅎ'을 더 가진 형태는 17세기까지 꾸준히 나타나는데, 문헌에 나타나는 회수는 많지 않다. 'ㅿ'을 가진 어형은 16세기까지만 나타난다. 그러나 이미 15세기 문헌에서도 'ㅿ'이 없는 형태가 나타나므로, 15세기부터도 이 'ㅿ'이 없는 어형이 상당히 쓰이고 있었던 것임을 알 수 있다. 16세기부터 19세기까지 단어의 끝에 'ㄹ'이 없는 '겨스, 겨으' 형태가 나타나는데, 이들 어형이 모두 자석류 문헌에만 나타나고 실제 문장 가운데에서는 나타나지 않는 것으로 볼 때, 이 어형의 경우, 실제 사용에서는 쓰이지 않고 자석류 문헌에서만 나타나는 특징적인 형태로 볼 수 있다. 16세기에 '겨울'이 처음 등장하고, <서궁일기>가 17세기의 언어를 반영하는 것이라고 할 때, '겨울'이 17세기부터 등장한다. '겨슬'처럼 'ㅡ' 모음을 가진 어형이 어째서 '겨올, 겨울'처럼 'ㅗ, ㅜ' 모음을 가진 어형으로 되었는지는 분명하지 않다. 어쨌든 이 어형이 현대국어로 이어져 내려와서 '겨울'처럼 정착하게 되는 것이다.
10 꺼주고: 깨내고.
11 꾸영: 구멍. '구멍'이 소급하는 최초의 형태는 17세기의 '구먹'이다. 이 단어는 '구무'에 '작음'을 뜻하는 파생 접사 '-엉'이 결합하여 만들어진 말인데, 제2음절 모음 'ㅜ'가 음절부음으로 바뀌고 양순음 'ㅁ' 뒤의 반모음 'ㅜ'가 탈락한 과정을 겪은 것이다. 이 '구멍'이라

가͡면서, 소͡이 터 가주고 홀͡홀͡ 불͡고, 내 손 씨당꼬[13], 이레͡ 가주고 그걸 빨래 이͡고 와 가주고 살마써요.
(그렇지만은, 겨울 빨래는 그 물에 얼음 언 못에 가͡ 가지고, 얼음 언 데 거기 돌을 가지고, 그거 곡괭이를 가지고 와서 깨고, 바깥어른 어떤 사람은 와 가지고 두드려, 뭐 얼음 언 것을 깨 가지고, 그래 얼음 구멍 요고만 한 거 뚫어 놓고 그렇게도 씻고, 그 뭐 손을 풀어 가면서, 손이 터 가지고 호호 불고, 내내 손을 쓰다듬고, 이래 가지고 그 빨래 이고 와 가지고 삶았어요.)

@ 불도 암 피'아 노'으시고?
(불도 안 피워 놓으시고?)

는 어형이 일반적으로 사용된 것은 20세기에 들어와서 일어난 것으로 보인다. 15세기에는 '구멍'이라는 뜻으로 모음 앞에서는 '굼', 자음으로 시작되는 조사와 휴지 앞에서는 '구무'가 사용되었고, 16세기에는 '구무'와 함께 '구모'가 나타나기도 했다. 위와 같은 출현 환경은 '두렷훈 구무롤 밍골고 <1632가례해,7,30b>'에서 나타나는 것처럼 17세기에 무너지기 시작했다. 그밖에 17세기에는 '구무~굼', 18세기에는 '구무~구모~굼', 19세기에는 '굼기~굼긔~구무~굼'이 '구멍'과 함께 사용되었다.

12 뜰버: 뚫어. 현대어 '뚫다'는 '~에 구멍을 내다'라는 기본 의미를 갖는데, "난관을 통과하다"(예: 어려운 입시의 관문을 뚫었다), "사람의 마음이나 미래의 사실을 예측하다"(예: 마음을 뚫어보다)는 뜻으로도 쓰인다. 또한 "무엇을 융통하거나 해결할 길을 찾아내다"는 의미로 '뚫다'가 쓰이기도 한다. '뚫다'는 15세기부터 17세기까지 '듧다'로 나타난다. <구급방언해>(1466)에 나타난 '들워'는 '듧다'의 원래 어간이 '들ᄫ-'이라는 것을 보여준다. '듧고'와 같이 자음 앞에서는 어간 말 자음이 'ㅂ'이고, 모음 앞에서는 'ㅸ'이 약화되어 'w'로 나타나 '들워'가 된 것이다. '듧다'는 17세기에 'ㅡ'가 'ㅜ'로 원순모음화되어 '둛다'로 나타나며, 동시대에 어두 초성 'ㄷ'이 'ㅼ'으로 경음화된 '쭗다'의 형태도 함께 나타난다. 이는 의미를 강화하기 위한 것으로 볼 수 있다. 17세기에 '쭗워'로 나타나는 것은 원래 '듧다'에 있던 받침 'ㅂ'이 약화된 때문이다. '들ᄫ-'의 어간 말 자음 'ㅀ'이 '뚫'처럼 어간 말 자음 'ㅀ'으로 변한 것은 다음과 같이 설명할 수 있다. 19세기의 언중들이 '들워'와 같은 형태를 어중에서 'ㅎ'이 탈락한 것으로 잘못 분석하고 어간을 재구성한 것이 '뚫'이라고 생각된다. 이런 설명이 타당하다면 '뚫다'의 변화는 '들ᄫ다>듧다>둛다>쭗다/쭗다>뚫다'로 잡을 수 있다. 그런데 '여기 좀 뜰버라'와 같이, 경상방언에는 아직 '듧다'가 남아 있는 예를 찾아볼 수 있다.

13 씨당꼬: 스담듬고.

\# 불 안 피'어찌여.
  (불 안 피웠지요.)

@ 그몬 겨'우레 그'냥 그'러케 하셔'써요?
  (그러면 겨울에 그냥 그렇게 하셨어요?)

\# 장^가비 인나, 그'냥 해^여.
  (장갑이 있나, 그냥 해요.)

\# 소~이 여^ 터 가주고 그저 피가 다^ 치치치칠 나고, 그래 빨래 함 번쓱 시'꼬 나먼.
  (손이 터 가지고 그저 피가 다 철철철철 나고, 그래 빨래 한 번씩 씻고 나면.)

@ 그러 인제^ 지'베 가주고 와서요?
  (그래 인제 집에 가지고 왔어요)

@ 와스며'느 빠다^타게¹⁴ 만드'러야 델 꺼 아니'에여, 오슬?
  (왔으면 빳빳하게 만들어야 될 것 아니예요, 옷을?)

\# 빠다^다게 만들며, 그^ 인 그기사 머^ 쌀머 가주고 또 시꺼 가^ 와 가^, 그래 이 재'물 내^ 가 그 해^ 가, 인저^ 저 두^ 분 재'물 내^ 가너, 풀 해^ 가 그래 인자^, 풀 해^ 가 인자^ 또 발보, 꼬꼭 발버 가주고 그 해^ 가 손질해^ 가주고, 그래 인자 저게 뚜디'리찌요, 또.
  (빳빳하게 만들면, 그 인제 그거야 뭐 삶아 가지고 또 씻어 가지고 와 가지고, 그래 이 잿물 내 가지고 그 해 가지고, 인제 저 두 번 잿물 내 가지고는, 풀 해 가지고 그래 인제, 풀 해 가지고 인제 또 밟아, 꼭꼭 밟아 가지고 그 해 가지고 손질해 가지고, 그래 인제 저기 두드렸지요, 또.)

---

14 빠다^타게: 빳빳하게.

\# 방메'~이 가ˆ 뚜드'리.
 (방망이 가지고 두드려.)

\# 풀 해ˆ 가ˆ 뚜디'리야 데자나.
 (풀 해ˆ 가지고 두드려야 되잖아.)

\# 미영'베는 뚜드'려야 데ˆ여.
 (무명베는 두드려야 돼요.)

\# 꾸밀'라 커'머 미영'베가 또 뚜데'리 가주고, 호도수너 발버 가ˆ 막 그'양 널ˆ믄 데'는데, 미영 저'게, 겨보서는 뚜드'레야 주럼'사리 다ˆ 피'이지자능교?
 (꿰매려고 하면 무명베는 또 두드려 가지고, 홑옷은 밟아 가지고 막 그냥 널면 되는데, 무명 저기, 겹옷은 두드려야 주름살이 다 펴지잖아요.)

\# 주럼'살 피ˆ지고, 누'니 나고, 그레 가ˆ 은자, 그레 가ˆ 저저 말라ˆ 가ˆ 뚜드'러, 따댐해ˆ[15] 가ˆ 그래 은자ˆ 꾸ˆ메ˆ야지[16].
 (주름 펴지고, 윤이 나고, 그래 가지고 인제, 그래 가지고 저 말려 가지고 두드려, 다듬질해 가지고 그래 인제 꿰매야지.)

@ 그러케 하고 저ˆ 불 너'어 가주고 이러케 맨드럼ˆ하게[17] 하싱 거는?
 (그렇게 하고 저 불 넣어 가지고 이렇게 매끄럽게 하시는 거는?)

\# 그거' 인자ˆ 다'리능 거느, 다'리능 그'어너 풀 해ˆ 가ˆ 뚜드'리리머너 호도스너, 발버 가ˆ 하능 그거'는 그냥 마ˆ 발버 가ˆ 인자ˆ 꼽ˆ꼽ˆ할 때 인자ˆ 삭ˆ 노그먼, 인자ˆ 앰 마릴 때 엔자ˆ 고고'를 은자ˆ 다ˆ려서에.
 (그거 인제 다리는 것은, 다리는 그거는 풀 해ˆ 가지고 두드리면 홑옷은,

---

15 따댐해ˆ: 다듬질해서.
16 꾸ˆ메ˆ야지: 꿰매야지.
17 맨드럼ˆ하게: 맨질하게.

밟아 가지고 하는 그거는 그냥 뭐 밟아 가지고 인제 꼽꼽할 때 인제 삭 녹으면, 인제 안 말랐을 때 인제 그거를 인제 다렸어요.)

\# 저녀̂게 다̂리 가̂ 그그 입찌마녀, 그 은자̂ 호̂도수느 인자̂, 호̂아 가주고 저̂기 맨드러 디베̂ 가주고, 호̂아 가̂ 디베̂ 가̂ 입능 거너 그건̂ 인자̂ 요래̂ 인자̂ 꾸메 가̂, 꾸메 가̂ 여래̂ 다̂ 해̂찌여.
(저녁에 다려 가지고 그거 입지만은, 그 인제 핫옷은 인제, 호아 가지고 저기 만들어 뒤집어 가지고, 호아 가지고 뒤집어 가지고 입는 것은 그건 인제 요래 인제 꿰매 가지고, 꿰매 가지고 요래 다 했지여.)

@1 머̂ 까 다̂림니까?
(뭐 가지고 다립니까?)

\# 다래'비[18] 여̂ 이짜능̂교.
(다리미 여기 있잖아요.)

\# 다래'비 여레 와여, 수'뿌'룰[19] 이라̂ 가̂, 나무 떼̂ 가주고 순 끄나'아따가

---

[18] 다래'비: 다리미. 다리미'는 열과 압력을 이용하여 옷이나 피륙 등에 생긴 구김살을 펴는 가정 생활에 필수적인 도구이다. '다리미'는 동사 '다리-'에 명사형어미 '-ㅁ'이 결합하고 그 뒤에 다시 명사화 접미사 '-이'가 한 번 더 결합한 구성이다. 다리는 동작을 '다림질'이라고 하는데 이 단어는 명사형어미 '-ㅁ'이 결합한 '다림'에 동작접미사 '-질'이 결합한 것이다. '다리미'의 고어형인 '다리우리'는 15세기문헌부터 나온다. 예) '다리우리 달오고' (내훈언,서,3b), 다리우리롤 데여(구급간,1,43a). '다리우리'의 후부 요소 '우리'는 그 정체가 분명치 않다. 방언 자료에 '다리비'(다리미)가 있는 것으로 보아 '다리우리'의 '우'는 그 기원형이 '브'였을 가능성이 높다. 그리고 이 '브'는 '블'(火)과 관련된 어근일 듯하다. '브'의 ㅂ이 유성화되어 ㅸ로 변하고 이것이 더 약화되어 w로 바뀌어 '우'가 되었을 것으로 보인다. 즉 '다리다'의 '다리-'에 '블'(火)이 결합한 것이 '다리우리'로 변하였을 것으로 추정한다. 이 '다리우리'는 '오-우' 혼란에 따라 17세기에는 '다리오리'로도 표기되었다. 한반도에서 이 '다리미'의 역사는 매우 오래된 것이라는 증거가 있다. 3세기에서 6세기 사이의 고분에서 다리미가 발견되었기 때문이다. 우리나라에서는 예로부터 쇠로 만든 불 그릇에 나무 손잡이가 달린 숯다리미를 사용하였다. 그리고 인두는 다리미의 아우라 할 만하다. 작고 폭이 좁은 동정 따위를 다릴 때는 인두를 썼다

은자ˆ, 숟 그거 불 부ˆ처 가ˆ 그래 가ˆ 은자ˆ 다래'비에 다ˇ머 가ˇ, 우리 그ˆ 다르'비도 안죽[20] 이'써여.
(다리미 요래 왜요, 숯불을 이래 가지고, 나무 때 가지고 숯 그 놓았다가 인제, 숯 그거 불 붙여 가지고 그래 가지고 인제 다리미에 담아 가지고, 우리 그 다리미도 아직 있어요.)

\#   그ˆ 인데 다르'비에 여ˆ 다마 가주ˆ 그레 하나'느 뿌짜'버[21] 주고 하나'느 이레ˆ 다ˆ리고 그래 인자ˆ.
(그 인제 다리미에 여기 담아 가지고 그래 하나는 붙잡아 주고 하나는 이래 다리고 그래 인제.)

@   인ˆ두는 머ˆ로?
(인두는 뭐로?)

---

19 수뿌룰: 숯불을.'숯'은 '나무를 숯가마에 넣어 구워 낸 검은 덩어리의 연료'를 말한다. '숯'의 최고(最古)형은 '숳'으로, 모음으로 시작하는 조사와 만나면 '숯기라'(숳+-이라), '숯근'(숳+-은), '숯글'(숳+-을) 등으로 실현된다. 이것은 홀로 쓰일 때에는 'ㅅ'의 'ㄱ'이 실현되지 않으므로 16, 17세기 형태에 '숯', '순'을 그대로 올려 놓았는데, 이때에도 '숳', '순ㄱ'이 었을 것은 분명하다. 18세기가 되면서 비로소 오늘날과 같은 '숯'의 형태가 문헌에 나타난다. '숳'에서 'ㄱ'이 탈락한 것이다. 그러나 강원, 경북 방언의 '수껑'을 통해서 지금까지 남아 있는 '숳'의 모습을 확인할 수 있다. 한편, 우리 속담 가운데 '숯은 달아서 피우고 쌀은 세어서 짓는다'라는 말이 있다. 숯은 저울에 달아서 불을 피우고 쌀은 한 알씩 세어서 밥을 짓는다는 뜻이다. 몹시 인색함을 비유적으로 이르는 속담이라 할 수 있다.

20 안죽: 아직. '아직'은 15세기의 여러 문헌에 '아직'으로 나온다. 물론 같은 시기에 '아직'과 같은 의미의 단어로 '안죽'(月印釋譜 7:1)도 쓰였다. '아직'의 어원은 밝히기 어렵다. '아직'에 대해 '앚-[少, 微]'에 접미사 '-옥'이 결합된 '아족'이 '아즉'을 거쳐 '아직'이 된 것으로 설명하기도 하고, '안죽'이 '안즉'을 거쳐 '안직'이 된 다음 'ㄴ'이 탈락하여 '아직'이 된 것으로 설명하기도 한다. 전자의 어원설은 '앚-'이 '이르다, 시작하다' 등의 의미를 가질 수 있다는 점에서 설득력이 있으나 '아족'이나 '아즉'이라는 어형을 확인할 수 없다는 데에 문제가 있다. 후자의 어원설은 '아직'과 '안죽'의 형태상의 거리가 커서 인정하기 어려울 듯하다. '안죽'은 이미 15세기에 '안직'으로 변해 나온다. '안죽'에서 '안직'이 직접 변형되어 나온 것이라면 'ㆍ>ㅣ'라는 모음 변화를 상정할 수 있다. '안죽'의 'ㆍ>ㅡ' 변화형인 '안즉'은 16세기 이후부터 나온다. 지금 '안직'은 지역 방언으로 존재한다

21 뿌짜'버: 붙잡아.

\# 인^도는 인자^ 여^ 그 바느'질할 때, 호'도세 바늘, 호'아 가^ 하는 데, 호'도세 바느'질할 때, 긷 딸^고 바이저구'리 할 찌^게, 글^ 때 인자^ 하'로에 불 따머 노'꼬 거따가 그래 인자^ 인^도로 가^ 거^ 은자^ 바풀 칠핻^는 데느 인^도로 가^ 닥 요래^ 인^도지를 해^ 가^ 그레 바너'지르 해^야지, 긷 딸고 하능 거 바너^'지른.
(인두는 인제 여기 그 바느질할 때, 핫옷에 바늘, 호아 가지고 하는 데, 핫옷에 바느질할 때, 깃 달고 바지저고리 할 적에, 그럴 때 인제 화로에 불 담아 놓고 거기에다가 그래 인제 인두를 가지고 그 인제 밥풀 칠한 데는 인두를 가지고 딱 요래 인두질을 해^ 가지고 그래 바느질을 해야지, 깃 달고 하는 거 바느질은.)

@1 오 다리'다가 잘 안 다레키^먼, 쭈름사리 잘 암 피^지면 이'베 물 이래^ 가^?
(옷 다리다가 잘 안 다려지면, 주름이 잘 안 펴지면 입에 물 이래 가지고?)

@ 그거'엄 어^떠케 하셔써요?
(그건 어떻게 하셨어요?)

\# 예^, 그거'는 인자^ 참 니레 물 헹자로 가따^ 노코, 무리, 물로 인자^ 수^거네다가 물로 문체 가^ 가따가 인제^ 나'아두고 인자^ 그래 인자^, 물 헹자로 나아두고 인제^ 이레^ 슬^슬^쓰스 문떼^가머, 그레 가^ 다리'비진하고, 그래 참 머^, 그레~이까네 인자^ 이 물때르 마차^아야 데지예.
(예, 그것은 인제 참 이래 물 행주를 갖다 놓고, 물이, 물을 인제 수건에다가 물을 묻혀 가지고 갖다가 인제 놔두고 인제 그래 인제, 물 행주를 놔두고 인제 이래 슬슬 문질러가면, 그래 가지고 다리미질하고, 그래 참 뭐, 그러니깐 인제 이 물때를 맞춰야 되지요.)

\# 물떼'르 인자^ 그거 말라^ 뿌머 안 덴'다꼬, 물 말루^, 데^기 마리'머 물로 떠다 노코 출출출출 이 인자^ 물로 소느로 가^ 추져가[22] 가지'고 노카^ 가^ 그레 또 인자^ 발버야지.

(물때를 인제 그거 말라 버리면 안 된다고, 물 말라, 되게 마르면 물을 떠다 놓고 출출 이 인제 물을 손을 가지고 축여 가지고 녹여 가지고 그래 또 인제 밟아야지.)

\# 피ˇ아 가ˆ 이레ˆ 발버 가ˆ, 그'리 물 뜨머, 물떼로 인자ˆ 그레 안 느추키' 위ˆ애서 그'리 자꾸ˇ 꼽ˆ꼽ˆ할 때 어야던'지[23] 발바야 데지.
(펴 가지고 이래 밟아 가지고, 그래 물 뜨면, 물때를 인제 그래 안 늦추기 위해서 그래 자꾸 꼽꼽할 때 어떻게든지 밟아야 되지.)

@ 이건ˆ?
(이건?)

\# 그거'느 인자ˆ 손질할 때, 마ˆ이 마리'머, 마ˆ이 마리'머 인자ˆ 물로, 마ˆ이 말러 뿌머 그거 물로 푸머 가주고 인자ˆ 또 그런 꼬꼬파ˆ도로 해ˆ 가 그레 가ˆ 발블라꼬 그러치.
(그것은 인제 손질할 때, 많이 마르면, 많이 마르면 인제 물을, 많이 말라 버리면 그거 물을 뿜어 가지고 인제 또 꼽꼽하도록 해ˆ 가지고 그래 밟으려고 그렇지.)

@1 그러'고 또 이레ˆ 마주 이래ˆ 저 잡꼬 이래ˆ 가ˆ 띠디딕' 처ˆ늘?
(그러고 또 이래 마주 이래 저 잡고 이래 가지고 떡떡 천을?)

\# 그거'느 인자ˆ 이불 거틍 거, 그렁 거, 오또 쿵ˆ 거, 이불 거틍 거느 인자ˆ 두ˆ리 마주데ˆ고 인자ˆ 씨라ˆ 가[24] 이래ˆ이래ˆ 씨라ˆ 가주고, 그래 이래ˆ 이래ˆ 씨라ˆ 가주고, 그래 가주고 인제ˆ 이래ˆ 그.
(그것은 인제 이불 같은 거, 그런 거, 옷도 큰 거, 이불 같은 것은 인제 둘이 마주대고 인제 세게 당겨 가지고 이래이래 세게 당겨 가지고, 그래

---

22 추겨가ˇ: 추겨서. ㄱ-구개음화.
23 어야던'지: 어떻게 하든지.
24 씨라ˆ 가ˆ: 시루어서. 마주 지그 제크로 댕겨서.

이래이래 세게 당겨 가지고, 그래 가지고 인제 이래 그.)

@1 시어^른하고 하다가 마^ 시어^른이고 머^ 댕'기지 안씀'미^까?
   (저 시어른하고 하다가 뭐 시어른이고 뭐 당기지 않습니까?)

\# 시어^르는 도'라가시고느 머^ 인자^ 머^ 그거 하지 머여, 혼자' 드라^야²⁵ 데, 은자^.
   (시어른 돌아가시고는 뭐 인제 뭐 그거 하지 뭐요, 혼자 들어야 돼, 인제.)

\# 이래^ 인자^ 시라^ 가주고 혼자더러 이레^ 시라^ 가^ 그'레 가 개' 가 그'레 하지 머여.
   (이래 인제 세게 당겨 가지고 혼자서 이래 세게 당겨 가지고 그래 가지고 개 가지고 그래 하지 뭐요.)

@ 미영'베 뽀^야케 할 때 여^능 기와짱' 가'틍 건^ 안 쓰셔써요?
   (무명베 뽀얗게 할 때 여기는 기왓장 같은 것은 안 쓰셨어요?)

\# 기와짱'은 안 써'요.
   (기왓장은 안 써요.)

@ 그'으몀 머^ 어^떵 거 가꼬 뽀^야케 그'면?
   (그러면 뭐 어떤 것 갖고 뽀얗게 그러면?)

\# 다^ 재'물 가'꼬요?
   (다 잿물 갖고요?)

\# 그^ 이 재문, 바래^지여.
   (그 이 재물, 바래지요.)

\# 미영'베, 사'믄, 미영'베는 그^ 저^ 광'묵 꺼'틍 거, 미영'베 거'틍 거 누^르차나.

---

²⁵ 드라^야: 들어야.

(무명베, 삼은, 무명베는 그 저 광목 같은 것, 무명베 같은 것은 누렇잖아.)

\# 　그렁 거, 그거'는, 누링 거ᄂ느 히두루[26] 하능 거ᄂ느 베'테, 베'테 바랜^더, 그 녕.
　　　(그런 거, 그거는, 누런 것을 희게 하는 것은 볕에, 볕에 바랩니다, 그냥.)

\# 　베'테 바래^지, 거^ 땅 거ᄂ느 안 해'여.
　　　(볕에 바래지, 다른 것은 안 해요.)

@ 　금^ 옌^날 빨래 가틍 거 하실 때나 옫 가틍 거 만드'실 때나, 고롱 거 하실 때, 아이'고, 내^ 진'짜 이렁 건 어'려워따, 카시능 거 이쓰머 말'씀 함 마디 해^ 주세요?
　　　(그러면 옛날 빨래 같은 거 하실 때나 옷 같은 거 만드실 때나, 그런 거 하실 때, 아이고, 내 진짜 이런 거는 어려웠다, 하시는 거 있으면 말씀 한 마디 해^ 주세요?)

\# 　머^ 어'러붕 게 머^ 바'너질 꾸^메고 하능 거 다^ 어럽찌 머'여.
　　　(뭐 어려운 게 뭐 바느질 꿰매고 하는 거 다 어렵지 뭐요.)

\# 　바느'질 꾸^메고 머^ 이레^ 참 머^ 바'메^ 끄'러메먼, 풀 해^ 가주 그 끄러메 먼 우리'ᄂ느 그럼 꺼^메[27] 가 할 찌'겐 자믄 오지러여, 그 쩌 자부'러가 머^ 어^른드 게^시까네 삼'대 오시 바지저구'리가, 삼대 오스라, 사대 사 라도 아아더른 어리니까데, 그거 해^도 바이저구리 아^ 이부~이까, 그때 인제^ 쩜 머^ 호'도슬 이'브이~까네, 아아드른 호'도슬 이'브이~까, 바이저 고린 아^ 입꺼'떵, 호'도슬 이'브이~까, 고^올 때 우리 아드른 그래^써'여, 그레 느~이 근데 그^ 끄레 삼대 오서러 끄러멜라 커머 한 믄 씨'꺼 한 뭉 그거 해^ 가 풀 해^ 가 여'어머 수두룩^해'여.
　　　(바느질 꿰매고 뭐 이래 참 뭐 밤에 꿰매면, 풀 해^ 가지고 그 꿰매면 우리

26　히두루: 희도록.
27　꺼^메: 꿰매.

는 그러면 꿰매 가지고 할 적에는 잠은 오지요, 그 저 졸면서 뭐 어른들 계시니까 삼대 옷이 바지저고리가, 삼대 옷을, 사대 살아도 아이들은 어리니까, 그거 해도 바지저고리 안 입으니까, 그때 인제 좀 뭐 홑옷을 입으니까, 아이들은 홑옷을 입으니까, 바지저고리는 안 입거든, 홑옷을 입으니까, 그럴 때 우리 아이들은 그랬어요, 그래 놓으니 그런데 그 그래 삼 대 옷을 꿰매려고 하면 한 번 씻어서 한 번 그거 해ˆ 가지고 풀 해ˆ 가지고 넣으면 수두룩해요.)

\# 　그런데 저거 다ˆ 그 할ˆ라 커먼 올케 하지는 몬ˆ하고, 잘하는 사ˆ람 거'트먼 쫌 숩ˆ지만, 잘 몬ˆ해 내이~까, 우리'느 애ˆ무'써여.
　　(그런데 저거 다 그 하려고 하면 옳게 하지는 못하고, 잘하는 사람 같으면 좀 쉽지만, 잘 못해 내니까, 우리는 애먹었어요.)

\# 　어ˆ른들 삼ˆ대가 게ˆ시는데.
　　(어른들 삼대가 계시는데.)

@ 　그도 이 빨래방망~이 두드'리시거나 빨래하실 때 그냥 하시진 아느셔죠?
　　(그래도 이 빨랫방망이 두드리시거나 빨래하실 때 그냥 하시진 않으셨죠?)

@ 　그ˆ때 머ˆ, 머ˆ, 이래ˆ 말'씀하시면서 하셔쓸 꺼 가튼데?
　　(그때 뭐, 뭐, 이래 말씀하시면서 하셨을 것 같은데?)

\# 　머ˆ 말ˆ할께 인닝'~교?
　　(뭐 말할 게 있나요?)

@1 저ˆ 바께 나가실 때 임ˆ는 오슬 무슨 오'시라 그랍니'까?
　　(저 밖에 나가실 때 입는 옷을 무슨 옷이라고 그럽니까?)

@1 지'베 일ˆ할 때 말ˆ고, 어데'?
　　(집에서 일할 때 말고, 어디?)

\# 　가라'미라[28] 커'지.

(외출복이라고 하지요.)

@1 가라'몬?
(외출복?)

\# 예.
(예.)

@1 그라고 명'절 때 아아들 해^ 이피^는 오슨?
(그리고 명절때 아이들 해^ 입히는 옷은?)

@ 설^랄?
(설날?)

\# 예^, 그거' 설^라르는 머^ 해^ 이피'는 오서는 머^ 올서^레 머^ 온 함 불 머^ 잘 사 이페^따 커'꼬 그러치 머, 땅 거사 머^ 이씀미'까.
(예, 그거 설날은 뭐 해^ 입히는 옷은 뭐 올설에 뭐 옷 한 벌 잘 사 입혔다고 하고 그렇지 뭐, 다른 거야 뭐 있습니까.)

\# 명'절 때 인자^ 머^ 명'절 때 해^ 이'버따 커'고 그러치요.
(명절 때 인제 뭐 명절 때 해^ 입었다고 하고 그렇지요.)

---

28 가라'미라: 가름옷이라. 외출복이라.

2. 경주지역의 어휘 · 문법

어 휘

2.1. 농경
2.1.1. 경작

20101 [벼] 벼'라꼬도하:고
20101_010 나라기라고도아하는겨
20102 [볍씨] 무'신종자다무'신종자다카 므는
20102 체:종종자지요
20102_010 씬나락
20103 [못자리] 모자'리까니라카거든
20104 [모판] 모'판에혼느'다커지요
20105 [쟁기] 젱'기라카
20106 [극쟁이] 젱'기고 훌찌'~이는 또 이스긴'데
20106 훌찌'~이는
20106 훌찌'~이로가:주:고
20106 훌찌'~이지요
20107 [보습] 나아리라 카든 젱'기나아리라 카든데
20107 날컨'치
20107 후찌'~이날
20107 훌쩽'쉐라카니더
20107_010 젱'기는 날커'고 훈찌'~이는 훌쩽쎄커고
20109 [끌다] 끄오가는거르
20109_001 간:다크는기'이
20110 [써레] 써'어레고
20110 써'어레라꼬
20110 써'어레라컨'꼬

20112 [모내기] 모네'기가 인자 모 심우 는다 카는기
20112 모네'기한다 커거'든
20112 모시문다 컨'지만
20113 [흙덩어리] 흘뚱거'리가 만:타
20113 흘뚱어'리라 커지 흘뚱어'리
20114 [고무래] 밀게'라 거~이
20114 밀게'를 가: 인자
20115 [쇠스랑] 소오'레~이커는거네
20115_010 두가지 소오'레~이고
20115_020 세가지 소오'레~이고
20115_030 두가지소:레~이
20115_030 세:가지소:레~이
20116 [곡괭이] 굉:이라 커는 사람도 이 꼬 목광:이라커는 사람도 이꼬 그레요
20116 모쨰~이
20117 [괭이] 괴~이네
20117_010 좁'은괴~이느:
20117_020 널'븐괴~이라커기도
20118 [삽] 샤:비고
20118 수굼'포라<구>
20118_010 샤:비라컨고<신> 엔:날에느 수굼'포라커기도하고<구>
20119 [호미] 호메~이라커는 사람도 이꺼'던<소>
20119 호'미
20119 호'미라 커는데
20119 호'민데<다>

204 | 경주지역의 삶과 방언

20120 [농기구] 농기구'라꼬도 하고 농기계'라꼬도 하고
20120 농기구'지
20120 농기연자~에
20120 연자~은 참
20120 연장이지
20120 연장커는거'는
20120 연장커는거도
20121 [김] 잡초라거지요머
20121 지'심이라고도
20122 [김매다] 김 맨다카더라고
20122 풀 맨다커는데
20123 아이'논맨다
20123_001 두:불맨다
20123_002 세:불맨다
20123_003 아이'논 두불론 세불론
20124 [논두둑] 논뚜렁'
20124 논뚝
20124 도오'기라카는데
20125 [밭둑] 바뚜기고 논뚜기고
20126 [밭두둑] 도:기지 모
20127 [밭고랑] 고:랑
20127 골:탄다고해:
20127 망: 떠논는다 카는 사:람도 이'꼬
20127 망: 망친다크'지 망:
20129 [보리] 보리'
20129 보리'네
20129 보리'라 커'이며는 이거는 문:나 안문:나 가으'레 가랗는기
20129_001 춘모'라커거든
20129_002 봄보리저
20130 [보리쌀] 보살 앤'나온다
20131 [가을갈이] 가을가리라꼬

20131 가을가리하며는
20132 [깜부기] 깜비'기
20133 [두엄] 씬:거럼
20134 [거름] 거름이 데는'데

2.1.2. 타작

20201 [바심하다] 갈알'거둔는다컨지
20201 추수라컨지
20202 깨따~이고
20202 깨따~이라 컨꼬(한 주먹 정도 크기)
20202 밭:가리 소:게
20202 밭:가리따~이라(아 아름 정도 크기)
20202 밭:가리딴 고거'는
20203 [가리(積)] 나락뻬까리젠:다 카지
20204 [가리다(積)] 동개'애나아따카는 사람도 이'꼬
20204 제'에나아따
20205 [볏가리] 지뻬까리라고
20206 [낟가리] 나락페까리
20206 타:작한다 켄:는데요
20207 [타작] 타:아작할:지게
20207 탈곡한다
20208 [벼훑이] 뺍':체
20208 뺍'체라카는기
20208_001 홀'께라커는
20208_002 굴'께라커는
20209 [개상] 공그'미라그지
20209 잘게체:또리라 커지
20209_001 잘게체:
20209_001 잘게체'라커는

20209_010 잘게'지란다
20210 [도리깨] 도리'께
20210 도리체'에라 컨다
20211 나락지피라
20211 나락찌피라
20211 벌 찌피라고도
20211 집
20211_010 보리'지피라 거꼬
20212 [이삭] (자메기)인:다꼬도하고 자메기펀 핀다꼬도 하고
20212 대봉나라기라크꼬
20212 이사기
20212 자메기라커거든
20212 자메기이가
20213 [새꽤기] 나락훼에'기
20213 나락훼에'기
20214 [쭉정이] 공가아
20214 나락쭈띠'기도
20214 쭉띠'이라칸다
20215 [풍구] 풍기'라커고
20216 [티] 집티까'고
20217 [까끄라기] 버리까끄레'기
20218 [원두막] 원두막
20219 [허수아비] 허수아비
20219 허제'비라꼬도하고
20220 [흉년] 숭녀'는
20220 흉녀'~이고
20221 [머슴] 머스미
20222 노비 품파리라고
20222 품파리하는 사라미다
20223 [품앗이] 품아이
20223 품아이라카는
20224 [게으르다] 게아리다커는

20224 게알바따
20224 게알바따카는
20225 [품삯] 푸믈 반는다
20225 품반는다

2.1.3. 방아 찧기

20301 [방아] 물래바~안데
20301 물래방아네
20301 엔:나래 물래바~아느
20302 [디딜방아] 디'딜바~아 커머 인자
20302 디'딜바~아커믄데꼬
20302 디'딜방깐바께 업서스니까요
20302 디'딜빠~아
20302 바아~
20302 방알
20303 [물레방아] 물레방아까~이라 커거든
20304 [연자방아] 성매방아라카거든
20304 성메바~아
20305 [확] 호바기거등
20305 호바긴데
20306 [방아확] 도구통
20308 [절구] 절께'
20308 절꼬'애잉교
20308 절꼬커뜨라 이거러
20309 [절구통] 나무돌구'토~이네요
20309 돌:도구통잉교 여다여
20310 [절굿공이] 도구'떼
20311 [겨] 등게
20312 [보릿겨] 보리뜽게
20313 [왕겨] 나락등게
20313 벼뜽게고
20314 [등겨] 개:떠기라고도하고 등개'

떠기라고 하고
20314 단등게고
20314 당까르라커'고
20314_010 등게'떡이라
20314_010 신:등게라허꼬
20315 [겸불] 까랍데'기
20315 까랍띠'기
20316 [껍질] 껍띠'기아이~가

2.1.4. 곡물

20401 [곡식] 곡식
20402 [찹쌀] 찹쌀
20403 [멥쌀] 멥싸리
20404 [쌀보리] 쌀보리'
20405 [조] 기저'~이네
20405 기저'~이라거지 기정'
20405 기정거'튼데
20405 기정'쌀
20405 기정'은 다: 찰쩌여
20405 찰 긴 기저'~이 이'꼬
20406 [차조] 차제'가 이꼬
20407 [메조] 메제'가 이써
20408 [좁쌀] 제'고
20408 제'에는
20408 제엡'쌀
20408 젭:쌀
20408 젭쌀이라커지
20408 조쌀
20408 좁쌀
20408 좁쌀 커기도 하고 젭'쌀커기도 하고
20409 [작다] 자'라요
20409 자지요

20410 [조이삭] 조이시'기
20411 [수수] 수기거기'도하고
20411 수끼'느:은
20411 수수
20411_003 찰수끼이'꼬
20411_004 메수끼이'서요
20412 [수수깡] 수끼'때
20412 수순대롱거'지 머
20413 [옥수수] 노랑강네'~이 이꼬 힌강네'~이
20413 뻘간강네'~이도 이꼬 꺼'믄강네'~이도 이꼬 머
20413 옥수수네 강네'~이라 카는거
20413_001 찰찐 강네'~이 이찌
20414 [귀리] 봉:사미:리라 커잔능교
20414 아 귀'리라기고 하니더
20414 헤베~이미:리라 커기도하고 봉:사미:리라 커기도하고
20414 훼베~이미:리라 카는
20415 [메밀] 메무리고 머
20415 메무리이 가
20416 [콩] 코~올 가주
20417 [깍지] 깍띠'기
20417 콩깍띠'기
20418 [메주] 메'주아이가
20419 [띄우다] 띠'운다 거는 거
20420 [매달다] 메주 다'라논는
20421 [강낭콩] 양대콩
20421 울콩
20422 [콩기름] 콩기'러미지머
20422_010 콩데'~이
20422_020 콩데'~이
20423 [깨] 께 찐다 허는 거

20423_010 들'깨도 이꼬
20423_020 까망'깨
20424 [참깨] 참께지 머
20425 [고소하다] 꼬스'고
20425 꼬스'고

2.1.5. 채소

20501 [채소] 체:소지 머
20502 [나물] 산체'
20502 산체'이네
20502_002 둘라물거레고
20502_002 들:나무리라 커지
20502_002 야:체지 머
20502_003 산나물
20502_003 산체'는 산나무'리라 거고
20504 [다듬다] 나물 따듬는다
20504 따드'머야데고
20504_010 갈리고
20504_010 장마네 나물 갈린다커지
20505 [반찬] 반찬<신>
20505 해:무꺼라 케:따<구>
20506 [무] 무우'네
20507 [무청] 이퍼'리 무우이퍼'리
20508 [무말랭이] 오구락찌
20509 [장다리무] 짱다리라 커는
20509 짱'지
20510 [배추] 배:추네
20511 [고갱이] 속:꼬게~이
20512 [오이] 무레요<구>
20512 오이'네<신>
20513 [오이지] 오이' 오이장찌:이
20513 오이'지:
20513 장찌:이

20514 [오이소박이] 무레김치
20514_010 오이감'치
20515 [가지] 가지'는 이거 공:통저길끼라
20515 가진'가요
20516 [호박] 따베호:바기네
20516 호:바기네
20517 [고구마] 고:구마네
20517 고:그마거'트네
20518 [감자] 감자'
20519 [우엉] 우벙'
20519 우벙'
20519 우봉 뿌리가
20520 [파] 파
20521 [썰다] 서:리 연는다
20522 [고추] 고추네
20523 [시금치] 시금초
20523 호:렌추
20523 호:렌추가
20524 [미나리] 미나리
20525 [부추] 정구진가
20526 [상추] 상추
20527 [마늘] 마너리네
20528 [생강] 셍강
20529 [냉이] 나세~이다
20529 냉:이
20530 [달래] 달레'이
20531 [도라지] 도라지
20531 돌게'
20531 돌게'
20532 [더덕] 더'덕
20532 산떠'덕

2.2. 음식
2.2.1. 주식과 부식

20601 [쌀밥] 쌀밥
20601 찐쌀밥
20602 [찬밥] 서:숙바비라고도 하고
20602 시'곤밥
20602 제'밥
20602 지정'밥
20602 찬바비라코도 하고
20602_010 뜨신'밥이라
20605 [누룽지] 누룬'밥
20605 누룬'밥
20605 누룬'밥
20606 [숭늉] 밥숭'넹
20606 밥숭'넹
20607 [뜨물] 떠물
20608 [요리] 요'리하는거는
20608 음:식장만은다
20609 [삼키다] 넘가:따
20609 넘가:따카는가
20609 넝군는다 이레요
20610 [김(蒸氣)] 짐:난다거는거
20611 [따뜻하다] 따끈하다
20612 [미지근하다] 밍긍:하다
20613 [뜨겁다] 뜨겁따
20614 [차갑다] 싸:느럳타 거지
20615 [남다] 남어따커지 머
20616 [곰팡이곰페'~이편:다
20616 메푠:다
20617 [갱죽(羹粥)] 겡:주기라고 겡:죽
20617 시락죽
20618 [싱겁다] 멩기'다
20618 멩기'다

20618 싱거'우믄
20619 [국수] 살국수
20620 [칼국수] 송국수
20620_001 기게국수지 머
20621 [국물] 궁물 구물
20621 궁물 마신다
20621_001 건디'이 건저
20621_001 껀디'이~ 건
20622 [고명] 꾸미'
20623 [꾸미꾸미'라거지]
20624 [미역] 미'역
20625 [김(海苔)] 김:
20626 [수제비] 수지'비
20627 [끼니] 굴먿따
20628 [미음] 미:엄도 이'꼬
20628 미여'므녀
20628 힌죽
20629 [엿기름] 기름'
20629 길굼'
20629 길굼'
20629 엳기룸'
20630 [식혜(食醯)] 감'주
20631 [식해(食醢)] 밥시케
20631 시케
20631 시케
20632 [달다(甘)] 다다 커'~이
20633 [가루] 가루'
20634 [밀가루] 밀가루'커믄
20635 [밀기울] 밀찌'불
20636 [미숫가루] 미:숟까리

2.2.2. 반찬과 별식

20701 [간장] 기름자~이라꼬 아하나

20701 소:유간자~이라고
20702 [간장] 덴:자~이라 컨는데
20702 토자~이라 컨는'데
20703 [고춧가루] 고춘가루'
20704 [고추장] 고추자~에 찌'거무거야
20705 [소금] 소곰 이렛
20706 [김치] 김장'한다꼬도 하고
20706 김'치 담운다코도 하고
20707 [김장] 김장하고 김'치는 저: 머
20708 [깍두기] 깍뚜기라 허데
20709 [나박김치] 나박김'치라 그데
20710 [담그다] 김'치 담군:다꼬도 하고 머
20711 [새우젓] 대:하아~인'겨
20711 멩무레세:미고
20711 바다에 세'우고
20711 세'우
20711 세'우
20711 세우'저시라거고 인자
20711 세'우저지지
20711 전
20711_001 저시라커는거는 무신 저시라도
20712 [보쌈] 어러'미라꼬 하는 사람도 이'꼬
20712 피펴~이라커는데
20713 [양념] 양녀미라그러지 머
20714 [버무리다] 버물'인다꼬
20715 [버섯] 버'서진데
20715 버'슬
20715_001 버'서지 이'꼬
20715_001 버'서지 이레
20715_010 소~이버'서즌

20715_020 사리버'서즌
20717 [콩나물] 콩지름 기라:뭉는다커는데
20718 [두부] 두부'네 이거는<신>
20718 조:포라 <구>
20719 [비지] 비지
20719 비지
20720 [달걀] 게'라니가<신>
20720 게란<신>
20720 달갸알 또<구>
20720 달갸알 켄:'거든<구>
20721 [가래떡] 골'미
20722 [시루떡] 봄편
20722 찜떠:기라고도 하고
20722_010 시리'에
20723 [송편] 송':편
20724 [빚다] 만든다
20724 비'저라
20725 [흰떡] 백'편<구>
20725 벡실'떡 케사'코<신>
20726 [고물] 고'물
20727 [팥죽] 파'쭉
20727 팓죽
20728 [새알심] 수지'비
20728 찰수지'비
20729 [백설기] 백'편
20730 [튀밥] 박'산
20731 [술] 술'
20732 [막걸리] 농'주
20732 막걸'리라고
20732 탁주
20733 [소주] 소'주
20734 [넘어뜨리다] 자발차'얄다

20734 자발처'언따 그지 머
20735 [부침개] 찌짐'
20736 [실컷] 실컨 무거라
20738 [많이] 마~이 머꼬
20739 [조금] 저:께 뭉는기
20739 쪼끔 무어는 기고
20740 [자주] 자주 아푸'다고

2.2.3. 부엌과 그릇

20801 [부뚜막] 부뚜마'기라꼬
20801 부뚜막게'~이요
20802 [가마솥] 당구소'치라고
20802 당구소'친가
20802_010 참소'치고
20802_020 가메솥
20802_020 가메솥
20802_030 자:근소'츤
20802_040 동소'치고<작은 솥>
20802_050 백'철솥
20803 [아궁이] 부직'
20803_001 부지'케 불어':라커는
20804 [부지깽이] 부지께'~이
20805 [부삽] 불가레
20805 불가레 불가레
20806 [불쏘시개] 불살게
20807 [연기] 연'기난다
20808 [그을리다] 끄지'러따
20808 [그을음] 끄지'러따
20809 껌정 무더따
20809 끄지럼'
20810 [냅다] 징구랍다
20811 [빨리] 빨리 와따고도 하고
20811 일'찌기 와따

20811_010 김치탕:끼
20812 [얼른] 퍼떡
20812 퍼떡 무어라
20813 [냄비] 냄비솥
20814 [그릇] 반셍기
20814_001 그르슬
20815 [뚜껑] 냄비뚜껑' 뚜껑'~이네
20815 뚜꺼'이
20817 [사발] [뚜껑] 사발뚜껑'
20817 화:사바리
20818 [솥뚜껑] 소더베'~이
20818 소두베'~이
20819 [밥주걱] 주게
20820 [숟가락] 수저
20820 수저
20820 숟까라기요
20821 [젓가락] 절까락
20822 [종지] 장:쫑자
20823 [보시기] 중바리
20824 [뚝배기] 뚝시'기
20824 장:추바리
20825 [접시] 쟁반<대>
20825 접시<소>
20826 [조리] 조:레
20826 조:레
20827 [이남박] 살:함배'기
20829 [바가지] 바가치 아임미까
20829 박바가치
20829 [행주] 행'자
20829_010 물쪽빼'기
20830 [행구다] 행'군다
20831 [설거지] 설거'지
20832 [개숫물] 기명'물<구>

20832 기명'물<구>
20832 꾸정'물<신>
20833 [찌꺼기] 찌'끼
20834 [화로] 화:로
20834 화:로
20834 화:로
20835 [화롯불] 화:로뿔 담:는다
20836 [부젓가락] 부저까치
20836 분술
20836 분술
20837 [다리쇠] 걸:쇠
20837 걸:쎄
20838 [석쇠] 적쎄
20839 [도시락] 초배'기
20840 [쭈그러뜨리다] 쭈그러진다
20841 [바구니] 바구'리
20842 [뒤주] 게:
20842 살께라고
20842 쌀두지'
20842 차굳단지
20843 [찬합] 찬:합이라고도
20844 [강판] 강판
20845 [개다리소반] 게다리파~이라 큰다
20845 도리판
20845_010 사:모파~이고<네모모양>

2.3. 가옥
2.3.1. 방과 가구

20901 [안방] 큰바~이라꼬
20902 [벽] 베리빡
20902 벼가인겨
20904 [다락] 장'방이라꼬도

20904_010 실'겅
20905 [올라가다] 더올러가가
20906 [벽장] 장:방 장:방
20907 [감추다] 감지'걷다
20907 감찬:따커기도하고
20908 [홈] 험: 저따
20909 [돌쩌귀] 돌:짜구
20910 [미닫이] 밀:창
20911 [여닫이] 만다지
20911_010 외쩨'기문
20912 [덧문겹무니라]
20912 겹문
20913 [열다] 여노
20913 여'러라
20914 [문고리] 문꼬리
20915 [자물쇠] 자물통
20916 [열쇠] 열:쎄
20916 열:쮀
20917 [잠그다] 잠가아노타
20918 [기어코] 기어코도 하지
20918 억지로
20919 [구멍] 우리구멍
20920 [찢다] 쩬다커'지
20921 [토방] 씬빵돌
20921 씬빵돌
20922 [구들] 구둘로 잘 나야
20923 [흙손] 흘소~이라고
20923 흘'칼
20923_001 흘'칼이데
20924 [바르다] 바린'다
20925 [장판] 장판
20926 [종이] 조~이
20927 [도배] 대비'~이

20927 데비'
20928 [구석] 구지'기
20928 구직'
20929 [굽도리] 굽 데'엔다
20929 굽지라꼬 할수바께
20929 졸지
20930 [깨끗하다] 마뜩다
20931 [문지방] 문지'방 애~이'아
20931 문천'
20931 문천'
20932 [틈] 틈 나따
20932 틈 이'따꼬
20933 [갇히다] 가체'엔다
20934 [가장자리] 가:에
20934 가:에 가지마라
20935 [가운데] 가분'데라고도 하고
20935 복파네
20935 중가~이라고도 하고
20936 [시렁] 시러'~이
20937 [살강] 살강
20938 [선반] 잔바~이
20939 [서랍] 빼다지
20940 [경대] 경:대
20941 [거울] 거'울<신>
20941 면:경<구>
20941 민:경<구>
20942 [걸다] 거'러라
20943 [삼층장] 단:수
20944 [액자] 가꾸
20945 [잃어버리다] 일'거뻬따
20946 [호롱불] 남포'불
20946 호롱'뿔

2.3.2. 건물

21001 지부~이라꼬 아하나
21001_001 [지붕] 지붕'케 떤'저라
21002 [기와] 게와
21002 게와와
21002 기와
21003 [기와집] 개아집'이지오
21004 [수키와] 골:게아
21004 부:와
21004 부:와
21005 [암키와] 바닥게와라꼬
21005 암게와 테기고
21005 여게와라꼬도 하고
21006 [와당] 나비세
21007 [서까래] 세까리 세까리
21008 [추녀] 추녀 추녀
21009 [처마] 지붕지'슬
21010 [초가집] 초지비라 컨'꼬 머 초가라 컨'꼬 머
21010 초집
21011 [오두막] 오두:
21012 [이엉] 연게
21013 [기스락] 지'슬르
21014 [낙숫물] 처'마물
21014_001 거럼'물
21016 [용마루] 말레'~이 고게 용말레'~이
21017 [용마름] 용마람
21017 용마람아인'교
21018 [대들보] 데들보 야~이라
21019 [마루] 마루' 마루' 커기'도 하고
21019 청:
21020 [댓돌] 신빵돌이라 커기'도

21021 [툇마루] 눈썹마루'라코도 하고
21021_010 디일 마루'지 그머
21022 [기둥] 기동부'터 머여 세'워야지
21023 [주춧돌] 지추똘: 준추
21024 [굴뚝] 꿀뚝으로

2.3.3. 마당

21101 [뜰] 정워'이라 크데
21101 화다~이고
21102 [마당] 마다아 저
21102 마당' 마당'에
21103 [넓다] 너리'다 너리'다 마당 너리'다
21103 널브~이까
21104 [넓히다] 널'핀다고
21105 [곳간] 고바~은 옌: 옌:날
21105 도장'
21106 [외양간] 먀:구
21109 [헛간] 허까~이 예
21110 [쓰레기] 써레'기
21111 [그러모으다] 끈:다
21112 [모으다] 모'우는
21112 모'운다
21113 [장독대] 장:똑간
21114 [장독 뚜껑] 너리'기
21114 떠껑'
21115 [변소] 똥구당
21115 치간
21115_001 똥물장군
21115_001 똥물통
21115_001 똥장구~이라
21115_001 오줌토~이라 카기도하고
21115_001 장구~이 장구~이

21116 [울타리] 울따리
21117 [뒤꼍] 디안
21117 덧:마다~이지 이기
21118 [사립문] 사라피라고
21119 [담] 담
21119_001 다무'에 올라가따
21119_002 담도 무너져쬬
21120 [바깥] 바께라고
21121 [모퉁이] 담모티'~이
21122 [모서리] 모서'리
21122 모전'

2.3.4. 마을과 가게

21201 [마을] 마으'리라꼬도 하고
21202 [이웃] 이'운 이'우지라꼬 하지
21202_001 이'우지 조:타커지
21202_002 이'우제 산:다그레
21203 [윗마을] 우에동네라꼬도 하고
21203 운 마리라꼬도 하고
21204 [마을가다] 마실 소리도 하지요
21204 마으'리 나가따
21205 [가끔] 가끔 멍는'다하지마네
21205 간:혹가다가
21205 드:문드:문 머웅'다꼬
21206 [먼저] 머~여 간다
21206 머~여 주:고
21207 [나중에] 나:조~ 바다라 커는지
21207 나:종 바다라고 이레 하는 수도 이'꼬
21208 [우물] 구룽'굴 파따<구>
21208 우물 파: 그크'도 하고<신>
21208 웅'굴<구>
21209 [샘(泉)] 세:미 파가'주고 그키도

하고<신>
21209 세:미도
21209 순정빡세:미라
21209 쪽빡세:미
21210 [가(邊)] 물가:에 가지마라고
21210_002 가:에 가지마라
21210_002 가:에 가지마라
21210_002 자테 가지마라
21211 [두레박] 다래'박
21211 다르박지리 애하고
21212 가득 체'아 나:따
21212 [가득] 한:게 채'아나:따
21213 무지게라고도 하고 바:장지'게라고도 하고
21213 [물지게] 바:장지'게
21214 [가게] 가:게라 그고
21214 노저미고 머
21214 전:빵
21215 [싸다] 싸다
21215 헐타
21215 헐타
21216 [비싸다] 비'싸다
21216 비'싸다:
21217 [흥정] 싱'강하는거는 인자
21217 싱'강하더라
21217 헝정한다
21217 헝정한다고
21218 [중매인(거간꾼)] 권:매라 커꼬<구>
21218 소개재~이라 허코<신>
21218 헝성바치도<구>
21218 형성 권:헤준다컨꼬<구>
21219 [부담] 부담한다꼬도 하고 넨:다

꼬도 하고
21220 [잔돈] 잔돈 바까주
21221 [에누리] 어느리가 인자
21222 [거스름돈] 거시럼'돈 네준다꼬
21222 거시름도:~이라고도
21222 나머'지돈 네준다꼬
21222 나머'짇돈
21224 [꾸다(借)] 꼬도:라고도 하지
21224 꾸는거는 곡:석거'튼거<곡식>
21224 빌'린다꼬도 하고 췐:다고도 하고
21224 체:줄라커고 이러지<돈>
21225 [맡기다] 메께 논:다
21226 [나머지] 머:사고 나머'지는
21227 [몽땅] 다: 가아오너'라
21227 몽탕 가'오너라 커기도 하고
21228 모지'리 뽀바라 소리도 하지요
21229 [덤] 우:수로 더'준다고도
21230 [거지] 거러'지라고도 하고 걸비~이라고도 하고
21231 [몫] 목시다
21231 목씨로 나납더라
21232 [빚] 비지
21232_001 비'들 다: 가파따
21232_002 비'데 쪼달린다꼬도 하고
21233 [이자(利子)] 이:자 주는거
21234 [심부름] 썸:부름 씨'긴다
21235 [두름] 가데'기<10마리>
21235 두룸'<20마리>
21235_001 다~이지 머
21235_002 다~이라거레
21235_002 단:
21235_003 딴

21235_004 머숨
21235_004 모숨
21236 [켤레] 커'리
21237 [마지기] 마지기
21237 마지기 잠는데도 이꼬
21237_010 보로'꾸<600평>
21238 [꾸러미] 줄
21239 [그루] 그루
21239 주
21240 [포기] 페'기
21240 포'기라 거고
21240 포'기로
21240_001 축
21240_002 떼
21240_003 접
21240_004 한 사미
21240_004 한 쌈
21240_005 한가대'기
21240_005 한제'기커고
21241 [혼자] 혼'차
21242 [저울] 저'울
21242 정'울
21243 [자루(包袋)] 자리'
21243 자리 가온나
21243 자리'고
21243_002 자리'에
21244_010 하나
21244_010 하나 두울 세이 네이 다섯 도
21244_020 항개
21244_030 한대
21244_040 한말
21244_050 두:나

21244_050 두:울
21244_050 둘:
21244_060 두:개
21244_070 두:대
21244_080 두:말
21244_090 세: 서:이
21244_090 세:나
21244_100 세:개
21244_110 세:대
21244_120 세:말
21244_130 너:이
21244_130 넷:
21244_130 니:나
21244_140 네:개
21244_150 네:대
21244_160 네:말
21244_170 다섣
21244_170 다섣
21244_170 다섣
21244_180 다섣깨
21244_190 다섣대
21244_200 단말
21244_210 여섣
21244_210 여써
21244_220 여'섣
21244_230 여'섣대
21244_240 연'말
21244_250 일'고
21244_250 일'곱
21244_260 일'고깨
21244_270 일'곱대
21244_280 일'곱말
21244_290 여덜

21244_290 여'덜
21244_300 여'덜개
21244_310 여'덜대
21244_320 여덜말
21244_330 아홉
21244_330 아홉
21244_340 아호깨
21244_350 아홉대
21244_360 아홈말
21244_370 열:
21244_370 열:
21244_380 열깨
21244_390 열대
21244_400 열'말
21245_030 열대
21245_040 열:말
21245_050 시물
21245_060 수:무개
21245_070 시무대
21245_080 시무말
21245_090 서'런
21245_100 서'른개
21245_110 서'른대
21245_120 서'른말
21245_130 마안
21245_140 마은개
21245_150 마안대
21245_160 마안말
21245_170 오:시비라 케야지
21245_190 쉰:대
21245_200 신:말
21245_210 육십
21245_220 육:십개

21245_230 육십대
21245_240 육심말
21245_250 칠십
21245_260 칠십개
21245_270 칠십대
21245_280 칠심말
21245_290 팔십
21245_300 팔십개
21245_310 팔십대
21245_320 팔심말
21245_330 구십
21245_340 구십개
21245_350 구십대
21245_360 구심말
21245_370 백:
21245_380 백개
21245_390 백대
21245_400 뱅말
21246_040 두세개라카고
21246_070 두서너'개
21246_100 삼사개라꼬
21246_100 세:개 네:개
21246_110 서너'대 대더'라
21246_130 서넌 너더'께
21246_160 대엔'개
21246_170 한 대열'대 대더'라
21246_190 일고 여'섣개
21246_200 여'서일곱대 대더'라커고
21246_220 일고여'덜개지
21246_250 여나응개 데더'라

2.4. 의복
2.4.1. 복식과 장식

21301 [치마] 치마 처마:
21301 처마먼
21302 [길이] 기'리가 짤따
21302_010 화장
21303 [저고리저고'리]
21303 저고'리
21303 적쌈
21304 [색동저고리] 새똥저구'리
21305 [부럽다] 부럽'따 소리도 하지요
21306 [무늬] 무니라꼬
21307 [고쟁이] 고제'~이느
21307_010 바지
21307_020 소:게 바지
21307_030 속: 네:이
21307_040 속:처마
21307_050 다:네
21307_050 다:네는
21308 [바지] 바지 바지 입고
21308 바지 바지 저고'리
21308 바지:
21309 [두루마기] 두루막
21309 두루막 두루마기
21309 두루막:
21310 [의복] 이'보기다
21310 이'보기라
21310 일시브는
21310_010 도:복
21310_020 속:주적삼
21310_030 솔피
21311 [구겨지다] 꾸게'에저따
21311 꾸게'에저따

21312 [옷고름] 고롬
21313 [단추단추]
21314 [동정] 동'정
21315 [겉] 거주게
21315 거'치
21315 거'치라 카믄 데
21315 걷
21315_001 거'테
21316 [홑옷] 호'돋
21316 호'돋
21317 [겹옷] 겨볻 겨볻
21318 [잠방이] 혼적주적세'미
21319 [누더기] 두덕 주:라 컫고
21319 두둑 적세'미라 거나
21320 [조끼] 제끼
21321 [내의] 내:복
21321 내:이
21322 [껴입다] 들께'들께'에 이'벋노
21323 [소매] 사매끈티'이
21324 [견주다] 전자아바라
21325 게알주메'~이 거고<구>
21325 [주머니] 주머'~이<신>
21326 [호주머니] 호주미'~이 커기도 하고
21327 [허리띠] 허리'껀
21328 [댕기] 댕'기
21329 [도포] 도:복
21329 도:포
21330 [삿갓] 삳가시고
21330_010 방:리피다 이거는
21330_010 방:리피라커는거는
21331 [고깔] 다랑가씨라카거든
21332 [사모] 사:모 관대

21333 [유건] 유거'~이 아~이'고
21333 유건'
21334 [대님] 다임
21337 [짚신] 집신'
21338 [미투리] 01 삼:는다꼬
21338 미:틀
21338 집시'~이 아이'고 삼시'~이지 머
21339 나무'신
21340 [당혜] 가죽신
21340 꼳가죽시~이가

2.4.2. 바느질과 세탁

21401 [명주] 명주실
21402 [목화] 미영' 숨갸: 다레 숨갸가
21403 [무명] 미영' 타갸'아
21403 미영'베라고
21404 [씨아] 미세:기
21405 [얼레] 자세'
21405 자세'라코도 하더만
21405 자제'
21406 [물레] 물레 감는 거
21406 물레 여 실: 아 올'리네
21407 [길쌈] 길쌈
21408 [골무] 골미
21409 [반짇고리] 반지땅시'기
21410 [가위] 가외 나레 손 비':따
21410 가위
21410 가위 갸.오너'라
21411 [베] 베짠다
21412 [헝겊] 헝:겁 가'아오너'래이
21412_002 헝:거페 때 무더따
21413 [마르다(裁)] 말른'다
21414 [바늘] 바늘

21415 [바느질] 바느질
21416 [재봉틀] 재봉'털
21416 재봉'털
21417 [꿰다] 낀:다
21418 예:단
21418 정서'~이라
21418 [혼숫감] 혼수까'아믄
21418 혼수까'암 뜨러 간다
21419 [끈] 끈
21420 [노끈] 노끄~이라 노끈 노끈
21421 [참바] 짐'빠 카지
21421 짐'빠는
21421 짐'빠라
21422 [매듭] 고 지'아가 무까'아래이
21422 고다리를 내'애가
21422 매직 메체'에따
21422 바느쩌:리
21423 [끊기다] 끙게'에따
21424 [보자기] 보' 라고도<신>
21424 보따리
21424 보따리는 옌:나레 보따리고 <구>
21424 보조'기<신>
21425 [이불] 이'불
21426 [솜] 소옴
21427 [포근하다] 따시'다 따시하다
21427 포그나다
21428 [홑이불] 혼니'불
21429 [겹이불겸니'불]
21429_001 한니'불
21429_010 솜:니'부른 솜:니부리고
21430 [누비이불] 너베이'불
21430 누베이'부리고:

21430 누베이'불가
21430 봄니'불
21431 [보료] 자부동
21432 [베개] 비:게
21433 [베갯잇] 비게 속:통
21433 혼'닙
21434 [목침목치'미]
21435 [퇴침] 태:치미
21437 [방석] 자부동
21438 [담요] 담:뇨
21439 [빨래하다] 빨레 씬는'다지 머
21440 [빨래방망이] 빨래방매~이
21440 빨래빵매~이
21441 [빨래터] 빨래'터
21441 빨래터어
21442 [빨랫줄] 빨레'줄
21443 [감기다] 깜게'에준다
21443 씨께'에준다
21443_001 깜긴'다 그러고
21444 [다리미] 다레비
21444_001 다린다
21445 [인두] 인도
21446 [방망이] 방마~이
21447 [다듬잇돌] 서답돌
21448 [다듬이질] 따데'미
21448 따데'미한다

2.5. 민속
2.5.1. 세시 풍속

21501 [설날] 설:날
21502 [설] 서:리지 머 설:
21502 설: 잘 신:나
21503 [섣달그믐날] 섣:달 그뭄날
21504 [묵은세배] 구:새배
21505 [올해] 금년
21505_010 거거:연
21505_020 거:연
21505_020 거:연
21505_030 올'해
21505_040 명녀'~이고
21505_040 명년 애이'가
21505_050 내여'~이시더
21505_050 후:녀네 컬수도 이찌
21505_060 우:명녀'~이지
21506 [작은설] 자근 설:
21507 [윷] 윤:
21507_010 윤논:다
21508 [윷가락] 유까'치
21509_010 도
21509_020 개:
21509_030 걸
21509_040 윤
21509_050 모:
21509_060 뗄:또
21510_010 두:말
21510_010 두동
21510_010 억처간다꼬도하고
21510_020 석:똥 석똥
21510_030 단동
21510_030 단동 체'레따 이카지
21510_050 단동 나머따 거고
21511 [취미] 치:미가 그거다
21512 [외우다] 외'우는
21513 [보름] 보'롬
21513_010 그뭄날
21513_010 그음날 어느날 가도 그음날

21513_020 초하루보'롬
21514 [쥐불놀이] 달지'핀다
21514 세:삼바테불하는거
21515 [추석] 파럴 추서기라고
21516 [망월] 달집 지'와가주고
21517 [자치기] 장:친다 카는거
21518 [바둑] 바둑
21519 [수수께끼] 수제제깐 한다
21520 [호미씻이] 나다리뭉는다
21521 [쨍과리] 깽:깨미
21521 깽:게미 깽:개미
21522 [장구] 장:구
21522 장구
21523 [곁두리] 참:
21525 [무당] 무:다~이고<여자>
21525_010 화라~이고<남자>
21525_010 화레'~이라 커데<남자>
21526 [고수레] 고시네 한다고
21526 고시네:
21527 [점쟁이] 점바치
21528 [상여(喪輿)] 상이
21528 행세'~이
21529 [굴건] 굴건
21529 두거'~이고 요거는 굴건
21530 [제사] 제:사지네는거 마리지
21531 [제기] 제:기에 담고
21532 [귀신] 몽:다리기:신이고
21533 [도깨비] 톤쩨비
21533 허재'비

2.5.2. 농경용품

21601 [고삐] 소이까리
21602 [굴레] 굴레 마저

21603 [멍에] 몽'에
21604 [길마] 질마
21605 [부리망] 소 허거'리
21605 허거'리라고도 하고
21606 [구유] 소구이
21607 [작두] 작두
21608 [꼴] 꼴비:러간다
21608 소:풀 장만는'다
21609 [여물] 건'초고
21609 건'초라꼬
21609 여무른 지피고
21610 [쇠죽] 소죽끄'린다거지
21611 [쇠죽바가지] 자루바가'치
21612 [수레] 소구루마
21613 [바퀴] 구루마 동테레
21613 동테바'키라고도 하고
21614 [굴리다] 구부러 내러온다
21614_010 구불려가 온다 커는거
21614_020 구불려 가주고는
21615 [새끼(繩)] 새끼고
21615 새'끼나:따
21615 색기
21617 [먹둥구미] 봉테'기고
21617 봉테'기네
21618 [거적] 꺼지'기
21618 꺼지'기라 컬고
21618 덕시'기
21618 메똘 방시'기
21619 [가마니] 가마~이네
21619_010 가마~이 틀
21619_010 가마~이터리지 머
21619_020 가마: 안저거라
21620 [돗자리] 체석자리네

21622 [자리틀] 돋'틀
21623 [삼태기] 산데'미
21623 집소구리네
21624 [멍석] 먹시'기네
21625 [어레미] 어리'미
21625 어리'미<드문것>
21625_010 체고<촘촘한 것>
21626 [대장장이] 펜수
21626 펜수
21626 펜수제'~이
21626 펜숙
21627 [대장간] 펜소깐
21627 편소깐 커잔나
21628 [풀무] 불메'
21631 [갈퀴] 까꾸리
21632 [집게] 찝'께 찝'께
21633 [장도리] 장:도리는 모뻬'기가 업꼬
21633 장:도리도 이레
21633_001 짜:구는 이 쫀는게 짜구야
21633_001 짜구네
21633_002 모뻬'기씨더
21633_003 망치고
21634 [톱]톱
21635 [도끼] 도:치
21635 도:치 도:끼네
21636 [자루(柄)] 자리'
21636_010 자루를 지고 하지
21638 [쐐기] 쎄:기 방는'다 카고
21639 [송곳] 송:곧 송:곧
21639_010 송:고세 찔릴'라
21640 [뽀족하다] 뻬:쪼타'지
21640 뻬:쪼타지 머

21641 [숫돌] 낟 수뚤
21642 [맷돌] 메:똘
21643 [수쇠] 푼메
21643 풀메네요
21643_010 암중쉐라고
21643_010 중세
21643_010 중쉐
21644 [지게] 지'게
21645 [발채] 바:소구리
21645 바:지게
21645 바:지기
21646 지게 [작대기] 작지
21647 [막대기] 막떼'기지 머
21648 [몽둥이] 몽다'~이

2.5.3. 생활용품

21701 빈짜루
21701_001 둥지'리
21701_010 쓰렏'판
21702 광지'리
21702_001 둥지'리
21702_002 다레'끼네
21702_003 산데'미지
21703 소구리 아이넌'겨
21704 나무방타'이지
21704 함지방타'이
21704 함지방타'이라카는데
21706 풀뽈떼이
21707 풀'뻬해써요
21708 단지는 <소>
21710 [항아리] 항아'리라 거자나
21711 [단지] 단지네
21712 [물동이] 물뚱'이

21713 [똬리] 따베'~이
21714 [옹기] 옹기'굴:
21715 [표주박] 조롱바가'치
21716 [키(箕)] 체~이
21717 [떡살] 살게
21717 쌀게
21717_010 통'에 여노'코도 풀'꼬
21718 [다식판] 단석판
21719 [시루] 떡시루'
21719 시리'에
21721 [시룻번] 시리뿐
21721 시리뿐 부체가
21722 [부싯돌] 불또'리라꼬 또 요런기
21722 불쐬
21723 [담배] 담:배피우는거
21724 [담뱃대] 담뱉'대
21724_001 대꼬바리
21724_002 대무쭈'리
21725 [물부리] 빨뿌'리가 인자
21725 빨뿌'리라고 켄는데
21726 [담배설대] 대설'때
21726 대설'때
21727 [담배통] 담배통'
21727_001 담:배쌈'지라고
21729 [부채] 부체
21730 [토시] 토시'
21731 [벼루] 벼'로
21732 [가락지] 가락지
21733 [비녀] 비여'네
21734 [참빗] 챈'빋
21734_010 챈'비슬
21735 [얼레빗] 어레'빋 가오너라
21735 어레'빋 커는거

21736 [세숫대야] 세숟대':
21737 [비누] 비'노
21738 [도투마리] 베도투마리네 요
21739 [활대] 신때
21740 [퉁기다] 땡'기믄서 발로 땡'기머
21741 [잉앗대] 이'~애때
21741 이'~에때
21742 [부티] 부티'~ 예 부티'~라 거니더
21742 허리'띠
21743 [도롱이] 우:쟈~이지
21743 우:장

2.6. 인체
2.6.1. 얼굴과 머리

21801 [이마] 이:마
21802 [이마빼기] 이메빼'기
21803 [눈자위] 눈갸:가 분는'다
21804 [검은자위] 꺼'믄체~이
21805 [흰자위] 힌체~이
21806 [눈까풀] 눈꺼'풀은 요게 이저 여
21806_001 눈초'리
21806_002 눈까주기 축 처:진다 거자네
21808 [눈썹] 눈섭'
21808 눈섭'
21808_010 눈서'비 빠지므
21809_001 [속눈썹] 아리눈섭'
21810 [눈두덩] 눈떠~어리가
21811 [눈곱] 초깐:다
21812 [다래끼] 다레'끼 나따고<상>
21812_001 데'지비고<하>
21813 [애꾸] 외쩨'기 누~이라카나 그러믄
21813 외퉁배'기라 카나

21815 [테두리] 안:경다리 안경테'
21815 테 엄:네요
21816 [돋보기] 도뿌'기
21817 [똑똑히] 도께보이지요
21818 [안경집] 안경지'베 여'가 보간하지머
21819 [주름살] 주름'살
21819_010 주름'사리 마~이 느런네
21820 [긁히다] ㄲ러페'에따
21820 ㄲ러페'에따 거이
21821 [수염] 수염
21822 [구레나룻] 구'레수염
21823 [코] 코
21823_010 코가
21824 [콧수염] 코수염
21825 [코딱지] 코떡까'리
21825 헫바늘
21826 [콧구멍] 구여~이지 코'구영
21827 [콧물] 코물나오지
21828 [입술] 입서'블
21828 입서'블 입서'울
21828_001 입서'우를 바른다
21829 [다물다] 아무'꼬
21829 이바무'코
21830 [어금니] 어검'니
21831 [덧니] 덩:니
21832 [휘파람] 히:빠람
21833 [가래(痰)] 가레:
21833 담:
21834 [혀] 헤
21836 [귓불] 귀빱
21837 [귀걸이] 기거'리
21838 [귀지] 귀'체~이 파낸:다

21839 [귀이개] 귀기'베
21840 [귀청] 귀'체~이 떠러진다
21841 [귀밑] 귀미'테 무러따 그지
21843 [기미] 기'미낀:다
21844 [주근깨] 까므딱지거치 요레만
21844 까믄딱지
21845 [턱] 테
21845_001 택짜가리<비>
21845_001 택짜가리커나<비>
21846 [턱수염] 뿔수염
21846 턱 턱수여미고
21847 [뺨] 귀떼'기
21847 뽈
21847 뽈떼'이커데
21848 [갸름하다] 말찌근:하게 생'겨따 거지머요
21848 말찌근:하고 얄펴~하이
21850 [머리카락] 무리카'락 머리카'락
21851 [비듬] 지븜
21852 [기계총] 기게창'
21852 소버'서지 글타가데
21852 소버섣'
21853 [정수리] 숨:꼴
21854 [대머리] 대머'리라커나
21854 버'제기
21855 [고수머리] 꼬시메머'리
21855 꼬시메제'~이
21856 [가르마] 가리'매
21857 [가마] 가:마
21857 가마~이
21857 가메
21858 [뒤통수] 뒤통'
21859 [뒷덜미] 뒨:목

21860 [목] 모'기고
21861 [멱살] 맥'살

2.6.2. 상체

21901 [어깨] 어'깨
21902 [밀치다] 미'런따
21903 [활개] 날:게친다
21903 활개를 친다
21904 [겨드랑] 겨드랑
21904 엽꾸리
21905 [등] 등
21906 [가슴] 가섬
21907 [결리다] 가시미 절린'다고
21908 [갈비뼈] 갈비떼
21909 [허파] 부에'가 난다 소리도 하지요
21909 허페
21910 [쓸개] 씨레 빠져따 거지
21910 씨레빠져따
21911 [콩팥] 콩팥
21911_001 콩파치라고
21912 [팔] 팔
21913 [팔꿈치] 팔꿈마리
21914 [팔짱끼다] 안:경 그거사 안:겨~이지
21914 팔낌긴다그지
21914 팔찜쩐다
21915 [손톱] 손툽 깡는다 발툽 깡는다
21915 토툽
21916 [오른손] 오른손
21917 [왼손] 왼:손
21918 [틀리다] 틀리'는기다
21918 틀리'인다고 바:야지

21919 [왼손잡이] 왼짝쩨'비하는 사라므는
21919 왼짠배'~이
21919_001 오른제기
21920 [문지르다] 문떼'엔다
21921 [엄지손가락] 엄지손까락
21922 [집게손가락] 다음손까락
21923 [가운뎃손가락] 복판손까락
21925 [새끼손가락] 셍이손까락
21925 셍이손까락
21926 [생인손] 세~이'손 난는거
21926 점나레'기
21927 [사마귀] 무사마구
21927 사마구
21928 [손아귀] 소나구는 요
21928 주모'김
21928 주모'킴
21929 [손목] 손모'기라고
21929 손목 요: 손목
21929 팔목
21930 [뼘] 한'뼘
21931 [허리] 허'리
21932 [지팡이] 지평'
21932 짝떼'기
21933 [옆구리] 엽꾸레
21934 [간지럽다] 건지럽'따
21935 [간지럼] 간지'린다
21936 [가리키다] 가르'친다
21936 전준는
21937 [가르치다] 가리'킨다
21937 갈체준다
21938 [겨누다] 전준는다고
21939 [겨루다] 힘다:라꼬 그게 쏘오지

21941 [근육] 그:뉵
21942 [배꼽] 배꼼
21944 [목물] 등물
21944 등물

2.6.3. 하체

22001 [복사뼈] 복성'씨
22001 안봉성'씨고<안쪽>
22002 [발가락] 발까'락
22003 [발바닥] 발바'다기고
22004 [발톱] 발텁'
22005 [신] 신
22006 [냄새] 넴:셰도 마꼬
22007 [고린내] 꼬린'네 난다카지
22007 땀네:
22008 [굳은살] 꾸덕'살
22009 [발자국] 발자욱'
22009 신자우'기라고 하고
22010 [정강이] 초떼뻬
22011 [종아리] 장:다리라 카데
22011 종아'리
22012 [장딴지] 장:다리라카는게 요
22013 [무릎] 무루'비
22013 장게~이지 머
22013_020 무르'페 안좌라 무르'페 안차라
22014 [오금] 오금제'기
22014 오금제'기
22015 [오줌] 오주'믈 마~이 싸지 거사머
22016 [엉덩이] 엉:더~이
22017 [궁둥이] 궁:디~이
22018 [멍] 멍: 드러따

22019 [멍울] 몽오레'~이가 생'겐따
22021 [가랑이] 가레~이쨰:진다
22022 [사이] 복파네 이찌
22022 사이에 이찌
22023 [샅] 사치라 커'지
22024 [사타구니] 사타'리
22024 사타'리
22025 [가래톳] 말:기라 커기도
22025 발찌:서따고도 하고머
22026 [허벅다리] 신더벅'지
22028 [가부좌(跏趺坐)] 펭'데~이 처따 거지 머

2.6.4. 질병과 생리

22101 [감기] 게뿔
22101 겨뿔
22102 [기침] 기'침하는 거
22103 [재채기] 제'치기 나오는거
22104 [사례] 쎄:알 들렌'다고
22105 [딸꾹질] 깔딱'질 나오더라고
22105 꾀역'질 나오는거
22105 딸국'질
22106 [트림] 트름
22107 [겨우] 억:찌로 차먼지머
22108 [경기(驚氣)하다] 정'기:
22109 [곰보] 곰:보라그레
22110 [천연두] 손님
22111 [여드름] 이'드름
22112 [학질] 초질
22112 학질 그거는
22113 [홍역] 홍진
22113 홍진 아이'가
22114 [볼거리] 뽈치기

22115 [땀띠] 땀떼기
22116 [두드러기] 두데레'기
22117 [버짐] 버엄'버섣
22117_001 보'옴보세지'라고
22117_010 마린버'서지고
22117_020 진버'섣
22117_030 소버'섣
22118 [문둥이] 나병
22118 문:디~이병<비>
22118 풍뼝
22119 [부스럼] 부시러'믄 헌:디 종류라
22120 [고름] 고롬
22120 고롬이 나오'고 하~이
22120 종:제미라
22120 종:제'미라커는
22121 [곰기다] 무:고레는 인자
22121 무:고리라 커거든
22122 [난쟁이] 난:제~이지 머
22123 [사팔뜨기] 샤:파리고
22124 [언청이] 허치'~이고
22124 헏치'~이라꼬
22125 [소경] 봉:사지
22126 [절름발이] 절룸바리
22126 쩔룩발이고
22127 [곱사등이] 곱쎄'가 대지
22127 곱쎄'라 거는
22128 [귀머거리] 귀:먹쩌거'리
22128 귀먹쩌거'리라꼬 해
22129 [말더듬이] 말:더'더미
22129 말:더'듬는거
22130 [벙어리] 벙어'리고
22131 [잠꾸러기] 잠치'~이
22132 [늘] 네: 잠마잔다거지

22133 [하품] 하품하는
22134 [졸리다] 고단하다
22134 데:다
22134 자부럽'다
22135 [졸음] 잠 쫃찌 머
22136 [잠꼬대] 헏쏘'리라고도 하고
22137 [저절로] 자연저그로 나오지 거는
22137 지절'로 나온다 허기도 하고
22138 [자꾸] 자꾸 나오는거
22139 [똥] 대:변
22139 똥
22140 [방귀] 똥긴다고고 하고 방:구낀:다고도 하고
22140 헏방:구
22141 [구린내] 똥꿀레
22143 [얄밉다] 밉사~이라고
22143 얄:밉다

2.7. 육아

22201 [입덧] 입더토 시마다
22202 [갓난아이] 간난 알라
22203 [계집아이] 가시나아<비>
22203 따라:라 거지<비>
22203 여시가라고도<존>
22204 [사내아이] 머시마아거지
22204 머시마아고 종:네기고
22204 종:네기커고
22205 [쌍둥이] 쌍두~이
22206 [뉘다(排便)] 뉠:때
22207 [눕히다] 누피'이야데
22208 [놀래다] 놀:랜다 커지

22209 [기저귀] 기지'게
22210 [포대기] 두데'기<구>
22210 두다'기<구>
22210 포데'기는 중녀'네 나꼬<신>
22211 [야위다] 말라따
22211 예'뻔따
22212 [기지개] 지지게
22213 [부르다(飽)] 부리'다
22213 포:복따
22214 [소리] 말: 드를라꼬 말:소리 드를라꼬
22215 [엿듣다] 타든는거
22216 [시늉] 뿐본다
22216 혀용'꺼지 한다 중는 혀용'을 낸다
22217 [예쁘다] 예:뿐다
22217 참:하다
22218 [앳되다] 나이 어리답따 허지
22218 아리답따
22219 [선물] 선:물
22220 [필통] 필토~이고
22220 필통:
22221 [거짓말] 거:진말
22222 [설마] 설마 그래껜나:
22223 [회초리] 회차리
22224 [남부끄럽다] 남부끄럽'따
22224 남사시럽다
22224 부끄럽'따
22225 [겁쟁이] 겁'제~이라고도하고 머
22226 [불쌍하다] 불쌍치 머
22226 불쌍한거지
22301 [죄암죄암] 쪼막쪼막
22302 [곤지곤지] 쿤:지 쿤:진커는 거

22303 [섬마섬마] 서메서메 서:바라커는
22303_010 도레도레
22303_010 도레하는거
22303_020 짝짜꿍
22303_030 불메불메하는거는 이제
22304 [곤두박질] 꼰두박찔
22304 꼰두박찔
22305 [안기다] 안끼'는 거지
22306 [엄살] 엄'쌀
22306 엄'쌀
22307 [본받다] 뽄 비'이기로 어'르~이
22307 뽄바:라
22308 [달래다] 달리'인다
22309 [바람개비] 팔랑게'비
22310 [호드기] 호:떼기
22312 [그림자] 그렁'지가
22313 [숨바꼭질] 숨바꼭'질
22314 [소꿉놀이] 각시노'리 한다카나
22314 소꿈노리
22315 [사금파리] 세금차리
22316 [걸리다] 걸예'에따
22317 [고누] 꼰뜨는거
22318 [땅뺏기] 땅따무끼
22319 [팽이] 페~이치는거
22320 [딱지] 떼:기치는
22321 [구슬] 다마치기
22322 [그네] 군대'타는 거
22322 추천'
22324 [굴렁쇠] 동테돌리기라 켄:데
22324 동테돌리기라꼬
22325 [자전거] 자전거'라꼬도 해:꼬 자전차라꼬도 해:꼬

22325 자정'거
22325 자정'거
22326 [하마터면] 쪼끔잘몬헤씨믄 차에 치'일뻔 해:따
22327 [목말] 홍말:
22327 홍말:
22327_010 말타기
22328 [어지르다] 어지레난:따꼬
22329 [달리다] 달린다 커고
22329 잘쫀는'다 커지
22330 [달음박질] 쪼치바리
22330 쪼치바리한다
22330 쪼침말리
22331 [정직하다] 고꼬 정:지카다 카는
22332 [썰매] 스께'또

2.8. 친족

22401 [어머니] 어머'니라카지 머
22401 어무~이는 어무~이 아이가<호>
22401 어무~이커는 사람도 이'꼬 엄'마 카는 사람도 이'꼬 어매커는 사람도 이'꼬 그거'는 머<호>
22402 [어미] 대구절'므~이 오너'라 커든가 울산절'므~이 오느'라<호>
22402 아:무꺼시 에:미<지>
22402 야야 머 저:<호>
22402 야야커고 마 그저 그런치:요<호>
22402 절'므~이 여거 오너'라커든동 머<호>
22403 [아버지] 아배켙써요<구>
22403 아버'지 커지 머<신>
22403 아부'지아이'가

22404 [아비] 아:무꺼시 에'비커든동<지>
22404 이'름부르지 머<호>
22405 [할머니] 징'조할매느:
22405 할매 할매 할머'니커기도하고
22405 할매라 커는
22405 할매 할베 아:베
22406 [할아버지] 외할배도 이'꼬
22406 할배도 인자 여
22406 할베데지 머 하라버'지데지 머
22407 [아내] 아네라고<지>
22407 안씨꾸 댄다 커든동 머:<지>
22407 여보커고<호>
22408 [남편] 사랑주이~이라 컬수도 이꼬<지>
22409 [언니] 언'니:
22409 히'~라 커지
22409 히'이
22410 [오라버니] 오:라바~이<지>
22410 오라베<구>
22410 오빠<신>
22412 [누나] 누나 누임
22412 누임
22414 [형] 히'~야 컫고 형'님커고
22415 [아우] 동세~이다 거치<지>
22415 아우'라거지<지>
22416 [비슷하다] 달머따 거지
22416 비스타다 거는 사암도 이꼬
22417 [자식] 자녀지 머
22417 자시기 머'치다
22418 [맏아들] 마다드리지 그거는 머<지>
22418 만너'미다 캐:야지<지>

22419 [막내] 망네'~이
22420 [손녀] 손녀
22420 손녀까지는 그라지만도
22420 이:시리라커고
22421 [손자] 손자 손여 합체가주고는
22421 손자 애~이가
22422 [함께] 다:가치
22422 함께 커는 거는
22423 [걸핏하면] 야간하믄 썽: 잘낸:다
22424 [꾸짖다] 구지럼한다 커는 거'는
22424 꾸지름한다커는 거'는
22424 야:다늘 친다 머':
22425 [처녀] 처:녀요 케:야지<호>
22425 처:녀지 머<지>
22425 처:자도 나이 마느믄 처:자라<지>
22426 [사나이] 사나아
22427 [함] 봉체 보내'앤다고도
22427 혼수: 혼수:
22427 혼수:커니더
22427 혼수하:미
22428 [겹사돈] 겹사도~이 겹사돈 대지
22428 두불사돈 애~이가
22429 [며느리] 며'느리 며느리가 그거
22430 [새색시] 세'대기요<호>
22430 세세대'기<호>
22430 아:무지배 세댁컨'지 머<지>
22430 아:무집 세댁<지>
22431 [각시] 새각시고
22431 쌕:시는 신랴~이 색:시라카 아하나

22432 [시어머니] 시어머'~이<지>
22432 시어머'~이다 거 거<지>
22432 어머'님<호>
22432 엄:<호><구>
22433 [시아버지] 바드르~이 바드른<지>
22433 시 시아바~이<지>
22433 시아버'지
22433 시어르~이라 커든동 머<지>
22433 아범<호>
22433 아범요<호>
22434 [서방님] 대리'미<지>
22434 서방님 커는 사람도 이꼬 대리'미커는<호>
22434 시동생<지>
22434 아주버'님<호>
22435 [도련님] 데'림지<지>
22435 도련'님
22435 도영'님
22436 [시누이] 시:누<지>
22436 아:무서방네<기혼>
22436 아가<호>
22436 아가커는 거'는 차'우기 저'네<미혼>
22437 [시동생] 시:동생
22437 시:동생리라고<지>
22438 [올케] 동서'어대기다<지>
22438 새대'가<호>
22438 올:케켈찌<비>
22439 [매제] 매'부<지>
22439 매'부<지>
22439 이:서방<호>
22440 [매형] 새형님<호>

22440 자영'<지>
22440 자형'<지>
22441 [비위] 비:위 마춘'는다 거지
22441 싱미마춘'는
22442 [새롭다] 기:어기 난다 카든동 머
22442 새롭다고도 하지요
22443 [공연히] 멕:쩨 트짐만 잠는다
22444 [나무라다] 나무레'는 소리가
22444 나무레'믄 다 안조차'는겨
22445 [헤어지다] 갈라져 사:자고
22445 헤'어지자 머
22446 [결코] 절때로 히:저가지고는
22447 [서럽다] 한:난다
22448 [환갑잔치] 환:갑잔치
22449 [홀어미] 과:부데따
22449 호'레미나 머
22450 [홀아비] 호부래비 데따
22451 [계모] 새어머~이카데 거<지>
22451 새어머'니라 커데<지>
22451 제:모고<미혼>
22451 제:모라커고 제:모라고
22451 제:모라커지요<기혼>
22501 [큰어머니] 뱅모가 만는데
22501 크녀'매라카는 사:라미 만'타
22502 [백부] 마다배케야 오른데<호><구>
22502 백부아이'가<지>
22502 크나부'지라 커거든<호>
22502 크나부'지요<호>
22503 [작은어머니] 숭모
22503 저근엄'마
22504 [숙부] 숙부:
22504 저근아부'지
22505 [큰집] 백부집 아이'가 거
22505 큰지비
22506 [삼촌] 삼촌
22506 삼촌 아재
22507 [아주버니] 시:숙 아이가<지>
22507 아주베'엠<호>
22508 [아주머니] 아점
22508 아지메커는 사람도 이꼬 아점
22509 [조카딸] 질여
22510 [조카] 조:카
22511 [고모] 고'모대지 머<지>
22511 아지매커고 고'모커고 머<호>
22512 고모부<지>
22512 고모부<지>
22512 [고모부] 아제<호>
22513 [이모] 이'모다<지>
22513 이'모아지메지 머<호>
22514 [외삼촌] 외'삼초~이고
22514 외아재
22514 왼'삼촌
22515 [외할머니] 외:조모 외:조모
22515 외할매거지 머
22516 [외할아버지] 외:조부된다고
22516 외할베
22517 [아저씨] 아자씨고
22517 아자씨카는 거를 참
22517 으:른요 케야되거'든
22518 [까다롭다] 까:다롭다고도 할수 이'꼬
22519 [외롭다] 외:롭따 허지
22520 [나이] 나도 잘또 올러간다 그지
22521 [우기다] 새'운다
22521_010 서로 불리'능거 아인가

22522 [중얼거리다] 주렁거'린다 머머거

22524 [꾸중하다] 꾸지럼'한다 커는 거는

22524 꾸지름'한다커데 요는

22525 [부아] 부애'난다꼬도 하고 머

22525 천'불리 난다커고

22526 [고함] 고'암을 지르'~이 고'함지르~이 시끄러'버 모:살따

22527 [사투리] 사:투리지 거 언제

22528 [구두쇠] 가죽골기다

22528 구두쎄라꼬도 하다

22529 [영감] 노:이~이라 그지

22529 늘기~이라고도 커고

22529 영:감커지

22529_010 할마씨는 좀 놉 노픈'츠~이지<존>

2.9. 동물
2.9.1. 물에 사는 동물

22601 [물고기] 물꼬기라고 물꼬기고

22602 [민물고기] 맹'물꼬기고

22603 [지느러미] 날:개

22603 날감지

22603 날감지 아잉'교

22604 [헤엄] 해'엄 해'엄

22605 [아가미] 아감지

22606 [창자] 내:장커기'도 하고 창자

22606 창:자

22606 창:자

22607 [낚시] 낙씨빠늘

22608 [낚싯대] 낙:시떼

22609 [미끼] 낙시밥커데여

22609 미:끼:라

22610 [피라미] 피라미도:

22611 [송사리] 눈채'~이라카는 고 고건 갑따

22612 [메기] 메:기가 쎄:미가 길'어여

22612_001 퉁:가리는

22613 [거북] 거'부기

22614 [자라] 자라가

22615 [미꾸라지] 미꾸라지

22616 [개구리] 개구리가

22617 [올챙이] 올차~이

22617 올체'~이

22618 [거머리] 거:머리 거:머리

22619 [고둥] 사고디'~이

22621 [우렁이] 고두~이

22621 고디'~이 아인교

22622 [달팽이] 달페'~이지

22623 [새우] 대:어

22623 쎄'우 새우

22623_010 쎄'우라 케

22623_020 대:하

22623_040 세:우 아인겨 바다세'우

22624 [가재] 까:재네

22625 [갈치] 칼치지 머

22626 [고등어] 고덩

22627 [가오리] 가오리

22628 [가자미] 광:어는 광:어는 여네 머 광어나 까세'미나 여 고 생'기기는 다 한가지로 생'겻써

22628 까세'미

22629 [멸치] 메래'치

22629 사고디'~이

22630 [명태] 명'태 명'태지

22630_001 얼가안는게 동:태고
22630_002 황태'애
22630_003 노:가리
22630_004 부거가
22631 [조기] 조기
22631 조기
22631_001 껵저'우
22632 [도미] 도:믄 좀 납짜카지
22633 [조개] 조개'
22634 [소라] 소라커는거 아이가 소라'
22635 [뱀장어] 곰장어
22635 꼼장:아이가
22635 뱀재'~이
22635 장어'

2.9.2. 곤충과 벌레

22701 [벌레] 곤충:
22701 벌거'지
22701 벌'레:
22702 [날벌레] 나는 벌'기
22702 나는 벌'레
22703 [파리] 소파린가
22703_010 쉬:파리
22704 [쉬슬다] 쉬:시러따
22704 쉬:씨는거요
22704 튀:씨'러따
22705 [가시] 튀
22706 [진딧물] 진진'물
22707 [잠자리] 왕처리
22707 철:베~이
22708 [방아깨비] 항글레'비
22709 [사마귀] 사마'구<신>
22709 여무까시라케써<구>

22710 [땅벌] 구무버:리지
22711 [하루살이] 하랍싸리
22712 [풍뎅이] 소똥벌'레
22713 [모기] 모게'~이
22713 모구네
22713 모기:
22714 [메뚜기] 메띠'기
22714 풀뭉'치라꼬도 하고
22715 [여치] 엥:치<구>
22715 엥:치라켄는데<구>
22715 여:치<신>
22716 [매미] 메롱
22716 메롱 메미
22716 메야미
22717 [개똥벌레] 개똥벌'레
22718 [반딧불] 개똥벌'레부리라코
22719 [나비] 나비지
22719 범:나비
22720 [거미] 거:미
22720 거'미 에이'가
22721 [굼벵이] 굼비~이
22722 [노래기] 노이각시라꼬
22722 복성각시라꼬
22723 [개미] 개:미지 머
22724 [구더기] 구:더리
22724 구:더린가
22725 [바구미] 바:구미는
22726 [지네] 지나:
22726 지네: 지네:
22727 [그리마] 시렁거무
22728 [진드기] 까부던'지
22729 [송충이] 송추'~이
22729 송치'~이

22730 [귀뚜라미] 귀뜨라미
22731 [누에] 누에
22732 [고치] 곤치
22733 [번데기] 번디'기
22734 [지렁이] 꺼:시~이<구>
22734 꺼'세~이<구>
22734 지렁이<신>
22735 [회충(蛔蟲)] 꺼시~이 켄:니더
　　　<구>
22735 회충<신>
22736 [소금쟁이] 옇쩨~이 커는거
22738 [방개] 물빵:게커는
22738 빵:게
22739 [벼룩] 베'락
22739 베'레기
22739_010 이
22739_020 빈데'지 머
22740 [서캐] 갈방니라꼬 하고
22740 헤기

2.9.3. 가축

22801 [가축] 갸추기라고
22802 [암소] 암소고 머
22803 [황소] 수소라고도 하고 황소라
　　　 코도 하고
22803 황소라 커'고
22804 [송아지] 송아지고
22805 송아지 부르는 [소리] 워:이
22806 [쇠고기] 소:고기
22807 [고기(肉)] 고'기 멍는다고는
22807 육소
22808 [둘치] 부리'기
22809 [꼬리] 꼬리라

22810 [그냥] 그'냥 와따
22811 [망아지] 마아지
22812 [당나귀] 노세고
22812 당나기가
22813 [매우] 동'뜨게
22814 [갈기] 갈기
22815 [돼지] 데'지네
22816 돼지 [머리] 데지머리
22817 [돼지우리] 데지우리
22818 [개(犬)] 개:지 머
22819 [수캐] 수깨:
22820 [강아지] 강아지고
22821 [길들이다] 질:드리는
22822 [염소] 염소
22823 [고양이] 고네기<구>
22823 고양이<신>
22824 [수코양이] 숟고:네기
22824 숟꼬양이
22825 [토끼] 토게'~이라고
22825 토끼
22826 [거위(鵝)] 가'우
22827 [수탉] 장딱
22827_010 암따리 우:머
22828 [병아리] 병아리<신>
22828 삐가리<구>
22829 [닭털] 닥터'리
22830 [닭똥] 닥또~이게
22831 [어리] 달가두리
22832 [닭장] 닥통
22832 달구'토~이지
22833 [둥우리] 달찌'비고
22834 [날개] 나'레를 가지고 나지 머
22835 [깃] 날개짇'씨라거고

22836 [벼슬(鷄冠)] 닥베'실
22837 [모이] 달모'이
22838 [주둥이] 주디'~이가 멍는다
22839 [부리] 조디'~이

2.9.4. 들짐승과 날짐승

22901 [호랑이] 버:미고 산실려'~이고
22901 호랑이
22901 호레~이
22902 [살쾡이] 실게~이
22903 [멧돼지] 메떼'지
22903 산떼'지
22904 [여우] 예'쑤
22905 [원숭이] 원시:<신>
22905 잔네'비띠라고<구>
22906 [사슴] 사슴
22907 [노루] 노리':
22907_010 노루가 만:타
22908 [두꺼비] 뚜꺼'비가
22908 뚜께'비
22909 [고슴도치] 고'심도치
22910 [두더지] 띠지'기
22911 [족제비] 쪽찌'비
22912 [뱀] 뱀:
22913 [도마뱀] 도메뱀:
22914 [구렁이] 능'구리~이
22915 [살모사] 살모사도
22916 [생쥐] 세앙:지
22917 [다람쥐] 다람지<신>
22917 담보라꼬<구>
22918 [새(鳥)] 새:
22919 [꽁지] 꼬'리
22919 꽁'지

22920 [솔개] 솔베'~이
22921 [독수리] 독수리가
22922 [제비(燕)] 제:비 아이가
22923 [박쥐] 박지네<신>
22923 뽈:찌라 케써<구>
22924 [거꾸로] 까꾸리
22925 [두루미] 두리미 황:새
22926 [소쩍새] 소쩍'새
22927 [꿩] 꿩
22928 [까투리] 까투'리라고
22928 암:꿔'~이네
22929 [장끼] 수꽁
22929 장꽁'
22929 장끼라고도 하더라
22930 [종달새] 노구저'리
22931 [뻐꾸기] 뻐꿈'새 거:는
22932 [기러기] 기러기
22933 [뜸부기] 뜸따리
22934 [올빼미] 오'뻬미
22935 [까치] 까:치<신>
22935 간:체~이<구>
22935 간:치가<구>
22936 [딱따구리] 까마구
22936 까마기
22937 [덫] 더'치라컨지 시픈'데
22937 던
22937 딱따구리
22937 짜께
22937 짜께'틀
22937 찌께'털
22938 [올가미] 목
22938 홀치기 해가지고는

2.10. 식물
2.10.1. 꽃과 풀

23001 [진달래] 진달레
23001 참꼬치지 머
23002 [철쭉] 연:달레
23003 [민들레] 민들레'라 컨나
23005 [봉선화] 봉:수나꼳
23006 [꽈리] 꽈리
23007 [해바라기] 해바라기꼳
23008 [꽃봉오리] 꼳봉아리
23009 [시들다] 시드'러따
23011 [뻘기] 뻬기
23012 [비름] 비름
23012 참비'름
23013 [쇠비름] 쇠비'르미
23014 [씀바귀] 씬메~이
23015 [고들빼기] 꼬들빼'기
23016 [고사리] 꼬싸리
23017 [고비] 께치'니
23018 [도깨비바늘] 찰밥떼네
23019 [도꼬마리] 뚜꺼'비떼라
23020 [억새] 새:
23020 억새풀
23021 [갈대] 갈때가
23022 [이끼] 돌버서지시더
23023 [아주까리] 피마자
23024 [담쟁이] 도:론
23024 도론
23025 [수세미] 수제
23025 수제나무
23026 [덩굴] 띠경덤풀
23026 칠떰풀
23027 [가시덤불] 까시덤풀

23029 [잔디] 때
23029 잔지

2.10.2. 나무

23101 [소나무] 소나무네
23102 [솔방울] 솔빵구리
23103 [관솔] 소까지
23104 [솔가리] 갈비
23105 [뽕나무] 뽕나무'
23106 [도토리] 꿀밤
23107 [떡갈나무] 떡'깔라무
23108 [상수리] 속수리나무
23109 [옻] 온
23109_010 오'칠한다
23110 [대마디] 대나무 만 마디'에이'가 그거
23111 [버드나무] 버들라무
23112 [느티나무] 귀'목나무
23113 [숲] 수피라거'지
23113_010 수풀:
23114 [시원하다] 시원:하다
23115 [찔레] 질레'
23116 [칡] 칠
23116 칠기덤불
23117 [가지(枝)] 가지라고
23118 [끝] 끄틀 봐야지
23119 10 [나무] 낭게 걸레'에따
23119 나무라커는 사람도 이'꼬 남기라 커는 사람도 이'꼬
23120 [싹] 새싸기
23121 [잎] 이피 부터
23121_010 입싸구나
23122 [가랑잎] 까랍떼'기

23123 [뿌리] 뿌리지 머
23124 [그루터기] 나무둥치라 거지
23125 [삭정이] 세:차리라꼬도하고 그 카데
23125 알차'리라꼬도 하고
23126 [나무하다] 나무하러간다 걷꼬
23127 [장작] 장제기
23128 [패다] 껜다꼬도 하고
23128 펜다고도 하고
23129 [숯] 수껭' 꿈:는다
23129 순
23129_010 수치
23130 [불잉걸] 꼬뿔

2.10.3. 과일과 열매

23202 [돌배] 돌:배지 머
23203 [복숭아] 복셩'
23204 [보늬] 밤뽀네'
23204 보네'
23205 [곶감] 건'시:<구>
23205 꼬:깜<신>
23206 [홍시] 홍'시
23207 [고욤] 깨암
23208 [살구] 살구'네
23209 [앵두] 앵두우
23210 [자두] 자두가
23211 [오얏] 외'엩치
23212 [석류] 성뉴
23213 [모과] 모:개
23214 [호두] 추자가
23216 [과일] 과:이리지
23217 [오디] 오두
23218 [개암] 깨곰

23219 [머루] 싼멀구'
23220 [다래] 다래
23221 [청미래덩굴] 망게이퍼'리
23222 [으름] 어'름
23223 [마름(菱)] 말밤
23224 [참외] 외:
23224 차뫼:
23225 01 [딸기] 덤풀딸:
23225 02 보뿐자딸:
23225 딸:<구>
23225 딸기<신>
23225_010 덤풀따:르는
23226 [뱀딸기] 게에'미따:리라꼬
23227 [열매] 열매'가 마~이 열려'따거 러고
23228 [꼭지] 꼭때'기
23228 콕따리

2.11. 자연
2.11.1. 산과 들

23301 [산꼭대기] 산말레'~이라고
23302 [기슭] 가'스른
23302_010 기슬기나
23303 [골짜기] 꼴쩨'기
23304 [묏자리] 미:터:
23305 [구덩이] 구디'이
23307 [비탈] 비'알저따
23308 [낭떠러지] 낭가네 떠'러저따
23309 [가파르다] 께뿔막지'다꼬
23310 [다니다] 몬:뎅기지
23312 [언덕바지] 노픈둑이라 거지
23313 [들(野)] 들:
23313_010 들:레 간다

23314 [벌] 들:
23315 [소풍] 소풍'간다거데
23316 [아쉽다] 기부~이 안조타
23317 [갈림길] 쌍그랑'낄
23318 [곧장] 바로 오너'라
23319 [바위] 바~우똘
23319 방구
23319_020 방구에:
23320 [돌(石)] 돌:
23320_010 돌: 골레낸:다
23320_020 도:레 마자따
23321 [자갈] 자갈'
23322 [떨어뜨리다] 널짜'아따
23322 떠라아따
23323 [단단하다] 야무~이까네
23324 [모래] 모'레<신>
23324 몰:개<구>
23325 [부스러기] 뿌지레'기 널쩨'에따
23326 [진흙] 긴흑'

2.11.2. 강과 바다

23401 [물] 무를 마세야 안되나
23402 [거품] 거'푸미 나믄
23403 [둑] 두기라꼬도 하고 제바~이 라꼬도 하고
23404 미역 [감다] 수영 컨'꼬
23404 수영 훼:미질 하는거
23404 훼:미질 한다꼬도 하고
23405 [발가숭이] 뻴가버'저따
23405 뻴가벋'고 이따
23406 [해녀] 핸:녀
23407 [잠기다] 침:수대'따 무레 잠게'에따

23408 [목욕] 모:욕 모교칸다
23409 [개운하다] 깨:반하다
23410 [내(川)] 내:무리죠
23411 [개울] 도라~이라꼬도 하고 소: 하처'~이라꼬도 하고 머
23413 [봇도랑] 수채라꼬도하고 골:몽 무리라꼬도 하고
23420 [배(船)] 나릴'뻬
23421 [돛] 도'치라꼬
23421 돋
23421 쫑:때라커는가
23423 [나루터] 나리터
23425 [돛배] 도'딴베라꼬 하는 건
23426 [돛 줄] 도'쫄커네
23427 [닻 줄] 닫쭐이겐찌 머
23427_001 다틀:
23428 [개(펄)] 개뻐'리라꼬 아나능교
23429 [뭍] 육따~에 나간다커는
23429 육지라 거는
23430 [밀물] 들물
23431 [썰물] 날:무리라커고 들무리라 커고
23432 [가라앉다] 까라안는거요
23433 [그물] 그무리 아인교

2.11.3. 시후

23501 [새벽] 새벼'기라 카는
23502 [새벽밥] 새복'밥 아인교 새복밥 조:식 커든동 새벡'밥
23503 [아침] 아침'
23504 [아침밥] 아침'빱 멍는다
23505 [점심] 전:심이라꼬
23505 중식

23506 [저녁] 저녀'기죠 머
23506 저녁'
23507 [설핏하다] 해가 서싸느로 진'다
23508 [노을] 뿔세 서:따 거는거요
23508 뿔쎄는
23509 [불그레하다] 불'근새글 가져야지
23510 [해거름] 해그러'미라고도 하는
23512 [여름] 여'름아인교
23513 [더위] 더'부뭉는'다
23514 [벌써] 퍼떨해:따 퍼떡
23515 [가을] 가실:커기도하고 가을:커기도
23515 [겨울] 가으라인'겨
23515_010 가을게요
23516 겨'우라인교 거는
23516_010 겨'우레 언:다
23517 [추위] 추위가 빨리온다
23517 치분기: 찬기고
23517 치비
23518 [얼음] 어'르미 대지
23519 [은하수] 은나수라고 하는거
23520 [금성] 셈:별이 여
23522 [마지막] 마지막
23523 [응달] 음지
23523 응달
23524 [어제] 어제
23525 [그저께] 그어'제
23525 그어'제고
23525 아:레
23525 아:레
23525 어'제
23526 [그끄저께] 그'아레커고

23528 [내일] 내일
23529 [모레] 모레
23530 [글피] 내'모레
23531 [그글피] 그:모레
23532 [훗날] 다으메
23532 후:제
23532 훈:나리라고도 하고 아프로도 하고
23533 [하룻날] 초하린'날
23534 [이튿날] 초이'튼날
23535 [사흗날] 초사흘
23536 [나흗날] 초나은날
23537_030 [하루] 초사을
23537_040 초나을
23537_050 초닫쇠
23537_060 엳쎄
23537_060 초여'쉰날
23537_070 초이'레아~이가
23537_080 초여'더레
23537_090 초아흐레
23537_100 초여'을
23538 [그믐] 그뭄:날
23538_010 그뭄께
23539 [내년] 명녀'네
23540 [반나절] 반나저리라꼬도 하지
23540 한참:
23541 [지금] 당장 해:라 머
23542 [아직] 아직 바밤머'어따
23543 [이제] 인자아 왇써여
23545 요세'에커는 사람도 이꼬 거는 요 주움커는 사람도 이꼬 머
23545 [요즈음] 요주움 머
23546 [금방] 금세'

2.11.4. 날씨와 방향

23601 [볕] 헨삗 헤삗하고
23601 헨쌀
23601_010 헨삐치 조:아야
23602 [따스하다] 따뜯하다
23603 [비(雨)] 비 오까바
23604 [홍수] 수헤
23604 큰물진'다
23605 [방울] 방울다랄따 거나
23606 [가랑비] 가랑비
23606 갈랑'비라꼬도하고 이실'비라꼬도 하고 머
23607 [이슬비] 이'슬비
23608 [안개] 안:개
23609 [는개] 우네'에
23609 우레'
23609 우레' 우레끼'~따
23610 [가만히] 가마: 이'써라
23611 [무지개] 무지게
23612 [소나기] 쏘낙'삐가 와따
23613 [갑자기] 각:주~에
23615 [벼락] 배락
23616 [천둥] 천'동
23616 천'동
23617 [번개] 번게:
23618 [무섭다] 무서버
23618 무섭떠라 이카지
23619 [회오리바람] 호:더락바람
23620 [미리] 미리와가 읻'써야 덴타커는
23620 일'찌기 오너'라
23621 [늦다] 늘께'에와따
23622 [아지랑이] 알랑게'비라 카데

23623 [이따금] 드문드문 오너'라
23624 [함박눈] 함박누~이라 커데
23625 [싸락눈] 사락누~이라고도 하고 살 살눈온다커도 하고
23625 살누~이라
23626 [진눈깨비] 진'서리 마곤'다
23627 [우박] 우:박
23628 [고드름] 고드'름
23629 [햇무리] 해메 미'아따
23630 [달무리] 달무리아이'가
23630 달문 에'와따
23631 [둥글다] 둘벙:하~이
23632 [가뭄] 가무러따
23632 가문사리 드러따
23633 [마르다] 마리'지 머
23634 [왼쪽] 왼:손
23634 왼:쪽
23635 [오른쪽] 오른쪽
23636 [곁] 자테 오너'라
23636_010 자테 오너'라
23637 [아래] 아래지 머
23638 [북풍] 북푸~이
23638 쎈빠람'믈 거
23640 [남풍] 마빠라미고
23640 마빠라미고
23641_001 [동풍] 하늘바람
23641_002 동부글 부는 거는 쎄빠람'

기타

= 갸:마타고
= 고거'는 꽁지
= 곽버'섣 아잉'교

= 관지뻬:
= 구레수여미고
= 귀꼬마리
= 그 꼰뜨는기라
= 그거는 바뿌제
= 나팔
= 눈까리
= 다시'마
= 대가린데
= 덤푸른 곡시글 덤'는다
= 덤풀 덤풀
= 모~에로
= 모찐다커거'든
= 목찌'께
= 몽오레'이가 생'기따 그지
= 무너'
= 문진'또 나라가고
= 발목 여'긴 발모'기고
= 버:지께
= 버:지께라꼬 이'써요
= 벌:리고
= 복파네 이레:
= 북
= 북
= 비'늘 비'늘
= 사다리

= 삼:는다 커거'든
= 세:치 뽐는거
= 세'고로 가주고
= 솔:
= 신다리'뻬
= 쑥:
= 암니
= 열 열 열나 열 오린'다 그지
= 이'르믄 인자 신통 방은'다 커커'든
= 인절'미
= 자분'다
= 절편
= 제비초'리라 카는데
= 종자뻬라 커거'든
= 지프로
= 질메'라카거든
= 질메'에
= 징:
= 처'자를 데'리고
= 티'눈
= 풍녀'~이고
= 한 한 다:~이라 커꼬
= 한 함마니 끄'테다가
= 행전
= 허'리가 약하다 약한허'리

음 운

3.1. 음운 목록
3.1.1. 단모음
31001 [테(輪)] 테:

31001_001 테'가
31001_002 테보'다
31002 [태(胎)] 태'라

31002_001 태'가아
31002_002 태보'다
31003 [떼(群)] 때로
31003_001 때가아
31003_002 때보다가
31004 [때(垢)] 때:가
31004_001 때:가아
31004_002 때보다아:
31005 [틀(機)] 털
31005 틀
31005_001 터'리
31005_002 틀보다아
31006 [털(毛)] 털
31006 털리라
31006_001 터'리
31006_001 터'리
31006_002 털보'다
31007 [글(文)] 글
31007_001 그리
31007_002 글보다가
31008 거라잉교
31008 [걸(웇)] 걸
31008_001 거리
31008_002 걸보다아
31009 [기(旗)] 귀
31009 기:
31009_001 기가
31009_002 기보다:
31010 [귀(耳)] 귀
31010 귀
31010_001 귀가
31010_002 귀보다아

31011 [시(生時)] 시

31011 시:
31011_001 시:가아
31011_002 시보'다가아
31012 [쉬(蠅卵)] 쉬
31012 쉬:
31012_001 쉬:가:
31012_002 쉬:보다
31013_001 [쇠(鐵)] 쇠가
31013_002 쇠보다
31014 [외국(外國)] 외:국
31014_001 외:구기
31014_001 외:구기
31014_002 외:국보'다
31014_002 외:국보'다
31015 [왜국(倭國)] 왜'구기고
31015 왜'국
31015_001 왜'구기
31015_002 왜'국보'다

3.1.2. 이중모음

31016_001 [여럿(多)] 여'러시
31016_001 여'럳시
31016_002 여'럳보다
31017 [물결(波)] 물껴리
31017_001 물껴리
31017_002 물결보'다
31018_001 [예의(禮儀)] 예:이가
31018_002 예:이보'다
31019_001 [계획(計劃)] 괴:회기
31019_002 괴:획보다:
31022_001 [왜국(倭國)] 왜'구기
31022_002 왜'국보'다
31023_001 [홰대(鷄架)] 홰때:가

31023_002 홰'때보다
31024_001 [원망(怨望)] 원마ᇰ이
31024_002 원망보'다
31025_001 [권투(拳鬪)] 권투:가
31025_002 권투보다
31026_001 [의논(議論)] 이:노니
31026_002 이논보'다
31027_001 [무늬(紋)] 무니가
31027_002 무니보다
31028_001 [왕(王)] 와ᇰ이
31028_002 왕보'다

3.1.3. 장모음 성조

31030 [일(一)] 일
31030_001 이'리고
31030_002 일보다
31031_001 [일(事)] 이:리
31031_002 일:보다
31032_001 [매(鞭)] 매가:
31032_002 매보다:
31033_001 [매(鷹)] 매:가
31033_002 매:보다
31034_001 [밤(夜)] 바미:
31034_002 밤보다
31035_001 [밤(栗)] 바:미
31035_002 밤:보다
31036_001 [눈(眼)] 누니:
31036_002 눈보다:
31037_001 [눈(雪)] 누:니
31037_002 눈보다
31038_001 [말(馬)] 마리
31038_002 말보'다
31039_001 [말(斗)] 마리:

31039_002 말보다
31040_001 [말(言)] 마:리
31040_002 말:보다
31041_001 [손(客)] 소니
31041_002 손보'다
31042_001 [손(手)] 소니:
31042_002 손보다:
31043_001 [손(孫)] 소니
31043_002 손보'다
31044_001 [배(梨)] 배'가
31044_002 배보'다
31045_001 [배(腹)] 배가:
31045_002 배보다
31046_001 [배(倍)] 배:가
31046_002 배:보다
31047_001 되-(化)] 되'고
31047_002 데더'라
31048_001 [되-(升)] 되고:
31048_002 되더라
31049_001 [되-(硬)] 데:고
31049_002 데:더라
31050_001 [갈-(換)] 갈고
31050_002 갈떠'라
31051_001 [갈-(磨)] 갈:고:
31051_002 가더라
31052_001 [갈-(耕)] 갈:고
31052_002 갈:떠라

3.2. 음운 과정
3.2.1. 활용

32001 [막-(防)] 망는다
32001_001 막고 읻다
32001_002 막더'라

32001_003 마거~이끼네
32001_004 마거도
32001_005 마걷따
32002_001 [꺾-(折)] 꺼'꼬
32002_002 꺽더'라
32002_003 꺼'꺼~이끼네
32002_004 꺼'꺼도
32002_005 꺼'껃다
32003 [먹-(食)] 뭉는다
32003_001 머'꼬
32003_001 머'꼬인다
32003_002 먹떠'라
32003_003 머그'~이꺼네
32003_004 머'거도
32003_004 머'거도
32003_005 머'걷다
32004_001 [신-(履)] 싱:꼬
32004_002 신:떠라
32004_003 시'느~끼네
32004_004 시'너도
32004_004 시'너도
32004_005 시'넏다
32005_001 [든-(聞)] 듣고
32005_002 드떠'라
32005_003 드'르~끼네
32005_004 드'러도
32005_005 드'럳다
32006 [뜯-(摘)] 떠'러진다
32006 뜯다
32006_002 떠'러지드라
32006_003 떠'러~이끼네
32006_004 떠'러져도
32006_005 떠'러젇다

32007_001 [닫-(閉)] 닫코
32007_002 다떠'라
32007_003 다드~이끼네
32007_004 다더도:
32007_005 다딛다
32008_001 [같-(如)] 갇고:
32008_002 갇더라
32008_003 갇뜨~이끼네
32008_004 가타도:
32008_005 가털다
32009 [얕-(淺)] 얃다
32009_002 얃더'라
32009_003 야터'~이끼네
32009_004 야터도
32009_005 야터따:
32010 [얕-(淺)] 흔는'다
32010_002 흐떠'라
32010_003 흐'치~이끼네
32010_004 흐'쳐도:
32010_005 흐'첟다
32011_001 [날-(飛)] 날고
32011_002 날뜨'라
32011_003 나으~이끼네
32011_004 나러도
32011_005 나럳다
32011_030 나느~이끼네
32012_002 [울-(泣)] 우:더라
32012_003 우르~이끼네
32012_004 우러도:
32012_005 우러따
32013 [일-(淘)] 이:지
32013_001 일'고:
32013_002 이:더라

32013_004 이'러도:
32013_005 이'런다
32014 [얼-(凍)] 어'런다
32014_001 어'런고:
32014_002 어'런더라
32014_003 어~이끼네
32014_004 어'러도
32014_005 어'런다
32015_001 [감-(閉)] 깜:꼬
32015_002 깜:떠라
32015_003 까므~이
32015_004 까머도:
32015_005 까맏다
32015_020 까먼더라
32016_001 [넘-(越)] 넘:고
32016_002 넘:더라
32016_003 너'므~이끼네
32016_004 너'머도:
32016_005 너'먼다
32017 [숨-(隱)] 수먼다
32017_001 숨:고
32017_002 수먼더라
32017_004 수머도:
32017_005 수먼다
32017_010 수먼고
32018_001 [입-(着衣)] 입'고
32018_002 입더'라
32018_003 이'브니
32018_004 이'버도
32018_005 이'번다
32019_001 [쉽-(易)] 쉽'고
32019_002 쉽:더라
32019_003 쉬:우니께

32019_004 쉬:워도
32019_005 쉬:번다
32020 [곱-(麗)] 곱:따
32020_001 곱:고
32020_002 곱:더라
32020_003 고:우니께
32020_004 고:버도
32020_005 고:번다
32020_030 고:부니끼네
32021_001 [눕-(臥)] 눕고
32021_002 눕떠'라
32021_003 누부이~끼네
32021_004 누버도:
32021_005 누번다
32022 [깁-(縫)] 김:능거는
32022_001 깁:고
32022_002 깁:떠라
32022_003 깁'으~이끼네
32022_004 기'버도:
32022_005 기'번다
32022_010 뀌'이맨다
32022_020 거'러맨다
32023 [밉-(憎)] 밉'다
32023_001 밉'고
32023_002 밉더'라
32023_003 미'부~끼네
32023_004 미'버도:
32023_005 미'번다
32023_030 미'우니끼네
32024_001 [덮-(覆)] 덥'꼬
32024_002 덥더'라
32024_003 더프~이끼네
32024_004 더'퍼도:

32024_005 더'펄다
32024_030 더'프니끼네
32025_001 [높-(高)] 놉고
32025_002 놉더'라
32025_003 노'푸~이끼네
32025_004 노'파도:
32025_005 노'펄다
32026 [짓-(作)] 진:는다
32026_001 지:꼬
32026_001 직:고
32026_002 짇:더라
32026_003 지'으~끼네
32026_004 저'어도
32026_005 지'얼다
32027_001 [알-(知)] 알:고
32027_002 아:더라
32027_003 아~이끼네
32027_004 아러도
32027_005 아럳다
32027_030 아:니께
32028_001 [붓-(腫)] 붇고:
32028_002 붇떠'라
32028_003 부'우~이까네
32028_004 버'어도
32028_005 버'얼따
32028_020 붇더'라아
32028_030 부'우니께
32028_040 부'어도:
32029_001 [낫-(癒)] 나앋코
32029_002 나앋'더라
32029_003 나으니께
32029_004 나'아도
32029_005 나'얼다

32029_030 나섣느끼에
32029_040 나서도
32029_050 나섣다
32030 [웃-(笑)] 욷:는다
32030_001 욷:고
32030_002 우:떠라
32030_003 우'스니끼네
32030_004 우'서도
32030_005 우'섣다
32030_010 벋꼬
32030_020 벋더'라
32030_030 벋'스니끼에
32030_030 우'성끼에
32030_040 벋'서도
32030_050 벋'섣다
32031 [짖-(吠)] 진:는다
32031_001 짇:고
32031_002 짇:더라
32031_003 지'스니끼에
32031_004 지'서도
32031_005 지'섣다
32032 [꽂-(揷)] 꼰'는다
32032_001 꼳'고
32032_002 꼳더'라
32032_003 꼬브니께'
32032_004 꼬'버도
32032_005 꼬'벋다
32033 [쫓-(追)] 쪼'처간다
32033_001 쪼'코
32033_002 쫃더'라
32033_003 쪼'츠니끼에
32033_004 쪼'처도
32033_005 쪼'철다

32034 [낳-(産)] 나알다
32034_001 나코
32034_002 낟터라
32034_003 나으니끼에
32034_004 나아도
32034_005 나알따
32035 [땋-(辮)] 땋는다
32035_001 땋코:
32035_002 땋터'라
32035_003 땋으끼네
32035_004 따~어도
32035_005 땋얼다
32035_030 땋으니끼에
32036_001 [앉-(坐)] 꿀앙'꼬
32036_002 꿀안떠'라
32036_003 꿀안으'니끼네
32036_004 꿀안저도
32036_005 꿀안절다
32037 [많-(多)] 만:타
32037_001 망:코
32037_002 만:터라
32037_003 먀:느~이끼네
32037_004 마:내도
32037_005 먀:낻다
32037_040 먀:너도
32038 [끊-(切)] 끈는다
32038_001 끙코
32038_002 끈터'라
32038_003 끄느니끼에
32038_004 끄너도
32038_005 끄넏다
32039 [괜찮-(無妨)] 괜찬타
32039_001 괜창코

32039_002 괜찬트'라
32039_003 괜찬으니끼네
32039_004 괜찬애도
32039_005 괜찬애따
32039_010 괘~아낻가
32040_001 [밝-(明)] 발코
32040_002 발드'라
32040_003 발그니끼네
32040_004 발가도:
32040_005 발걷다
32041 [읽-(讀)] 이른다
32041_001 이르고
32041_002 이르드라
32041_003 이르'니끼에
32041_004 일'거도:
32041_005 일'걷다:
32041_010 일'걷고
32041_020 일떠'라
32041_030 일'그니끼네
32041_030 일'그니끼에
32042 [삶-(烹)] 삼:는다
32042_001 삼:꼬
32042_002 삼:떠라
32042_003 삼므니끼네
32042_004 살머도
32042_005 살먿다
32042_030 살므니끼네
32042_040 살마도
32043 [읊-(吟)] 읍쭈린다
32043_001 읍쭈리고:
32043_002 읍쭈리더라
32043_003 읍쭈리니끼네
32043_004 읍쭈러도:

32043_005 읍쭈런다
32044 [밟-(踏)] 발:른다
32044_001 발:꼬
32044_002 발:떠라
32044_003 발브니끼네
32044_004 발버도
32044_005 발벋따
32045 [떫-(澁)] 떨:따
32045_001 뜰:꼬
32045_002 떨:떠라
32045_003 떨'브니끼네
32045_004 떨'버도:
32045_005 떨:벋다
32046_001 [옮-(遷)] 옹'기고
32046_002 옹'기더라
32046_003 옹'기니끼네
32046_004 옹'겨도
32046_005 뜰벋다
32046_005 옹'겯다
32047_001 [뚫-(貫)] 뜰:꼬
32047_002 뜰:떠라
32047_003 뜰브니끼네
32047_004 뜰버도
32048_001 [앓-(痛)] 알꼬잍코
32048_002 알떠'라
32048_003 알'그니끼네
32048_004 알'거도:
32048_005 알'걷다
32049_001 [꿇-(跪)] 꿀고:
32049_002 꿀:떠라
32049_003 꿀'그니끼네
32049_004 꾸러도
32049_005 꾸런다:

32050_001 [닳-(磨)] 달코
32050_002 달떠'라
32050_003 달'그니끼네
32050_004 달'거도:
32050_005 달'걷다:
32050_040 달'가도:
32051_001 [닳-(煎)] 딸리고:
32051_002 딸'리더라
32051_003 딸'그니끼네
32051_004 딸'거도:
32051_005 딸'걷다
32052_001 [없-(無)] 업:코
32052_002 업떠라
32052_003 업스니끼네:
32052_004 업서도:
32052_005 업섣다:
32053 [가-(去)] 간다
32053_001 가고
32053_002 가더라
32053_003 가~이끼네
32053_004 가도:
32053_005 갇다
32054_001 [짜-(鹽)] 짜고:
32054_002 짜드라:
32054_003 짜'이끼네'
32054_004 짜도:
32054_005 짣다:
32054_030 짜니이끼네:
32055_001 [하-(爲)] 하고
32055_002 하더라
32055_003 하느니끼네
32055_004 해:도:
32055_005 해:따

32056_001 [말-(捲)] 말고:
32056_002 마드라
32056_003 마이끼네
32056_004 마라도
32056_005 마런다
32056_010 말꼬
32056_020 말뜨라
32057_003 [서-(立)] 일라서'~이까네
32057_004 일라서:도
32057_005 일라선:다
32057_010 이'러서'고
32057_020 이러서더'라
32057_030 이러서'니끼에
32058_001 [끄-(消)] 끄고:
32058_002 끄더라
32058_003 끄~이끼네
32058_004 끄:도
32058_005 끈다
32058_050 꺼젇다
32059_001 [쓰-(書)] 써고
32059_002 써드라
32059_003 써니끼네
32059_004 써도
32059_005 썰따:
32060_001 [오르-(登)] 오르'고
32060_002 오리더'라
32060_003 오르'니끼네
32060_004 올러도
32060_005 올런다
32061 [흐르-(流)] 허른'다
32061_001 허러'고:
32061_002 허러더'라
32061_003 허르~이끼네

32061_004 헐'러도:
32061_005 헐'런다
32062_001 [바쁘-(忙)] 바뿌고
32062_002 바뿌더'라
32062_003 바뿌니끼네
32062_004 바뻐도:
32062_005 바뿐다
32063 [고프-(餓)] 고푸다
32063_001 고푸고:
32063_002 고푸더'라
32063_003 고푸니끼네
32063_004 고'퍼도:
32063_005 고'푼다:
32064 [오-(來)] 온다:
32064_001 오'고:
32064_002 오더라
32064_003 오~이끼네
32064_004 와도:
32065_001 [보-(視)] 보'고
32065_002 보더라
32065_003 보'~이끼네'
32065_004 보아도
32065_005 받:다
32066 [쏘-(射)] 쏜다
32066_001 쑤고
32066_002 쑤드라
32066_003 쑤니끼에
32066_004 쏘:도
32066_005 쏜:다
32067_001 [꾸-(夢)] 꾸고
32067_002 꾸더라
32067_003 꾸~이께네
32067_004 꼬:도

32067_005 꿜:다
32068 [추-(舞)] 춘다
32068_001 추고
32068_002 추더라
32068_003 추~이끼네
32068_004 초:도
32068_005 촌:다
32069 [피우-(吸煙)] 피'운다
32069_001 피'우고
32069_002 피'우더라
32069_003 피'우니끼네
32069_004 피'어도
32069_005 피'얻다
32069_010 피'이고
32069_020 피'이더라
32070 [바꾸-(換)] 바꾸'운다
32070_001 바꾸'우고
32070_002 바꾸'우더라
32070_003 바끄'니끼네
32070_004 바꺼'어도
32070_005 바까'얻다
32071_001 [기-(匍腹)] 기:고
32071_002 기더라
32071_003 기으니끼네
32071_004 기:도
32071_005 기:인다
32072 [시-(酸)] 새그랍다
32072_001 새그랍고
32072_002 새그랍더'라
32072_003 새구러'우~이끼네
32072_004 새구러'워도
32072_040 새구라버도
32073_001 [지-(負)] 지'고

32073_002 지더'라
32073_003 지'니끼네
32073_004 져도
32073_005 젿따
32074_001 [이-(戴)] 이'고
32074_002 이더'라
32074_003 이'이끼네
32074_004 여도
32074_005 옏따
32075_001 [견디-(忍)] 견'디고
32075_002 견'디더라
32075_003 견'디니끼네
32075_004 견'뎌도
32075_005 견'뎓다
32075_010 젼'딘다
32076 [아니-(否)] 아~이'다
32076_001 아~이고
32076_002 아~이더'라
32076_003 아니'이께
32076_004 아~이'라도
32077_001 [비비-(捻)] 비베'고
32077_002 비베더'라
32077_003 비비'니끼네
32077_004 비베'에도
32077_005 비베'엗다
32078_001 [말리-(仲裁)] 말리고
32078_002 말리더라
32078_003 말리니끼네
32078_004 말래도
32078_005 말렏다
32078_010 말류'우고
32078_020 말류'우더라
32078_030 마류~이끼네

32078_040 말랴아도
32078_050 말랴앋다
32079 [끼이-(안개가)] 끼'일다
32079_001 끼'이고
32079_002 끼'이더라
32079_003 끼'이께네
32079_004 끼'이도
32079_005 끼'일다
32079_010 찌'이고
32079_020 찌'이더라
32079_030 찌'~이끼네
32079_040 찌'이도
32079_050 찌일:다
32080 [마시-(飮)] 마신다
32080_001 마시고
32080_002 마시더라
32080_003 마셔~으끼네
32080_004 마서도
32080_005 마셀다
32081 [세-(算)] 히아런다
32081_001 히알리고
32081_002 히알리드라
32081_004 히알러도
32081_005 히알렏다
32082_001 [베-(枕)] 비:고
32082_002 비:더라
32082_003 비니끼네
32082_004 비'이도
32082_005 비'일다
32083 [깨-(破)] 깨'앧다
32083_001 깨'고
32083_002 깨드'라
32083_003 깨'~이께네

32083_004 깨'애도
32083_005 깨'앧다
32084 [포개-(重)] 포갠'다
32084_001 포개'고:
32084_002 포개더'라
32084_003 포개'~이끼네
32084_004 포개'애도
32084_005 포개'앧따
32085 [두두리-(敲)] 띠디'리다
32085_001 띠디'리고
32085_002 뚜디'리더라
32085_003 띠디'리니끼네
32085_004 띠디'러도:
32085_005 띠디'럳다
32086 [펴-(伸)] 펜'다
32086_001 피'고
32086_002 피더'라
32086_003 피'~이끼네
32086_004 피'이도
32086_005 피'일다
32086_010 페'고
32087 [켜-(伸)] 선'다
32087_001 서고
32087_002 서드'라
32087_003 서'으~이끼네
32087_004 서도
32087_005 섣'다
32088 [되-(升)] 덴다
32088_001 데고
32088_002 데더라
32088_003 데~이까네
32088_004 데:도
32089_001 [쐬-(曬)] 시'이고

32089_002 시:더라
32089_003 시'~이
32089_004 쉬'이도
32089_005 시'읻다
32091_001 [쥐-(握)] 지:고
32091_002 쥐:더라
32091_003 쥐:이께
32091_004 쥐'이도
32091_005 쥐'읻다
32092_001 [쉬-(饐)] 쉬:고
32092_002 쉬:더라
32092_003 쉬'으니끼네
32092_004 쉬'이도
32092_005 시'읻다
32093 [희-(白)] 히다
32093_001 히고
32093_002 히드라
32093_003 히~이끼네
32093_004 히:도
32093_005 히:따
32094 [볶-(炒)] 볶는'다
32094_001 복고
32094_002 복더'라
32094_003 보끄'~이끼네
32094_004 보'꺼도
32094_005 보'껃다
32095_001 [있-(有)] 읻고
32095_002 읻더'라
32095_003 이시~이끼네
32095_004 읻서도
32095_005 이'섣다
32096_001 [안-(抱)] 앙:꼬
32096_002 안:떠라

32096_003 아느~이끼네
32096_004 아나도:
32096_005 안앋다
32097 [문-(問)] 문:는다
32097_001 무:꼬
32097_002 무:떠라
32097_003 무르니끼네
32097_004 무러도:
32097_005 무럳다
32098_001 [묻-(埋)] 무꼬
32098_002 무떠'라
32098_003 무드니끼네
32098_004 무더도:
32098_005 무딛다
32099_001 [맡-(任)] 마꼬
32099_002 맏떠'라
32099_003 마트니끼네
32099_004 마타도
32099_005 마탇다
32100_001 [불-(吹)] 불고
32100_002 부:더라
32100_003 부우이끼네
32100_004 부러도
32100_005 부럳다
32101 [빨-(允,洗)] 빤다
32101_001 빨고:
32101_002 빠:드라
32101_003 빠르니끼네
32101_004 빠라도:
32101_005 빠럳다
32102 [죽-(死)] 중는다
32102_001 죽고
32102_002 죽떠'라

32102_003 주그니끼네
32102_004 주가도
32102_005 주걷다
32103_001 [걷-(步)] 거:꼬
32103_002 거:떠라
32103_003 거'르니끼네
32103_004 거'러도
32103_005 거'럳다
32104 [가물-(旱)] 가문다
32104_001 가무고
32104_002 가무더라
32104_003 가무~이끼네
32104_004 가무라도
32104_005 가무러따
32105_001 [졸-(睡)] 자불고
32105_002 자부더라
32105_003 자부'니끼네
32105_004 자부러도
32105_005 자부럳다
32106_001 [쓸-(掃)] 실고
32106_002 시드라
32106_003 시르니끼네
32106_004 시러도
32106_005 시럳다
32107_001 [감-(捲)] 감:꼬
32107_002 감:뜨라
32107_003 가므니끼네
32107_004 가머도
32107_005 가멀다
32108 [더듬-(摸)] 더덤는다
32108_001 더덤고
32108_002 더덤떠라
32108_003 더더'무니끼네

32108_004 더'덤어도
32108_005 더더멀다
32109 [굽-(炙)] 꿈:는다
32109_001 꿉:꼬
32109_002 꿉:떠라
32109_003 꾸부니끼네
32109_004 꾸바도
32109_005 꾸버따
32110_001 [무겁-(重)] 무겁'고
32110_002 무겁떠'라
32110_003 무거'우~이끼네
32110_004 무거'워도
32110_005 무거'웓다
32110_040 무거'버도
32111_001 [잇-(連)] 이:꼬
32111_002 이:떠라
32111_004 이'어도
32111_005 이'어따
32112_001 [빗-(梳)] 삗'고
32112_002 삐떠'라
32112_003 삐'즈니끼네
32112_004 삐'저도
32112_005 삐'저따
32113_001 [까맣-(黑)] 까마코
32113_002 까만타'라
32113_003 까무니끼네
32113_004 까'마도:
32113_005 까만타
32113_040 까매'애도
32114_001 [넣-(入)] 여'코
32114_002 여터'라
32114_003 여'으~끄네
32114_004 여'어도

32114_005 여'어따
32114_010 너'코
32114_020 너터'라
32115_001 [고-(煮)] 꼬'오고
32115_002 꼬'온더라
32115_003 꼬'으니끼네
32115_003 꼬'으이~끼네
32115_004 꼬'와도
32115_004 꽈아도
32115_005 꽈안다
32115_020 고'오고
32115_030 고'오더라
32116_001 [얹-(載)] 엉'꼬
32116_002 언뜨라
32116_003 언지~끼네
32116_004 언'저도
32116_005 언'젇다
32117_001 [귀찮-(嘔)] 기창코
32117_002 기찬터'라
32117_003 기찬느~이끼네
32117_004 기차내도
32117_005 기차낻다
32118_001 [바르-(摘出)] 바러'고
32118_002 바리더'라
32118_003 바르이~끼네
32118_004 발라도
32118_005 발럳다
32118_030 바르니께네
32119_001 [맑-(淸)] 말'꼬
32119_002 말떠'라
32119_003 말그~께네
32119_004 말'가도
32119_005 말'걷다

32120_001 [곪-(膿)] 고옴'꼬
32120_002 골먼더라
32120_003 골무~니께네
32120_004 골마도
32120_005 골만다
32121_001 [굵-(太)] 굴:꼬
32121_002 굴:떠라
32121_003 굴:그~께네
32121_004 굴:가도
32121_005 굴:걷다
32122_001 [엷-(薄)] 얄:꼬
32122_002 얄:뜨라
32122_003 얄브니께네
32122_004 얄버도
32122_005 얄벋다
32123_001 [슳-(屑)] 실'코:
32123_002 실뜨라:
32123_003 실그~께네
32123_004 실'거도
32123_005 실'걷다
32124_001 [잃-(失)] 일'걷고
32124_002 일'근더라
32124_004 일'거도:
32124_004 일'그니께네
32124_005 일'걷다
32125_001 [핥-(舐)] 홀'꼬
32125_002 홀떠'라
32125_003 홀'그니끼네
32125_004 홀'가도:
32125_005 홀'갇다
32126_001 [짧-(短)] 겨리'고
32126_002 결떠'라
32126_003 결그니끼네

32126_004 걸'거도:
32126_005 걸'거따
32126_010 짤'꼬
32127_001 [놀라-(驚)] 놀:래고:
32127_002 놀:래드라
32127_003 놀:래~께네
32127_004 놀:래도
32127_005 놀:랟다
32128_001 [자-(宿)] 자고
32128_002 자드'라
32128_003 자~이께네
32128_004 자도
32128_005 잗따
32129_001 [못하-(不爲)] 몬:하고
32129_002 몬:하더라
32129_003 몬:하니
32129_004 몬:해도
32129_005 몬해따
32130_001 [모르-(不知)] 모'리고
32130_002 모'르더라
32130_003 모'르니끼네
32130_004 몰:래도
32130_005 몰라따
32131_001 [아프-(痛)] 아프'고
32131_002 아프더'라
32131_003 아프'니끼네
32131_004 아파도
32131_005 아퍼따
32132_001 [크-(大)] 크'고
32132_002 크더라
32132_003 크니:끼네
32132_004 커'도
32132_005 컫따

32133_001 [꼬-(새끼,索)] 꾸'고
32133_002 꾸더라
32133_003 꾸~이
32133_004 꿔:도
32133_005 꿛:따
32134_001 [쑤-(造粥)] 쑤고
32134_002 쑤더라
32134_003 쑤~이
32134_004 쏘:도
32134_005 쏟:따
32135_001 [맞추-(組合)] 마추'우고
32135_002 마처'얻떠라
32135_003 마추'니끼네
32135_004 마차따
32135_004 마차아도
32136_001 [데우-(焐)] 데'피고
32136_002 데'피더라
32136_003 데'피니끼네
32136_004 데'페도
32136_005 데'펴따
32137 [이-(지붕,蓋)] 이'인다
32137_001 이'이고
32137_002 이'이더라
32137_003 이'으니끼네
32137_004 이'이도
32137_005 이'일다
32137_040 이'어도
32138_001 [갈기-(打)] 갈기고
32138_002 갈기더라
32138_003 갈리'이끼네
32138_004 갈'레도
32138_005 갈'레따
32139_001 [기다리-(待)] 기다리고

32139_002 기다리더라
32139_003 기다리끼네
32139_004 기다러도
32139_005 기달러따
32140_001 [세-(强)] 씨:고
32140_002 씨:더라
32140_003 씨:끼네
32140_004 씨'이도
32140_005 씰'따
32141_001 [빼-(拔)] 빼고
32141_002 빼더라
32141_003 빼'이끼네
32141_004 빼:도
32141_005 옐:따
32142_001 [켜-(發火)] 써'고
32142_002 써더'라
32142_003 써'~이끼네
32142_004 써:도
32142_005 썰:따
32142_010 혁'고
32142_020 혀더'라
32142_030 혁'니끼네
32142_040 혁:도
32142_050 혈따
32143_001 [되-(硬)] 디:고
32143_002 디:더라
32143_003 디이께네
32143_004 디'이도
32143_005 디이따
32144_001 [쉬-(休)] 쉬:고
32144_002 쉬:더라
32144_003 쉬:니께
32144_004 쉬:도

32144_005 쉴:따
32145_001 [할퀴-(搔)] 끼레'비고
32145_002 끼레'비더라
32145_003 끼레'비이께네
32145_004 끼레'베도
32145_005 끼러'버따
32146_001 [눋-(燋)] 누:꼬
32146_002 누럴더라
32146_003 누르니끼네
32146_004 누러도
32146_005 누러따
32147_001 [깨닫-(覺)] 깨다리고
32147_002 깨다리더라
32147_003 깨다리니께네
32147_004 깨달러도
32147_005 깨달러따
32148_001 [춥-(凍)] 칩고
32148_002 칩떠라
32148_003 치브니께네
32148_004 치버도
32148_005 치벋'따
32149_001 [마럽-(오줌이)] 미럽'꼬
32149_002 미럽떠'라
32149_003 뉘러'브니끼네
32149_004 뉘러'버도
32149_005 누러'워따
32150_001 [부끄럽-(恥)] 부끄러'꼬
32150_002 부끄럽떠'라
32150_003 부끄러'부~이끼네
32150_004 부끄러'워도
32150_005 부끄러'버따
32151_001 [가깝-(近)] 가깝고
32151_002 가깝더'라

32151_002 가찹떠'라
32151_003 가까부니끼네
32151_004 가까워도
32151_005 가깝따
32151_010 가찹고
32151_030 가차브니끼네
32151_040 가차버도
32151_050 가차벋'따
32151_060 가지'꼬
32151_070 가직떠'라
32151_080 가지'거도
32152_001 [훑-(扱)] 훌꼬
32152_002 훌떠'라
32152_003 훌그~이끼네
32152_004 훌거도
32152_005 훌거따
32153_001 [짚-(深)] 깁'꼬
32153_002 깁떠'라
32153_003 기프~이끼네
32153_004 기'퍼도
32153_005 기'퍼따
32154_001 [긋-(劃)] 꺼'어고
32154_002 끄'으더라
32154_003 끄'으니끼네
32154_004 꺼'어도
32154_005 꺼'어따
32154_020 끋터'라
32155_001 [셋-(洗)] 씯'고
32155_002 난 씨떠'라
32155_003 씨'끄니끼네
32155_004 씨'꺼도
32155_005 씨'꺼따
32156_001 [찧-(搗)] 찓'고

32156_002 찍떠'라
32156_003 찌'그니끼네
32156_004 찌'거도
32156_005 찌'거따
32157_001 [갉-(搔)] 깔코
32157_002 깔떠'라
32157_003 깔그니끼네
32157_004 깔거도
32157_005 깔거따
32158_001 [굶-(飢)] 굼:꼬
32158_002 굼:떠라
32158_003 굴므니끼네
32158_004 굴머도
32158_005 굴머따
32159_001 [닮-(似)] 담:꼬
32159_002 달머떠라
32159_003 달므니끼네
32159_004 달마도
32159_005 달마따
32160_001 [싫-(厭)] 실:코
32160_002 실터라
32160_003 실으~이끼네
32160_004 시러도
32160_005 시러따
32161_001 [곯-(膮)] 골고
32161_002 고러떠라
32161_003 고르~이끼네
32161_004 고라도
32161_005 고라따
32162_001 [붓-(注)] 부코
32162_002 부떠라
32162_003 부'우니끼네
32162_004 버'어도

32162_005 버'어따
32163_001 [타-(乘)] 타고:
32163_002 타더라
32163_003 타니끼네
32163_004 타도
32163_005 탇따
32164_001 [마르-(乾)] 마르'고
32164_002 마르더'라
32164_003 마르'니끼네
32164_004 말러도
32164_005 말러따
32165_001 [쓰-(苦)] 썹꼬
32165_002 썹떠라
32165_003 씨브니끼네
32165_004 씨버도
32165_005 씨버따
32166_001 [슬프-(哀)] 슬프고
32166_002 슬프더'라
32166_003 슬프'니끼네
32166_004 실'퍼도
32166_005 실'퍼따
32167_001 [기쁘-(喜)] 기쁘'고
32167_002 기쁘더'라
32167_003 기쁘'니끼네
32167_004 기뻐도
32167_005 기퍼따
32168_001 [쏘-(針)] 쑤고
32168_002 쑤더라
32168_003 쑤니끼네
32168_004 쑤어도
32168_005 쑤어따
32169_001 [주-(與)] 주고
32169_002 주더라

32169_003 주~이께
32169_004 조:도
32169_005 조따
32170_001 [키우-(飼育)] 키'우고
32170_002 키'우더라
32170_003 키'우니끼네
32170_004 키'어도
32170_005 키'어따
32171_001 [가두-(囚)] 가두'우고
32171_002 가두'우더라
32171_003 가두니끼네
32171_004 가다아도
32171_005 가다아따
32172_001 [부수-(碎)] 뿌'우고
32172_002 뿌'우더라
32172_003 뿌'우니끼네
32172_004 뻬'어도
32172_005 뻬'어따
32172_010 뿌수고
32172_020 뿌수더라
32172_030 뿌수'우니끼네
32172_040 뿌사아도
32172_050 뿌서'따
32172_060 뿌서'어도
32172_070 뿌지'꼬
32172_080 뿌직'떠라
32172_090 뿌지'거도
32173_001 [나누-(分)] 나누우고
32173_002 나누'우더라
32173_003 나누'우니끼네
32173_004 나나아도
32173_005 나나아따
32173_010 농구고

32173_020 농'구더라
32173_030 농'구니끼네
32173_040 농'궈도
32173_050 농'가따
32174_001 [속이-(欺)] 소기고
32174_002 소기더라
32174_003 쇠'기니께네
32174_005 쇠'게따
32174_030 소기~이끼네
32174_040 소거도
32174_050 소거따
32175_001 [끼-(揷)] 끼고
32175_002 끼더라
32175_003 끼'~이께네
32175_004 끼'이도
32175_005 껴따
32176_001 [뛰-(跳)] 띠'고
32176_002 띠더'라
32176_003 띠'이께네
32176_004 띠'이도
32176_005 띠'이따
32177_001 [괴-(渟)] 고'오고
32177_002 고'오더라
32177_003 고'오니끼네
32177_004 고'아도
32177_005 괘:따
32178_001 [여위-(癯)] 예'비고
32178_002 예'벤더라
32178_003 예'비니끼네
32178_004 예'베도
32178_005 예'베따
32179_001 [맵-(辛)] 맵'고
32179_002 맵떠'라

32179_003 매브'니끼네
32179_004 매'워도
32179_005 매'버따
32180_001 [뀌-(屁)] 뀌:고
32180_002 뀌:더라
32180_003 뀌:니끼네
32180_004 뀌'이도
32180_005 뀌'일따
32181_001 [고치-(改)] 곤치고
32181_002 곤치더라
32181_003 곤치니끼네
32181_004 곤처도
32181_005 고'처따
32182_001 [싣-(載)] 시:꼬
32182_002 실:떠라
32182_003 시'르니끼네
32182_004 시'러도
32182_005 시'러따
32182_020 시:떠라
32183_001 [얻-(得)] 얻꼬
32183_002 얻떠라
32183_003 어더'니끼네
32183_004 어더도
32183_005 어더따
32184_001 [빻-(造粉)] 뽀'코
32184_002 뽀터'라
32184_003 뽀터'니끼네
32184_004 뽀'터도
32184_005 뽀사아따
32184_005 뽀'터따
32184_030 뽀수'~이끼네
32184_040 뽀서'어도
32185_001 [놓-(放)] 노'코

32185_002 노터'라
32185_003 노'오니끼네
32185_004 나아도
32185_005 노'아따
32186_001 [파랗-(碧)] 파라코
32186_002 파라터'라
32186_003 파라니끼네
32186_004 파레'에도
32186_005 파라타
32187_001 [다르-(異)] 다리'고
32187_002 다리더'라
32187_003 다르'니께네
32187_004 달라도
32187_005 달라따
32187_005 달라따
32187_010 다르'고
32187_020 다르더'라
32188_001 [푸-(汲)] 푸고
32188_002 푸더라
32188_003 푸~이끼네
32188_004 퍼도
32188_005 퍼따
32189_001 누'고
32189_002 누더라
32189_003 누~이끼네
32189_004 노:도
32189_005 [누-(尿)] 노:따
32190_001 [더럽-(汚)] 더럽고
32190_002 더럽떠라
32190_003 더로부니께네
32190_004 더러버도
32190_005 더러버따
32191_001 [거두-(收)] 거두'우고

32191_002 거두'우더라
32191_003 거두니끼네
32191_004 거다아도
32191_005 거다아따
32192_001 [끓-(沸)] 끌코
32192_002 끌터'라
32192_003 끄'르~이끼네
32192_004 끄러도
32192_005 끄러따
32192_010 끌꼬이따
32192_020 끌떠'라
32192_030 끌'그니끼네
32192_040 끌거도
32192_050 끌거따
32193_001 [이기-(勝)] 이'기고
32193_002 이'기더라
32193_003 이'기니끼네
32193_004 이'게도
32193_005 이'게따
32194_001 [부시-(照)] 바시'이고
32194_002 바시'이더라
32194_003 바시'이니끼네
32194_004 바세'에도
32194_005 바서'따
32195_001 [자빠지-(後倒)] 자빠지고
32195_002 자빠지더라
32195_003 자빠지~이끼네
32195_004 자빠저도
32195_005 자빠저따
32196_001 [일으키-(使起)] 일바꼬
32196_002 일바떠'라
32196_003 일바드니끼네
32196_004 일바더도

32196_005 일바더따
32197_001 [당기-(引)] 땡'기고
32197_002 땡기더라
32197_003 땡기~이끼네
32197_004 땡게도
32197_005 땡게따
32198_001 [버리-(捨)] 버'리고
32198_002 버'리더라
32198_003 버'리~이끼네
32198_004 버레도
32198_005 버레따
32199_00 [훔치-(盜)] 도디'켜따
32199_001 훔치고
32199_002 훔치더라
32199_003 훔치니끼네
32199_004 훔처도
32199_005 훔처따
32199_010 도디'키고
32199_020 도디'키더라
32199_040 도디'케도
32200_001 [되-(化)] 데'고
32200_002 데더'라
32200_003 데'~이께네
32200_004 데'에도
32200_005 데'따
32201_001 [외-(暗誦)] 오'오고
32201_002 오'오더라
32201_003 오'오니
32201_004 오아도
32201_005 오아따
32202_001 [사귀-(交際)] 사구'우고
32202_002 사구'우더라
32202_003 사그'으니

32202_004 사궈'어도
32202_005 사가'아따
32202_010 사가'이고
32202_020 사가'이더라
32202_030 사가'이니
32203_001 [썩-(腐)] 썩'고
32203_002 썩떠'라
32203_003 써'그니
32203_004 써'거도
32203_005 써'거따
32204_001 [질-(泥)] 지'고
32204_002 지더'라
32204_003 지'니
32204_004 지'러도
32204_005 지'러따
32205_001 [까불-(箕)] 까부'리고
32205_002 까부'리더라
32205_003 까부'리~이
32205_004 까불'러도
32205_005 까부'러따
32206_001 [드물-(稀)] 드무고
32206_002 드무더라
32206_003 드무니
32206_004 드무러도
32206_005 드무러따
32207_001 [줄-(縮)] 줄:고
32207_002 주:더라
32207_003 주:니
32207_004 주러도
32207_005 주러따
32208_001 [심-(植)] 시무'우고
32208_002 시무'우더라
32208_003 시무'우니

32208_004 시머'어도
32208_005 시'머따
32208_010 수무'운다
32209_001 [쓰다듬-(撫)] 씨담고
32209_002 씨담떠라
32209_003 씨다므니
32209_004 씨다머도
32209_005 씨다머따
32211_001 [가볍-(輕)] 헤깝'고
32211_002 헤깝떠'라
32211_003 헤까브니끼네
32211_004 헤까버도
32211_005 헤까워따
32212_001 [젓-(捞)] 저:꼬
32212_002 저:떠라
32212_003 저'스니
32212_004 저'서도
32212_005 저'서따
32213_001 [두껍-(厚)] 두터'꼬
32213_002 두텁떠'라
32213_003 두터'브니
32213_004 두터'버도
32213_005 두터'버따
32214_001 [무르-(軟)] 무르'고
32214_002 무르더'라
32214_003 무르니
32214_004 물러도
32214_005 물러따
32215_001 [분지르-(折)] 뿌지'꼬
32215_002 뿌직떠'라
32215_003 뿌지'그니
32215_004 뿌지'거도
32215_005 뿌지'거따

32216_001 [배우-(學)] 배'우고
32216_002 배'우더라
32216_003 배'우니
32216_004 배'아도
32216_005 [다리-(熨)] 배'아따
32217_001 다리고
32217_002 다리더라
32217_003 다리니
32217_004 다러도
32217_005 다러따
32218_001 [후비-(귀,凹)] 후'비고
32218_002 후'비더라
32218_003 후'비니
32218_004 후'벼도
32218_005 후'벼따
32219_001 [아리-(痛)] 알리'이고
32219_002 알리'이더라
32219_003 알리'이니
32219_004 알려'어도
32219_005 알려'어따
32220_001 [그리-(畵)] 기리고
32220_002 기리더라
32220_003 기리니
32220_004 기려도
32220_005 기려따
32221_001 [저리-(痲)] 제리'이고
32221_002 제리'이더라
32221_003 제리'이니
32221_004 제레'에도
32221_005 제레'에따
32222_001 [불리-(增)] 부루'우고
32222_002 부루'우더라
32222_003 부르'으니

32222_004 부러'어도
32222_005 부러따
32223_001 [뜨시-(溫)] 뜨시고
32223_002 뜨시더'라
32223_003 뜨시니
32223_004 뜨서'어도
32223_005 뜨서'어따
32224_001 [끓이-(使沸)] 끼'리고
32224_002 끼'리더라
32224_003 끼'르니
32224_004 끼'러도
32224_005 끼'러따
32226_001 [구기-(皺)] 꾸기'고
32226_002 꾸게'에떠라
32226_003 꾸게'에니
32226_004 꾸게'에도
32226_005 꾸게'에따
32227_001 [비-(空)] 비'이고
32227_002 비:더라
32227_003 비'~이
32227_004 비어도
32227_005 비어따
32228_001 [식히-(使冷)] 시크'으고
32228_002 시커'어떠라
32228_003 시커'어니
32228_004 시커'어도
32228_005 씨카'아따
32229_001 [떼-(分離)] 띠고
32229_002 띠더라
32229_003 띠니
32229_004 띠:도
32229_005 띠:따
32230_001 [매-(結)] 매'고

32230_002 매더'라
32230_003 매'니
32230_004 매:도
32230_005 매'애따
32231_001 [뛰-(走)] 뛰'고
32231_002 뛰더'라
32231_003 띠~이
32231_004 뛰'이도
32231_005 띠'이따
32232_001 [담-(盛)] 담:꼬
32232_002 담:떠라
32232_003 다므니
32232_004 다머도
32232_005 다머따
32233_001 [가렵-(癢)] 지그러'꼬
32233_002 지그럽떠'라
32233_003 지그러'부~이끼네
32233_004 지그러'워도
32233_005 지그러'버따
32234_001 [때리-(打)] 때'리고
32234_002 때'리더라
32234_003 때'리니
32234_004 때'레도
32234_005 때'레따
32235_001 [어둡-(暗)] 어덥'꼬
32235_002 어덥떠'라
32235_003 어더'우니
32235_004 어더'버도
32235_005 어더'워따
32236_001 [잡-(執)] 잡:꼬
32236_002 잡떠'라
32236_003 잡브니
32236_004 자버도

32236_005 자'버따
32237_001 [차-(蹴)] 차고
32237_002 차더라
32237_003 차니
32237_004 차도
32237_005 찯따
32238_001 [모자라-(不足)모:자레]고
32238_002 모:자레더라
32238_003 모:자르니
32238_004 모:자러도
32238_005 모:자라따
32239_001 [부르-(呼)] 부리'고
32239_002 부리더'라
32239_003 부르'니
32239_004 불러도
32239_005 불러따
32240_001 [따르-(注)] 따루'우고
32240_002 따루'우더라
32240_003 따르'으니
32240_004 따라아도
32240_005 따라아따
32241_001 [쪼-(啄)] 쪼:꼬
32241_002 쪼:떠라
32241_003 쪼스니:
32241_004 쪼서도:
32241_005 쪼서따
32242_001 [두-(置)] 나:두고
32242_002 나:도떠'라
32242_003 나:두니
32242_004 나아도:도
32242_005 나:도따
32243_001 [시키-(使)] 시'키고
32243_002 시'키더라

32243_003 시'키니
32243_004 시'켜도
32243_005 시'켜따
32244_001 [지리-(오줌)] 젤'기고
32244_002 젤'기더라
32244_003 젤'기니
32244_004 젤'게도
32244_005 젤'게따
32245_001 [던지-(投)] 떤'지고
32245_002 떤'지더라
32245_003 떤'지니
32245_004 떤'저도
32245_005 떤'저따
32246_001 [모이-(集)] 모이'고
32246_002 모이'더라
32246_003 모이'니
32246_004 모여'도
32246_005 모여'따
32247_001 [만지-(摀)] 만지고
32247_002 만지더라
32247_003 만지니
32247_004 만저도
32247_005 만저따
32248_001 [죄-(曬)] 쪼이'고 이'따
32248_002 쪼이'더랃꾸
32248_003 쪼이'니
32248_004 쪼여'도
32248_005 쪼여'따
32249_001 [비틀-(捻)비:틀치]고
32249_002 비:틀치더라
32249_003 비:틀치~이
32249_004 비:틀처도
32249_005 비:틀처'따

32250_001 [돕-(助)] 도'오꼬
32250_002 도'옵뜨라
32250_003 도'우니'
32250_004 도'오버도
32250_005 도'옵따
32251_001 [씹-(咀)] 씹:꼬
32251_002 씹:떠라
32251_003 씨'프니
32251_004 씨'퍼도
32251_005 씨'퍼따
32252_001 [미끄럽-(滑)] 미끄럽'고
32252_002 미끄럽떠'라
32252_003 미끄러'우이
32252_004 미끄러'워도
32252_005 미끄러'버따
32253_001 [닿-(接)] 데'에고
32253_002 데'에더라
32253_003 데'으니
32253_004 데'에도
32253_005 데'에따
32254_001 [누르-(壓)] 누울리고
32254_002 누'울리더라
32254_003 누르'니
32254_004 눌러도
32254_005 눌러따
32255_001 [주무르-(揉)] 주무리고
32255_002 주물'리더라
32255_003 주물'리니께네
32255_004 주물'러도
32255_005 주물'러따
32256_001 [메우-(塡)] 메쿠'우꼬
32256_002 메쿠'우더라
32256_003 메쿠'우니

32256_004 메커'어도
32256_005 메커'얻다
32257_001 [꼬시-(香味)] 고시'고
32257_002 고시더'라
32257_003 고스'니
32257_004 곧서'어도
32257_005 고서'얻따
32258_001 [내리-(降)] 내'리고
32258_002 내'리더라
32258_003 내리'니
32258_004 내'레도
32258_005 내렌'따
32259_001 [구르-(轉)] 구불고
32259_002 구부더'라
32259_003 구부르니
32259_004 구부러도
32259_005 구부러따
32260_001 [만들-(作)] 만드'고
32260_002 만드더'라
32260_003 만드'르니
32260_004 만드러도
32260_005 만드러따
32261_001 [늙-(老)] 늘꼬
32261_002 늘떠'라
32261_003 늘그'니
32261_004 늘거도
32261_005 늘거따
32262_001 [옳-(可)] 올:코
32262_002 올터'라
32262_003 오'르니
32262_004 오라도
32262_005 오레따
32263_001 [따르-(隨)] 따리고

32263_002 따리더라
32263_003 따르니
32263_004 따러도
32263_005 따라따
32264_001 [사-(買)] 사고
32264_002 사더'라
32264_003 사니
32264_004 사도:
32264_005 산:따
32265_001 [치우-(除)] 치'우고
32265_002 치'우더라
32265_003 치'으니
32265_004 치'어도
32265_005 치'어따
32266_001 [부러지-(被折)] 뿌러지고
32266_002 뿌러저떠라
32266_003 뿌러지~이
32266_004 뿌러저도
32266_005 뿌러저따
32267_001 [다치-(傷)] 다치고
32267_002 다처떠라
32267_003 다체니
32267_004 다처도
32267_005 다처따
32268_001 [느리-(緩)] 느리고
32268_002 느리더라
32268_003 느르니
32268_004 느러도'
32268_005 느러따
32269_001 [무치-(나물을)] 문'치고
32269_002 문'치더라
32269_003 문'치:
32269_004 문'처도

32269_005 문처따
32271_001 [팔-(賣)] 파고:
32271_002 파더라
32271_003 파니:
32271_004 파러도
32271_005 파러따
32272_001 [뽑-(選)] 뽑꼬:
32272_002 뽑떠라
32272_003 뽀브니:
32272_004 뽀바도
32272_005 뽀바따
32273_001 [뒤지-(索)] 초디베'고
32273_002 초디베더'라
32273_003 초데베'니
32273_004 초디베'에도
32273_005 초디베'따
32274_001 [마치-(終)] 마치고
32274_002 마체떠라
32274_003 맏치:
32274_004 마처도
32274_005 마처따
32275_001 [절이-(소금을)] 제'리고
32275_002 제'리더라
32275_003 제'르니
32275_004 제'러도
32275_005 제'러따
32276_001 [휘-(曲)] 후'어지고
32276_002 후'어지더라
32276_003 훠'어지니
32276_004 훠'저도
32276_005 훠'저따
32277_001 [줍-(拾)] 조:꼬
32277_002 조:떠라

32277_003 조으니
32277_004 조'오도
32277_005 조'온따
32278_001 [빼앗-(奪)] 빼아꼬
32278_002 빼아떠'라
32278_003 빼아스니'
32278_004 빼아서도
32278_005 빼아서따
32279_001 [기울-(傾)] 기울'고
32279_002 기우더'라
32279_003 기우르니
32279_004 기우러도
32279_005 기울러따
32279_010 찌불고
32279_020 찌부더'라
32279_030 찌부러니
32279_040 찌부러도
32279_050 찌부러따
32280_001 [아깝-(惜)] 아까꼬
32280_002 아깝더'라
32280_003 아까우~이
32280_004 아까워도
32280_005 아까워따
32281_001 [반갑-(歡)] 반갑꼬
32281_002 반갑떠라
32281_003 반갑으니
32281_004 반가워도
32281_005 반가버따
32282_001 [찌-(蒸)] 찌고
32282_002 찌더라
32282_003 찌으니
32282_004 쩌도
32282_005 쩓따

32283_001 [노랗-(黃)] 노라코
32283_002 노라터'라
32283_004 노래'도
32284_001 [푸르-(靑)] 푸리고
32284_002 푸르더라
32284_003 푸르니
32284_004 푸러도
32284_005 푸르러'따

3.2.2. 곡용

32285_001 [국(湯)] 구기
32285_002 구'글
32285_003 구'게서
32285_004 구'그로
32285_005 국도
32286_001 [논(畓)] 노니
32286_002 노늘
32286_003 노'네서
32286_004 노느로
32286_005 논도
32287_001 [쌀(米)] 사리
32287_002 싸를
32287_003 싸레서
32287_004 쌀로
32287_005 쌀도
32288_001 [봄(春)] 보미
32288_002 보믈
32288_003 보'메서
32288_004 보므로
32288_005 봄도
32289_001 [집(家)] 지'비
32289_002 지'블
32289_003 지'베서

32289_004 지'브로
32289_005 집'도
32290_001 [옷(衣)] 오씨
32290_002 오쓸
32290_003 오'쎄서
32290_004 오스로
32290_005 오또
32291_001 [방(房)] 바~이
32291_002 방을
32291_003 방에서
32291_004 방으로
32291_005 방도
32292_001 [낮(晝)] 나지
32292_002 나즐
32292_003 나제'
32292_004 나즈로
32292_005 나또
32293_001 [낯(顔)] 나치
32293_002 나츨
32293_003 나테
32293_004 나트로
32293_005 낟도
32294_001 [부엌(竈)] 부어'기
32294_002 부어'클
32294_003 부어'게써
32294_004 부어'그로
32294_005 부억'또
32295_001 [밭(田)] 바치
32295_002 바츨
32295_003 바테서
32295_004 바트로
32295_005 바또
32296_001 [앞(前)] 아피

32296_002 아플
32296_003 아페서
32296_004 아프로
32296_005 압또
32297_001 [넋(魂)] 너:기
32297_002 너:글
32297_003 너'게서
32297_004 너그로
32297_005 넉또
32298_001 [흙(土)] 허'기
32298_002 허'글
32298_003 허'게서
32298_004 허'그로
32298_005 헉'또
32299_001 [여덟(八)] 여'더리
32299_002 여'더럴
32299_003 여'더레써
32299_005 여'덜도
32300_001 [돌(週歲)] 도리
32300_002 도를
32300_003 도'레써
32300_004 돌로
32300_005 돌또
32301_001 [값(價)] 갑씨
32301_002 갑쓸
32301_003 갑에서
32301_004 갑브로
32301_005 갑또
32302_001 [속(內)] 소:기
32302_002 소:글
32302_003 속:에써
32302_004 소:그로
32302_005 속:도

32303_001 [돈(錢)] 도:니
32303_002 도:늘
32303_003 도:네써
32303_004 도느로
32303_005 돈:도
32304_001 [발(足)] 바리
32304_002 바를
32304_003 바레서
32304_004 발로
32304_005 발또
32305_001 [밤(夜)] 바미
32305_002 바믈
32305_003 바메서
32305_004 바므로
32305_005 밤도
32306_001 [입(口)] 이비
32306_002 이블
32306_003 이'벤서
32306_004 이브로
32306_005 입또
32307_001 [낫(鎌)] 낟시
32307_002 나쓸
32307_003 나세서
32307_004 나스로
32307_005 나또
32308_001 [강(江)] 가~이
32308_002 강을
32308_003 강에서
32308_004 강으로
32308_005 강도
32309_001 [젖(乳)] 저시
32309_002 쩌슬

32309_003 젇'쎄서
32309_004 저스로
32309_005 저또
32310_001 [꽃(花)] 꼬치
32310_002 꼬츨
32310_003 꼳헤써
32310_004 꼬트로
32310_005 꼬또
32311_001 [팥(赤豆)] 파치
32311_002 파츨
32311_003 파테서
32311_004 파트로
32311_005 파또
32312_001 [옆(側)] 여'피
32312_002 여플
32312_003 여'페써
32312_004 여프로
32312_005 엽'도
32312_020 자틀
32312_030 자테써
32312_040 자트로
32312_050 자또
32313_001 [삯(賃金)] 사기
32313_002 싸글
32313_003 사게서
32313_004 싸그로
32313_005 싹또
32314_001 [닭(鷄)] 다기
32314_002 다들
32314_003 다게서
32314_004 다그로
32314_005 닥또

문법

4.1. 대명사
4.1.1. 인칭대명사

40001 [내-가] 내가
40002 [내] 내
40003 [나-를] 날:
40004 [나-에게] 날:로
40005 [나-와] 나하고 내'캉
40006 [나-는] 나는
40007 [나-도] 나도
40008 [저/제-가] 저
40009 [우리] 우리'
40010 [너] 니:
40011 [자네] 자네'
40012 [당신] 당신'
40013 [너희] 너거
40015 [저희] 저거'
40016 [자기] 지'
40017 [당신] ?

4.1.2. 의문대명사

40018 [누-가] 누가
40019 [누구-의] 누:
40020 [누구-를] 누:를
40021 [누구-에게] 누:로
40022 [누구-와] 누:캉
40023 [누구-요/누구십니까] 뉘:고'
40024 [무엇-이] 뭐'어
40025 [무슨] 무슨
40026 [무엇-을] 머:로'
40026 머'어가

40027 [무엇-에게] 머'어자테
40028 [무엇-과] 김승하고
40029 [무엇-이냐/입니까] 머:꼬'
40029 머'어시고

4.1.3. 그 밖의 의문사

40030 [어디] 어'데로
40031 [언제] 언:제
40032 [어느] 어느 무슨
40033 [왜] 어에
40034 [얼마나] 얼:마나
40035 [어떻게] 어에
40035 어쩨

4.1.4. 지시대명사, 지시부사

40036 [이것] 이기'이
40037 [그것] 저기'이
40038 [저것] 그기'이
40039 [여기] 여'기
40040 [거기] 저'기
40041 [저기] 거'기
40042 [이리] 일로
40043 [그리] 절로
40044 [저리] 걸로

4.2. 조사
4.2.1. 격조사

[(가/이)]
40045 갑씨
40046 도~이

40047 코가
40047 코이
40047 쾨가
[(을/를)]
40049 바블
40050 물로
40051 소로
[(에게/게)]
40052 저사람보'고
40052 저사람인'데
40052 저사람인'테
40052 저사람자테
40053 아:들자테
40054 부인네들안테
40054 부인네들인'데도
40054 부인네들자테
[(보고/더러)]
40055 누:보고
40056 누:더러
[(에)]
40057 지'베
40057 지'베
40057 지'부로
40058 나:중에
40060 지'베만
[(에서)]
40061 지'베서
40062 부산서
[(으로)]
40064 찹쌀로
40065 지푸로
40066 세끼로가:
40067 어들

[(와/과)]
40068 수바카고
40068 수박캉:
40069 나캉
40069 나하고
40069 내'캉
40070 누구캉:
40070 누구하고
[(보다)]
40071 이건뽀다
[(처럼)]
40072 데:지가치
40072 데:지처럼
40073 백설가치
40073 백설처럼
[(만큼)]
40074 만큼
40074 저사람가치
40074 저사람만치
40075 무울만치
[(아/야)]
40076 봉나마
40077 봉나미야:반
40078 영:수야
40078 영:수예:이
40078_001 영:수양반
40079 누:요
40079 누'임
40079_001 누임요:
40080 할베요
[(이랑)]
40081 고'기하고 술하고
40081 술캉: 고'기캉:

40081_010 자:체롱:

4.2.2. 보조사

[(은/는)]
40083 수른
40084 나는
40084 나아
[(만)]
40085 딸마
[(도)]
40086 키도
40087 하나도
40087 한개도
40088 난도
[(마다)]
40089 나나리
40089 날:마중
40089 날:매다
40089 만:날
[(부터)]
40090 오늘버'텀
40090 오'늘부'터는
[(까지)]
40091 어'디까지
[(조차)]
40092 니까지
40092 머'글물조차
[(이야/야)]
40094 도:는
[(을랑)]
40096 소리
[(이라도)]
40098 마~이 이'써도

[(밖에)]
40099 니바께
[(가지고)]
40100 싸가주고
40101 내가가주고
40101 파러가주고
40102 모'아가:
[(마는)]
40103 모리겐슴미다

4.2.3. 문장 뒤 조사

[(고)(간접인용조사)]
40104 오'라꼬
40104 오시라
[(라고)(직접인용조사)]
40105 보이'시더꼬
[(요)(높임)]
40106 아라슴미다
40106 아란니더
40107 어지렌노:
40107 헤:선닝교
40107 헨:닝교

4.3. 종결어미
4.3.1. 명령법

(1) 명령법 <앉을 것을 권할 때>
40108 안저라꼬
40109 안께
40110 안지'시소
40111 안지'시소
40111 안지'이소
40112 안지'시소

4.3.2. 청유법

(2) 청유법 <같이 갈 것을 권유할 때>
40113 가자
40114 가세
40115 갑:시다
40116 갑:시다
40117 갑:시다
40118 갑:시다

4.3.3. 의문법

(3) 의문법 <밖에 비가 오는지를 물을 때>
40119 오나:
40120 오나:
40121 오닝교:
40122 오닝교:
40123 오닝교:

4.3.4. 서술법

(4) 서술법 <아이가 밥을 잘 먹는다고 말할 때>
40124 잘멍는다
40125 잘멍'네
40125 잘멍는다
40126 잘멍'네요:
40127 잘먹슴미'다
40128 잘먹슴미'다

4.3.5. 반말

(5) 반말 <얼굴빛이 좋지 않은 아내에게 남편이 물어 볼 때>
40129 아푸'나

40130 가야덴다

4.3.6. -이다

(6) 지정사
40131 생이리다
40132 생이린줄 야:나
40133 생이리네
40133 생이릴쎄
40133 생일이다
40134 생이리가
40135 생이리지요
40136 생이리지요
40137 생신임니다
40138 생시니지요
40138 생신인교:
40138 임미까
40139 생시니지요
40141 머'어고
40142 머'어싱가
40143 머:심미까
40144 머'엉교:
40144 무어심미까
40144 무얼심미까
40145 무얼심미까
40146 머'어고
40146 머'엄미까
40147 머'어고
40147 머'엉교

4.3.7. 그 밖의 종결어미

(7) 그 밖의 종결어미
40148 만:네요

40148 만:니더
40148 만:슴미다
40149 만:타'이더
40149 만:타'이더
40150 잘멍'네
40151 오'래간마~이다
40151 오래간만일쉐
40153 갑겐'네
40154 가파주꾸마
40154 가프께'에
40154 갑겐'네
40155 손비일라

4.4. 연결어미

40156 [-고/-고서] 머'꼬
40157 [-으면서] 보'면서'
40158 [-어/-어서] 기'퍼가:
40158 기'퍼서
40159 -으니 [/-으니까] 더'워서
40159 따뜨테'서
40160 [-관데] 오시는데
40161 [-다가] 오다가
40162 [-거든] 가거든
40163 [-더라도] 사달'라해도
40164 [-으려고] 놔나머글라고
40165 [-도록] 쎄빠지더러
40165 죽도록
40166 [-을수록] 갈쑤록
40166 이'글쑤록
40166 출세할수록
40167 [-듯이] 쓰드시
40168 [-지] 머'꼬

40168 하지

4.5. 시제

[-는]다
40169 운:는다
40170 건:는다
40171 긴:다
40172 크더라
-고 [있다]
40173 오고 이'따
40173 오네:
40173 온다
[-았/었]-
40174 머'건나
40174 잡사선닝교:
[-았었]-
40175 와따간
40175 와서떤
[-더]-
40176 먹떠'라
40177 먹떠'나
40178 끈나게떠'라
[관형]형
40179 만나는
40180 만난
40180 만낸
40181 만나떤
40182 만날
40182 만낼
40183 오는
40184 큰
40185 크다는

40187 안 마실끼다
[-젰]-
40188 몬 끄'늘따
40188 몬 끈는다
40188 몬 끈켄'따
40189 드게'따

4.6. 부정

1) '안'의 부정
40190 안 머'거따
40191 먹'지 안해따
40192 안조타
40193 조찬타
40194 안깨끄타'다
40195 깨끄'치 안타
40197 안가따
40200 아직 안만내 바따
40203 먹기도 안코 잠마 잔다
40204 몬멍는다
40204 수'른 안멍는다
40205 먹'지 모탄다
40206 그사'람 모른다
40207 잘 모'린다
40208 내'마리 안만나
40209 내'마리 마짠나

4.7. 사동과 피동
4.7.1. 사동

40211 [살리다] 살려따
40212 [늘리다] 느레따
40212 느레따
40212 늘과아따

40213 [말리다1(볕에)] 말룬'다
40214 [말리다1(싸움을)] 말게라
40214 말긴다
40214 말린다
40215 [얼리다] 어룬'다
40215 얼군'다
40216 [녹이다] 노쿤'다
40216 노킨다
40217 [신기다] 신끼'인다
40218 [보이다] 보이'인다
40218 비'이준다
40219 [알리다] 알켜'어준다
40220 [입히다] 이피'인다
40221 [앉히다] 안추'운다
40222 [벗기다] 버끼'인다
40223 [웃기다] 우'낀다
40224 [썩히다] 싸쿠'운다
40224 써쿤'다
40225 [숨기다] 감징'는다
40225 감추'운다
40225 순구'운다
40225 숨운'다
40225 숭가'아논'는다
40226 굼게'에라
40226 [굶기다] 굼기'지요
40227 [깨우다] 깨'운다
40227 [돋우다] 일바추'운다
40228 도돠'아라
40228 도둔'는다
40228 도'와라

4.7.2. 피동

40229 [잡히다] 자페'에따

40230 [깎이다] 까께'에뿌레찌
40230 까케'에따
40231 [매이다] 메:저따
40232 [끼이다] 낑게'에따
40232 찡게'에따
40233 [떼이다] 띠'이따
40234 [채이다] 체'에따
40235 [닫히다] 다께'에따
40236 [들리다] 들리'인다
40237 [업히다] 어페'에따
40238 [바뀌다] 바께'에따
40239 [씹히다] 씨피'인다
40240 [얹히다] 언체'에이따
40241 [찍히다] 찌케'에따
40242 [눌리다] 눌려'어따
40243 들리'인다
40244 [실리다] 실레'에따
40244 실려보네'에따

4.8. 보조용언

[(싶다)]
40245 보'고싶따
40245 보'고접따
40246 십떠'~이
[(보다)]
40247 이'버 보시소
[(버리다)]
40248 가뿌레따
40248 거다 뿌렌는데

[(대다)]
40249 우러덴:다
40249 우러산는'다
40249 운:다

4.9. 관용적 표현
4.9.1. 관용구

40250 여보
40251 좀 봅시다
40252 여보세요
40253 일 다하고 뒤에 오너'라
40254 근:가네는 어:떠노
40254 오'래간마~이다 어:떠노
40255 드레 가시넌교
40256 별'따른 이:른 업:선닝교
40256 알려계'셔띤교
40258 예
40259 아니'요
40259 아임미'다
40260 게안타
40260 암치도 아하다
40261 내뻬'러도:라
40262 지:나 개:나

4.9.2. 속담

40263 미'덤는 도게 물부끼
40264 바늘 도도'기 소도독 덴다
40265 안땐 부어'페 연기 나나

제3장
한국어 형성과 신라방언

1. 서론

    오늘날 우리가 사용하고 있는 한국어는 매우 오랜 역사 동안 여러 갈래의 언어가 뒤섞이며 혼류되면서 서서히 단일한 한국어 공동체로 형성되어 온 것이다. 이때 한국어란 정치적 단위로서의 국가와 그 언어를 사용하는 구성원의 공동체 집단체로서 민족, 국경 등의 다양한 구성요건들을 충족시켜야하는 국가어(국어)라고 규정할 수 있지만 실제로 그 구성원이 단일 민족이어야 한다든지, 국경이 일정 영역이어야 한다는 제한적 조건과 반드시 일치하지 않을 개연성이 매우 크다. 특히 한 국가어의 연원과 뿌리를 캐려고 할 때 더욱 그렇다. 언제부터 생겨났는지 확실하지는 않지만 한국어와 한국 사람은 완전한 민족 단일체로 지속적으로 발전되어 왔다는 고정관념에서 좀처럼 헤어 나오지 못하고 있다.

    지금까지 한국어의 형성 과정에 대한 논의에서 남과 북의 주요 학자들의 의견은 확연하게 다른 모습을 노정하고 있다. 한국어로서의 역사가 시작되기 이전 단계의 계통적 선조어와의 분립 문제에서부터 한국어가 형성된 시기 및 그 중심 언어가 무엇인가에 대한 견해는 좀처럼 통일을 이루지 못하고 있다.

알타이계열의 자매언어(sister's language)로서의 고조선, 부여, 고구려에서 혹은 예맥계열의 분화 과정에 대한 설명의 불일치 문제라든지, 고구려, 백제, 신라라는 삼국시대에 한국어의 조어(祖語)가 고구려어였다는 주장 혹은 신라어였다는 견해가 팽팽히 대립되어 있을 뿐만 아니라 한국어의 성립 시기 역시 신라어를 기준으로 할지, 고려어를 기준으로 할지 그리고 시대적으로 어디를 기점으로 할 것인지 많은 논란이 지속되고 있는 실정이다. 더군다나 한국어의 형성에 관한 문제는 남북 간의 이념적 대치로 인한 정치적 문제로 비화되면서 북에서는 학문 외적인 언술로 확대시키며 공격을 가하기도 했다. 앞에서 언급한 예맥 계열의 통구스어의 일부였던 고구려가 어떻게 만주지역에 펼쳐져 있는 거란과 통구스 계열의 다양한 언어들과는 어떻게 단절하고 고구려 언어 공동체만이 고스란히 압록강 이남으로 몰려와 한국어로 재편되었는지에 대한 아무런 기술도 근거도 없었다. 다만 고구려의 전신인 부여나 고조선이 만주를 경략했다는 자충적인 기술을 하고 있지는 않은지? 그리고 삼한의 한어 계열이 알타이어 특히 통구스의 다양한 방언이나 언어와 일치하는(어휘나 음운체계) 사례가 왜 그토록 부족한가? 이러한 전제가 해결되지 않는 한 쉽사리 한국어의 기원이나 한국어의 역사적 출발 기점을 논의하기란 결코 용이한 문제가 아니라고 판단된다.

그러나 다행히 최근 이승재(2013, 2016) 교수의 한자음을 기준으로 고구려와 백제의 유무성 분포 체계에 대한 통시적 연구 성과나 김경숙(2016)의 공시적인 입장에서 유성자음의 동서 분활과 남북 분활 분포에 대한 계량적 논의를 기초로 하여 삼국의 언어가 상호 어떤 관계를 갖고 한국어로 발전되었는지 그 역사적 기술의 실마리를 풀어낼 가능성이 조금씩 보이고 있어 다행스럽다.

한국어의 언어 공동체를 형성하였던 삼국의 언어에 대해서는 다양한 추정을 하고 있다. 특히 중국 사서를 통한 기록을 토대로 하여 대체로 한어계인 신라어와 백제어는 방언차이로 인정하지만 부여어계의 고구려어와 한어계와의 친근 관계에 대해서는 상당한 이견이 있다. 고구려어와 백제어는 비교적 가까웠으나 신라어와의 관계에 대해서는 견해 차이가 있다. 고구려, 백제, 신라의 삼국 시대의 언어가 오늘의 한국어와 거의 일치하는 것으로 인식하고 있지만 고구려, 백제, 신라어가 역사적 발달 과정에서 동질적이었던가 또는 이들을 등가적인 차원에서 대등하게 논의할 수 있을 것인가의 여부에 대해서는 여러 가지 방식으로 접근하려는 노력이 필요하다. 곧 계통론적 논의, 혹은 중국 사서를 비롯한 국내사서의 기록 검토, 지명표기를 비롯한 이두나 향찰 등의 표기법의 역사성을 고려하는 등의 방식으로 다양한 논의가 있을 수 있다. 그러나 그 결과는 그렇게 신통한 것이 되지 못했다.

본고는 역시 이러한 관점에서 논의를 출발한 예가 될 것이다. 지금까지 논의된 남북의 주요 학자들의 논의의 관점들을 검토한 다음 역사적 정황에 바탕을 둔 논의가 아닌 자음체계의 유무성 분포의 방언의 빈도적 차이를 어떻게 기술할 수 있을지에 관점을 두고 오늘의 한국어의 뿌리가 신라어에서 출발한다는 역사인식을 재검토하려는 데 목표를 두고 있다.

특히 이 시기의 언어 기록 자료의 빈곤, 분석 방법의 차이와 같은 언어 내질적인 문제에서 생겨나는 어려움보다 도리어 남북 간의 정치적 이념 차이에 따라 북쪽 학자들의 이념편향적인 비학문적 공방으로 발전된 점에 대해 실로 부끄럽기 짝이 없다. 고구려어와 신라어의 한국어 계승과 관련된 논의는 한국어의 역사 성립의 전개에 있어서 그 출발점이라고 할 수 있음에도 불구하고 학문적인 논쟁에서 많이 벗어나 있는 셈이 되었다. 본고에서는 무엇보다도 한국어 형성의 성립과 전개에 대한 잃어버린 실증적 인식을 다시 회복해야 한다는 시사적 함의를 강조하고자 한다.

2. 한국어의 형성과 그 시점에 대한 검토

삼한의 원시 한어(韓語)의 중심이 된 마한과 변한어와 진한어로 융합된 신라방언은 고구려의 구토 영역까지 확대되어 고려가 건국될 때까지 한반도의 기층언어였다. "변진과 진한이 서로 섞여 살았으며, 또 성곽을 짓고 의복과 집을 짓고 사는 것도 진한과 거의 같았으며 언어와 법속은 서로 비슷했다[弁辰與辰韓雜居, 亦有城郭衣服居處與辰韓同, 言語法俗相似]"[『위지동이전』]에 따르면 한반도의 언어는 큰 차이가 없는 지역적 방언의 차이를 보여주고 있었을 것으로 추정된다. 고대 언어의 중심을 이룬 신라는 진한의 여러 공동체 나라 가운데 하나인 사로국에서 이서국, 우시산국, 거칠산국, 음질벌국, 실직국, 압독국, 비지국, 다벌국, 초팔국, 소문국, 감문국, 골벌국, 사벌국, 골포국, 칠포국, 사물국 등의 소국들을 차례로 합병하여 언어적 공동체를 이루어 오면서 경주를 중심으로 발전되었다. 그 후 6세기경에 가야소국까지 신라의 영역으로 확대되었으며, 제한적이긴 하지만 통일 신라의 영역이 고구려의 구토의 일부역역까지 확장되면서 신라의 언어적 공동체를 확산시켜 온 것이다.

1) 한국어 형성 과정

오늘의 한국어와 동일한 연원과 뿌리를 가진 언어 공동체가 어떤 소공동체의 언어를 기초로 하여 언제쯤 형성되었을까 라는 질문에 답을 구하기는 결코 쉽지 않다. 특히 남과 북의 주요학자들의 견해는 심각할 정도의 차이를 보여주고 있다. 그리고 남과 북 공동으로 한국어의 형성을 민족 형성의 전제조건으로 삼으면서 더욱 이념의 문제로 꼬이게 만들었고 나아가서는 북의 정치 공작의 방편이 되는 결과를 낳게 되었다.

여기서는 먼저 지금까지 논의되어 온 한국어의 기원에 대한 제 문제,

한국어 형성의 중심 언어 문제와 그 시기, 이두 발생의 문제에 대한 논의를 검토한 이후 자음체계에서의 유성과 무성 분포의 공시적 차이와 한자음 체계의 재구와의 비교를 통한 고구려와 삼한어의 동질성 문제에 대해 살펴 볼 것이다.

(1) 한국어의 원시조어

역사와 언어문화가 국가주의와 민족적 이념에 이용되어서는 안 될 것이다. 특히 동아시아의 역사 속에 한국어사는 지극히 폐쇄된 공간에 갇혀 있었다. 지금부터라도 문화의 옷을 입은 우리말의 역사는 실증적 과학주의의 논리성을 존중하는 토대 위에서 발전되어야 할 것이다. 그런 면에서 한국어의 형성 과정에 대한 지금까지의 논의와 시각이 지나치게 민족주의와 국가주의에 편승한 정치성과 이념에 매몰되어 있었다고 할 수 있다. 이는 바로 한국어 형성 과정에 있어서 신라어의 위치에 대한 전혀 다른 시각들, 남과 북의 심각한 견해차이가 극명하게 드러남을 통해 알 수 있다.

먼저 한국어사의 시발이라고 할 수 있는 한국어의 기원에 대한 내용에 대해 살펴보고, 얼마나 상이한 시각이 골 깊은 상처로 남아 있는지 되돌아보자. 지금까지 한국어의 형성 기반이 된 기원에 대한 논의는 대체로 ① 알타이 조어(부여어, 한어), ② 알타이 조어(고조선, 부여, 진국), ③ 퉁구스 조어(예, 맥, 삼한)으로 구분할 수 있다. <광개토대왕비>를 근거로 하여 고구려어의 조어를 부여어로 잡는 견해(이기문: 1972)와 고조선과 부여계가 한 갈래로 고구려어의 기원으로 삼는 견해(김영황:1978), 예맥 기원설 가운데 예어가 고구려와의 기원으로 삼고 있는 견해(김병재;1978) 등이 있다.

알타이어 조어 가운데 부여어와 한어로 간주하는 남한을 대표하는 이

기문(1972:37) 교수는 한국의 형성에 대해

"오늘의 국어는 고대 신라어의 계통을 잇는 것이니 한계에 속한다고 할 수 있다. <중략> 이렇게 볼 때 국어와 알타이제어의 친족관계는 의심할 수 없는 것이지만 그것은 자못 소원한 것임을 결론하게 된다. 퉁구스, 몽고, 토이기 세 어군의 밀접한 관계와는 대조적이다. 이들 3어군은 하나의 공통조어(알타이조어)에서 분리해 나온 것으로(아마도 토이기어군의 조상이 먼저 분리해 나가고 뒤에 몽고어군과 퉁구스어군의 선조가 분리해 나간 것으로) 추정되는데, 이 알타이조어와 국어의 조상(부여어와 한조어)이 어떤 관계에 있었는지는 지금 단계로서는 결정하기 어렵다. 부여·한조어가 알타이조어에서 일찍 분리해 나온 일파일 가능성도 있고 이들이 자매 관계에 있어서 하나의 공통조어로 거슬러 올라갈 가능성도 있는 것이다."[1]

"고구려어는 분명한 알타이계 언어로서 신라어와 가까우면서도 퉁구스제어와도 가까운 일면을 보여주며 일본어와도 각별한 관계에 있었음을 드러내 준다. 고구려와와 알타이제어(특히 퉁구스제어)의 관계는 신라어와 알타이제어의 그것보다 훨씬 가까운 것으로 추정된다. 이것은 고구려어가 알타이제어와 신라어의 사이에 있었음을 암시한다."[2]

라고 설명하면서 고구려어는 알타이제어 특히 만주지역의 넓게 분포되어 있는 퉁구스 제 방언과 신라와의 중간 위치를 점하고 있다고 설명하고 있다. 원시제어에 대한 기술 방법의 시각 차이가 드러난다. 아마도 민족 개념이 형성되기 이전 부족 단위 내지는 종족 단위의 개념이 존재하던 고대 이전의 한국어의 계통적 형성 과정에 대해 남과 북은 엄청난

---

1 이기문, 『국어사개설』, 37쪽, 태학사, 1972.
2 이기문, 『국어사개설』, 47쪽, 태학사, 1972.

차이를 노정하고 있는 것이다. 즉 알타이제어와 부여어와 한어계가 공존했는지 아니면 고조선어와 한어계가 존재했는지에 대한 남북의 시각 차이가 분명히 드러난다. 여기서 문제가 되는 것은 부여어든, 고조선어든 그를 구성하고 있는 자매어(sister's languages)가 무엇인가에 대한 논의로 발전되지 못했다는 점이다. 부여어에서 고구려어로 혹은 고조선어에서 고구려어로 발전되었다면 적어도 고구려어나 백제어가 신라어보다 인접 퉁구스어 특히 여진어의 잔류 흔적이 더 많이 남아 있어야 할 가능성이 더 클 텐데 이를 고증하려는 노력은 찾아 볼 수 없다.

그럼에도 불구하고 김영황(1978) 교수는 고구려어가 부여어와 같다는 사실을 너무나 당연하게 받아 들이면서 "고조선어는 부여어와 같은 것"이라 전제하고 있다.

> "최근시기에 일본군국주의의 남조선재침과 관련하여 그 어용학자들이 다시 들고나온 <조선어의 계통문제>에 대한 론의는 단일한 조선어의 역사적발전과정을 외곡하고 일본군국주의의 조선침략을 언어사적으로 '합리화'려는 목적에서 나온 반동적견해로서 놈들의 교활한 사상문화적침투의 일환으로 된다. <중략> 세나라의 언어관계에서는 공통점보다도 차이점을 찾으려고 하면서 그것을 남북간의 대립관계로 귀착시키려 하고 있다."[3]

한국어의 계통론적 기원에 대한 이기문 교수의 견해에 대해 김영황(1978) 교수는 거의 정치 공격의 수준의 발언으로 친일, 반동적 견해로 남북의 분할을 획책하는 것이라고 비판하고 있다.

---

3 김영황, 『조선민족어발전력사연구』, 62~63쪽, 과학백과사전출판사, 1978.

"고조선은 북쪽의 부여, 남쪽의 진국과 자주 왕래하고 교역을 하였으며 문화적인면에서도 서로 영향을 주고받았다. 고조선, 부여, 진국의 밀접한 관계는 그 기원의 동일성에서 나오는 동족의식에 기초한 것이다. <중략> 이 언어들이 본래부터 한갈래의 언어였기 때문에 가능하였던 것이다."[4]

"고대의 고조선, 부여, 진국의 언어를 직접 계승한 고구려, 백제, 신라의 언어는 그 기원상 공통성에 기초하여 언어적인 접촉과 융합이 진행됨으로써 봉건국가들이 분립된 조건하에서도 그 언어적공통성은 약화되지 않았다.[5]"

곧 고조선어와 부여어가 같고 또 부여어와 고구려가가 같다는 주장이다. 이때 고구려어와 삼한어가 방언 정도의 차이였다면 고조선어와 부여어가 같고 이는 고구려와 같으니 삼한어도 이들과 모두 동일하다는 말이다. 과학적 기술이 대단히 결여되어 있기 하지만 이러한 논의의 빌미를 전혀 제공하지 않았다고는 보기 힘이 든다.

이기문(1988: 46) 교수는 고구려어 가운데 퉁구스어 및 고대 일본어에 대응된다고 판단한 예를 아래와 같이 들고 있다. "內米(池)/namu/lamu (海), 內/那/奴(土)/na(地), 旦/呑/頓(谷)/tani(谷), 烏斯含(冤) /usagi(冤)"과 같은 예와 함께 특히 수사가 일치하는 예로 "密(三)/mi(三), 于次(五)/itu (五), 難隱(七)/nadan(七), 德(十)/töwo(十)"를 들면서 고구려어에 일본 수사의 어휘들이 나타난다는 견해를 피력한 바가 있다.

"근래에 와서는 <일한량국어동계통론>의 다른 변종인 <왜-고구려공통설>이 고개를 쳐들고 있다. 일본군국주의의 남조선재침책동이 로골화됨

---

4   김영황, 『조선민족어발전력사연구』, 11쪽, 과학백과사전출판사, 1978.
5   김영황, 『조선민족어발전력사연구』, 11쪽, 과학백과사전출판사, 1978.

에 다라 일본의 어용학자들은 이미 파산된지 오래인 <일한량국동계통론>을 다시 들추고 그 과정에서 <왜-고구려공통설>이라는 허황한 주장을 들고나왔다. 그리고 여기서는 <원시일본어>가 <왜-고구려공통어>에서 갈라져 나온 언어라고 주장하고 있다."[6]

이러한 이기문 교수의 견해에 대해 김영황(1978:63) 교수는 즉각 <왜-고구려공통어설>이라고 비판 면서 지명에 나타나는 수사 4개의 어휘 일치에 대해 전면 부정한다. 또한 "3(미쓰), 5(이쓰쓰), 7(나나쓰), 10(도우)"에 대응되지 않는다는 반론을 제기하였다.

그러나 몽고어나 만주어에서 수사의 체계를 살펴보면 이기문 교수의 주장 또한 결코 허툰 것이 아니나 김영황(1978: 63~64)은 지명 외에 수사에서 원시일본어와 고구려어가 일치하는 예는 단 한 가지도 없다면서 "허황된 주장이며, 반동부르죠아학자들의 엉뚱한 조작"으로 치부하고 있다.

수사	몽골	만어	타타르어	솔롱어	나나이어	여진	고구려 지명	원시 일본어
삼(三)	gorban	ilan	忽兒班	ilan	ilan	ilan	密	mi
오(五)	tabun	sundʒa	塔奔	tongga	sundʒia	sundʒa	于次	itu
칠(七)	dologan	nadan	朶羅安	nadan	nadan	nadan	難隱	nadan
십(十)	arban	dʒuan	哈兒班	dʒan	dzuan	dʒuan	德	töwo

그러나 알타이어와 수사와 대비해 보면 '칠(七)'은 분명하게 일치하고 있고,[7] 이러한 사례가 극히 제한적 사료이긴 하지만 흑룡강 하구를 통해

---

6 김영황, 『조선민족어발전력사연구』, 62~63쪽, 과학백과사전출판사, 1978.
7 이상규 옮김·진치총 외, 『여진어와 문자』, 42~43쪽, 도서출판 경진, 2014.

원시 왜인들의 접촉이 전혀 없었던 것은 아니라 할 수 있다. 그리고 자칫 임나일본부설과 함께 <광개토대왕비>의 '왜'의 흔적을 통해 조선의 반도를 통해 왜가 고구려와 내용했다는 오해를 충분히 불러일으킬 수도 있다. 이와 같은 일치는 매우 제한적이면서도 특기할 사료임에는 분명하다. 그럼에도 불구하고 음운 대응이나 차용 관계가 명확하지 않은 상황에서, 이 정도의 어휘 차이를 근거로 하여 고구려어의 계통을 일방적으로 규정할 수 없다.

특히 고조선과 부여어와 일맥상통했던 고구려가 평양으로 천도한 이후 그 넓은 만주 벌판에 살던 고구려어 사용자만이 고스란히 한반도로 옮겨 온 것은 아닐진대 고구려어와 부여어가 일치했고 또 삼한어와 방언적인 정도의 차이라고 말할 수 있다는 근거는 매우 미약하다. 또 고구려 어휘가 중세어에 연결해 보면 상당수 일치하는 어휘, "鵠/古依, 蒜/買尸, 熊(功), 橫(於斯), 黑/今物"와 같은 예들도 대단히 많이 나타난다.

또 다른 주장으로 한국어의 기원을 예맥(濊貊) 기원으로 설명하려는 노력도 나타나게 되었다. 이는 중국 사서를 기반으로 하여 거란과 요, 금을 거치면서 10세기 이후 만주 지역에 군웅할거하던 여진과 거란 세력들의 존재를 전제한 말갈과 음루 등의 관계로 기술하려는 영향으로 보인다.

> "고조선, 부여, 진국의 언어적공통성은 이 고대국가들의 접촉과정에 비로소 이루어진 것이 아니라 력사적으로 계승된것이며 이 국가들이 구성속에 들어간 개별적종족들이 한갈래에서 나온데 기인하고 있는 언어적공통성이다."[8]

> "고대조선의 주민 가운데서 비교적 일찍부터 알려진 것은 중부조선이북

---

8   김영황, 『조선민족어발전력사연구』, 34쪽, 과학백과사전출판사, 1978.

에 살고있던 주민들이였다. 옛기록에 의하면 그들을 예와 맥이라고도 하고 때로는 합하여 예맥이라고도 하였다. 이들가운데서 고조선을 세운 기본집단은 예족이었다. <중략> 고대국가인 부여(夫餘)는 고조선의 북쪽 눈강(嫩江) 서쪽에 있었던 맥족의 한 세력이 송화강일대에 이동하여 세운 나라이다. 부여국은 서쪽으로는 선비, 동쪽으로는 읍루, 남쪽으로는 고구려와 각각 이웃하였으며 북쪽에는 약수가 있었다. 한족이 세운 진국은 중부조선 이남지역에서 원시공동체사회의 말기에 사적소유제가 발생하고 계급이 출현한 결과에 생겨난 국가이다."[9]

"원시사회의 붕괴시기에 지금의 중국 동북지방과 조선반도에는 여러 종족들이 살고있었다. 기원전 8세기이전에 이르러 조선반도 서북부를 중심으로 하여 조선최초의 노예제국가인 고조선이 예족과 맥족을 기본으로 이루어졌다. 그후 기원전 3~4세기경에 조선반도 중남부에 노예제국가인 진국이 일어섰는데 이는 마한, 진한, 변한 등 종족으로 형성된 나라였다. 노예사회로부터 봉건사회로 넘어가는 시기에 선후하여 봉건국가들인 신라 등 삼국이 건립되였다. 이 세 나라의 정립시기는 7세기까지 지속되였다. 그 후 신라가 삼국을 통일한후 통일신라, 후삼국시기를 거쳐 10세기초에 고려왕조가 건립되였다. 신라의 삼국통일은 조선반도에서 단일민족국가로서의 언어의 통일을 가져왔다."[10]

"진국에는 소국들의 연합체들이었던 마한, 진한, 변한의 삼한이 있었다. 진국에는 이 삼한의 말이 존재하였으며 그 가운데서 마한 말은 우세한 자리에 있었다. 그리고 진한 말과 변한말은 마한 말과 서로 통하고 있었는데 진국 말이라고 할 때는 일반적으로 마한 말을 가리킨다. 고조선, 부여, 구려, 진국의 인민들은 서로 밀접한 관계에 있었는데 그것은 그 기원의 동일성에서 나오는 동족의식에 기초한 것이었다."[11]

---

9 김병제, 『조선어학사』,18~19쪽, 과학백과사전출판사, 1984.
10 리득춘 외, 『조선어발달사』, 28~29쪽, 역락, 2006.
11 김영황, 『조선어사』, 11쪽, 역락, 1997.

"고대국가인 고조선, 부여, 진국의 언어나 봉건국가인 고구려, 백제, 신라의 언어가 다 하나의 뿌리에서 나온 언어적변종이라는 것을 보여준다."[12]

북의 김영황(1978) 교수는 개별 종족들의 언어적 공통성을 전제로 한 고조선, 부여와 고구려의 언어일치를 주장하고 있는 반면에 리득춘(2006) 교수와 김병제(1984) 교수는 예맥설을 주장하면서 "예-고조선-부여-고구려"의 분포를 설명하고 있다. 그러면서도 김병제 교수는 어떤 근거도 들지 않고 "고조선, 부여, 진국의 언어들은 력사적으로 하나의 조선말에서 갈라져나온 변종이라는 것을 넉넉히 알수 있다."[13]고 주장하면서 김영황(1978)의 이론에 적극 동조하고 있다.

그러나 한국어의 기원인 원시 한국어의 기원 문제는 이처럼 간단하게 해결될 그런 문제가 아님을 분명히 알 수가 있다. 만주벌판을 경략했던 고구려가 고조선이나 혹은 부여에서 갈라져 나왔다면 고조선이나 부여를 구성하고 있었던 많은 언어의 인자ˆ들을 몽땅 다 버리고 삼한어의 뿌리가 될 수 있었다는 북쪽 학자들의 견해를 쉽게 납득하기 어렵다. 또한 신라를 중심으로 한 삼국을 구성했던 언어와 알타이 특히 퉁구스어와 일치를 설명할 수 있는 재료가 너무나 부족하다.

그러나 삼국의 언어에 대한 체계적인 귀납이 불가해진 현실 앞에서, 좀 더 거시적인 안목으로 예맥족과 한족의 역사성, 그리고 고구려, 백제, 신라의 민족적 동질성 등은 근본적인 언어적 동질성을 바탕으로 한 것이라는 전제를 토대로 삼지 않을 수 없다. 그러므로 화석과 같은 일부 어휘의 편린을 놓고 국어의 계통과 형성에 대한 분절을 논의하는 것보다는, 민족의 형성이라는 일반 역사의 측면에서 예맥족과 한족, 그리고 나아가

---

12   김병제, 『조선어력사』, 24쪽, 과학백과사전출판사, 1984.
13   김병제, 『조선어력사』, 22쪽, 과학백과사전출판사, 1984.

서는 고구려, 백제, 신라의 언어를 넓은 의미의 방언 분화의 차원에서 이해하는 것이 올바르다는 생각이다.

(2) 삼국의 언어와 한국어 성립

고대 삼국이 상호 어떤 언어적 영향을 주고받았는지 또 그 결과는 어떠했는지에 대한 것은 거의 논의가 이루어지지 않았다. 다만 10세기 고려가 건국되었을 당시에도 이미 개경의 방언이 신라어의 한 방언이었으며 단지 고구려어는 저층으로 그 어휘의 요소가 잔류되었을 것으로 추정하고 있다. 한국어 형성의 기반이 신라어라는 남쪽 학자들의 주장에 대해 북쪽 학자들은 매우 날카롭고 신경질적인 논설로 대응하고 있다.

> "엄연한 단일성을 부인하고 말살하기 위하여 악랄하게 감행해온 안팎의 온갖 원쑤들의 강도적인 외곡과 날조를 여지없이 발가놓을것이며 원쑤들에게 결정적인 타격을 주게 될 것이다."[14]

> "민족사의 기본줄기가 고조선, 고구려, 고려로 이어져오는 과정에 우리말이 단일민족국가공통어로, 하나의 국어로 발전하여온 력사적로정을 서술하여야 한다. 그와 동시에 우리 말 기원의 2원론을 주장하거나 <신라어정통설>을 들고나오는 내외분렬주의자들의 궤변에 응당한 타격을 가하여야 한다."[15]

> "온갖 부르죠아반동학자들과 특히는 민족적 및 계급적 원쑤들이 조선말의 형성문제와 조선인민의 공통적인 민족어로서의 단일성에 대하여 황당한 외곡과 날조를 약탈하게 감행할뿐아니라 10세기초~16세기의 조선

---

14 류렬, 『세나라시기의 리두에 대한연구』, 57쪽, 과학백과사전출판사, 1983.
15 김영황, 『조선어사』, 8쪽, 역락, 1997.

말력사에 대해서도 허무맹랑한 <신라정통설>을 꾸며내면서 고려시기이후 오늘에 이르기까지의 조선말은 <신라말의 계승>이라는 외곡과 날조를 일삼고있는 사정과 관련된다."[16]

"서울의 영향력 있는 일부 학자들은 고구려어는 중세조선어의 기초어가 아니며 고구려어는 신라어, 백제어와 다른 언어였다고 한다. 그들은 오늘날 조선민족은 단일한 언어를 사용하지만 서력 기원을 전후한 시기만 해도 오늘의 조선반도와 중국 동북지구에 걸친 광대한 지역에는 여러 언어가 있었다고 한다. <중략> 알타이공통어로부터 한공통어가 갈라져나왔는데 실질상 이는 북방계제어를 산생시킨 부여공통어와 남방계제어를 산생시킨 한공통어로서 이 두가지 언어는 같은 언어가 아니였다고 한다.. 그들은 신라어가 원시한어공통어를 계승하였다고 한다. <중략> 오늘의 한국어가 중세한국어의 계속이요, 중세한국어는 신라어를 근간으로 형성된 것이므로 엄격한 의미에서 고대한국어라는 것은 신라어를 가리킨다고 말한다. 그러면서 그들은 <우리나라에 있어서의 언어의 단일성은 통일신라 이후에 성취되기 시작했던 것이다."[17]

"민족의 중요한 표징인 민족어의 력사도 그 기본줄기로 되어온것은 고구려였다. 그리하여 민족어력사를 서술함에 있어서 그 바탕에 놓여있는 고구려 언어에 대하여 관심을 돌리는것은 너무나도 응당한 일이라고 본다."[18]

그렇다면 한국어의 성립은 어떻게 되었나하는 원점으로 돌아가보자. 만주 퉁구스어와 접촉이 빈번했던 북부의 고구려어와 남부의 삼한어 계열의 마한, 변한, 진한어가 발전된 백제어와 신라어가 서로 달랐다면 한

---

[16] 류렬, 『조선말역사』, 사회과학원, 3~4쪽, 1992.
[17] 리득춘 외, 『조선어발달사』, 26쪽, 역락, 2006.
[18] 김영황, 『고구려의 언어유산』, 3쪽, 김일성종합대학 출판사, 2010.

국어의 성립은 적어도 삼국통일을 전후한 시기가 하나의 통합의 분수령을 이루었을 것이다. 그렇지 않고 남북의 언어가 삼국시대의 방언적인 관계였다면 국어의 성립은 그보다 훨씬 이전 단계로 소급되어야 할 것이다. 특히 단일 언어 공동체의 형성은 정치, 문화적 인력관계와 깊은 관련을 맺고 있다고 할 수 있기 때문이다.

> "중국 고사서의 기록을 중심으로 한국어의 뿌리와 줄기를 살펴본 바에 의하면 북부의 원시부여계어는 한계어와 방언 이상의 차이가 있었으리라 추정되지만, 고대 삼국의 언어는 대체로 방언적 차이가 있을 뿐, 동일한 언어가 사용되었다고 보아야 할 것이다. 한민족의 역사적 발전 속에서 한국어의 뿌리와 줄기가 남북의 간단없는 접촉을 통하여 단일 언어로서 성장해왔다는 것은 부인할 수 없는 사실이다. 7세기 후반 신라의 삼국 통일은 우리 민족의 완전한 결합과 통일을 가져왔으며, 이로써 신라어를 중심으로 한 한반도의 언어적 통일도 가능하게 되었다. 그 후 10세기 초 개성을 중심으로 한 고려 왕조의 건설은 커다란 의미를 지닌다."[19]

이기문(1977) 교수와 거의 같은 맥락에서 박병채(1989) 교수는 삼국의 언어가 이미 동일한 언어공동체로 형성되었으며, 단지 고대 삼국의 언어는 방언정도의 차이를 가지고 있다가 7세기 삼국통일을 전후하여 한국어라는 단일 공동체어로 정착되었다고 보고 10세기 이후 고려의 성립과 함께 중부방언으로 그 중심지역이 이전되었다고 기술하고 있다.

남에서 북으로 간 류 렬(1992) 교수는 한국어 성립을 고구려에 두고 그 시기를 10세기 고려의 건국을 삼고 있는 대표적인 학자이다. 그와 함께 김영황(1973, 2010) 교수는 한국어의 성립은 민족어의 성립 역사로

---

19 박병채, 『국어발달사』, 46쪽, 세영사, 1989.

규정하면서 고구려에 그 기원을 두고 있다.

"고구려에서 먼저 본격적으로 발전하기 시작하여 백제와 신라에도 들어가 보급된 리두식표기방식은 오래동안 세 나라에서 따로따로 발전하여 오면서도 그 표기수법은 물론, 표기수단과 표기규범에 이르기까지 전면적인 공통성을 공고히 유지하고 있었다."[20]

"옛고구려어는 7세기중엽이후 둘로 갈라져 그 남부방언은 일시 판도상 변화가 있었으나 여전히 자기의 언어적특징을 그대로 유지하고 발전하였으며 그 북부방언은 발해어로 되어 약 2백년동안 독자적인 발전의 길을 걷게 되었다."[21]

"조선말은 고조선과 부여, 고구려, 백제, 신라(가야를 포함한) 등이 첫 봉건국가들이 성립된 뒤로도 조선말의 단일성과 공통성은 의연히 확고하였다. <중략> 첫 통일국가로서의 고려봉건국가가 성립된 10세기초에 가서야 비로소 영영 끝나게 되었다. 그리하여 조선말은 비로소 전 국가저그, 전 민족적, 전 인민적 범위에서 통일적 발전의 넓은 길을 걸어올수 있게 되었다."[22]

"개경을 수도로 하여 약500년 발전하여 오는 과정에 그곳을 중심으로 하여 새로운 방언으로서의 중부방언이 형성되기 시작하던 것이 그 뒤로는 바로 그 가까이의 한양을 새 수도로 하여 계속 발전하게 되면서 점차 하나의 뚜렷한 중부방언구획을 이루는 토대를 닦았다. 그리하여 조선말의 방언은 크게는 서부와 동부의 두 구획으로 이루어지면서도 점차 작게는 서북과 동북, 서남과 동남 그리고 중부의 다섯 구획으로 갈라지게 되었다."[23]

---

[20] 류렬, 『세나라시기의 리두에 대한연구』, 85쪽, 과학백과사전출판사, 1983.
[21] 김영황, 『조선민족어발전력사연구』, 72쪽, 과학백과사전출판사, 1978.
[22] 류렬, 『조선말역사』, 6쪽, 사회과학원, 1992.
[23] 류렬, 『조선말역사』, 11쪽, 사회과학원, 1992.

"고려에 의한 국토통일로 단일민족국가공통어가 형성되었으며 본격적인 국어의 력사가 펼쳐지게 되었다. 이 시기의 조선어는 중기중세조선어로 부르며 국어력사의 관점에서는 고려시기 국어라 한다."[24]

"우리나라를 중심으로 넓은 지역에 분포된 고대 종족은 그 지역적 차이에 관계없이 모두다 평양에 그 시원을 두고 있는 같은 겨레의 후예이며 평양에서 첫 고대국가를 세워 겨레의 공통성을 공고화한 단군 조선의 직계후손이라고 할 수 있다. 이로부터 고대 조선 종족들의 언어적 단일성이 규제된다. 옛 기록에 의하면 고대 국가에서는 각이한 이름으로 불리운 여러 종족들이 살았지만 이 종족들의 언어는 지역적 분산성에 의하여 얼마간의 방언적 차이가 있기는 하여도 같은 계통의 언어였음을 말해주고 있으며 그것을 이어받은 고구려말, 백제말, 신라말, 발해말도 한 언어의 여러 갈래였음을 확증하고 있다."[25]

실제로 고대 삼국의 언어는 조금 다른 면도 있고 공통적인 면도 함께 존재하고 있다. 그리고 어떤 어휘는 일본어나 여진어와도 일치하거나 대응되는 예들도 보이지만 계통론적 방법론에 따라 입증된 결과는 아니다. 그러나 무엇보다도 중요한 것은 중세어의 어휘와 어법(조사나 어미)이 일치하는 예들이 많다는 점이다. 특히 신라어가 고대 한국어의 계승자라는 점은 향가에서 현대 한국어로 이어지는 사례가 너무나 많기 때문이다. 물론 백제어나 고구려어를 반영하는 자료의 부재로 인해 이러한 신라어의 특징을 공통어로 고유했다고는 단정하기 어려우나 그 역으로 북한 학자들이 주장하는 바와 같이 고구려어가 한국어의 기원이었다는 사실을 입증하기란 더욱 먼 거리에 있다고 보여진다. 류렬(1992), 김영황(1997), 이득춘(2001) 교수가 주장하는 남부 방언인 백제말에 고구려말

---

24 김영황, 『조선어사』, 4쪽, 역락, 1997.
25 김영황, 『조선어사』, 10~11쪽, 역락, 1997.

의 요소가 적지 않게 침투하는 결과를 낳게 되고 다른 한편 고구려 말은 이 시대에서까지 공통어로서의 영향력을 행사하게 되었던 것이라는 주장은 그만큼 신빙성이 낮을 수밖에 없다.

"우리 말은 본래부터 하나의 뿌리에서 나온 말이였으나 봉건국가들이 분립은 우리 인민이 단일한 언어생활을 하여나가는데 장애를 주었으며 언어의 통일적발전을 가로막는 하나의 장벽으로 되어왔다. 강력한 통일국가를 세우려던 고구려의 지향을 이어받아 10세기에 이르러 고려국가가 성립됨으로써 이러한 장벽은 허물어지고 인민들은 단일민족국가의 테두리안에서 동일한 언어생활을 할수 있는 가능성을 가지게 되었다. 이것은 우리말이 단일민족국가의 고통어로 발전해나가는데서 매우 중요한 의의를 지닌다."[26]

"고려가 고구려의 계승으로 되는 것은 언어생활면에서 뚜렷이 나타나고 있었다. 고려가 수도를 개경으로 정하게 됨으로써 언어생황의 중심지가 옛고구려땅으로 옮겨지게 되었으며 언어생활령역에서 고구려어를 계승 발전시켜나갈 수 있는 충분한 가능성을 가지게 되었는데 그것은 옛고구려어인 개경말이 고려어의 기초방언으로 된것과 밀접히 관련되어 있다."[27]

"신라어가 후기신라의 판도안에서 공통어로서 얼마나 영향력을 가지고 있었겠는가가 문제로 되며 더욱이 그것이 북부일대에까지 깊이 침투해와서 지배적인 지위를 차지하였겠는가에 대하여 의문시하지 않을수 없다. 더구나 고구려멸망후인 7세기후반의 정치적불안 정기와 9세기말 량길의 폭동, 후고구려의 출현 등을 념두에 둘 때 신라어가 북부방언에 일정한 영향을 주었다고 하더라도 그 기간은 불과 두세기도 되지 않는것만큼 그

---

[26] 이득춘 편, 「고려어의 형성과 그 기초방언문제」, 48쪽, 『조선어력사언어연구』, 역락, 2001.
[27] 이득춘 편, 「고려어의 형성과 그 기초방언문제」, 48쪽, 『조선어력사언어연구』, 역락, 2001.

어떤 심각한 변화를 가져오기에는 너무나 짧은 기간이라 하지 않을수 없다. 그리하여 북부방언은 신라어의 영향에 의하여 <신라화>된 것이 아니라 오히려 오랜 세월 내려온 옛고구려의 전통을 계속 유지하여온 것으로 보인다."[28]

"우리 나라 력사에서 처음으로 단일민족국가공통어로 된 고구려어는 이렇듯 고구려어를 계승한 언어였다. 10세기 고려에 의한 국토통일이 이루어지고 옛고구려어인 개경말이 고려어의 기초방언으로 됨으로써 고려어의 형성에서 고구려어는 바탕말로서의 작용은 물론 그 구체적인 언어자료까지도 적극 참여시켜 고려어가 고구려적특성을 뚜렷이 지니게 하였으며 언어생활의 령역에서 고려어가 고구려어의 유산과 전통을 계승할수 있게 하였다."[29]

"삼국이 통일되고 나서 고대한국어를 형성하여 오늘에 이어지는 지역은 대동강 이남이다. 이 지역은 고조선의 땅이었고 옛 삼한의 영역에 드는 곳이니 한계의 언어가 사용되던 곳이다. 이에 따라 고구려의 언어 가운데 이 지역이 언어는 고대한국어에 흡수된 것으로 보아야 하므로 한국어사에서는 북방계의 언어가 따로 존재한다고 보기가 어려운 것이다. 거의 흔적을 남기지 않고 사라진 언어를 한국어사의 시대 구분에서 다루는 것은 문제를 어렵게 만드는 결과가 된다."[30]

"13세기 말부터 나타난 음독 구결에서 보이는 문법 체계는 15세기 훈민정음 창제 당시의 언어와 서로 크게 다르지 않으므로 이때부터를 중세국어의 시작으로 한다."[31]

---

28 이득춘 편, 「고려어의 형성과 그 기초방언문제」, 49~50쪽, 『조선어력사언어연구』, 역락, 2001.
29 이득춘 편, 「고려어의 형성과 그 기초방언문제」, 61쪽, 『조선어력사언어연구』, 역락, 2001.
30 남풍현, 『고대한국어연구』, 18쪽, 시간의물레, 2009.
31 홍종선, 『국어문법사』, 21쪽, 아카넷, 2017.

한국어가 공통언어로의 전환 시기에 대해서도 "고구려 옛 지역 말에 기초한 조선말의 통일적 발전은 고려에서 시작된다."는 주장을 입증하는데 향가나 고려시대의 지명 자료를 이용하는 것은 더욱 유효한 근거가 될 수 없다. 특히 신라 법흥왕 11년, 진흥왕 18년, 경덕왕 대에 지명의 변경은 신라어 중심의 공통어의 확장을 알려주는 매우 분명한 근거라고 할 수 있다. 심지어 홍종선(2017) 교수는 문법적인 측면에서 삼국 시기의 초부터 10세기 전반에서 신라 말까지 고대 국어로 10세기 중반에서 13세기 후반까지 중고 국어의 기점으로 삼고 있기도 하다. 이에 대한 남풍현(2009) 교수의 고대한국어 형성에 관한 결론적인 기술은 매우 시사점을 준다.

(3) 이두의 발달과 한국어 형성

이두나 향가의 발달이 신라어에서 출발했는지 아니면 고구려에서 되었는지에 대한 관점의 차이이다. 남풍현 교수를 비롯하여 이기문, 기영황 교수 모두 이두의 발생은 고구려에서 발생한 것이라는 점에서 의견 일치를 보이고 있다.

> "이두는 산문인 실용문에 쓰인 우리말이나 우리말 표현을 가리킨다. 이미 고구려에서부터 사용되었음이 확인되었는데 이것이 신라로 전파되었고 고려시대와 조선왕조시대로 계승되어 19세기말까지 사용된 것이다."[32]

> "초기적 이두문의 한국어적인 어순은 고구려에서 이미 현저하게 나타난다. 광개토대왕비에 나타난 한국어적인 어순은 오히려 소극적인 현상이라 할 것이고, 그 현저한 양상을 보여주는 것은 중원고구려비명이다."[33]

---

[32] 남풍현, 『고대한국어연구』, 37~38쪽, 시간의물레, 2009.

"고구려나 백제에도 이두나 향찰과 비슷한 것이 있었을 가능성을 부인할 수는 없으나, 오늘날 남아 있는 자료로 판단한다면, 이들은 주로 신라에서 발전된 것으로 보인다."[34]

"완전히 국어의 어순으로 배열하는 초기적 이두문은 <명활산성작성비>(611, 추정) 등에 이어지고, 신라통일 이후의 <상원사종명>(720), <창녕인양사비명>(810), <중초사동간석주명>(827), <동해시 삼화사철불조상기>(860년대)까지도 이어진다. 이러한 문체가 신라 말까지 보편적으로 사용되어 왔음을 부여 주는 것들이다."[35]

"7세기 이후 문화적앙양은 고구려문화를 비롯하여 세나라시기의 발전된 문화를 계승하고 그것을 집대성한 기초우에 가능하였다. <중략> 즉 금석문에서는 고구려에서 이미 써오던 초기리두보다 얼마간 발전하였으나 역시 그 범위를 벗어나지 못하는 리두형태가 쓰이고 있었으며 향가에는 가장 발전된 리두형태가 쓰이고있었다."[36]

"『삼국사기』에 실린 고구려의 지명은 오히려 삼한의 말인 '한의 언어'로 보는 것이 옳을 것으로 생각된다. 고구려의 지명에 신라나 백제의 지명에 없는 특징이 나타나는 것은 행정적, 또는 통치적인 조치로 명명된 일시적인 것이지 그 지역의 언어의 차이를 보이는 것으로 보기는 어려운 것이다. 대동강 이북의 지역은 고구려가 멸망한 후 여진족이 점령하고 있다가 고려시대 이후에야 우리의 영역에 들어 왔고 그 주민들도 만주에서 이주시킨 사람들이었으니 한어의 영역이 확대된 것에 지나지 않는다. 이에 따라 고구려가 1차적인 자료를 남겼고 수도를 평양으로 옮긴 5세기에서부터 삼국시대(660년대)까지를 상고한국어로 보고 그 이전을 한국어의 형성시

---

33 남풍현, 『고대한국어연구』, 125쪽, 시간의물레, 2009.
34 이기문, 『국어사개설』, 75쪽, 태학사, 1972.
35 남풍현, 『고대한국어연구』, 129쪽, 시간의물레, 2009.
36 김영황, 『조선민족어발전력사연구』, 80쪽, 과학백과사전출판사, 1978.

기로 보는 것이 좋을 것으로 생각된다."[37]

이두의 발생이 지리적 환경에서 자연스럽게 한자와 한문이 제일 먼저 유입된 지역이 고구려이긴 하지만 이러한 사실을 근거로 하여 한국어의 형성이 고구려어를 기반으로 하였다는 주장은 설득력이 약하지 않을까 판단된다. 통일신라시기의 이두나 신라 향가에서 보이는 문법적 요소들은 조선조의 중세국어와 긴밀하게 연결되어 있음을 알 수 있다. 만일 경주지역의 신라어와 개성지역의 고구려어가 별개의 언어였다면 신라어와 고구려어 간의 언어 단층이 이처럼 적을 수는 없었을 것이다. 또한 신라어와 고구려어가 두 개의 별개의 언어였다면 그 당시 고구려를 정복한 신라의 언어가 불과 2백년의 지배로 그토록 빨리 신라어로의 통일을 이루어 내기는 어려웠을 것이다. 결론적으로 한자와 한문의 유입이 빨랐던 고구려를 통해 한국어에 유입되면서 만들어진 이두는 고구려와 백제를 거쳐 신라에서 제대로 완성된 모습을 보여주게 된 것이다.

이두가 고구려에서 발생되었다는 견해를 뒷받침하는 <광개토대왕> 비문을 통해 고구려와 부여에서 분리한 주변부족과의 관계를 이해할 수 있는 실마리가 있다. 고조선에서 부여로 이어진 원시 부여어계의 다양한 구성원 가운데 어떻게 삼한어계와 일맥상통하는 공동체 구성원만이 평양으로 천도를 했을까? 1445년에 편찬된 『용비어천가』 제39장 주에는 조선 태조 이성계가 우라산성(于羅山城)을 공략한 사실에 대해

"평안도 강계부의 서쪽 강 건너편 140리에 큰 평야가 있고 거기에 옛 성이 있어서 사람들은 금나라 황제의 성이라고 하는데 성 북쪽 7리에 비석이 있고 그 북쪽에 돌무덤 2개가 있다."

---

[37] 남풍현, 『고대한국어연구』, 19~20쪽, 시간의물레, 2009.

고 설명하고 있다.[38] 이미 조선 시대 초에 이 <광개토대왕>비가 여진계의 비문임을 암시하는 그런 내용이다. 특히 이 비문 안에 수묘를 담당하는 이들 인물을 설명하는 과정에서 종족계통을 나타내는 명칭 가운데 '예(濊)', '동예(東濊)'를 중국사서 『진서』에서는 이들을 폄훼하는 곧 더럽고 거칠다는 뜻의 '예(穢)'로 표기하고 있듯이 <광개토대왕>비에도 '예(穢)'로 표기하고 있음을 알 수 있다. 일찍부터 예족을 오랑캐인 동이로 낮추어 보고 있었던 시각을 반영한 것으로 보인다. 부여국을 형성하던 다양한 만주 퉁구스 족속들 가운데 비교적 문명이 발전된 고구려를 구성하던 공동체는 아마도 스스로 예족들과 일정한 경계를 지우려는 의도를 나타내는데 이는 <광개토대왕>비에서 읽을 수 있다. 역으로 생각한다면 고구려의 구토가 그만큼 신라에 동화를 받지 않았다면 도리어 신라어에 예족 계열의 여진어가 많이 잔존되어야 할 텐데 그렇지 않다는 점에서 그 근거를 찾을 수 있다.

최근 지명이나 인명 등에 대한 연구 성과와 죽간이나 금석자료를 통한 이두 표기의 성과들을 기초로해서 볼 때 백제어와 신라어는 매우 친근한 방언이었고 고구려와도 상당한 차이를 지니면서도 밀접한 방언적인 차이를 가진 것으로 이해할 수 있다.

3. 유무성 분포의 방언차이

한국어의 형성 기반이 되었던 삼국시대의 언어의 뿌리를 밝히기 위해

---

[38] 평안도 관찰사였던 성현(成俔)이 1487년 압록강 일대를 순행한 뒤에 쓴 시에도 "1천 척 비석이 있지만 글씨를 읽을 수 없어 안타깝다"고 하였으며 1614년 명나라 사신을 다녀온 이수광(李睟光)의 『지봉유설』에는 광개토대왕비를 금나라 시조비로 소개하고 있다.

서는 계통을 같이 하는 언어들의 기초어휘의 대응이나 음운 대응규칙을 수립함으로써 가능하다. 그러나 어휘들이 모두 한자어로 표기되어 있을 뿐만 아니라 차용어인지 구분이 용이하지 않을뿐더러 대상 자료의 절대 빈곤이라는 한계를 뛰어넘기 어려운 실정이다.

1) 유무성 분포의 통시적 관찰

15세기 중세국어의 음운체계 가운데 자음체계에서 정지음은 3계열(무성음-경음-유기음)의 분포를 강화해가고 있었으며, 마찰음은 2계열(무성음-경음)의 정착이 이루어졌음을 알 수 있다. 그러면 고대국어에서 고구려, 백제, 신라어가 각각 어떻게 원시국어의 '무성-유성' 대립에서 중세 국어의 대립체계로 정착되었는지 설명이 되어야 할 것이다. 이 문제를 설명하기 위해 통시적 방법으로는 한자음의 대응관계를 살펴보고 공시적으로는 유성음 "ㄱ:*g, ㅂ:*b, ㅅ:*z'[39]의 방언지리적 분포와 대비하여 기술하고자 한다.

최근 한자음의 비교를 통한 고구려어와 백제어의 음운체계를 비교한 일련의 성과들이 있다. 유창균(1980:405) 교수는 고구려 한자음의 기층을 중국 상고음에 두고 입성자 *-b>-r, *-d, *-g>-*g^r, -*g^{w}와 같은 입성자 약화가 진행되었다고 기술하고 있다.[40] 이승제(2013, 2016) 교수의 역작으로 백제어와 고구려어는 일찍부터 유성자음 계열이 확실히 자리를 잡

---

[39] 이 문제에 대해서는 ① 단순히 무성음만 존재했다는 견해, ② 유무성 대립이 존재했다는 견해 가운데 무성 정지음과 유성 정지음의 대립으로 보는 견해, ③ 유무성 대립이 존재했다는 견해 가운데 유성 마찰음의 대립으로 보는 견해 등이 있다.

[40] 이러한 유창균 교수의 기술은 고대 고구려어의 한자음에 음성계열의 입성자가 거의 소멸 단계였음을 의미하는 바, 신라어와 대비해본다면 상당한 차이가 있었다는 말이다. 이와 같은 유 교수의 기술의 타당성은 고구려어와 인접해 있었던 여진어에서도 예들이 확인된다.

고 있었다는 주장과 함께 고대 삼국의 언어에 대한 재구의 가능성이 재기되었다.

"한국어가 알타이어족에 속한다는 것을 증명할 때에도 이 유무성 대립이 아주 중요하다. 알타이조어에 유무성 대립이 있었다는 것이 통석이기 때문이다. 백제어에서는 유무성 대립이 있었으므로 원시 한어가 알타이 어족에 속할 가능성이 한층 더 커졌다. 백제어 자료는 부분적이기는 하지만 이 유무성 대립이 유무기 대립으로 바뀌는 과정도 보여준다."[41]

"고대한국어에 유기자음 계열이 아예 없었다고(河野六郞, 1968:419, 박병채, 1971:311, 조규태, 1986: 73~4) 주장하기도 하고, 치음이나 설음에 부분적으로 유기자음이 있었다고(이기문, 1972:89~91) 주장하기도 한다."[42]

"고구려어에서 무성무기음 /*p, *t, *k/와 유성무기음 /*b, *d, *g/가 이지적상관속을 이룬다. 무성유기음은 /*tʰ/ 하나뿐이다. <중략> 백제어에는 유성파찰음인 종(從)모 /*dz/가 음소였고 유성마찰음은 사(邪)모 /*z/, 상(常)모 /*z/. 운(云)모 /*ɦ/ 등이 음소였지만, 고구려어에서는 이들이 음소가 아니다."[43]

"10세기 초에서 14세기 고려시기에 거센소리 'ㅍ', 'ㅌ', 'ㅊ', 'ㅋ' 등이 완전히 독자적인 말소리단위들로 되면서 거센소리의 체계를 형성하게 되었고 또한 처음으로 청있는소리(유성음)[ㅸ], [ㅿ]와 된소리 [ㆅ], [ㅆ]가 형성되어 쓰이기 시작하였으며 또한 이 시기에는 겹자음들도 쓰이기 시작하였다."[44]

---

41 이승재, 『한자음으로 본 백제어 자음 체계』, 7쪽, 태학사, 2013.
42 이승재, 『한자음으로 본 백제어 자음 체계』, 47쪽, 태학사, 2013.
43 이승재, 『한자음으로 본 고구려어 음운체계』, 658~659쪽, 일조각, 2016.

"고대조선어에는 유성마찰음 'ㅿ'와 'ㅸ'도 존재하지 않았음을 주장할수 있는데 'ㅿ'에 대응하는 '일(日)모'자는 고대조선한자음체계에서는 [n]으로 반영되었고 'ㅸ'에 대응되는 '비(非)'모자는 순중음 'ㅂ'으로 반영되었다."[45]

이와 같은 이승재 교수의 연구 성과에서 "백제어에는 유성파찰음인 종(從)모 /*dz/가 음소였고 유성마찰음은 사(邪)모 /*z/, 상(常)모 /*z/. 운(云)모 /*ɦ/ 등이 음소였지만, 고구려어에서는 이들이 음소가 아니다."[46]라는 설명은 고대국어에서 중세어에 이르기까지 상보적 분포를 확인할 수 없었던 유성정지음과 유성마찰음의 방언 변이에 대한 설명의 가능성을 모색할 수 있게 된 것이다.

유창균(1980, 1983) 교수의 삼국시대의 한자음의 대비를 통해서도 삼국의 음운체계의 차이는 상당한 것이었다고 판단되지만 이를 근거로 하여 다른 언어였는지 아니면 방언적 차이였는지를 판단하기에는 아직 미흡하다. 이러한 관점을 공시적인 입장에서 어중 유성자음의 분포를 대비해 봄으로써 유무성 대립이 고구려, 백제, 신라 지역에 어떻게 분포되고 있는지 그 실태를 살펴보고자 한다.

2) 유무성 분포의 공시적 관찰

방언 연구의 또 하나의 과제는 한국어의 하위 방언권을 구획하는 것이다. 이병근(방언학사전, 2001 :24)과 황대화(1998)에서는 한반도 내에서 남북의 언어적 차이보다 동서의 언어적 차이가 보다 클 것이라는 점

---

44 류렬, 『조선말역사』, 14~ 15쪽, 사회과학원, 1992.
45 리득춘 외, 『조선어발달사』, 65쪽, 역락, 2006.
46 이승재, 『한자음으로 본 고구려 음운체계』, 658~659쪽, 일조각, 2016.

을 인정하고[47] 몇 가지 특징적인 현상들만을 간추려 비교의 방법으로 그 차이를 논의[48]한 바 있다.

한반도는 1차 동서의 분화를, 2차 남북의 분화를 보이는 중층적인 변화를 경험하였다고 본다. 1차적 분화는 민족 기원과 관련한 동서방언[49]의 차이이다. 따라서 동서방언의 비교 곧 신라어와 백제어 지역의 방언 비교는 고대한국어의 근원을 찾아가는 역사적 의미를 제공해 줄 것이다. 한국어 역사의 출발이라는 측면에서 신라방언의 위치에 대해 살펴보기 위해 고대 신라방언에서 유성음 계열의 존재 여부와 관련된 어중자음 'ㄱ:*g, ㅂ:*b, ㅅ:*z'의 방언 분포에 대해 비교해 볼 것이다.

첫째, 어중 '*g:ø'의 방언 분포에 대해 살펴보자. 'ㄱ'유지형의 평균 출현 빈도율이 어휘내부(가루, 노루, 모래, 수수, 숯)[10→12%(+2)], 용언활용(짜(鹽)-, 씻(洗)-, 심(植)-, 냅(煙)-)[36→19%(-17)], 파생어 및 합성어(벌레, 시렁, 어레미, 살강, 개암, 얼레빗)[80→71%(-9)][50] 순으로 나타나고 있는데[51] 형태소내부에서 '*g'의 잔존 비율이 높은 이유는 화석형으

---

47   물론 부분적으로는 동남방언과 서남방언의 공통성도 존재한다. 다만 본 연구는 큰 틀에서 동서 차이가 남북의 차이보다 큼을 논증할 것이다.
48   황대화(1998), 『조선어 동서방언 비교 연구』에서 한반도 전체를 대상으로 국어학에서 중요하게 고찰되었던 국어학적 특성을 근거로 하여 동서간의 방언 차이를 논의한 바 있다. 1986년과 1996년에 직접 북한지역을 현장 조사한 자료에 근거하여 108개 조사지점을 대상으로 하였으나, 도 단위 중심의 방언권을 기준으로 두루뭉술하게 논의를 전개하다 보니 정교함이 많이 떨어졌다. 이 점에 착안하여 본 연구에서는 군 단위의 방언권으로 수집된 자료를 대상으로 하면서 논의의 정교함을 더하여 동서 방언간의 차이를 논의하고자 한다.
49   여기서 동서방언이라 함은 한반도를 종적으로 나누어 동부방언은 육진방언(두만강 일대 방언), 동북방언(육진을 제외한 함경남북도 방언), 중부방언의 강원도 동부지방의 방언, 동남방언(경상남북도 방언)을, 서부방언은 서북방언(평안남북도 방언), 중부방언(황해도, 경기도, 충청남북도, 강원도 동부를 제외한 강원도 방언), 서남방언(전라남북도 방언), 제주방언을 포괄하는 지역을 말한다.
50   김경숙, 『한국 방언의 지리적 분포와 변화』, 역락, 2016.
51   김경숙, 『한국 방언의 지리적 분포와 변화』, 역락, 2016.

로 남아 있기 때문이다.

'*g:ø'의 대응을 보이는 방언형은 동서남북을 뛰어넘어 한반도 전체에 우세하게 분포된다. 그러나 동서권에서 서남방언권은 'ø'이 더 우세하게 나타난다. 그런데 중방방언권에 속하는 '황해'지역에서 시작된 '*g'탈락형이 중앙어로서 그 세력을 획득하면서 북으로는 '평남'과 '평북'으로, 남으로는 '경기'를 비롯하여 서부지역으로 어휘 내부에서부터 개신이 빠르게 진행되었다. 그리하여 '*g'유지형은 남한에서는 '*g'유지형의 최후 방어선이 '강원'의 동해안과 '경북'의 일부지역이다. 결국 '*g:ø' 대응 관계는 동서 방언권를 구분짓는 중요한 지표가 되고 있다. 이것은 백제와 신라어에서 연구개자음 '*g'의 유무성 대립의 변이형의 실현 빈도의 차이가 있었던 것으로 추정이 가능하다.

둘째, '*b:ø'의 방언 분포에 대해 살펴보자. 15세기 'ᄫ'의 경우 문헌자료나 현재 방언분화형의 지리적 분포를 통해 볼 때, 중부방언에서도 15세기에 합성어에서는 'ᄫ'계와 'ㅂ'계가 공존하는 예를 볼 수 있는데,[52] '대볌/대범', '말밤/말밤' 등이 그것이다. 그러나 어휘 내부에서는 공존의 예를 찾아 볼 수가 없다. 이는 음운현상이 확산되는 과정에서 어휘 내부 환경보다 합성어의 경계 환경이, 고형(old form)을 유지하려는 경향이 더 큰 보수적인 환경임을 말해 주는 것이다.

특히, '*b'유지형의 분포는 '*z'유지형보다 분포 범위가 넓지 않다. 이는 진원지가 '백제'지역인 '*z'유지형의 경우와 달리, 진원지가 '신라'지역인 '*b'유지형의 탈락형('ø')으로의 개신이 보다 빠르게 진행되었다고 볼 수 있다. 개신이 보다 적극적이었던 지역은 백제방언 지역이 아닌

---

[52] 최전승(1988)에서는 중부방언에서의 'ᄫ>ㅂ' 음성실현 환경조건을 합성어 형성의 단어경계에서 잔존하고 있다고 밝히고 있다.

신라방언 지역으로 추정된다. '*b:ø'의 평균 출현 빈도율이 어휘 내부(누이, 누에, 확)[28→20%(-8)], 용언 활용(맵-, 부럽-)[45→31%(-14)], 파생어 및 합성어(벙어리, 다리, 마름)[59→49 %(-10)]⁵³ 순으로 높이 나타나고 있다. 특히 파생어휘에서는 개신이 거의 진행되지 않고 있다. 파생어에서는 '황해'연안 지역과 '경기', '강원', '충남' 등 중부 지역을 제외한 전국적인 단위로 'ㅂ'유지형이 광범위하게 분포되어 있다. 특히 사용빈도수가 낮은 파생어 '다리'라는 어휘의 예를 보면 어중 'ㅂ:ø' 음의 동서 분화의 극명한 대비를 확인할 수 있다.

'*b'유지형은 신라어 지역인 '경상' 방언를 중심으로 '강원'을 거쳐 '함북', '함남'지역에 이르는 동부 지역에 주로 분포하는 경향을 보이고 있다. 이 역시 동서 분할을 보여주는 사례가 되겠다. 반면 개신형 '*b'탈락형 'ø'는 '평북', '평남'에서 시작하여 '황해', '경기', '충남', '전북', '전남', '제주'에 이르는 매우 폭넓은 지역에 일관되게 나타나고 있다. 이러한 분포적 특징을 보이는 이유가 어디에 있는지에 대해서는 오랜 세월에 걸쳐 개성에서 한양으로 그리고 서울로 이어지는 개신의 중심권의 영향으로 보인다.

셋째, '*z:ø' 대응관계는 '*b:ø' 대응관계와는 다른 양상의 분포를 보이고 있다. 평균 출현 빈도율이 어휘 내부(가을, 겨울, 마을, 여우, 무, 모이, 구유)[72→42%(-30)], 용언 활용(잇-, 낫-, 쪼-)[78→62%(-16)], 파생어 및 합성어(가위, 냉이/김매다)[89→80%(-9)]⁵⁴ 순으로 높이 나타나고 있다.

즉, '*z'유지형은 한반도 전체에서 '전남', '전북' 곧 백제 지역을 중심

---

53 김경숙, 『한국 방언의 지리적 분포와 변화』, 역락, 2016.
54 김경숙, 『한국 방언의 지리적 분포와 변화』, 역락, 2016.

으로 하여 북으로는 '충남', '충북', '경기'에 이르고, 동으로는 '경남', '경북', '강원'을 거쳐 '함남', '함북'에 이르고 있다. 곧 한반도의 서북부 지역을 제외한 거의 대부분의 지역에 분포하고 있다. 반면에, 'ø'탈락형은 '평안도'에서 시작하여 '황해'와 '경기'의 일부 지역에 이르는 한반도의 서북부 지역에만 제한적으로 나타나고 있다. '평남'과 '황해'지역에서 시작된 개신형인 탈락형의 개신 방향은 서부 지역으로 향해 있는 '*b'탈락형과 달리 동부 지역으로 다소 치우쳐 있는 모습을 보이고 있다. 개신의 진행이 빠른 어휘 내부 환경에서 살피면 '*z'유지형은 '전남'지역이, '*b'유지형은 '경북'과 '경남'지역이 최후 방어선이 되고 있는 형국이다. 물론 '*z'유지형이 대부분 '전남'을 중심으로 분포하되, '경북'지역에도 일부 보이고 있다. 이는 '*b'유지형이 '전남'을 비롯하여 서부 지역에는 전혀 보이지 않는 점과 대조적이다.

결국 개신형 '*b'탈락형이나 '*z'탈락형의 진원지인 '평안도'와 '황해도'를 잇는 중부방언권의 서북지역은 옛 고려 지역으로서 조선을 거쳐 현대에 이르기까지 강력한 중앙어로서의 세력을 획득하면서, 백제를 중심으로 형성된 '*z'유지형과, 신라를 중심으로 형성된 '*b'유지형을 밀어내면서 차츰 세력을 확장해 나가고 있는 모습이다. 개신의 영향을 가장 많이 받은 지역은 '경기'와 '강원'에 맞닿은 '충북'이다.

이상의 공시적 기술은 이승재 교수의 통시적 연구 성과인 "백제어에는 유성파찰음인 종(從)모 /*dz/가 음소였고 유성마찰음은 사(邪)모 /*z/, 상(常)모 /*z/ 등이 음소였지만, 고구려어에서는 이들이 음소가 아니다."[55]라는 설명과 상통하고 있다는 점을 강조해 둔다. 곧 '*b' 유지형은 신라지역어에서 '*z' 유지형은 백세와 신라 지역 공히 공존하고 있으며

---

55   이승재, 『한자음으로 본 고구려어 음운체계』, 658~659쪽, 일조각, 2016.

신라지역보다 도리어 백제 지역어에서 더 우수하게 나나나며 북방 고구려지역어권에서는 'ø'에 대응된다는 사실이 입증된 셈이다.

4. 향가에 보이는 여진어의 흔적

신라방언의 어휘 가운데 놀이기구와 관련된 어휘로 윷판의 부분명칭은 '미겨[참먹이]', '또[도]', '개[개]', '걸[걸]', '윳[윷]', '모[모]', '돗밭[뒷도]', '개밭[뒷개]', '걸밭[뒷걸]', '지과[뒷윷]' 등의 다양한 토착방언이 남아 있는 언어의 보고라 할 수 있다. 웨일즈의 격언인 "언어가 없는 민족은 심장이 없는 민족이다[Cenedl heb iaith, cenedl heb galon]"는 말처럼 지역문화는 지역의 방언으로 전수된다. 그들 공동체의 정체성의 핵심이 그들의 언어적 특성에 녹아있다.

특히 한국어가 알타이어 계열에 속하든 아니든 민족 유입의 경로나 경제적 교류 관계로 미루어 보아 북방 만주 지역에 분포하고 있었던 다양한 퉁구스어 계열의 언어와의 계통론적인 일치성이나 음운 대응 규칙을 찾으려는 노력을 멈추어서는 안 될 것이다. 비로 단 하나의 차용어이더라도 상호 연관관계를 규명할 수 있는 것이라면 매우 값진 것이라 아니할 수 없다.

1) 향가(鄕歌)에 나타나는 '花判'

고려 인종 23(1145)년 경에 김부식(金富軾) 등이 고려 인종의 명을 받아 편찬한 삼국시대의 정사서인 『삼국사기』와 고려 충렬왕 7(1281)년 경에 고려 후기의 승려 일연(一然)이 편찬한 사서(史書)인 『삼국유사』는 동북아시아 언어 연구에 매우 중요한 참고 자료가 된다. 특히 『삼국사기』<지리지>에 나타나는 고구려지명은 여진어와 꽤 밀접한 관련성을 맺고 있을 것으로 보이나 아직 이렇다할만한 연구가 진척되지는 않고 있다.

『삼국유사』<마한>조에 "『회남자주』에 동이가 구종이 있다 하고, 『논어정의』 구이(九夷)란 것은 현토(玄免), 낙랑(樂浪), 고려(高麗), 만식(滿飾), 부이(鳧夷), 소가(素家), 동도(東屠), 왜인(倭人), 천비(天鄙)라 하였다. 해동(海東) 안홍(安弘)의 기록에는 구한(九韓)은 일본(日本), 중화(中華), 오월(吳越), 탁락(乇羅), 응유(鷹遊), 말갈(靺鞨), 단국(丹國), 여진(女眞), 예맥(濊貊)이라 하였다.(淮南子註法云, 東方之夷九種, 論語正義云, 九夷者 玄免, 樂浪, 高麗, 滿飾, 鳧夷, 素家, 東屠, 倭人, 天鄙. 海東安弘記云 九韓者, 日本, 中華, 吳越, 乇羅, 鷹遊, 靺鞨, 丹國, 女眞, 濊貊)"라는 기록에서 발해국(渤海國)의 안홍(安弘)이 쓴 기록을 빌려 '여진(女眞)'이라는 말이 우리나라 사서에서는 처음으로 나타난다.

여기서 매우 흥미 있는 자료가 있다. 신라 경덕왕 때 충담이 화랑 기파랑(耆婆郞)을 추모하여 지은 10구체 향가인 <찬기파랑가>라는 작품이 『삼국유사』권2 <기이편(紀異篇)> 제2경덕왕 충담사 표훈대덕조(景德王忠談師表訓大德條)에 실려 전한다. <찬기파랑가>라는 작품의 원문은 아래와 같다.

<讚耆婆郞歌>

咽烏爾處米
露曉邪隱月羅理
白雲音逐于浮去隱安支下
沙是八陵隱汀理也中
耆郞矣皃史是史藪邪

逸烏川理叱磧惡希
郎也持以支如賜烏隱
心未際叱肹逐內良齊
阿耶 栢史叱枝次高支好
雲是毛冬乃乎尸花判也

이 <찬기파랑가>는 한자를 활용한 향가식 표기 방식 곧 한자의 음(音)이나 훈(訓)을 빌려 우리말 순서로 배열하고 토와 어미를 붙여서 표기한 시가작품이다. <찬기파랑가>에 대해 여러 학자들이 해독을 시도해 왔다. 그 가운데 비교적 최근에 이루어진 유창균(兪昌均:1994)의 해독을 살펴보자.[56]

목며울 이르며
나남 사난 라리
구룸 조추 간 므스기하
몰개 믈서리여귀
올의 즈시 이시소라
일오 나릿 갈아
야 디니기 시온 좇라며
아라! 자싯 가지 그기 고비
눈이 모올 花判이라

본 해독을 포함한 10구에 '花判'의 해독 문제는 지금까지 대부분의 해독자들은 한자음 '화판'으로 풀이만 하였다. 필자는 이 '花判'이 몽고어에서 차용된 만주 퉁구스 계열의 여진 어휘로써 발음은 [xafan]이고

---

56 유창균, 『향가비해』, 형설출판사, 1994.

뜻은 '관아(衙門)' 혹은 관청(官廳) 혹은 그 '병제(兵制)에 소속된 사람'의 의미로 사용된다고 본다. 그러다가 '官人>大兄'으로 의미변화를 보인 예인 것이다.

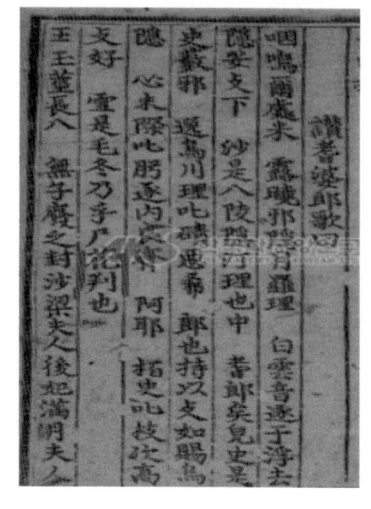

그 근거로 '큰형'의 뜻으로 "伴當 〉大哥 / 火伴"의 사용례들을 찾아보면 신라시대부터 고려시대에 걸쳐 오랜 세월동안 사용되었음을 알 수 있다. 곧 '伴當'과 '大哥'는 『노걸대(老乞大)』의 첫 구절에 나오는 말로서 현존본 『노걸대(老乞大)』의 제 간본 중에서는 청나라의 북경어로 수정된 『노걸대신석』에서 '阿哥'로 고쳐진 것 외에 모두 '大哥'로 시작되었다. 그러나 최근 한국에서 발견된 고려 시대본인 『원본노걸대』에서는 '伴當'으로 되어 있어 우리들의 주목을 끌고 있다. '伴當'은 "옆에 데리고 다니는 하인" 또는 '동료(同僚)'를 가리키던 말로서 현대 한어에서는 사용되지 않는다. '大哥'는 본래 '맏형'이라는 뜻으로서 동년배의 남자에 대한 존칭으로 지금도 두루 사용되고 있다. 그리고 『노걸대』의 첫 구절 외에 『원본노걸대』에서 '伴當'으로 된 예문도 있는데 『번역노걸대』에 와서 '火伴'로 교체되어 있다. 이를 근거로 하여 '火伴'은 만주 지역어의 방언으로 잔존해 있었던 말이라고 할 수 있다. '火伴'은 '伙伴'이라고도 하는데 옛 병제(兵制)에서 "열 명이 한 조를 이루어 취사를 한 데서 생겨난 말"로서 '동료'의 뜻으로 지금도 사용되고 있다. 이들의 변화를 『원본노걸대』와 『번역노걸대』에서 그 사용례를 찾아보면 다음과 같다.

○ 伴當 > 大哥
伴當 > 您從哪裡來？(『原老』 1a)
大哥 你從那裡來 큰형님 네 어드러로셔브터 온다(『飜老』 上1右)

○ 伴當 > 火伴
俺有一個伴當落後了來。(『原老』 1a)
我有一個火伴 落後了來 네 호 버디   삐디여   올식(『飜老』 上1b)

흥미로운 것은 『번로』에서도 '伴當'의 용례를 찾아 볼 수 있는데 앞에서 든 예문과는 달리 『원로』에서는 '僕奴(사내종)'의 의미로 사용되었다.[57]

騎著鞍馬, 引著僕奴。(『原老』 34b)
騎著鞍馬, 引著伴當 물 틱고 번당 드리고(『飜老』 下35b)

이상의 자료를 검토해 본 결과 신라시대의 향가 <찬기파랑가>에 나타나는 '花判'은 몽고어에서 차용된 여진어, 곧 만주어로 잔존해 있었던 어휘로 간주할 수 있다. 아마도 그 뜻은 "화랑도(花郞徒)의 우두머리", "화랑도(花郞徒)의 큰형"이었을 것으로 추정된다.

2) 『삼국사기』·『삼국유사』에 나타나는 지명

고구려를 포함한 삼한의 지명이나 인명 연구가 중국 고대음의 재구를 통해 이루어져 왔지만 다양한 북방 방언이 겹쳐진 흔적을 『삼국사기』<지리지>나 『삼국유사』 등의 문헌 곳곳에서 찾아 볼 수 있다. "益城

---

57 왕옌, 「조선시대 중국어 학습서에 대한 연구」, 51~53쪽, 경북대학교대학원석사학위논문, 2014.

郡 本高句麗 母城郡 今金城郡(『삼국사기』<지리지> 2)에서 '母城'과 '金城'이 대응되는데 '母'는 '어싀' 곧 [ədʒi]의 고구려음은 [*əʃi]이며 이는 여진어 "斥土 安春溫 [alʧun] 금(金)"(<여진역어>No. 568)의 대역 표기이다. 만주어에서는 [aisin], 나나이어에서는 [aiʃin]으로 고구려 지명에 여진음의 잔존을 확인할 수 있다. 대상당수의 고구려 지명에서 만주 여진어나 몽골어에 대응되지 않고 우리말에 대응한다는 측면에서 언어학적으로 고구려 지배층이 한반도와 관계가 깊다는 사실을 확인할 수 있다. 고구려사를 중화사의 일부로 처리하는 동북공정에 대한 객관적 실증을 위해서도 여진어 연구는 더욱 심화 발전되어야 할 것이다. 이와 같은 사례를 통해 『삼국사기』, 『삼국유사』, 『계림유사』와 한국의 문헌자료에서 여진어의 흔적을 더 많이 발굴해 낼 수 있을 것으로 기대된다.

참고문헌

권인한 외, 『동아시아 자료학의 가능성』, 성균관대학교출판부, 2009.
김경숙, 『한국 방언의 지리적 분포와 변화』, 역락, 2016.
김병제, 『조선어학사』, 과학백과사전출판사, 1984.
김성칠, 『역사 앞에서』, 창비, 1993.
김수경, 『세 나라 시기 언어력사에 관한 남조선학계의 견해에 대한 비판적 고찰』, 평양출판사, 1989.
김영황, 『고구려의 언어유산』, 김일성종합대학 출판사, 2010.
김영황, 『조선민족어발전력사연구』, 과학백과사전출판사, 1978.
남풍현, 『고대한국어연구』, 시간의물레, 2009.
노중국 외, 『금석문으로 백제를 읽다』, 학연문화사, 2015.
렴종률, 『조선어문법사』, 김일성종합대학출판사, 1980.
류렬, 『세나라시기의 리두에 대한연구』, 과학백과사전출판사, 1983.
류렬, 『조선말역사』, 사회과학원, 1992.
리득춘 외, 『조선어발달사』, 역락, 2006.
박병채, 『국어발달사』, 세영사, 1996.
상희구, 『추석대목장날』, 오성문화, 2013.
송수권, 『우리나라의 숲과 새들』, 고요아침, 2005.
안병호, 『조선어발달사』, 료녕인민출판사, 1983.
왕옌, 「조선시대 중국어 학습서에 대한 연구」, 경북대학교대학원석사학위논문, 2014.
유창균, 『한국고대한자음연구』(1), 계명대학교출판부, 1980.
유창균, 『한국고대한자음연구』(2), 계명대학교출판부, 1983.
유창균, 『향가비해』, 형설출판사, 1994.
이기문, 「한국어형성사」, 고려대민족문화연구소, 『한국문화사대계』, 1967.
이기문, 『국어사개설』, 태학사, 1972.
이상규 외 옮김·슌버컨 지음, 『금나라시대의 여진어』, 태학사, 2016.

이상규 외 옮김·아이신교로 지음, 『명나라 시대 여진인』, 도서출판 경진, 2014.
이상규 외 옮김·진치총 외, 『여진어와 문자』, 도서출판 경진, 2014.
이상규, 「반구대 암각화에서 딩각의 메아리」, 『사람과 문화』, (사)아카데미아 후미나, 제7호, 2012.
이상규, 「우리말의 다원성에 대한 성찰」, 『말과 글』 제135호, 한국어문기자협회, 2013.
이상규, 『경북방언사전』, 태학사, 2002.
이상규, 『둥지 밖의 언어』, 생각과 나무, 2009.
이상규, 『방언의 미학』, 살림, 2007.
이상규, 『한국어방언학』, 학연사, 2004.
이승재, 『한자음으로 본 고구려어 음운체계』, 일조각, 2016.
이승재, 『한자음으로 본 백제어 자음 체계』, 태학사, 2013.
홍기문, 『조선어력사문법』, 사회과학출판사, 1966.
홍기옥, 「경남 남해군 어촌 지역 생활낱말 연구-행위자 및 환경 관련 낱말을 중심으로」, 『한민족어문학』 제58호, 2011.
홍기옥, 「남해안 어촌지역 어획물 명칭 연구-해남, 남해, 욕지도 지역의 명칭을 중심으로」, 『방언학』 16호, 한국방언학회, 2012.
홍종선, 『국어문법사』, 아카넷, 2017.
황대화, 『조선어 동서방언 비교 연구』, 한국문화사, 1988.